LA NORMANDIE
A L'ÉTRANGER

DOCUMENTS INÉDITS

RELATIFS A L'HISTOIRE DE NORMANDIE

TIRÉS DES ARCHIVES ÉTRANGÈRES

XVIe ET XVIIe SIÈCLES

Par le comte Hector de LA FERRIÈRE

MEMBRE NON RÉSIDANT DU COMITÉ DES TRAVAUX HISTORIQUES
ET DES SOCIÉTÉS SAVANTES

PARIS
AUGUSTE AUBRY
LIBRAIRE DE LA SOCIÉTÉ DES BIBLIOPHILES FRANÇOIS
Rue Séguier-Saint-André-des-Arts, 18

CAEN	ROUEN
LE GOST-CLÉRISSE, Libraire	Ch. MÉTÉRIE, Libraire

1873

*à Mr le Vte de Vaublanc
hommage sincère
La Sicotière*

LA NORMANDIE

A L'ÉTRANGER

CAEN, TYPOGRAPHIE GOUSSIAUME DE LAPORTE.

A mon retour de Russie, dans le premier rapport que j'ai publié, j'écrivais ceci : « On sait combien est puissant le lien qui rattache chacun de nous à la société savante de sa province; nous poursuivons tous le même but; poussés par une curiosité infatigable, nous recherchons les traces de nos pères ; nous demandons au passé ses traditions, ses souvenirs et quelquefois ses leçons ; mes regards se sont donc portés de préférence sur les chartes, sur les documents qui intéressent l'histoire de Normandie »; fidèle à la pensée qui avait dicté ces lignes, j'ai ramassé, chemin faisant, tout ce qui m'a semblé curieux et inédit. Si plus tard, après moi, on retrouvait toutes ces épaves, il serait difficile d'en tirer parti. Il faut avoir en main le fil conducteur pour se reconnaître et se guider au milieu de ces notes éparses ; c'est ce qui m'a décidé à entreprendre ce classement, car ce n'est point un livre, je le dis à l'avance, que j'ai la prétention d'écrire ; ce sont des matériaux que je livre à ceux qui voudront les utiliser, des indications qui permettront de fouiller plus avant. Je limiterai cette publication à l'examen des documents du XVIe et du XVIIe siècle ; les autres prendront place ailleurs.

LA NORMANDIE

A L'ÉTRANGER

CHAPITRE PREMIER

Nombreux documents que possède l'Angleterre sur l'histoire des guerres religieuses du XVI° siècle en Normandie. — Comment la réforme s'est-elle implantée en Normandie? — Différence entre la Haute et la Basse-Normandie. — Les réformés normands tournent leurs regards du côté de l'Angleterre. — L'absence de forces militaires suffisantes en Normandie est venue en aide au protestantisme.—Preuves à l'appui.—Lettre du roi de Navarre à Catherine de Médicis. — Lettre du duc d'Étampes à Catherine de Médicis. — La politique d'intervention de l'Angleterre dans nos troubles servie par l'ambassadeur Throckmorton.— Premières négociations pour livrer le Havre aux Anglais. — Articles passés entre Élisabeth et le vidame de Chartres. — Proclamation d'Élisabeth pour justifier devant l'Europe la prise du Havre.—Preuve de la trahison de trois habitants de Rouen. — Délibération des habitants de Rouen appelant les Anglais. — Le vidame de Chartres pris de remords. — Sa lettre à Cecil.—Efforts tentés par Catherine de Médicis pour empêcher la prise du Havre. — Lettre de Charles IX à Élisabeth. — Remontrances de Paul de Foix, notre ambassadeur en Angleterre. —Réponse d'Élisabeth. — Catherine de Médicis cherche à gagner Beauvoir, qui commandait au Havre pour les protestants.—Réponse de Beauvoir à ses offres.—Premières opérations du siége de Rouen. — Lettre de Charles IX à Saint-Sulpice, son ambassadeur en

Espagne, où il fait le récit du siège de Rouen.— L'ambassadeur du duc de Savoie, le président de Montfort, raconte à son maître un des assauts donnés à Rouen. — Briquemault demande à Cecil de secourir Rouen. — Le secrétaire d'État Bourdin écrit à M. de Gonnor qu'il n'y a pas espoir d'une composition. — Lettre de Charles IX au capitaine Villarmois.—Lettre de Charles IX au duc de Savoie, pour lui annoncer la prise de Rouen. — Lettre de Saint-Sulpice à Charles IX, à l'occasion de la prise de Rouen.— Requête au roi des habitants de Dieppe.—Nouvelle tentative de Catherine de Médicis pour ramener Beauvoir.—Réponse offensante de Beauvoir.

Le British Muséum, le Record Office, ces deux grands dépôts des archives nationales de l'Angleterre, possèdent un grand nombre de documents qui intéressent à un haut degré l'histoire de notre province, et ce qui l'explique, c'est que les opinions religieuses ont créé des liens, ont amené des rapprochements intéressés entre les protestants normands et l'Angleterre. La réforme en Normandie ne s'est pas implantée partout de même ; elle ne s'est pas adressée partout aux mêmes classes ; ainsi à Rouen et dans la Haute-Normandie, trouvant un utile auxiliaire dans la propagande anglaise, c'est dans le peuple, c'est parmi les ouvriers qu'elle a fait ses premières recrues ; dans la Basse-Normandie, au contraire, elle s'est appuyée sur la haute aristocratie féodale et pour ses principaux chefs elle a accepté Montgommery (1), Colombières, Sainte-Marie

---

(1) Voici ce que nous avons trouvé sur Montgommery, dans une lettre de Chantonnay, l'ambassadeur d'Espagne, à la duchesse de Parme :

« Lo fils de M. de Lorges, qui blessa le roy Henry, tient en un sien

d'Agneaux, Vassy, Rouvrou, La Poupelinière. Le peuple des campagnes ne s'y était pas d'abord montré très-favorable ; nous n'en voulons pour preuve que ce qu'écrivait l'ambassadeur Nicolo Tornabuoni au duc de Florence (13 septembre 1561) : « Les paysans ne veulent rien entendre de la nouvelle religion ; ils se sont soulevés et ont pris les armes contre les nobles (1); » mais dans la Haute comme dans la Basse-Normandie, c'est toujours du côté de l'Angleterre que nos réformés normands tournaient leurs regards. Sous François II, au moment où la guerre malheureuse que nous soutenions en Écosse touchait à sa fin et qu'une poignée de Français luttait encore derrière les remparts de Leith, pour l'honneur de la France, Élisabeth faillit rompre les négociations à demi conclues de la paix, parce que l'offre lui était faite par les chefs protestants de mettre en ses mains l'une de nos grandes places maritimes de Normandie, en retour de son assistance (2). L'idée de livrer le Havre aux Anglais remonte donc bien haut ; elle était en

chasteau ung prédicant qu'il a intitulé evesque duquel j'ay veu des mandements citatoires contre tous ceulx qui empeschent les prédicants et ceulx qui y veulent aller, excomuniant iceulx et recommandant que de force ou de gré ils soient amenés devant luy (*). »

(1) Il popolo minuto non vuole intender niente di questa nuova religione; e nella Normandia si sono levati ed hanno preso l'arme contra i nobili. (*Négociations avec la Toscane*, t. III, p. 463.)

(2) Some offer to put her in possession, in return for her assistance, of a town or towns on the coast of Normandy. (FROUDE, *History of England*, t. VII, p. 261.)

(*) Archives de Vienne.

germe sous le règne de François II. L'esprit de secte, la passion religieuse, avaient étouffé dans bien des cœurs le sentiment du devoir envers le pays.

Nous n'avons pas la prétention d'énumérer ici toutes les causes qui favorisèrent l'introduction du protestantisme, mais il en est une pourtant que nous tenons à signaler et qui contribua pour beaucoup à son succès temporaire ; c'est l'insuffisance de forces régulières pour maintenir l'ordre dans notre province et l'autorité royale dans nos villes. Examinons rapidement la situation militaire de la Normandie en 1562 : Matignon commandait à Cherbourg, le duc de Bouillon à Rouen, mais leurs moyens de résistance étaient très-limités. Au mois d'avril 1562, lorsque les réformés par surprise s'emparèrent de Rouen, le duc de Bouillon se retira à Caen. Le duc d'Aumale, qui le remplaça dans le commandement de la Normandie, chercha vainement à reprendre Rouen, et presque sous ses yeux nous voyons le vidame de Chartres (Jean de Ferrières, sieur de Maligny) entrer dans le Havre, où les habitants l'avaient appelé, occuper la ville au nom du prince de Condé et soi-disant « sous l'autorité du roy. » Si l'on veut se rendre compte du peu de forces qui étaient entre les mains des défenseurs de l'autorité royale, voici ce que Louis de Rabodanges écrivait au roi de Navarre, le 14 juillet 1562 :

Sire, m'estant trouvé avec le duc de Bouillon et M. de

Matignon et ayant conféré des affaires qui concernent le service du roy, ilz ont esté d'advis que je vous escripvisse qu'il seroit très nécessaire qu'il plaise au roy et à vous de donner quelques commissions d'hommes qui se pourront lever en ceste duché d'Alençon, affin de donner tel ordre que les occasions peuvent nécessiter.

Et il demandait des hommes d'armes pour Argentan, Essay, Alençon, Verneuil et Domfront, et « des chefs pour y commander, garder que ces places ne soient surprises et veiller à beaucoup d'assemblées qui se font (1). »

Veut-on une nouvelle preuve de l'insuffisance des forces royales en Normandie, voici une lettre du roi de Navarre à Catherine de Médicis, à la date du 12 juillet 1562 :

Madame, ayant entendu la bonne volonté en quoy estoit M. de Bouillon de faire un bon service au roy, je ne luy ay voulu destourner ni oster le moyen de ce faire, mais au contraire, affin de luy en donner davantage, je luy ay accordé suivant ce qu'il m'a requis de faire lever trois compagnies, moitié de chevaux légiers et moitié d'harquebuziers à cheval avec deux qu'il y a (2), pour,

(1) Record Office, State Papers, France, vol. XXIII.

(2) Nous placerons ici les demandes que le duc de Bouillon avait adressées au roi de Navarre :

Instruction de ce que le cappitaine Bertheville aura à dire et remonstrer de la part de Monseigneur le duc de Bouillon au roy, à la royne, et roy de Navarre pour le service du dict seigneur.

Premièrement fera entendre l'estat auquel est la basse Normandie, et l'ordre que mondict seigneur de Bouillon a mys en tous les lieux dicelle ou il a esté, et signamment à Caen, Vallogne et Argentan.

Remonstrera le peu de forces que mon dit seigneur de Bouillon a avec ses forces, réduire ce pays de la Basse-Normandie, et le nettoyer de ceulx qui le troublent maintenant, lesquelles forces il dit qu'il fera payer moitié au clergé et moitié es argenteries des églises, ce qu'il ne peult faire sans avoir une commission du roy, laquelle je vous supplie, Madame, lui faire depescher; je luy ay fait une bonne lettre pour l'asseurer du contentement que moy et tous ces seigneurs avons de luy, affin qu'il ne se desesperast et que cela ne lui fist faire une folie, et d'aultant, Madame, qu'il est en nécessité et qu'il n'a pas grand

et commant le courier que puys ung mois et demy il a envoyé à la court vers les dicts dame et roy de Navarre avec lettres par lesquelles il les advertissoit comme, pour tenir en seureté les ville et chasteau dudict Caen, il estoit contrainct lever deux compaignies de gens de pied et troys cens harquebuziers à cheval pour l'accompaigner par pays, allant donner ordre aux sédictions et autres affaires et occasions de jour en aultre y survenants, et encores attendant la despêche-responce à ses dictes lettres.

Remonstrera davantaige que, attendu le bruict qui est de l'Anglois, et veu la conséquence de quoy sont Cherbourg et Grandville, seroyt très requis et nécessaire mectre plus tost que plus tard dans chacune dicelles places deux cens hommes oultre ce qui y est, et en bailler à M. de Rabaudanges deux cens aultres pour plus aisément maintenir en paix le bailliage et duché d'Allençon.

Lesquelz gens de guerre dessus ditz le roy accordant pour l'effect que dessus, ledict Bertheville scaura de Sa Majesté s'il luy plaist que pour et au payement diceulx qu'on s'ayde de ce qu'on essayera et *se pourra gratieusement et de gré à gré tirer du clergé et des reliquaires et argenterye des Esglizes*, et pour cest effect en faire sur ce expédier et envoyer par sa dicte Majesté lettres patentes à mon dict seigneur de Bouillon pour icelles ensuyvre.

Supplyer au roy et les dictz dame et roy de Navarre vouloir ordonner au trésorier Nouvince payer les frais extraordinaires tant faictz que à faire par mon dict seigneur de Bouillon pour le service du dict seigneur es choses déclarées en l'estat par luy envoyé à leurs Majestez et suivant ce qu'il a pleu à icelle dame luy en escripre cy devant (*).

(*) Bibl. nat., fonds français, 15876, f° 247.

moyen de s'entretenir, j'ay esté d'advis, comme ont esté tous ces seigneurs, lui faire bailler sur les deniers qui sont à la recepte de Caen jusques à quatre mille livres, qui est une chose nécessaire et dont je vous supplie, Madame, luy en faire faire des depesches par le trésorier de l'espargne, lesquelles ce porteur luy rapportera avec la commission pour les argenteries dont je vous ay parlé ci-dessus, dont, Madame, je vous supplie le faire depescher incontinent, affin qu'il puisse retourner et je prieray Dieu, Madame, après m'estre très humblement recommandé à vostre bonne grace, qu'il vous donne longue et heureuse vie.

Du camp de Blois, ce xiie jour de juillet 1562.

Vostre très humble et très obéissant frère et subject,

ANTOINE (1).

Pour bien faire apprécier la situation militaire de la Basse-Normandie, voici le fragment d'une lettre écrite par le duc d'Étampes à Catherine de Médicis, et datée d'Avranches, le 11 septembre 1562 :

Entendant que, outre le doute des Anglois, il vient au conte de Montgommery six enseignes de Rouen et du Havre de Grâce avec huit pièces d'artillerie, et qu'il se fortifie tous les jours de ceulx du pays du Maine et d'Anjou, dont la plupart laissent leurs maisons et biens pour le venir secourir, il me semble que les autres devroient, comme vous leur avez commandé, venir se joindre à moy ; mais il n'en est encores venu ung seul. Je vous envoie l'ordonnance que fait le conte de Montgommery, par où vous verrez comme il use de ses forces en

(1) Bibl. imp. de Saint-Pétersbourg, *Documents français*, vol. 52. (Original signé.)

ce pays ; il m'a écrit des lettres dont je vous envoie copie et de ma response. Le capitaine de vostre chasteau de Domfront m'est venu trouver et m'a remonstré que le dict chasteau n'étoit point fermé et n'y avoit nulle seureté, par quoy je craignois que le conte de Montgommery, le sachant, y allast ou envoyast pour prendre l'artillerie qui y estoit, je passeray par là et la prendray pour nous en servir.

Depuis ma lettre écrite et à ce soir, M. de Matignon et le grand Prieur sont arrivés en ce lieu ; estant tous ensemble nous aurons meilleur moyen en faire quelque chose pour vostre service (1).

A cette triste époque de notre histoire, la politique de l'Angleterre était servie par un homme tout à la fois tenace et audacieux ; c'était l'ambassadeur sir Nicolas Throckmorton. La France eut en lui un mortel ennemi, et son nom est dans tous nos troubles. Confident et conseiller habituel des chefs protestants, il entrevit dans nos discordes civiles, qu'il alimentait, le moyen de rentrer en possession de Calais, et il suivit inflexiblement son but. Une des clauses du traité de Cateau-Cambrésis promettait bien la restitution de Calais à l'Angleterre, mais dans un délai trop éloigné au gré de ses désirs. Les yeux ouverts sur cette proie, attentif à profiter de la moindre ouverture, Throckmorton écrivait à Cecil (2), le 18 mai 1562 :

Maligny (3) est au Havre ; si cette ville tombe en notre

(1) Bibl. imp. de Saint-Pétersbourg, vol. LXXXVIII. (Original.)
(2) Grand-trésorier d'Angleterre, premier ministre d'Elisabeth.
(3) Jean de Ferrières, fils de François de Ferrières et de Louise de

pouvoir, les François rendront Calais pour avoir le Havre (1).

Et prévoyant que le prince de Condé serait forcé de demander des secours en hommes et en argent, il a bien soin de dire :

Au lieu de bons de garantie, c'est le Havre qu'il faut avoir (2).

Ceci bien établi et que nous pouvons au besoin justifier par de nombreuses citations (3), voyons maintenant comment les choses se passèrent et comment le Havre fut vendu aux Anglais.

Le vidame de Chartres, accompagné de Robert de La Haye, ce dévoué serviteur du prince de Condé, d'un nommé Laroque et de plusieurs habitants de

---

Vendôme, devenu vidame de Chartres par le décès de son oncle, François de Vendôme, mort à la Bastille en 1560.

(1) Kalendar of State Papers, 1562.

(2) *Ibid.*

(3) François II, parlant d'une prétendue conjuration contre Elisabeth, écrivait, le 18 septembre 1560, à l'évêque de Limoges, son ambassadeur en Espagne :

C'est une nouvelle artificieusement faite pour couvrir quelque intelligence qu'il n'est pas hors de propos que les Anglois ayent avec les séditieux de mon royaume. (V. *Négociations sous François II*, p. 524.)

M. de Seurre, notre ambassadeur à Londres, pensait aussi que la main des Anglais était dans nos troubles. (V. même volume, p. 543.)

Et dans un document que nous citerons plus loin, et qui relate toutes les dépenses occasionnées par la prise et le siége du Havre, on verra que Throckmorton pour ses pratiques en France reçut une somme considérable.

Dieppe, passa directement en Angleterre vers le 15 août. Notre ambassadeur à Londres, Paul de Foix, qui surveillait ces menées, écrivait :

Jean de Ferrières et de la Haye sont logés au chasteau de Greenwich ou est la reine et s'y tiennent cachés, de sorte qu'ilz ne se sont jamais laissés voir en public et vont trouver la dite dame par galleries et lieux couverts, afin de n'estre recognus ni veus de personne (1).

Le 29 août, les bases du traité passé entre le vidame et la reine d'Angleterre étaient arrêtées ; mais le traité ne fut définitivement signé que le 20 septembre à Hamptoncourt, et voici la copie des articles passés entre la reine et le vidame, telle qu'elle fut adressée à Adrien Poynings, capitaine de Portsmouth :

Monsieur le visdame s'en yra à Portsmen (*sic*) et de là s'en reviendra icy ou ira à quelque maison de quelque seigneur ou gentilhomme là voisin pour n'en bouger jusqu'à ce que tous les articles qui s'en suivent ne soyent accompliz : Premièrement, le dict sieur visdame donnera ordre que, sitost que le sieur Adrian Poinings arrivera devant la dite ville du Havre, que la principalle tour qui est assise dans la dicte ville, à l'entrée du Havre avecques toute l'artillerie et munitions à icelle appartenant sera délivrée entre les mains et possession de telz capitaines ou souldatz que le dit sieur Adrian assignera, que se fera en telle sorte que les dictz capitaines et souldatz en auront paisible possession et en seront maistres.
Item. Que le jour que le dict sieur Adrian et les soul-

---

(1) Record Office, State Papers, France, vol. XXV.

datz anglois seront descendus en terre, ilz auront entre les mains autant de boulevers et fortz de la dicte ville que le temps avant nuit le souffrira.

Item. Que le jour suivant que les gens de Sa Majesté seront entrez en la dicte ville les souldatz francoys ne se mesleront aulcunement de la garde d'aulcun boulevert, murailles, plate forme, forteresse, artillerie, ou d'aulcune autre chose appertenante à la défense de la dicte ville, ains permettront les Anglois de avoir entièrement la possession et en user à leur volunté.

Item. Que toute l'artillerie et munition appartenans au Roy, estantz là pour la défense de la dicte ville, seront délivrées par inventaire au dict sieur Adrian ou à celuy chez lequel il assignera, et ce d'estre faict dans xxiiii heures après l'arrivée du sieur Adrian.

Item. Que tous les souldatz francoys qui sont dedans la ville, partiront d'icelle dedans deux jours après l'entrée des souldatz angloys (si elle ne soit assiégée) pour aller secourir Rouen ou faire quelque autre entreprinse, ou en cas qu'ilz ne pourront partir à cause de telle siége, de le faire aussitost qu'ilz le pourront. S'en ira aussi avecques eux quelque nombre des Anglois, si ainsi sera jugé nécessaire du lieutenant de Sa Majesté ou du dict sieur Adrian à la volunté desquelz le tout sera remis ; et quant aux habitans de la dicte ville Sa Majesté promettra faire le même bon traitement qu'elle fait ordinairement à ses propres subgectz, et eulx feront serment de y rester fidelz (1).

Élisabeth chercha à justifier vis-à-vis de l'Europe cette prise du Havre, faite en pleine paix et sans déclaration préalable de guerre ; nous ne reproduirons ici que la partie de cette proclamation qui se rapporte particulièrement à la Normandie (2) :

(1) Record Office, State Papers, France, vol. XXV.
(2) Cette proclamation n'est pas la même que celle qui a été publiée

Entendant pour vray que le peuple de Normandye, principalement les habitants de Rouen, Dieppe, de Havre de Grace sont en danger evident d'estre en brief du tout destruictz par force, si à tempz ilz ne sont secouruz de quelque ayde, et que l'occasion de leur persecution n'est pour autre chose, sinon qu'ilz cherchent conserver leurs consciences libres au faict de la religion, selon qu'il a esté ordonné par le roy en son edict faict et publié au moys de janvier dernier : nous, avecques bonnes et sinceres intentions envers le roy nostre bon frere (lequel nous sçavons que, à raison de son jeune aage, ne peult contenir et empescher ses subiectz de se ruyner et destruire les uns les aultres), avons ordonné et commandé d'ayder et deffendre icelles villes, et toutes autres qu'ilz pourront, de confusion et desolation, et conserver toutz les subiectz du dict roy es dictz lieux, de quelque qualité qu'ilz soyent, en leurs vies, libertés, biens et possessions, contre ceulx qui par violence les vouldront envahir en leurs demeurances. Et pour ample declaration de ce que dessus, avons faict mettre en escript ceste nostre intension, laquelle estant scellée de notre scel, avons baillée à nostre lieutenant pour estre par luy ou par ses commiz monstrée et manifestée à tous subgectz du dit seigneur roy qui ont requis ou requerront nostre ayde, faveur et secours, auxquelz nous promettons en parolles de prince chrestien que n'entendons, ne voulons souffrir que aucun de nos subgectz, armé ou sans armes, nuyse ou offense aucune personne dedans icelles villes qui requerront nostre ayde, ains à leur possible les soustiendront et maintiendront en leurs habitations, vies, libertés, biens et possessions. Et quant à nous, cependant, nous ne oublirons de leur solliciter et procurer tout bon moyen de repos, paix, liberté et délivrance de la violence de la dicte

dans les *Mémoires de Condé* (*) et dans l'*Histoire des Églises réformées* de Théodore de Bèze.

(*) V. *Mémoires de Condé*, t. III, p. 693.

maison de Guyse ou d'aucuns adherans d'icelle. Donné à nostre maison de Hampton court, le xxviie jour de septembre 1562, et de nostre reigne le quatriesme (1).

Le vidame n'était pas le seul à trahir la France ; le Record Office nous a conservé une preuve accablante de la trahison de trois habitants de Rouen, du Bosc d'Emandreville, deuxième président de la Cour des aides, Gruchet de Soquence, échevin, et Noël Cotton de Berthouville, échevin; c'est une lettre écrite à Cecil et signée par eux trois (2) :

Monsieur, ne pouvant demander, nous aultres, secours ni aide sinon de ceulx à qui nous cognoissons dépendre tous nos biens et nos vies, aussi l'affection qu'ilz nous portent se monstrant sans l'avoir méritée, nous fait prendre ceste hardiesse de vous supplier très humblement de continuer le bon voulloir que vous nous portez, de nous aider et à présent que les affaires s'offrent vous emploier pour nostre cause qui est le service de Dieu contre ses adversaires et partant vos ennemis et les nostres, qui ne tendent à aultre but sinon à ruiner nostre pays *qui est et se veult rendre vostre* pour le sauver de leur cruauté, vous suppliant ne lui refuser aide, se mettant à vostre protection et à la sauve garde de Sa Majesté la royne d'Angleterre *que nous advouons nostre maistresse* par vostre moyen, laquelle nous préservera s'il lui plaist *nous estans ses subjectz naturels comme nous avons esté autrefois* jusqu'à l'extrémité de nos biens et de nos vies. Monsieur, après nos très humbles recommandations présentées à vostre

(1) Record Office, State Papers, France, vol. XXV.
(2) *Ibid.* Dans les jours qui suivirent la prise de Rouen, tous trois furent mis à mort. V. FLOQUET, *Hist. du Parlement de Normandie*, t. II, p. 453.

bonne grace, prions le Seigneur vous donner en parfaite santé la bien bonne et longue vie.

De Rouen, ce viii du mois de septembre (1).

Voici une étrange note que nous avons également relevée dans le même recueil (2).

Délibération des manans et habitans de la ville de Rouen.

Le peuple désire fort avecques grande affection et bon vouloir de recepvoir les Anglois et chascun avec secours pretend et délibère vaincre et défaire les adversaires de Dieu et du royaume, lequel secours sera receu fort agréablement et favorisé comme frères et amis lesquels seront logés es forts de la ville.

Question : Le passage entre Renty et Dieppe est-il libre ?

Entre les deux villes il n'y a aulcun chasteau, ville ni fort pour empescher la liberté des chemins moyennant quelque cavalerie.

Pour les vivres de la ville de Rouen ?

La ville est assez suffisamment munie de vivres, de vin, de pain et bière et sont les victuailles ordinairement apportées par la rivière.

Quelle artillerie il y a et quelles munitions en la dicte ville ?

Il y a grand nombre de mousquetz et harquebuzes et crocqs avecques quelques pièces d'artillerie, mais il y a besoin de pouldres et de plus grand nombre d'artillerie.

Voici une nouvelle note adressée à la reine Élisabeth par les protestants de Rouen :

(1) Record Office, State Papers, France, vol. XXIII. (Original.)
(2) *Ibid.*, vol. XXIV.

On lui fait valoir que l'archevêché vaut 50,000 l., l'abbaye de St-Ouen 10,000 l., celle de Fécamp 40,000 l.; les prébendes et autres bénéfices valent la moitié de la somme de l'archevêché, les gabelles salines 50,000 escus, lesquelz droits redoubleront lorsque les Anglois y auront introduit leur négoce ; le profit s'élevera beaucoup plus que ne cousteront les garnisons (1).

A côté de ces tristes preuves de trahison, on est heureux d'avoir à louer la belle conduite de Morvilliers, qui commandait à Rouen, et qui, en apprenant l'accord conclu avec l'Angleterre, résigna son commandement. Le négociateur du traité, le vidame de Chartres, s'apercevant, mais trop tard, qu'il a joué le jeu de l'Angleterre, est pris lui-même d'une sorte de remords, et c'est la rougeur au front qu'il annonce à Cecil l'arrivée de la flotte anglaise au Havre ; cette lettre révèle le côté honteux du marché et l'habileté avec laquelle les Anglais avaient exploité la situation :

Monsieur, je pense que ceste nuit passée les navires sont arrivés au Havre neuf, car le vent propre a continué plus de vingt quatre heures, dont j'envoie ce gentilhomme devers vous pour vous ramentavoir quelques choses qui sont nécessaires tant pour Dieppe que pour les nostres qui sont au Havre. Je vous prie y donner ordre. Je cognois par la lettre qui m'estoit escrite de Dieppe, que vous ne donneriez pas secours à Rouen ; je vous prie pour le moins secourir Dieppe promptement et de façon que le peuple qui y est soit conservé et la royne ait l'hon-

(1) Record Office, State Papers, vol. XXVIII.

neur de n'avoir pas contemné Dieppe qui s'est attendue estre preservée sous sa main. Monsieur, je ne vous puis escrire l'affliction d'esprit que ressens, *voyant que la preservation de la Normandie, qui estoit le principal but de l'esperance que nous avions en la royne, ne s'en suit point.* Je vous prie remonstrer continuellement à Sa Majesté qu'elle ne se doit contenter d'avoir eu ce qu'elle eust sceu le plus désirer en France pour sa satisfaction et de son peuple, mais qu'elle doit user et employer les forces que Dieu lui a données pour l'establissement de l'Evangile en France, car c'est la certaine voie de la ruine du siege de l'Antechrist; si elle ne le fait, Dieu s'offensera de sa trepidité et lui soustraira des graces qu'il lui a faictes et d'aultres qu'il lui a préparées. Monsieur, je vous escris de rechef que Dieu m'a donné sçavoir chose qui peult grandement augmenter les forces et la volonté d'un prince pour entreprendre la protection de son Evangile; si vous disposez la volonté de la royne à faire ce qui est de sa vocation royale, tellement que je n'aye occasion d'estre tenté de désespoir de voir *jacturam honoris et bonorum esse sine fructu*, je espere avec l'aide de Dieu faire chose si grande pour son service qu'elle ne se peult estimer. Aussi si vous ne me donnez quelque bonne consolation, *ego deficio sub onere*, et suis assailly de diverses tentations. Monsieur, je vous prie avoir pitié de moy et prier Dieu pour moy ; je me recommande humblement à vostre bonne grace et prieres.

Vostre très-humble et affligé et triste, *usque ad mortem* (1).

Que pouvait faire Catherine de Médicis pour s'opposer à cette invasion des Anglais en Normandie ? User de tous les moyens de persuasion vis-à-vis de

---

(1) Record Office, State Papers, France, vol. XXV. (Original.)

la reine Elisabeth, par l'entremise de son ambassadeur à Londres et par celle de M. de Vieilleville, envoyé en ambassade extraordinaire, et si elle ne pouvait rien obtenir, protester énergiquement et se déclarer déliée du traité de Cateau-Cambrésis, et de la restitution de Calais ; c'est ce qu'elle fit, et ce que nous allons successivement examiner.

Charles IX, à la date du 11 octobre 1562, écrit de Gaillon à la reine d'Angleterre pour lui rappeler que, par le traité de Cateau-Cambrésis, elle s'est engagée à ne recevoir, ni garder, ni laisser garder par aucun de ses sujets, aucun rebelle et traître chargé du crime de lèse-majesté et de le remettre vingt jours après notification de lettres expresses ; il lui dénonce le vidame de Chartres, La Haye, maître des requêtes de son hôtel, le sieur de Saint-Aubin, le sieur de Laroque, le sieur de Vertigny, Jourdemare, garde de son artillerie au Havre-de-Grâce, Jehan Ferey, élu de la ville, un nommé Bouchart, receveur à Rouen, le bailli de Dieppe, et, au nom du traité de paix, il en demande l'extradition (1). Catherine de Médicis ne s'en tint pas là ; notre ambassadeur, Paul de Foix, fut chargé de présenter des remontrances énergiques. Il avait demandé audience pour le 9 du mois d'octobre ; la reine étant indisposée, elle lui envoya deux de ses conseillers qui, en son nom, justifièrent la prise et les arme-

(1) Record Office, State Papers, France, vol. XXV. (Original signé.)

ments du Havre en s'appuyant sur ces deux raisons : la défense du roi de France et la défense de la reine.

Paul de Foix remercia la reine d'avoir voulu prendre la défense du roi, mais il la pria de n'en rien faire et de s'épargner, ainsi qu'à ses sujets, cette peine et cette dépense ; elle n'en avait été requise ni par la reine mère, ni par le roi de Navarre. Le roi d'Espagne et le duc de Savoie, plus proches parents du roi (frère et oncle), n'ont pas cru devoir envoyer des gens de guerre sans l'agrément de la reine mère, du roi de Navarre et des princes et seigneurs du conseil. La délivrance du roi et de sa mère n'est qu'un prétexte habile de la révolte, le roi dans sa minorité ne pouvant être plus libre qu'entre les mains de sa mère. Ceux que la reine d'Angleterre entend défendre ont été déclarés rebelles par arrêt de la première cour souveraine de France.

Quant à sa défense personnelle qu'elle met en avant, ni le roi ni aucun de ses sujets n'ont porté les armes chez elle contre son gré ; si elle a eu à se plaindre sur les côtes de Bretagne, c'est contre le commandement du roi ; il a d'ailleurs donné des ordres au duc d'Étampes pour la répression et la réparation des griefs. Quant à la religion que l'on veut invoquer, il est du devoir du roi de veiller à ce que ceux dont il a la garde vivent dans la crainte de Dieu et sous son service, et aucun prince voisin ne doit s'introduire dans la bergerie et le troupeau ; le roi seul a le droit du glaive, il est ordonné de

Dieu pour la défense de la société, l'union de ses sujets, la défense de l'innocent et le châtiment des perturbateurs.

Il plaira à la dame de considérer que les rois et princes qui, sous de pareils prétextes, intentent une guerre injuste et troublent le repos des hommes contre la fin principale pour laquelle Dieu les a établis, ont toujours, par le jugement et providence de Dieu, souffert et enduré des peines dues à leurs fautes ; les histoires sont pleines de leçons de ce genre.

Occuper des villes et des ports pour ne pas déchoir du droit sur Calais, profiter du bas âge du roi, des troubles de la France, ce ne peut être qu'à la diminution de la bonne renommée de la reine ; c'est rompre le traité de paix, chercher d'autre assurance que celle des ôtages plus que suffisante pour la sûreté des conventions arrêtées.

Le roi la met donc en demeure de laisser les places occupées par elle ; si elle y consent, il ne prendra pas en mauvaise part ce qui a été fait et usera à son égard d'une amicale réciprocité.

L'ambassadeur demandait une réponse immédiate (1).

Elisabeth, étant encore très-malade (2), ne put recevoir l'ambassadeur, mais donna charge d'y répondre.

Quant aux plaintes faites au sujet de l'envoi des

---

(1) Record Office, State Papers, France, vol. XXV.
(2) Elle avait en ce moment la petite vérole.

Anglais en Normandie, elle les met sur le compte de la mauvaise humeur de l'ambassadeur. Les troupes n'ont pu prendre terre que le 4 ou le 5 octobre ; le roi ne pouvait donc pas se plaindre, le 2 octobre, de la descente des troupes qui n'avait pas encore eu lieu.

Quant à la réfutation d'un livret imprimé par ordre de la reine, l'ambassadeur n'a pu recevoir aucun ordre de France pour s'en plaindre, car le livret a été publié le mardi 13 octobre, et l'ambassadeur, ayant demandé audience le 11, a été reçu le 19 par les membres du conseil privé.

Afin que l'ambassadeur ne pense point qu'il a perdu sa peine, Sa Majesté le fait assurer que le nouvel ambassadeur, Thomas Smith, qui est parti le 20 de ce mois, répondra, à sa première audience, à toutes les explications demandées.

Elle proteste de son bon vouloir, que le roi doit connaître à cette heure, car elle veut uniquement mettre en repos les sujets du royaume de France et vivre en paix avec le roi.

Quant aux Français qui sont en Angleterre et dont on demande l'extradition, ceux qui s'y sont retirés ont fui la persécution, ils n'ont aucun mauvais vouloir et n'ont donné aucune preuve apparente de déloyauté ; mais s'il s'en trouvait de coupables des faits qu'on leur impute, la reine ordonnera à ses officiers d'y avoir égard (1).

(1) Record Office, State Papers, vol. XXV.

N'ayant rien à attendre, rien à espérer des remontrances faites à Elisabeth, trop avancée pour vouloir reculer, Catherine de Médicis essaya par tous les moyens de gagner Beauvoir (1), qui commandait au Havre. A deux reprises elle lui fit offrir, par Castelnau et par Vassy, une compagnie de cinquante hommes d'armes, le collier de l'Ordre et le gouvernement de Rouen ; mais rien ne put ramener Beauvoir ; il garda Castelnau au Havre jusqu'à l'arrivée des Anglais, pour qu'il pût rapporter à la reine-mère qu'il les avait vus dans la place, et voici l'offensante réponse qu'il adressa à Catherine de Médicis :

Madame, je n'ay pu plus tôt vous dépêcher le Sr de Maulvissière. Je supplie Dieu que la certaine nouvelle qu'il vous portera de la descente des quatre mille Anglois tant à Dieppe que en ce lieu, oultre quatre mille qui arrivent demain ou après conduitz par le comte de Varvick qui vient accompagné de douze cens chevaux vous faire cognoistre combien il est soigneux de tirer ceulx qui mettent toute leur confiance en luy hors de l'affliction et misère, après les y avoir tenus un temps.

Madame, Vostre Majesté ne se doit nullement étonner de leur descente et m'asseure que quant vous serez bien informée de la capitulation qu'ilz ont faite que vous serez merveilleusement contente, car tout leur but ne tend que deux points : le premier à la gloire de Dieu, le second à la délivrance et seureté de la minorité du roy, les protestations de la royne d'Angleterre vous en rendront telle foy que vous en demeurerez satisfaite. Il est certain,

---

(1) Jean de Lafin, plus connu sous le nom de Beauvoir La Nocle, beau-frère de Maligny (Jean de Ferrières) par son mariage avec Beraude de Ferrières. V. *France protestante*, t. VI, p. 201.

Madame, que si au lieu d'adoucir le courroux que vous pourriez de prime face concevoir contre nous, vous vous y aigrissiez davantage à la persuasion de ceulx qui après avoir ruyné en partie vostre royaulme ne cesseront, si il estoit en leur puissance, de détruire celui de Jésus-Christ, c'est le plus beau chemin que võus pourriez choisir pour les asseurer en leur désir, qui est de hasarder la domination de Vos Majestez plus tôt qu'ils ne détruisent l'Église de Dieu.

Madame, je supplie humblement Vostre Majesté recevoir ce mot comme d'un très-fidèle sujet et serviteur. Je suis certain que les ennemis de Dieu et les plus grands que vous ayez, encores qu'ilz soient près de vostre personne essaieront de convertir cet avertissement que je prends la hardiesse de vous faire en une menace (là n'advienne que je m'oublie tant), mais, Madame, avec l'avertissement, et en deussent-ils mourir de dépit, je vous supplie trouver bon que j'ose vous dire que vous n'avez moyen de paix et de repos asseuré de vostre royaume que en les chastiant et de leurs larcins du passé et de leur rage présente exécutée en plusieurs partz de ce pauvre royaume avec cruelle effusion de sang de vos plus fidèles sujets et sommes délibérez de ne mespriser les moyens que Dieu nous donne pour nous en aider de façon que, s'il y a de la ruyne, que ce soit pour nos ennemis, ou pour le moins qu'elle leur soit commune avec nous. Madame, Vostre Majesté doit croire et estre très-certaine que si vous prenez opinion de vous servir de M^r le prince de Condé et de ceulx quy sont avec lui (desquelz et luy, aussi vous scavez par assez de preuves qu'ilz vous sont très-fidèles, préférant toutes choses et mesme leur propre vie au repos public et seureté de Voz Majestez) que vous tireriez telle obéissance de tout vostre peuple qu'en peu d'heures vous apprendriez combien les ambitieux conseillers font de mal auprès d'un grand prince et ne fault douter que la royne d'Angleterre estant vertueuse et chrestienne et craignant Dieu, quand elle verra le repos aux églises reformées de la France, la persécution cessée, et Vos Majestez en liberté, qu'aussi librement elle sorte de voz places comme volontairement et charitablement elle a entrepris la guerre contre la maison de Guise contre lesquelz elle a juré employer toutes voies et en délivrer Vos Majestez et la France (1).

Pendant que s'échangeaient les inutiles remontrances de notre ambassadeur et les illusoires réponses d'Elisabeth, le siége de Rouen, en dépit des efforts de Montgommery qui s'y était enfermé, marchait rapidement. Le 26 septembre la ville avait été investie, et, le 6 octobre, le fort Sainte-Catherine était pris d'assaut.

Dans une longue lettre à M. de Saint-Sulpice, ambassadeur en Espagne, Charles IX fait le récit des opérations du siége.

M. de Saint-Sulpice pourceque depuis le partement de vostre courrier que je vous depeschay de Gien, j'en ai entendu nulles nouvelles de vous, cela est cause que je vous ay voullu envoyer Combault, mon varlet de chambre, pour vous faire entendre ce qui est succédé depuis ce temps, affin que vous puissiez tenir le Roy, mon bon frère et la Royne, ma sœur, advertiz. Je vous diray donc qu'après avoir résolu de m'acheminer avec mes forces du costé de Normandye pour la nouvelle que j'avois que les rebelles y voulloient appeler les Anglois, ainsi qu'alors je vous mandois, je feis si bonne dilligence que le XXIXe du moy passé mon armée arriva devant ceste ville de Rouen, ayant auparavant pourveu a tout ce qu'il falloit pour l'assaillir, où estant arrivé mon oncle le Roy

(1) Record Office, State Papers, France, vol. XXV. (Copie du temps.)

de Navarre, avec tous ces seigneurs estans en ceste arivée, et le même jour recongneut tant la ville que le fort Saincte Catherine qu'ils avoient faict à la teste sur une montagne qui domine la dicte ville ; ils furent tous d'opinions d'assaillir le dict fort encore que l'abordée en fut la plus difficile et la plus malaisée qu'il est possible. En quoy on usa de telle diligence qu'après avoir tiré quelques jours aux deffences l'on conduisit des tranchées qui alloient gaigner le fossé à l'endroict d'un bastion par où l'on le voullut assaillir, et comme sur le midy l'on eust faict l'ouverture pour entrer dans le dict fossé nos soldatz donnèrent du cul et de teste à ce dict bastion qui estoit un peu esgratigné et furent aux mains avec ceulx de dedans sur le haut du rempart avant qu'ils s'en aperceussent. Si est-ce qu'ils ne laissèrent de se deffendre et combattre opiniastrement, mais croissant le nombre de ceulx qui les assailloient et commençans eulx à s'estonner, ils furent emportez de ceste furye et suivys jusques dans les portes de la ville où il en entra plus d'une vingtaine pesle mesle (1). Ce fort gaingné après avoir essayé d'avoir ceulx

(1) Voici encore une lettre du roi de Navarre annonçant la prise du fort Sainte-Catherine à Chantonnay, l'ambassadeur d'Espagne :

« M. de Chantonnay, continuant nostre seigneur à nous départir ses grâces, il est advenu ainsi que j'avois ordonné de faire gaigner les fossés du fort Sainte-Catherine, nos soldatz se sont mis à asaillir si vivement le fort qu'avec le secours que j'ay fait mettre de renfort, ilz se sont opiniatrés de la façon qu'enfin l'on est entré d'assaut, mais ce a esté si furieusement que l'on a jamais veu combattre mieux dont pour la grande conséquence que cela porte à ceste entreprinse, je n'ay voulu faillir à vous advertir, saichant que ce vous seroit très grand plaisir d'entendre l'heureux succès de ce siège dont nous aurons bientost la fin gaignant comme nous ferons bientost la ville autour qui ne peult guères durer davantage.

« M. de Chantonnay je prie Dieu qu'il vous ait en sa sainte et digne garde (*). »

(*) Archives de Vienne.

de la dicte ville par doulceur et leur faire cognoistre
leur obstination, jamais il n'y eust ordre, mais au contraire, ayant advis que les Anglois estoient descendus
au Havre et Dieppe envoièrent devers eulx par le moyen
de la rivière qu'ils avoient lors à leur commandement
pour leur envoyer du secours, ce qu'ilz firent d'une gallère et d'une galliotte où il y pouvoit avoir de quatre à
cinq cens Anglois, et comme ils y en voulloient envoyer
plus grand nombre, mon cousin le duc de Montmorency
que j'avois envoyé à Caudebec pour empescher le dict
passage leur print deux barques où il y avoit environ
trois cents hommes, cinq pièces d'artillerye, six milliers
de pouldre et troys ou quatre cens boullets et donna ordre
à leur serrer le dict passaige de façon que depuis ce temps
ils n'y ont plus rien envoyé. Cependant je feiz faire les
tranchées et commencer à battre les deffences où, ce fait, le
Roy de Navarre et ses seigneurs feirent conduire une
trenchée jusques dans le dret fossé qui ne fut sans une
gresle d'arquebuzades tant que l'on y besoigna, mais
finalement le xvme de ce moys quand nos gens eurent
faict une batterye fort furieuse et la brèche commenceait
à se faire, ils gaingnèrent le fossé en plain midy où il y
eut fort combats, et se logèrent sur ung portail à cavalier
de la bresche et ceulx de dedans ne les purent jamais
desloger. Et ayant gaingné le dict fossé le lendemain
comme ilz se logèrent au pied du rempart pour sapper le
pied de la muraille, le malheur fust si grand pour moy
que estant mon oncle le Roy de Navarre dans le dict
fossé où il faisoit besoingner pour accommoder les dicts
gens de guerre, il eust une arquebuzade dans l'épaule
dont il est assez blessé. Toutesfois j'espère avec l'aide de
Dieu qu'il n'en aura que le mal. Ce qu'ayant veu les dicts
soldats, ils entrèrent en telle furye qu'ils vindrent à la
muraille qui n'estoit encores du tout rompue pour y
monter où après avoir combatu une heure de trois mille
harquebuzades et donné coup de picques, mon cousin le
Duc de Guyse les feit à toute peine retirer, d'aultant qu'il

n'y avoit nul ordre ny apparence d'y estre alléz et les feit loger sur le rempart où il les accommoda le mieulx qu'il fut possible pour ce jour là. Ce combat ne fut poinct si petit que ceulx de la ville ne confessent y avoir perdu et le jour précédent plus de huict cens hommes des meilleurs qu'ils eussent et en eussent encores perdu davantaige s'il y eust eu ung seul trou pour entrer ; mais Dieu ne voullut que ceste belle ville fust ruynée ni saccaigée comme elle eust esté et tant de peuple qu'il y a dedans qui ne peult mais de tout ce qui s'y faict mis au fil de l'espée, de façon que voyant leur péril éminent et ruyne manifeste, ils sont venus à me demander pardon et miséricorde, ce que je leur ay mieulx aymé accorder en me remectant ma dicte ville entre les mains que de leur donner la punition qu'ils méritent en recevant une si grande perte et dommage comme m'aporteroit le sac de la dicte ville, laquelle réduicte en mon obéyssance je me délibère poursuivre les dicts Anglois et ne cesser que je ne les aye avec l'ayde de Dieu chasséz hors de mon royaume, espérant que y estans entréz contre tout droict de raison et ayant la Royne leur maistresse avec si peu d'occasion violé et enfrainct le traicté de paix, Notre Seigneur me assistera de sa force et vertu pour me donner moyen de repoulser leur injure et me conserver ce que injustement ilz me veullent occuper. En quoy le Roy mon frère à qui ceste cause touche comme à moy pour estre prince catholique considerera comme c'est qu'il peult trouver bon le secours que la dicte dame faict à nos subjects qui se sont rebellés contre moy et s'il faisoit du costé des Pays bas par ses ministres une bonne démonstration à l'endroict de là dicte dame et de ses subjects, cela peult estre luy seroit ung mords à la bouche qui l'arresteroit tout court; et de l'autre costé les Allemans entrent dans ce royaume et sont bien avant en Lorraine ou j'ay envoyé mon cousin le mareschal de St-André avec de bonnes et grandes forces de gens de pied et de cheval pour essayer de leur empescher le passaige pendant que j'acheveray de reduire ce pays (1).

Le président de Monfort, ambassadeur du duc de Savoie, qui fut témoin du rude assaut donné à la ville de Rouen, le raconte en ces termes au duc son maître :

Jeudi dernier xv de ce mois, la royne m'envoya de bien bon matin à Pont-de-l'Arche M. de Fizes pour me conduire vers Sa Majesté, où en arrivant je ne puis luy parler, parce que sur le point même se commencoit à donner l'assault, pour la veue duquel chascun courut aux fenêtres du fort Saincte Catherine, et les autres au chemin là davant d'où l'on pouvoit avec fort peu de danger voir le tout bien aisément, fort piteux spectacle pour la mort de plusieurs bons soldats et plus encore s'en retournant blessés, parmi lesquels le roy de Navarre, lequel reçut une arquebusade au-dessus de l'épaule gauche, joignant le bord du corselet, plongeant le coup en dedans et la balle est restée dedans. Aussi M. de Guise eut un coup de pierre sur le bras et le duc d'Atrie sur un bras et une cuisse. La batterie de xx ou xxviii pièces faisoit une horrible boucherie de ceulx qui estoient sur le rempart tant obstinés qu'ils n'en changèrent oncques place.

Il ajoute que la reine-mère le fit appeler et lui donna audience pendant le plus fort du combat (2).

La ville de Rouen, battue en brèche du haut des hauteurs qui la dominaient, si elle n'était

---

(1) Bibl. imp. de Saint-Pétersbourg.
(2) Archives de Turin. (Original.)

secourue, ne pouvait longtemps prolonger sa résistance. Briquemault, l'un des chefs les plus renommés du parti protestant (1), s'adressa à Cecil pour obtenir le secours promis et dont dépendait le salut de la ville assiégée :

Monseigneur,

Après que j'ay entendu le zele et l'affection que portez à notre cause, je n'ay voulu faillir de vous faire ce mot exprès pour vous supplier très-humblement d'estre cause que la royne face diligence et secours à ceulx de Rouen et aussy à ceulx qu'il a déjà pleu à sa majesté d'envoyer de deçà, pour ce que nos ennemis qui ont assiégé Rouen s'efforcent tant qu'ilz peuvent de l'emporter avant que les secours soient venuz, tant de vostre part, que de celle de M. le prince; et d'aultant que les secours d'Angleterre doivent estre les plus prochains, suivant l'ordonnance que l'on nous a dict y avoir faict la royne, je vous supplieray, de rechef, vouloir estre cause qu'il ne se perde point de temps, non-seulement pour faire venir ce qu'il est ordonné, mais, s'il est possible, de faire renforcer, et nous vous en aurons perpétuelle obligation. Je suis icy envoyé de la part de M. le prince de Condé pour recevoir, servir et adresser, en tout ce qui me sera possible, M. le comte de Warvick et aultres, qu'il plaira à la royne envoyer de deçà. Il y a moyen bien à propos et facile de secourir ceux de Rouen, si nous avons les forces comme je l'ay donné à entendre à M. D'Ormezan qui l'a trouvé bon, comme je crois qu'il vous aura fait entendre, qui sera l'endroit où me recommandant humblement à vostre

---

(1) François de Beauvais, sieur de Briquemault, né en 1502, condamné après la Saint-Barthélemy et exécuté en Grève au mois d'octobre 1572. V. Brantôme pour son supplice. (V. *France protestante*, vol. II, p. 130.)

bonne grace, je prieray Dieu, Monsieur, qu'il vous donne très-bonne vie et longue.

De Dieppe, le vIII octobre 1562 (1).

Rouen devait encore tenir jusqu'au 26 octobre, l'énergie de la résistance égalant l'ardeur de l'attaque. Le secrétaire d'État Bourdin écrivait, le 22 octobre, à M. de Gonnor :

Monsieur, envoyant à Monsieur vostre frère la lectre que la Royne luy escript, j'ay bien voulu par mesme moyen vous advertir que je ne voy aucune espérance en la composition de ceste ville, d'autant que d'hier au soir l'on a tiré d'une part et d'autre bien aprement et se continue encores de ceste heure, si cela pouvoit faire raviser ceulx de dedans pour venir à une bonne composition et bien tost, ce nous seroyt ung grant bien, d'aultant que ceste ville là ne se peut perdre, ny sacaiger que les marchans de Paris n'y ayent une bien lourde perte et que le moyen de secourir le Roy ne se diminue d'aultant. Le Roy de Navarre a eu ceste nuict qui estoyt la vII^{esme} de l'inquiétude ; mais si n'est ce pas que les medecins et chirurgiens voyent riens de mauvais qui les face doubter de sa guérison et est malaisé que en telles blessures, il ne survienne souvent beaucoup de choses qui donnent plus de travail et d'inquietude une foys que l'aultre (2).

Au plus fort du siége, Charles IX adressait au capitaine Villarmois la lettre suivante qui est un

(1) Record Office, State Papers.
(2) Bibl. nat., ancien fonds français, n° 8727, f° 12 r°. (Autographe.)

triste témoignage des souffrances de la Basse-Normandie et des pilleries des hommes de guerre :

Capitaine Villarmois (1), j'ay entendu les estranges désordres, pilleries et meurtres et insupportables excès que faict votre bande au pauvre peuple, es quartiers d'Alençon et autres lieux circunvoisins, et que communément pour donner coulleur à leur désordre et insolence, ilz ont dit qu'ilz ont ung mot du guet et commandement verbal et qu'ilz sont bien advouez de ce qu'ilz font. Si ainsi est, je ne pense pas que ce peult estre d'aultre que de vous, et que si estiez tant oublié, ce que je ne puis croire, je serois contraint de vous faire cognoistre que ce seroit bien témérairement faict a vous ; en quelque sorte que ce soit, ne faillez incontinent, la présente receue, de licencier tous vos soldatz et de leur commander que chascun se retire chez soy sans plus faire de foulle ni oppression à mon pauvre peuple, autrement asseurez vous que j'y feray pourveoir comme il y appartient. Priant Dieu, cappitaine Villarmois, qu'il vous ayt en sa garde. Escript du camp devant Rouen, le xviie jour d'octobre 1562 (2).

La ville de Rouen fut enfin emportée d'assaut le 26 octobre. C'est à une lettre de Charles IX au duc de Savoie que nous en emprunterons le récit (3) :

Mon oncle, ayant pleu à Dieu me faire la grace de recevoir ceste ville qui estoit tenue par Montgommery, accompaigné de quelques uns de mes subjetz rebelles et

---

(1) V. dans les *Archives curieuses de l'histoire de France*, 1re série, t. V, p. 11, la lettre de Louis de Rabodanges, bailli d'Alençon, qui dénonce au roi les déprédations commises par la compagnie de Villarmois.
(2) British Museum, collect. Egerton. (Original.)
(3) Cette lettre est inédite et provient des archives de Turin.

séditieux et de deux enseignes d'Angloys, encores que
la victoire n'ait été compensée par la perte que j'en ay
souffert au sac d'une telle ville, je n'ay voulu faillir de
vous en donner advis comme à l'ung de mes meilleurs
amis, et affin que vous sachiez la façon, je vous advise
que, après la prinse du fort Saincte Catherine qui est à
cavalier de la ville, et que ceulx du dedans avoient faict
du commencement contenance de me voulloir bailler la
ville, voyant qu'ilz ne faisoient que pour gagner temps en
attendant les secours, je la fis asaillir de la facon que vous
avez entendu, où le malheur de la blessure de mon oncle
le roy de Navarre estant survenu, voyant mes gens si
près d'eulx qu'ilz ne pouvoient attendre qu'une prompte
ruyne, ilz firent semblant de se vouloir rendre et remettre
la ville en mon obéissance, et temporisant de ceste facon
deux ou trois jours, attendant du secours qui leur venoit
de Dieppe (1), lequel finalement entendant qu'il avoit esté
empesché et les gens taillés en pièces, ilz furent plus
obstinés que jamais et négligèrent toute la grace que je

(1) Kalendar of State Papers, 1562. — On y trouve quelques détails
sur l'envoi de ce secours; voici en outre une lettre sans signature
écrite à la connétable de Montmorency et datée de Rouen, qui nous
parle de cette tentative des Dieppois pour secourir Rouen :

« Monsieur le maréchal, votre filz a empesché que ceulx de ceste
malheureuse ville n'ayent eu tout secours qu'on leur avoit envoié.
M. d'Amville, après dîner, alla à la rencontre de quatre cens de
Dieppe, lesquels il les a tous défaits, et la plupart tués ou prins
prisonniers, qui est venu fort à propos pour faire revenir au point
ces messieurs qui nous tiennent en parlementement il y a trois
jours. J'espère que demain l'on saura le court ou le long pour y faire
une fin, soit par accord, ou par force. Je crois que avez su que le roy
de Navarre fut blessé jeudi dernier, que l'assault se donna, d'ung
coup d'arquebuze ; on craint fort qu'il ne lui vienne inconvénient (*).

« Rouen, le XIX octobre. »

(*) Bibl. nat. ancien fonds français, n° 3158. (Autographe.)

leur voulois faire, me contraignant malgré moy de les avoir en force. Il est vray que cependant qu'ilz me vouloient amuser, touchant ceste espérance de me remettre leur ville entre les mains, il ne fut rien obmis de ce qu'il falloit faire et fut conduite une tranchée tant sur le bord du fossé où se logea ung bon nombre d'harquebuziers, les mines se firent et se haussa une plate forme sur ung portail ou l'on logea des harquebuziers à cavallier de la bresche qui donnoient ung grand secours à nos gens allant à l'assault, et finalement le xxvi, après que mes cousins le duc de Guise et connestable eurent donné ordre à toutes choses pour, incontinent que le feu auroit esté mis aux mines, faire donner l'assault, mon dict cousin le connestable monta à cheval pour faire advancer les gens de guerre et rafraischir et secourir ceulx qui iroient à la muraille empescher qu'il ne se sauvast rien de la ville. Cependant mon cousin le duc de Guise qui estoit dans le fossé avec les soldatz, voyant que la mine avoit emporté ung coin de la muraille et faict chemin assez aisé, envoya une troupe d'harquebuziers pour gagner ung flanc où il fut fort bien combattu d'une part et d'aultre avec tant d'obstination que lui mesme voyant cela se mist à la teste des corselets avec mes cousins, le duc d'Aumale, son frère, Mr de Longueville et prince de Mantoue (1) et aultres princes, seigneurs et chevaliers de l'ordre et gentilz hommes et monta le premier à la muraille avec toute ceste noblesse, où ilz firent si bien et si vaillamment qu'ilz firent abandonner à ceulx du dedans le hault du rempart et finalement les emportèrent de ceste furie, ayant exécuté ce qu'ilz trouvèrent en ceste première rencontre, et cela faict arresta la tuerie et marcha en bataille jusques à la place où il y a eu quelques uns d'entre eulx qui se voulurent rallier qui furent sur le champ executés et le reste se saulva le mieulx qu'il

---

(1) Ludovic de Gonzague, qui devint duc de Nevers.

put; très marry de quoy il a fallu que l'obstination d'une demi-douzaine de bélistres ayt esté cause du sac de ceste belle ville qui a esté saccaigée à mon très grand regret. J'ay fait sortir tous les gens de guerre et acheminer mon armée vers Dieppe, pour essayer de la retirer des mains des Angloys, ainsi que j'ay faict ceste-cy, où s'ilz y demeurent, j'espère qu'ilz y auront aussi maulvaise curée qu'ilz ont eue icy que de quatre cens qu'ilz estoient il n'en est pas réchappé le tiers et de bonne fortune la galère de la royne d'Angleterre qu'elle avoit envoyée apporter les ditz Angloys, qui estoient entrez en ceste ville, m'est demourée avec les roberges que je garderay pour tesmoignage de la maulvaise volonté de la dicte dame; ne voulant faillir vous dire que ceulx de Dieppe me sont venus trouver ce soir qui m'ont apporté les clefs de leur ville et ont mis les Angloys dehors et s'estant saisis de la citadelle où ilz attendent les forces que je leur vouldray envoyer, me suppliant avoir pitié d'eulx, de façon qu'il ne reste que le Havre de Grace qui a tant d'incommodités que j'espère avec l'aide de Dieu, ayant quelque loisir, d'en avoir de bonnes nouvelles, comme je n'ay voulu tout d'ung coup faillir de vous advertir, priant Dieu, mon oncle, vous avoir en sa saincte et digne garde.

De Rouen, le dernier jour d'octobre 1562.

Votre bon nepveu,

CHARLES.

Si l'on veut plus de détails encore sur la prise de Rouen, voici une lettre de Saint-Sulpice, notre ambassadeur en Espagne, que nous avons rapportée de Russie.

Sire, j'ai faict entendre au roy catholicque vostre frère le succez qu'avoit prins votre expédition de Rouen, et comme l'obstination d'aulcuns qui estoient dedans qui se fioient d'avoir encores nouveau secours des Anglois avoient contre le désir des aultres fait tenir quelques jours davantaige ceste ville et attendre toute l'extrémité, si bien que vous avez été contrainct de l'avoir par force, et que en la présence de Vostre Majesté et de celle de la royne, l'assault y avoit esté donné soubs la conduicte de Monsieur de Guyse et de Monsieur le connestable le xxvie du passé, estant mondict sieur le connéstable monté à cheval pour ordonner les gens de guerre et rafreschir ceulx qui yroient à la muraille et pourvoir aux aultres choses à ce nécessaires, et Monsieur de Guyse demeuré dedans le fossé avec les soldats, lequel s'estant mis à la teste des corselets avec Monsieur d'Aumale son frère, avec Monsieur de Longueville, le prince de Mantoue et aultres princes, seigneurs, chevaliers de l'ordre et gentilzhommes, luy mesmes estoit monté le premier avec ceste noblesse à la muraille et avoit emporté de ceste furie ceulx de dedans, m'estendant à luy raconter par le menu toutes les particularitez de ceste victoire et mesme la diligence que la royne avoit faicte d'y entrer quasi avec les gens de guerre pour sauver tant qu'elle avoit peu le saccaigement de ladicte ville, n'obmettant rien des aultres choses qui s'y estoient passées, ainsi que par les lettres de Vostre Majesté du dernier du passé et par le récit de mon homme qui y estoit présent je l'avois amplement entendu. A quoy faisant Sa Majesté catholique démonstration de prendre ung singulier plaisir, il mit peyne par ung grave et modeste parler d'attribuer de ce commancement une grande attente de bonheur et de singulière vertu à Votre Majesté et beaucoup de louange à la grandeur de cueur joincte avec la charitable commisération dont la royne y avoit usé et reconnu aussi particulièrement la valeur des chefs et de la noblesse et des soldatz.

Puis, je lui fiz entendre la réduction de Dieppe à la façon comme elle avoit esté faicte et les Anglois chasséz avec grande espérance que cela seroit cause de vous faire recouvrer bientost le Havre, et que, au partir de Rouen, entendant que les Allemans estoient desjà bien avant dans vostre royaume, sans qu'il eust esté possible de les empescher de passer et qu'ilz s'avançoient toujours pour se joindre à ceulx d'Orléans, vous dellibériez d'aller faire une bonne et grosse teste de toutes vos forces en quelque lieu à propoz pour couvrir vostre ville de Paris, avec espérance que Dieu vous feroit la grace d'empescher leurs entreprinses. Tirant puis après ce propos à parler de la Royne d'Angleterre et comme vous aviez trouvé bien estrange la responce que le duc d'Albe m'avoit faicte du peu de moyens qu'il vous falloit espérer de la dicte Majesté catholique pour empescher que la dicte dame ne vous fît la guerre et que du moings ne pouvoit-il vous avoir favorisé en cecy que d'avoir faict une bonne demonstration en l'endroict de ceste princesse, ce que, vous avez oppinion, eust beaucoup profité et le priois qu'encor à présent il fust contant de le faire, luy recordant par le menu toutes les raisons et démonstrations que cy devant j'avois franchement et ouvertement debattues avec le dict Duc, tant sur le dict faict de la Royne d'Angleterre que sur les aultres présens affaires de vostre royaume, affin de cognoistre plus à cler si les responces qu'il m'y avoit faictes procédoient de l'intention du dict Roy catholicque. En quoy certe est intervenu ung ample discours de beaucoup de choses et encores ung aultre depuis avec sa dicte Majesté sur l'accidant du Roy de Navarre, que j'ay commis au sieur De La Mothe, mon cousin, présent porteur pour vous aller bien faire entendre le tout par le menu, ainsi que je m'asseure qu'il s'en acquittera fidèlement, vous suppliant très-humblement, Sire, prandre une bonne et certaine résolution dans vos affaires et choisir bientost le party que vostre prudent conseil estimera le plus commode pour la seureté de vostre estat et bonne tranquillité de vos subjects.

Sire, je supplie le Créateur qu'en perfecte santé vous

doinct tousjours bonne prospérité et très longue vye. De Madrid, le iii décembre 1562.

> Vostre très humble et très obéissant subject et serviteur (1).

La lettre de Saint-Sulpice ayant mentionné la reddition de Dieppe, nous nous bornerons à donner ici la requête présentée par les habitants de cette ville au roi et à la reine-mère.

Ils demandent que ceux de Neufchastel et des environs et qu'aulcuns bourgeois de la ville d'Eu, qui se sont trouvés à Dieppe pour la défense d'icelle, obtiennent les mêmes conditions que celles accordées à Dieppe. (Accordé.)
Amnistie pour toutes pilleries faites les ungs sur les autres, brisement de temples, d'images, enlevement de cloches et ornements. (Accordé.)
Que les frais pour reparations des fortifications soient passés en la cour des comptes et alloués sur les deniers de la ville. (Accordé.)
Que les lettres patentes soient faites et omologuées par la court de Parlement pour toutes ces concessions. (Accordé.)
Main levée pour les gages du sieur La Caille, lieutenant du prévost des maréchaulx qui refugié en la ville a fait justice des volleurs et fut retenu pour cet effet par les habitans de Dieppe. (Accordé.)

1er novembre 1562 (2).

---

(1) Bibl. imp. de Saint-Pétersbourg. *Documents français*, vol. III, p. 18, f° 44.
(2) Record Office, State Papers, France, vol. XXVI. (Original.)

Catherine de Médicis, une fois maîtresse de Rouen et de Dieppe, essaya de nouveau de gagner Beauvoir qui, depuis la venue des Anglais, était resté au Havre, sous le titre, désormais bien peu justifiable, de gouverneur pour le roi de France ; mais elle ne réussit pas mieux dans cette seconde tentative que dans la première ; la réponse de Beauvoir sent la menace :

Madame, j'ay receu la lettre qu'il a plu à Vostre Majesté m'écrire, et m'estimeray très heureux quand je cognoistray que vous avez changé l'opinion qu'il semble que vous aviez conceue de moy ; je suis très certain qu'il est impossible que l'ayez jamais telle de voz très humbles et plus fidèles sujets que leur loyauté mérite, tant que Voz Majestez dernièrement accompaignez des calomniateurs qui à quelque prix que ce soit, voir n'y épargnant la propre personne du roy ou la vostre, veulent maintenir leurs larcins et tyrannie.

Madame, je vous supplie très humblement me pardonner si je prens la hardiesse vous dire, et ne m'en puis garder, m'y sentant contraint par la nécessité du temps, et pour le service que je dois au roy mon souverain, qu'il me semble être temps que vous recognoissiez quelle misère vous est préparée par l'extrême ambition de la maison de Guise, si en bref vous n'advisez de les esloigner tellement de Voz Majestez qu'il ne reste plus aulcune apparence de crainte à voz pauvres et destruictz sujets, qu'ils en puissent jamais approcher, et suis certain, Madame, que tant que vous vous servirez de leur advis et conseil qu'il est impossible que vous demeuriez bien obéie, car tout le monde ensemble ne nous pourroit faire croire que vous soyez en liberté, ayant esté notamment advertis que contre volonté ilz ont cruellement fait paroistre leurs rages ennemies contre Dieu et son Eglise en la personne de feu Monsieur de Marlorat, le premier des ministres de la parole de Dieu qui fust en la France. Vostre Majesté se peult asseurer que sa mort a tellement atteint chascun que personne ne doute plus que ce ne soit à la parole de Dieu qu'ilz en veulent, d'autant qu'ils scavent qu'elle contrarie entièrement à leur avarice, désordre, cruauté enragée et extrême ambition.

Madame, en peu de jours Vostre Majesté s'appercevra quel bien apportera le sac de Rouen au Roy et à la France, et pour que ne vous laisse en la doubte en laquelle j'entends que vous vous entretenez, je vous supplie trouver bon que je m'acquitte de mon debvoir en vous disant ce que je scay.

Ilz vous font entendre, comme l'on dit que la Royne d'Angleterre a fait passer ses hommes armés en grande quantité de decà, pour s'approprier et usurper les places du Roy, je suis certain que si vous aviez entendu au vray sa volonté et celle de M. le Cte de Warvic, son lieutenant général, que vous perdriez bientost ceste opinion, car j'ay ouy protester aux principaux d'eulx qui entendent et parlent nostre langue que le commandement qu'ilz ont n'est que d'employer leur vie à la conservation des subjectz du Roy et à sa liberté et à la vostre, et quelque puissance qu'ilz ayent en ceste place, je suis asseuré que quand il paroistra suffisamment à la royne d'Angleterre de la liberté de vos Majestéz et de la seureté des fidèles de la France, attendant la, qu'elle sera très aise avec une bonne paix et asseurée se retirer ; ses proclamations et protestations en rendent tel et si bon tesmoignage que personne, s'il n'est calomniateur, n'en peult ignorer. Davantage, Madame, l'exemple des Ecossois pour esquelz asseurer la vie elle n'a rien épargné, vous doit faire croire quelle est sa volonté envers voz Majestez.

Madame, vous voiez clairement la ruyne de vostre royaume si vous n'y remediez, ce que vous pouvez aisément en usant de l'autorité qui vous a esté accordée par les estatz, laquelle vous ne pouvez perdre. Quant à la ruyne de M. le Prince de Condé et de ses associéz, que nos ennemis puissent si aisément venir à bout de nous, comme ils s'essayent vous faire croire, vous en voyez l'expérience ; car je suis certain que toutes leurs forces ne sont pour combattre les troupes de M. Dandelot seules. Que vostre Majesté, assez édifiée de leurs finesses, use de la puissance légitime qu'elle a en les éloignant de vous ou pour mieux faire, les chastiant si bien, que les autres y prennent par cy après exemple, et vous peulx assurer, Madame, que quelque chose qu'on nous présente pour les seuretés de nos vies et de nos biens, nous sommes tous résolus de n'en rien accepter tant qu'ils seront près de vous, car aux dépens de la vie de plusieurs braves gentilz-hommes et gens de bien, nous avons expérimenté combien ilz ont en recommandation de nous tenir nullement la foy.

Madame, je vous supplie encores que je emploieray toujours ma vie pour le service que je dois au roy et estant certain que je ne puis jamais luy en faire ung plus grand que de mourir ennemy de ceulx qui sont la seule cause de la ruine de sa couronne, je suis résolu me désister jamais de ceste querelle qu'avec perte de ma vie que j'estimeray ensemble avec la perte de mes biens à peu de chose, quand je sauray que Vostre Majesté ne sera plus en doute de la fidélité de ceulx qui ont prins les armes que pour vostre conservation.

Madame, je prie Dieu qu'il vous donne voir le repos en la France sous vostre gouvernement avec très heureuse et longue vie.

Du Havre de Grace, le vi novembre 1562 (1).

DE BEAUVOIR.

(1) Record Office, State Papers, France, vol. XXVI. (Copie du temps.)

CHAPITRE II

Montgommery s'échappe de Rouen.—Il laisse derrière lui sa femme.— Traitement qu'elle reçoit du connétable de Montmorency.—Arrivée de Warwick au Havre. — Ce que dit de lui un historien du temps. —Situation difficile de Beauvoir, resté au Havre. — Il s'oppose à l'envoi des vaisseaux français en Angleterre.—Élisabeth exige leur départ.— Discipline imposée aux soldats anglais de la garnison du Havre. — Les Français restés au Havre injustement dépouillés. — Montgommery appelé à Dieppe.—Forces qu'il y amène.—Lettre de lui à Warwick (2 janvier 1563).—Nouvelle lettre de lui à Warwick (3 janvier).—Lettre du rhingrave à Montgommery (3 janvier).— Lettre de Montgommery à Warwick (4 janvier).—Lettre du même à Warwick (8 janvier), expliquée par la découverte d'une conspiration au Havre. — Proclamation de Warwick pour l'expulsion des Français du Havre. — Remontrances de Beauvoir en réponse à cette proclamation.—Lettre de Montgommery à Cecil (13 janvier).—Lettre du même à la reine Élisabeth (13 janvier). — Lettre du même à Leicester (14 janvier). — Lettre du même à Cecil (14 janvier). — Lettre du même à Cecil (16 janvier). — Lettre du même à la reine Élisabeth (16 janvier).—Lettre du même à Élisabeth (22 janvier).— Lettre du même à Warwick (22 janvier).—Requête de Montgommery à Élisabeth. — Lettre de Montgommery à Leicester (23 janvier). — Lettre du même à Leicester (24 janvier). — Lettre du même à Warwick (25 janvier). — Lettre du même à Cecil (26 janvier). — Lettre du même à Élisabeth (27 janvier). — Lettre du même à Leicester (27 janvier). — Lettre du même à Cecil (30 janvier). — Lettre du même à Warwick (31 janvier). — Lettre du même à Élisabeth (3 février).—Lettre du même à Cecil (3 février).—Réponse de la reine (14 février). — Marche de Coligny en quittant Orléans. — Son but en venant en Normandie. — Beauvoir annonce l'arrivée de Coligny. — Beauvoir offre à Warwick de prendre Honfleur. — Warwick refuse jusqu'à ordre de la reine sa maîtresse. — Réponse ambiguë d'Élisabeth. — Difficulté de s'entendre avec Coligny pour les subsides attendus d'Angleterre.—Lettre de Beauvoir à Warwick au sujet de l'expédition d'Honfleur. — Lettre de Prestrenas offrant de faire entrer les Anglais à Fécamp (24 janvier).—État des choses à Rouen. — Querelle de Vieilleville et de Villebon. — Révolte des habitants.— Le rhingrave dégage Vieilleville.— Nouvelle émeute à Rouen. — Coligny en Normandie. — Lettre de Coligny à sir Poulet (12 février 1563). — Lettre de Coligny à Élisabeth (13 février). — Coligny envoie Teligny en Angleterre. — Lettre qu'il écrit à cette occasion à Cecil (13 février).—Montgommery rappelé par Coligny.—Combat qu'il livre en mer.—Lettre de la comtesse de Montgommery à Élisabeth.

Au moment où l'armée royale, maîtresse de la brèche, entrait de vive force dans Rouen, Montgommery avec quelques chefs et une poignée de soldats monta sur une galère, et promettant la liberté aux forçats, il en obtint un si vigoureux effort que, franchissant à force de rames l'estacade de Caudebec, il put gagner le Havre ; il laissait derrière lui sa femme et sa fille à la merci du vainqueur. Le connétable de Montmorency fit venir Mme de Montgommery ; il la salua courtoisement et se plaignant amèrement de la rébellion du comte, il lui dit qu'elle n'avait rien à craindre et qu'elle pouvait retourner à son logis et y attendre les ordres de la reine (1).

Le comte de Warwick n'arriva au Havre que le 29 octobre ; c'était le second fils de John Dudley, duc de Northumberland ; un historien anglais du temps ne lui est pas très-favorable ; à l'entendre, il ne s'était fait connaître encore ni par ses vices, ni par ses qualités ; c'était plutôt à la faveur de son frère Leicester qu'il devait ce poste important qu'à

(1) Kalendar of State Papers, 1562.

l'autorité de son expérience et qu'à l'espoir qu'on se promettait de ses services (1) ; la ville ne lui parut pas aussi forte qu'on avait bien voulu le dire, et dès le premier jour il demanda un renfort de 2,000 hommes et de 1,000 pionniers. Il était resté dans le port un certain nombre de vaisseaux français, dans la ville 490 soldats français, 340 arquebusiers et environ 2,000 femmes et enfants. M. de Beauvoir portait encore le titre dérisoire de gouverneur du Havre pour le roi ; sa situation était difficile : d'un côté les conventions stipulaient que les Français devaient quitter la ville dans les deux jours qui suivraient l'entrée des Anglais ; de l'autre, ils ne devaient être éloignés que sur le consentement de Beauvoir. Dès le 30 octobre, l'ordre était donné à Warwick d'expulser les Français et d'envoyer les vaisseaux en Angleterre (2) ; il en fit la demande à Beauvoir, s''appuyant sur le danger qui pourrait en résulter en cas de siége. Beauvoir répondit qu'il ne croyait pas à l'imminence d'un siége, et que lorsque les Anglais viendraient en plus grand nombre au Havre, il serait temps alors d'occuper Honfleur et Fécamp et d'y placer les vaisseaux laissés dans le port. Les choses restèrent donc dans le même état ; mais ceux de la ville de Caen ayant offert de se mettre sous la protection de l'Angleterre, Elisabeth profita de cette ouver-

(1) *Annals of the reign of Elisabeth.* Camden Society, p. 100, Londres, MDCCCXL.
(2) Kalendar of State Papers, 1562.

ture pour inviter de nouveau Warwick à envoyer dans cette ville toutes les forces françaises, invoquant la clause du traité qui prescrivait leur éloignement (1).

Voyons maintenant comment se conduisaient les Anglais enfermés au Havre.

Une discipline rigoureuse était observée, surtout en ce qui concernait l'exercice de la religion : les soldats étaient tenus de se rendre à l'église le mercredi et le vendredi de neuf à dix heures du matin ; le dimanche à la même heure le matin et à trois heures le soir ; on leur interdisait de s'absenter durant le sermon. Défense leur était faite de contracter mariage ; l'adultère était puni de six jours de prison et du bannissement à perpétuité de la garnison. En dépit de ces règlements sévèrement appliqués par le rigorisme anglais, le pauvre peuple du Havre n'était pas ménagé par les nouveaux alliés des protestants. C'est à un témoignage anglais que nous en appellerons ; sir Vood écrivait à Cecil le 9 novembre :

Le peuple a été misérablement dépouillé par nos soldats et aucune justice n'est intervenue (2).

Nous reviendrons sur la triste situation faite aux habitants du Havre par l'occupation anglaise ; mais auparavant voyons ce qui se passait à Dieppe. Une conspiration venait d'y éclater : Ricarville, qui y com-

---

(1) Kalendar of State Papers, 1562.
(2) *Ibid.*, p. 562.

mandait pour le roi, avait été tué et les protestants, maîtres une seconde fois de la ville, y avaient appelé, pour leur malheur, Montgommery, qui était alors encore en Angleterre. Le 16 décembre, sir Hugues Poulet écrivait de Portsmouth à Cecil, qu'il était sur le point de prendre la mer avec Montgommery et qu'il avait reçu l'ordre, pour plus de sûreté, de mettre un vaisseau de l'État à sa disposition (1). Montgommery, parti du Havre le 26 décembre au matin, entra à Dieppe avec trois cents hommes d'armes ; il en attendait deux cents de Caen et espérait en avoir bientôt mille (2) ; aussi, dès le premier jour, demande-t-il de l'argent ; c'était dans ses habitudes ; s'il se battait bien, il avait des exigences coûteuses, mais il n'était pas facile d'arracher des subsides à la très-parcimonieuse Elisabeth ; aussi Warwick a bien soin de rappeler à Montgommery qu'il lui a donné déjà quatre cents couronnes à son départ pour l'Angleterre et qu'avec la somme qu'il réclame de nouveau, le déboursé sera de quatorze cents couronnes.

Nous voilà amené à publier toute une série de lettres de Montgommery écrites de Dieppe (3) ; la première est adressée à Warwick et datée du 2 janvier 1563 :

---

(1) Kalendar of State Papers, 1862, p. 562.
(2) *Ibid.*
(3) Jusqu'à ce jour, aucune lettre de Montgommery, nous le croyons du moins, n'a été publiée.

Monsieur, lui écrit-il, je vous ay bien voulu faire ce mot de ma main pour vous supplier d'envoyer cinq de vos enseignes, pour ce que ce lieu est de grant garde et depense que n'aurions que inconvenients d'une place de si grande importance, vous promettant sur mon honneur que je vivray et mourray avec eulx et là où je connoistrois les affaires aultrement que ne se peut souhaiter, je ne seray si hatif de vous mander chose dont il arrivat aulcune perte, mais je vous supplie encore ung coup les faire partir en diligence. Le capitaine Tresmain et ses gens feront mieulx icy que au Havre et auront moyen de faire beaucoup de bonnes choses. Je vous ay par cy devant escript comme nos souldars crient après l'argent et il est besoing de y envoier dedans quatre ou cinq jours, je suis marry que je n'ay le moyen de ne vous si importuner; vous pouvez assurer de moy que je seray fidèle jusqu'à la dernière goutte de mon sang et le vous mande de ma main et de mon propre seing, vous presentant en cet endroit mes humbles recommandations; priant Dieu, Monsieur, vous donner en santé heureuse et longue vie.

De Dieppe, ce 2 janvier 1563.

Je vous supplie penser que si je pensois que les choses ne méritassent pas vous estre escriptes, je ne le ferois pas.

Votre très obéissant à vous faire service,
MONTGOMMERY (1).

Le 3 janvier, il écrit de nouveau à Warwick pour lui demander des renforts :

Monsieur, depuis ma lettre escripte, j'ay été adverty comme ilz veullent essaier à surprendre ceste place, devant qu'il y est des forces d'Angleterre, et pour empes-

---

(1) Record Office, State Papers, France, vol. XXIX. (Original.)

cher les descentes que pourroient faire, je vous supplie, pour leur rompre leur dessein et pour encourager nos gens, d'envoyer incontinent icy cinq enseignes et si toutes les forces de nos ennemis y estoient davant et que nous nous rendions, ne vous fiez plus en gens de guerre (1).

Le rhingrave, après la prise de Rouen, avait pris position avec ses reîtres à Montivilliers, et tenait le Havre en respect ; c'est de là qu'il écrit à Montgommery, le 3 janvier 1563 :

Monsieur le comte, ceulx d'Arques ont aresté ces gens qui sont de Dieppe et me les ont envoyés. Vous scavez comme je ne désire faire desplaisir à aulcun, parquoy je vous les renvoye, je leur ay déclaré librement mon affection que j'ay en vostre endroit et ce que je pourray faire tant pour vous que pour eulx, qui est si me voullez croire vous tirer tous hors de troubles et vous mettre totalement en repos, comme je vous ai ja escript ; si vous voulez avoir près de vous vos enfants, adviser vostre grandeur et contentement, sureté et repos, je suis content aller à vous pour ensemble conclure, en quoy ne fault tarder, aultrement l'occasion se perdra ; il est besoing que j'aye pour le plus tard après demain response, me pressant le temps, je vous suis amy et vous le cognoistrez à besoing, priant Dieu, vous avoir en sa garde. Croyez ce porteur et moi mesme en vostre bonne grace me humblement recommande.

De Montivilliers, le IIIe jour de janvier (2).

Vostre obéissant ami et très affectionné
à vous faire service,
RHINGRAFF (3).

(1) Record Office, State Papers, France, vol. XXIX. (Original.)
(2) *Ibid.*
(3) Jean-Philippe de Salm, comte rhingrave.

— 48 —

C'est à cette dernière lettre que fait allusion Montgommery, dans sa lettre du 4 janvier à Warwick.

Monsieur, je renvoie ce porteur exprès, affin que vous envoyez icy les cinq enseignes que je vous ai demandées, car au Havre ne vous peult de rien vous servir, car je scay cejourd'hui que nos ennemis s'attendent à vous couper les vivres tenant ceste ville et d'armer grant nombre de galères et vaisseaux pour garder le chef de Caux sans ce qu'ilz mettront par la rivière de Seine, je vous supplie en toute diligence donner ordre, car je serois trop foible, d'aultant que j'ai affaire icy à ung méchant peuple qui ont été pour capituler avec le Ryngrave et m'en ont apporté lettres que je vous envoye ; nos ennemis sont les plus faschés qu'il est possible qu'ilz ont perdu ceste place, car c'est le moyen de tenir tout le pays de Caux en subjection et beaucoup de la Picardie ; je vous supplie que les choses ne soient point remises à la Majesté de la Royne, car icy pourroit arriver le désastre qui ne se pourroit racheter, et s'il vous plaist le capitaine Tresmain viendra avecques tous ses gens de cheval et vous verrez que nous ne laisserons perdre une seule heure de temps, faisant fin pour me recommander humblement à vos bonnes grâces, priant Dieu, Monsieur, vous donner en santé bonne et longue vie.

Dieppe, le IIIIe jour de janvier.

Je vous supplie, Monsieur, que la compagnie, capitaine Horse (Horsey) (1), soit l'une des compagnies pour ce qu'ilz entendent notre langage (2).

MONTGOMMERY.

(1) Doit être Horsey souvent cité dans le Kalendar of State Irland, 1509-1573.
(2) Record Office, State Papers, France, vol. XXIX. (Original.)

Une nouvelle lettre de Montgommery au rhingrave, datée du 8 janvier suivant, a besoin d'une explication :

Une conspiration venait d'être découverte au Havre ; elle avait pour but de s'emparer de cette place et de Dieppe ; le chef de l'entreprise était un nommé Le Mesnil, ancien capitaine du château de Tancarville, alors prisonnier au Havre. On mit la main sur une lettre que lui adressait le rhingrave, dans laquelle il lui avouait qu'il jugeait bien difficile d'entrer dans la ville, puisque les Français allaient en être expulsés, mais que pourtant, un jour que le comte de Warwick sortirait pour escarmoucher ou pour courir la bague, il tiendrait en un endroit caché une force suffisante, et, à l'aide d'une diversion tentée dans la ville, on pourrait se présenter devant les portes et y entrer pêle-mêle avec l'ennemi ; quant à Dieppe, le rhingrave le priait d'inviter un de leurs amis, qu'il ne nomme pas, à y envoyer ses gens, et, s'il veut bien se laisser guider par lui, il serait possible d'y entrer ; en cas de succès, il fera riche leur ami et promet qu'il l'en fera nommer capitaine. Il y avait d'autres conjurés, un nommé Vitemale et les deux capitaines Blondel et Macomble ; leur procès fut instruit et Beauvoir fut du nombre des juges. Blondel fut condamné à mort à la majorité, Macomble à la torture (1), et c'est en leur faveur que Montgommery intercède :

---

(1) Forbes, State Papers.—Kalendar of State Papers, 1563, p. 21.

Monsieur, écrivait-il à Warwick, je vous ay bien voulu faire ce mot pour vous supplier que le mot que M. Paulet écrit pour moy, interprétant ce que je vous mandois, qui est comme celui qui désire que tout ce que ferez par delà soit au contentement de nostre nation, affin d'accroistre le bon voulloir d'un chascun à faire ce que nous devons tous faire et pour ce que je scay que vous serez pressé soudainement de courir sus au gentilhomme prisonnier, et qu'il n'y a justice raisonnable au Havre de nostre nation pour juger d'une part et d'aultre beaucoup de choses qui sont de grande conséquence, et aussi que M. le Prince et que M. l'Admiral y ont intérêt grant en beaucoup de sortes, qui me faict vous supplier empescher qu'il ne soit fait aulcun tort au gentilhomme que n'ayez sceu la volonté de M. l'Admiral, car à ce que je puis entendre une Cour de parlement sera bien empeschée de vider les différens d'une part et d'aultre, et cependant s'il se trouve chargé vous le tiendrez en prison sure, autrement nous irriterions la noblesse du pays contre nous, d'aultant qu'elle pense que c'est une chose pratiquée ; je feray fin en cet endroit par mes humbles recommandations, priant Dieu vous donner en sureté bonne et longue vie.

De Dieppe, le vɪɪɪᵉ jour de janvier 1563.

Vostre obeissant fidèle amy à vous faire service,

MONTGOMMERY (1).

Pour prévenir tout nouveau complot, Warwick fit afficher sur tous les murs du Havre une proclamation dont les termes étaient bien durs :

Premièrement, suyvant le contenu du ban faict depuis naguères, que tous les papistes, et les femmes et enfans

---

(1) Record Office, State Papers, France, vol. XXIX. (Original.)

de tous ceulx qui sont desja sortis de ceste ville, et font à ceste heure leur demeurance à Monstrevillier, Harfleur, ou aultre part du pais, se facent sortir hors de ceste ville, d'icy a mardy prochain venant, en peine de la vie et confiscation de leurs biens.

Item, que tous ceulx, tant hommes que femmes, qui, estans venus en ceste ville icy depuis le temps de quatre mois passés, de Rouen, Monstrevillier, Harfleur, Honnefleur, ou des aultres telz endroictz du pais, habitent ou demourent à présent en ceste ville, se façent sortir d'icelle, d'icy a mercredy prochain venant, en peine de confiscation de tous leurs biens et meubles, et de l'emprisonnement de leurs corps, au bon plaisir du dict seigneur le lieutenant, et du dict sieur de Beauvoir. Pourveu que tous ceulx qui sont cognus ou reputés bons, fidelles, se peuvent retirer en Angleterre, soubz le sauf conduict ou passe port du dict sieur lieutenant, là où ilz seront receus, et aussy bien entretenus, que sont les propres subjectz de la dicte Majesté.

Item, que, sur la mesme peine de confiscation des biens et d'emprisonnement de corps, tous ceulx lesquelz sont à ceste heure estimés et réputés pour soldatz et qui tiennent à ceste heure, ou ont tenu dedans l'espace d'ung mois passé, la place en réputation des soldatz, se facent pareillement sortir hors de la ville à Dieppe, ou aultre part, d'icy à lundy prochain venant.

Item, que toutes lesdictes confiscations des biens de tous ceulx qui seront trouvés désobéissans à la dite ban ou proclamation demeureront et seront à ceulx ou celuy qui aura prins, trouvé, ou revelé les noms desditz delinquans au dict Monsieur le lieutenant, pourveu que personne, sur aulcun moyen ou couleur, ne se mette point à ravir ou saisir aulcuns biens ou meubles d'aulcuns tels delinquans ou des suspectz d'icelles offences, jusques à ce que le forfaict ayt esté bien approuvé, et que ledict sieur lieutenant et Monsieur de Beauvoir y ayent mis ordre.

Item, sy personne à présent, ou a quelque aultre temps

en après, peult saisir, ou faire saisir le corps d'aulcun espion, demourant, ou allant, ou venant à la ville icy, soit homme ou femme, garson ou garse ; ou qui aura relevé aulcun traditeur ou praticqueur de trahison à la personne dudict seigneur ou à ceste ville, et à ceulx de la garnison, il aura pareillement la confiscation de tous les biens et meubles de telz accusés, estans trouvés coulpables, et davantage sera bien guerdonné et remunéré dudict seigneur lieutenant, selon ce que l'importance du service de faict peult bien mériter, en sorte que le dict service, pour le moins, sera faict vaillant vingt escuz à l'accusateur.

Item, que tous ceulx qui ont des navires, ou aultres vaisseaulx dans ce havre, facent presenter au dict sieur lieutenant et à Monsieur de Beauvoir, d'ici à................. et les portages de leurs dictz navires ; et de le certifier, en quel poinct ilz sont, c'est ascavoir, serviceables ou non ; et quels mariners ilz ont en louage à ceste présente pour servir en icelles, sur peine de confiscation des dicts navires avec toutes leurs appartenances.

Item, que nul des habitans de ceste ville, ne soldat, anglois ne françois, ne sortent point hors de leurs maisons ou logis, pour quelque occasion, après dix heures du soir, sur peine d'être emprisonnéz et d'estre punis comme gens de mal comportement et désordonnéz, sauf et réservé tant seulement ceulx du guet, et qui y sont expressément et especialement ordonnés et deputez par le dict seigneur lieutenant, Monsieur de Beauvoir, ou les sieurs du Conseil.

Beauvoir ne pouvait faire moins que d'opposer des remontrances à ces incroyables exigences. Mais quelle humiliation ! Être réduit à demander que ce décret d'expulsion ne soit pas appliqué aux femmes et aux enfants de ceux qui professent la religion réformée ; admettre comme raisonnables la plupart des exorbitantes prétentions de celui qu'il avait appelé comme un allié et un ami et qui les traite comme des vaincus ! Sa réponse est la condamnation de sa trahison :

Monsieur, la singulière affection de la quelle vous avez usé, tant en la garde de ceste place que la sureté des Francois qui y demeuront soubz la protection de la Majesté de la Royne me donne couraige, et le debvoir de ma charge me commande de vous remonstrer en toute rondeur et liberté de conscience quel est mon advis touchant la publication des articles qu'il vous a pleu me communiquer par escript.

Je vous supplie premièrement considérer et tenir ce point pour tout arresté et resolu que depuis l'heure qu'il a pleu à Monseigneur le Prince et à Monsieur l'Amiral me faire ces honneurs que de me donner auctorité et commandement sur ceste place, que je ne me suis proposé aultre but ou recompense de mes labeurs, que l'avancement de la gloire de Dieu, et le repos de ce povre et affligé peuple, soubz l'obéissance du Roy, mon souverain. Et cognoissant la saincte et à jamais louable volunté de la Royne envers nous, telle qu'il luy a pleu la nous desclarer par ses lettres patentes, desquelles la copie est icy attachée, qui estoit et est encores de conserver tous les subiectz du Roy qui se retireront en cette ville et aultres lieux de la Normandie qui auroient nécessité de son ayde et secours, en tous leurs biens, franchises, privileges et immunités, m'asseurant qu'elle gardera sa promesse inviolablement, je me suis librement demis es mains de Sa Majesté avec le consentement de ce povre peuple qui après Dieu a fondé toute son espérance sur la promesse et sauvegarde de Sa Majesté.

Or, pour desduire la presente remonstration selon l'ordre des articles, il me semble qu'il sera bon de publier le premier soubz ceste moderation : que les femmes et enfants papistes de ceulx qui se sont desja retirez avec nostre ennemi ayent à sortir hors de ceste ville dedans tel temps qu'il vous plaira à ordonner, sur paine de la vie et confiscation de leurs biens. Sans que les femmes et enfants qui font profession publique et ouverte de la vraie piété et religion, et qui auront le tesmoignage de l'eglise soient contraints de sortir, encores que leurs maris ou peres se soient retiréz avec les papistes.

Par le second article, les fidelles qui se sont retiréz en ceste ville recevroient ung traictement plus dur par ceulx qui les ont prins en sauve-garde que de leurs ennemis mortels qui n'ont point encores essayéz de les chasser de leurs maisons, mais se sont contentéz de leur deffendre les armes, de peur qu'ilz s'opposassent à leur force injuste et tirannye manifeste, d'aultant plus ilz doibvent esperer tout bien de vous, puis qu'il a pleu à la dite Majesté prendre en sa protection tous les subiectz du Roy.

Et me semble que l'article suyvant ne satisfait point assez, *veu* que le plus grand nombre de fidelles qui se sont retiréz en ceste ville depuis quatre mois seroient contraints de demander l'aumosne de port en port en Angleterre, qui a moien de vivre en ceste ville pour estre près de ses biens. Je vous prie donc, Monsieur, de conserver ceulx que Sa Majesté a prins en sa protection, et de ne tourner point en leur domaige les ordonances qu'elle a faictes pour leur bien. Car il n'y a doubte que le bruit qui a desia esté semé par noz ennemis pour vous rendre odieulx, assavoir est que vous aviez chassé tous les François de ceste ville, ne fut accomply par ce moyen. Ce qui nous tourneroit en grande scandalle et opprobre envers toute nostre nation.

Le quatrième article est raisonnable moyennant qu'il soit simplement entendu des soldatz qui vivent de la solde des capitaines, et qui sont comme soldatz enrolléz soubz leurs enseignes.

Puis qu'il est question en l'article cinquième de la confiscation des bienz des subiectz du Roy que la dite Majesté promet de conserver en leurs privileges, il me semble raisonnable que l'adjudication se face par les magistratz et juges ordinaires, au conseil des quelz pourront assister tels des Angloys, parlant la langue francoise, qu'il vous plaira ordonner, pour voir en quelle equité les juges s'acquiteront de leur charge.

Le six^{me} et sept^{me} articles me semblent raisonnables, et vous prie que sy c'est ung Francois qui soit surprins de quelque qualité qu'il soit qu'il vous plaise devant que de luy faire son proces m'en faire advertir ad ce que pour le debvoir de ma charge je puisse assister à son jugement.

L'article viiie sera s'il vous plaît du tout rayé comme contraire au commandement que j'ay de Monseigneur le Prince et de Monsieur l'Amyral, de conserver tous les vaisseaulx de ce Havre à ceulx aux quelz ilz appartiennent ; or est-il que par la publication du dit article, plusieurs papistes qui ne portent point les armes contre nous, et plusieurs fidelles qui sont absens et qui par le danger des chemins ne pourroient ou n'oseroient se retirer en ceste ville, seroient privés de leurs vaisseaulx. Que sy vostre Conseil avise qu'il soit nécessaire de scavoir le nombre des vaisseaulx et de cognoistre en quel équipage tant de munitions et autres choses nécessaires pour les metre en mer ilz sont, il sera aysé d'ordonner deux commissaires l'ung Anglois et l'autre François pour en faire ung dénombrement et en faire rapport.

Le dernier articla est raisonnable (1).

Revenons à Montgommery ; le 9 janvier il écrivait à Cecil :

Monsieur, j'escrips à la Majesté de la Royne comme Monsieur l'Admiral s'attend venir joindre son armée

(1) Record Office, State Papers, France, vol. XXIX. (Original.)

promptement, laquelle il s'attend trouver en beaucoup plus grand nombre que ce qui peult sortir du Havre, par quoy, Monsieur, je vous supplye faire tant envers la Majesté de la Royne qu'en toute dilligence il se y achemine forces et que cependant Monsieur le Comte de Warwic fasse entreprinse sur Honnefleur qui est facile à prendre, affin que les deux armées se puissent joindre. Et aussy, Monsieur, que l'argent soit prest de ce qu'il plaist à sa Majesté aider à Monsieur le Prince, car il en est beaucoup deu à nos reistres. Je ne vous importuneray d'avantage de telles choses, scachant combien vous les avez affectionnéez, si non vous dire que, si en quelque chose il vous plaise m'employer par deça, vous me trouverez prest de vous obéir d'aussy bon cœur que je m'en vois recommander humblement à vos bonnes graces, priant Dieu, Monsieur, vous donner en bonne santé très-heureuse et longue vie.

De Dieppe, ce ix° jour de janvier 1563.

Je vous supplye, Monsieur, qu'on envoie encore quatre ou cinq enseignes en ceste ville, parce qu'il n'y a pas assez de gens pour la garder.

Votre obéissant
MONTGOMMERY (1).

Le même jour, il écrivait à la reine Élisabeth :

Madame, je n'ay voulu faillir, incontinent après avoir receu les lettres de Monsieur l'Admiral, d'advertir Vostre Majesté de ce qu'il me mande et, pour en estre plus certain, je vous envoie si peu qu'il m'en a escript, et quant aux parolles de creance, c'est qu'il est délibéré de venir joindre l'armée de Vostre Majesté en espérance

(1) Record Office, State Papers, France, vol. XXIX. (Original.)

d'avoir bien tost une bonne fin, et pour plus aisement ce faire se fauldroit haster de prendre Honnefleur pour passer de là l'eau, qui est aisé à faire moiennant la diligence. Et supplie très-humblement Vostre Majesté et vous tous qu'il vous plaise à ce coup nous envoyer forces raisonables, pour avec l'ayde de Dieu et la vostre avoir victoire de ceulx qui se baignent au sang de ceulx qui maintiennent la parolle de Dieu. Je suis en ce lieu où Monsieur le conte de Warvic m'a envoyé depuis deux jours deux enseignes. Je supplye très-humblement Vostre Majesté de m'en envoyer davantaige et aussi des moiens pour entretenir ceulx qui sont francois en ceste place, sur ce qu'il vous plaist ayder à Monseigneur le Prince, et j'espère avec l'ayde de Dieu vous y faire très-humble et agreable service. Et sur ce prieray Dieu donner à Vostre Majesté, Madame, en très-bonne santé tres heureuse et longue vie.

De Dieppe, ce ixe jour de janvier 1563.

Vostre très-humble et très-obéissant
serviteur à jamays,

MONTGOMMERY (1).

La série des lettres de Montgommery est loin d'être épuisée ; en voici une à Leicester du 14 janvier 1563 :

Monsieur, je vous envoye les lettres que Quillegree (Killigrew) vous escript, lesquelles je n'ay voulu faillir incontinant, après les avoir receus, les bailler au Sir de Horse pour en dilligence vous les faire tenir avec les lettres que Monsieur de Trocquemorton escript à la Majesté de la Royne, et pour ce que je scay que congnoissez assez que, eulx estant captifs, ne peuvent pas ny

(1) Record Office, State Papers, France, vol. XXIX. (Original.)

osent escrire ce qu'ilz auroient bien en volunté, cela me faict vous supplier très-humblement ne voulloir adjouster foy à nulle autre chose que à ce qui concernera le service de Dieu et la querelle que maintient Monsieur le Prince. Je vous supplye aussy me vouloir m'envoier icy le contremineur qui estoit au Havre avec Monsieur vostre frère (1), pour ce que nous en aurons bien affaire s'ilz viennent devant ceste place. Je ne failliray à vous advertir des choses que j'estimeray dignes de vous, présentant mes très humbles recommandations, prieray Dieu, Monsieur, vous donner en très bonne santé très heureuse et longue vie.

De Dieppe ce xiiie jour de janvier 1563.

Très humble et obéissant à jamays serviteur

MONTGOMMERY (2).

Le même jour, il écrit à Cecil :

Monsieur, je n'ay voulu laisser passer la présente commodité sans vous faire entendre de mes nouvelles qui sont bonnes Dieu mercy. Je vous supplye bien humblement solliciter la Majesté de la Royne d'envoyer forces par deçà le plus promptement que faire se pourra, pour se haster de prendre Honnefleur, et affin de nous pouvoir joindre à Monsieur l'Admiral, j'envoye à la Majesté de la Royne une lettre que Monsr de Throcmorton son ambassadeur lui escript. Jay aussi envoyé à Monsr le Grand une lettre de Quillegree (Killigrew), lequel se porte fort bien, je luy ay supplyé de m'envoier icy ung contremineur qui estoit au Havre avec Monsieur le conte de Warvic, pour nous en servir comme en aurions besoing, s'ilz faisoient quelque effort devant ceste place ; mais si

---

(1) Le comte de Warwick.
(2) Record Office, State Papers, France, vol. XXIX. (Original.)

bientost la Royne nous envoye ses forces, au lieu de nous deffendre nous les yrons assaillir.

De toutes choses que je scauray je ne failliray a vous en advertir comme celuy à qui nous avons toute fiance pour la cause que nous maintenons, me recommandant à cest endroict bien humblement à vos bonnes graces, priant Dieu, Monsieur, vous donner en très-bonne santé très-longue et très-heureuse vie.

De Dieppe, le xiiiie jour de janvier 1563.

Vostre très-humble et très-obéissant serviteur,

MONTGOMMERY.

Je vous supplye de rechef estre moien que les forces de la Royne s'acheminent bien tost par deça vers Monsieur le conte de Warvic. Je vous envoye les lettres que ledict Quillegre m'escript, par là vous congnoistrez comme il se porte fort bien (1).

Le 16 janvier suivant, il insiste de nouveau pour obtenir des renforts :

A Monsieur Cecil.

Monsieur, j'envoie à la Majesté de la Royne les lettres que Madame la Princesse (2) et Mr Dandelot lui écrivent, et d'autant que c'est chose qui n'est de moindre diligence que d'importance, je supplie très humblement que bientost ici puisse avoir response pour la faire tenir par delà, aussitost qu'il me sera possible et comme cela le requiert, car c'est icy heure qu'il fault que (avec l'assurance que nous avons en Dieu) nous nous aidions des moyens qu'il nous donne, aussi que par vostre moyen le reste de l'armée

---

(1) Record Office, State Papers, France, vol. XXIX. (Original.)
(2) La princesse de Condé.

vienne le plus tot possible trouver M. le comte de Warwick, car il y a beaucoup de gentilz hommes tant de Picardie Bretaigne que autres lieux qui sont prests à lui faire escorte pour aller joindre M. l'Admiral et faire autre chose pour l'advancement et maintien de ceste querelle. Je ne vous feroy plus long discours pour vous présenter mes bien humbles recommandations à vostre bonne grace.

De Dieppe, le xvie jour de janvier 1563.

(De sa main) : Monsieur, je vous supplie que à ce coup toutes choses prennent fin, car toutes ces longueurs rapportent grande ruyne et quant à déclarer la guerre, nos ennemis la tiennent bien déclarée en leur endroict et là où ilz trouveront du bon, ils le feront bien cognoistre. Je vous asseure sur mon honneur que je le scais de bon lieu ; je donnerois pas du Havre grand chose, si ceste ville n'est gardée, car le dessein de nos ennemis estoit de faire si grosse armée par navires en ce lieu avecques des galères qu'ils font venir du levant que l'on auroit aulcun secours au Havre et d'aultant que suis très humble serviteur de la Majesté de la Royne, je suis contrainct de dire qu'il vaudroit mieux jamais n'avoir envoié gens par delà pour la réputation de sa nation, si vous ne faites aultre chose que garder une place.

Vostre très obéissant serviteur et meilleur amy

Montgommery (1).

Il ne se contente pas de sa lettre à Cecil, il l'accompagne d'une pour la Reine :

Madame, je vous envoye les lettres que Madame la Princesse et M. d'Andelot escrivent à Votre Majesté, par lesquelles vous pourrez voir la prompte diligence qui leur

(1) Record Office, State Papers, France, vol. XXIX. (Original.)

est nécessaire de votre faveur, qui me faict vous supplier très-humblement, Madame, qu'il vous plaise y faire responce pour la leur faire tenir en toute diligence. Et aussy d'envoier s'il vous plaist le reste de vostre armée à Monsieur le comte de Warvick pour se joindre avec plusieurs gentilzhommes tant de Picardie que Bretagne, pour aller donner secours à Monseigneur le Prince, qui continue tant virtueusement (encores qu'il soit captif), à maintenir ceste saincte querelle ou bien faire autre chose que l'on voira estre nécessaire pour rompre les desseigns des ennemis de ce roiaulme ; j'avois envoyé par devers Monsieur le conte de Warvik et le sieur de Beauvoir, pour avoir quelques équipages et nombre d'hommes de ceulx qui sont au Havre et qui ne servent de rien, tant pour prendre des places qui sont icy pres qui nous empeschent les vivres, que aussy pour mettre encore en ceste place, car je n'en ay peu avoir que troys cens qui n'est nombre suffisant, vous suppliant très-humblement de reschef, Madame, qu'il vous plaise commander qu'il m'en soit envoié, ensemble departy quelques moiens necessaires pour vous pouvoir faire servir, à quoy je désire m'employer toute ma vie, suppliant le souverain Seigneur,

Madame, qu'il maintienne Vostre Majesté en vie contente très longue et heureuse. De Dieppe, ce xvie jour de janvier 1563.

Votre très-humble et très-obéissant serviteur à jamais.

MONTGOMMERY (1).

Il s'adresse de nouveau à la reine le 22 janvier :

Madame, parce que ceulx qui n'ont point sentiment d'un mal ne sont si soigneux d'en demander guerison que

---

(1) Record Office, State Papers, France, vol. XXIX. (Original.)

ceulx à qui il touche, je crains le semblable advenir à l'endroit de ce qui se pratique présentement vers Vostre Majesté pour le support de ce royaume, et à ceste occasion j'ay voulu envoyer ce porteur vers Vostre Majesté, sans desirer que au long ayt congnoissance de luy, affin qu'il vous plaise entendre par luy, les urgentes necessitez qui se présentent par deça, car ceulx qui sont pour la mesme occasion en vostre royaume ne peuvent ou ne veulent moyener à bon esciant vers Vostre Majesté, ce qui nous faict tous de jour à autre esperer de icelle, ayant tout entier tesmoignage de la bonne volunté que vous deppartez en cest endroit, vous suppliant, Madame, en continuant l'heureux commencement de vostre secours, me vouloir envoyer en ceste place les forces raisonnables pour la conserver, jouxte les mémoires que porte ce porteur, et qu'il vous plaise mettre en considération de quelle importance elle est, tant pour ceulx que vous avez ja introduitz en ce royaume, que pour les pauvres fidelles d'icelles vos très-humbles serviteurs et ce faisant, quelque chose qu'on vous aye donné à entendre, que la place ne soit tenable je feray congnoistre à Vostre Majesté de combien elle vous pourra en toutes choses favoriser et la maintiendray selon vos comandes en si bon estat qu'il n'en adviendra inconveniant moyennant vostre bonne ayde et celle du Seigneur Dieu lequel je supplie,

Madame, donner à Vostre Majesté très-heureuse et bonne prosperité.

De Dieppe, ce xxii⁰ janvier 1563.

    Vostre très-humble et très-obéissant serviteur à jamays,

                    Montgommery (1).

(1) Record Office, State Papers, France, vol. XXIX. (Original.)

Le même jour, il envoie un de ses hommes à Warwick et il lui écrit :

Monsieur, ayant cognoissance de la bonne volonté que me portez, je n'ay voulu faillir à vous en faire remerciement par ceste lettre et vous prier au surplus entendre par ce porteur en quel estat sont nos affaires de deçà, affin qu'il vous plaise moyenner vers la royne (en laquelle seule nous avons toujours après Dieu nostre recours) qu'elle me fasse départir les forces qui seront raisonables pour conserver ceste place, laquelle j'espère garder fidèlement pour favoriser les occasions qui se présenteront pour le service de Sa Majesté et repos des pauvres fidèles de ce royaume, vous suppliant ne pas vous arrester au dire de ceulx qui veulent vous faire entendre la dite place n'estre tenable et croire que s'ilz avoient autant de zèle à la cause comme ils devroient, ils ne tiendroient ce propos. J'ay chargé ce porteur des quelques mémoires auxquels je vous supplie faire pourveoir et surtout qu'il me soit départi forces suffisantes pour défendre la dicte place et par ce moyen conserver tant de pauvres fidèles qui y sont retirés et moy avec eulx, le tout en la plus grande diligence que se pourra, et parce que say combien vous avez en affection telle requeste, je finiray ma lettre par mes humbles recommandations à vostre bonne grace. Suppliant le Créateur vous donner en santé très-bonne et longue vie.

De Dieppe ce xxii⁰ jour de janvier.

(De sa main) : Je vous supplie ne communiquer ma lettre à personne et de vouloir faire voir à Sa Majesté ce dessin des fortifications de ceste place que luy envoye.

Vostre très-obéissant et meilleur amy,

MONTGOMMERY (1).

(1) Record Office, State Papers, France, vol. XXIX. (Original.)

Il réclame de nouveau des secours et il a recours à l'intervention de Leicester :

Monsieur, encore qu'il y ait beaucoup de personnes par delà à la sollicitation du secours qu'il plaist à la Majesté de la Royne accorder en ce royaume, si est ce que n'estant près des dangiers ou je suis et n'ayant la cognoissance de ce qui est besoing telle que je puis avoir, j'ay voulu envoyer ce porteur, sans estre cogneu par delà, pour vous faire entendre le besoing que j'ay en ceste place de secours à ce qu'il vous plaise (suivant la bonne volonté qu'il vous plaist me faire) moyenner avec Sa Majesté qu'elle m'envoie le plus de forces qu'il sera possible, affin de conserver ceste place pour l'entretenement des pauvres fidèles qui n'ont pour ceste heure aultre attente après Dieu que de sa dicte Majesté, ou me faire entendre par ce porteur particulièrement ce qu'il fault que j'y fasse, pour m'obliger de plus en plus à vous faire très humble service auquel je me désire perpétuer d'aussi bon cueur que je supplie le Créateur vous donner en santé très bonne et longue vie, après vous avoir présenté mes très humbles recommandations.

De Dieppe, le xxiii° jour de janvier 1563.

Vostre très humble et très obeissant
à jamais serviteur,

MONTGOMMERY (1).

Deux jours après, il annonce à Leicester qu'il a fait une sortie heureuse du côté d'Arques :

Monsieur, depuis ma lettre escripte du xxii de ce mois et ne voulant demourer à rien faire, j'ay faict ceste nuit

(1) Record Office, State Papers, France, vol. XXIX. (Original.)

une saillie d'environ quatre cens hommes de pied, vingt cinq ou trente corseletz anglois et les ay envoiéz au lieu d'Arques, chasteau proche de nous et qui nous fait aultant de préjudice, là où nos gens ont donné une telle camisade aux compagnies de Supplicourt et Bellebranche qui estoient en garnison dans le village d'Arques qu'il en est demouré sur la place environ 150 morts et la pluspart du reste blessés qui s'en sont en partie retirés au chasteau du dit lieu et le reste en route, vous asseurant, monsieur, que si j'eusse esté pourvu d'atelages pour nostre artillerie devant la place que je l'eusse réduite à nostre dévotion qui nous sera un grand avantage. J'avois naguères escript et supplié M^r le comte de Warvick de me départir moiens pour conduire quelques pièces, à quoy n'a esté aulcunement satisfaict, ce que je m'asseure ne vient de sa part et en est diverty par d'aultres qui n'ont pas le sentiment des affaires tel comme moy ; je vous supplie, monsieur, affin que je puisse entreprendre d'aultres choses qui serviront beaucoup à la gloire de Dieu, persuader à Sa Majesté la Royne me départir les forces contenues au mémoire que j'envoie devers Sa Majesté, affin de conserver ceste place et ne perdre les occasions qui s'offriront ; en cet endroit je supplieray le Créateur vous donner en santé très bonne et longue prospérité.

De Dieppe, le xxiiiie jour de janvier 1563.

Vostre très humble et obéissant
à jamais serviteur,

Montgommery (1).

Monsieur, je ne veulx oublier vous dire que mes gens ont ramené du lieu d'Arques et pris sur nos ennemis cinquante ou soixante chevaulx avec quantité d'armes.

(1) Record Office, State Papers, France, vol. XXIX. (Original.)

Il rend également compte à Warwick de cet engagement :

Monsieur, je n'aÿ voulu permettre ce porteur aller par delà sans vous ecrire pour vous dire comme aujourdhuy par une saillie que nous fismes jusques à Arques on bailla tel rafraichissement aux compagnies de Supplicourt et de Bellebranche qui y estoient en garnison qu'il en demoura sur la place de six à sept vingt et le surplus blessés la pluspart, et le reste en vraie déroute, vous asseurant encores que nos gens ne fussent environ que 300 hommes de pied, trente corseletz Anglois et de soixante à quatre vingt chevaux, que si nous eussions eu moyen d'y mener quelque artillerie nous fussions à présent maistres du chasteau qui nous fait autant de préjudice, combien que leurs compaignies fussent de 200 hommes chascune pour le moins, mais la faute d'atelage et charroi nous a fait perdre ceste bonne commodité, vous suppliant, Monsieur, y avoir quelque égard pour m'en départir, s'il est possible, ensemble quelques compaignies, affin de pouvoir conserver ceste place ; je ne veux oublier à vous supplier encores d'expédier ung gentilhomme que vous ay envoié, affin de m'apporter la lettre qu'il a plu à Sa Majesté la Royne accorder pour l'entretenement des gens de guerre qui sont en ceste ville, vous asseurant que je n'y puis plus mettre ordre s'ilz ne sont pourvus de quelque commodité, en cet endroit je supplieray le Créateur vous donner en santé très bonne et longue vie.

De Dieppe, le xxve jour de janvier 1563.

Je vous supplie, Monsieur, me départir la compagnie des Ecossois à cheval, car elle me seroit profitable pour avoir commodité de vivres.

Vostre très obeissant et fidèle amy à vous faire service.

MONTGOMMERY (1);

(1) Record Office, State Papers, France, vol. XXIX. (Original.)

A la fin de janvier, il appelle l'attention de Cecil sur leur situation et réclame de nouveaux secours :

Monsieur, par les lettres que Madame la Princesse et Monsieur l'Admiral m'escrivent vous entendrez en quel estat sont les affaires qu'ilz conduisent et le besoing principal de leurs effortz. A quoy je vous supplie vouloir persuader la Majesté de la Royne entendre de façon qu'ilz puissent estre promptement secouruz de ce que leur est tant necessaire, affin d'obvier par ce moyen à toutes incommoditez qui en pourroient advenir. Je scay que vous avez en bonne recomandation cest affaire qui m'empeschera vous en dire davantage, et vous supplieray avoir souvenance de me faire deppartir quelques secours pour conserver ceste place, car y ayant des forces, je la deffandray, avec l'aide de Dieu, contre toutes personnes. Monsieur le comte Warvick m'a fait entendre comme il a pleu à la Majesté de la Royne commander au capp^{ne} Rybault de se tenir prez de moy pour essayer à me sauver si quelque inconveniant m'arrivait, de quoy je mercie très-humblement Sa Majesté d'avoir ung tel souvenir de moy. Toutesfois je m'attends si peu à ce chemin là, que je me suis resolu avec ce qui est icy (et moyennant quelques renfort que je supplie très-humblement sa dicte Majesté nous deppartir), de mourir en la place, premier que d'y donner entrée à nos ennemys, auxquelz par la grace de Dieu et le secours que j'attends de la dicte Majesté j'espère en toutes choses résister. En cest endroit je vous présenteray mes bien humbles recommandations pour prier Dieu, Monsieur, vous donner en santé trèsbonne et longue vye.

De Dieppe, ce xxvi janvier.

Votre obéissant, etc.
Montgommery (1).

(1) Record Office, State Papers, France, vol. XXIX. (Original.)

Le lendemain, il écrit dans le même sens à Leicester :

Monsieur, m'ayant Madame la Princesse et Monsieur l'Admiral escrit les lettres qu'il vous plaira voir, je n'ay voulu faillir à vous supplier très-humblement persuader la Majesté de la Royne de leur departir les secours qu'ilz attendent d'elle et à faulte du quel pourroit advenir beaucoupt d'inconveniant. Vous scavez, Monsieur, que l'argent est le principal nerf de la guerre, ce que je vous supplie metre en consideration et mesmes l'endroit auquel on est pour le jourdhui redepvable qui sont reistres et gens qui se mescontentent assez tost qu'ilz ne sont payez. Je ne veulx oublier en cest endroit de vous asseurer de rechef de la desfaite de nos ennemys à Arques. Ce qui est tellement advenu, que le peu qui s'en estoit sauvé a esté mys en peur par les paisans qui les ont entierement devalisez sur les chemyns lors de fuite. Vous asseurant, Monsieur, que s'il plaist à la Majesté de la Royne me deppartir quelques forces, je pourray faire d'autres operations bien profitables et qui mesmes metroient en sureté la place du Havre. Vous supplie à ceste cause vous employer en cest affaire de telle sorte, que la dite Majesté m'en accorde quelques nombres pour l'emploier aux occasions qui s'offrent et principalement pour le service de Sa Majesté.

Monsieur, je supplie le Createur vous donner en heureuse santé très-bonne et longue vie, après vous présente mes très-humbles recommandations.

De Dieppe, ce xxviie janvier.

Votre humble et obéissant à jamays serviteur,

MONTGOMMERY (1).

(1) Record Office, State Papers, France, vol. XXIX. (Original.)

Le 29 janvier, nouvelle lettre de lui à Leicester :

Monsieur, affin de n'estre point accusé de paresse je n'ay voulu faillir vous escrire par ce porteur, ce que je continueray par toutes les commoditez qui s'offriront, tant pour me rementesvoir en voz bonnes souvenancez, que pour très-humblement prier vouloir assister à la nécessité qui se prepare en ce lieu pour l'entretenemant des gens des guerres qui y sont, auxquelz fault faire payment de leur solde pour ce moys prochain, ce qui ne peult estre exécuté de mon moyen, m'estant tout pouvoir denié pour y satisfaire. Au moyen de quoy je vous supplie très-humblement jouxte ce que vous ay fait entendre par deux de mes gens qu'ay envoyez par delà avoir tel soing de ce qui nous touche que nous puissions sentir bien tost vostre assistance par la faveur de la Majesté de la Royne, vous voulant de reschef asseurer de la desfaicte de nos voisins d'Arques. Il n'est demouré que vingtsix ou trente hommes, et depuis ayant envoyé quelques gens à cheval hors ceste place, ilz sont allez à six ou sept lieux d'icy prendre d'escallade le chateau de Monceau appartenant à Monsieur de Nevers et tailler en pieces ce qui estoit dedans, et alans retour myrent en route une compagnie de gens de pied dont ilz apporterent l'enseigne en ce lyeu. Voylà à quoy nous passons nos operations qui seront continuez moyennant la grace de Dieu et le secours de la Majesté de la Royne, à laquelle (à ce qui m'a été dit) on a faict entendre que j'avoys receu trois mil escuz, mais je vous asseure, Monsieur, n'en avoir receu que quinze cens, et cinq cens qui avoient esté distribuez aux soldats, attendant le moyen de leur faire monstre qui est la cause que je vous supplie de reschef, Monsieur, persuader ladite Majesté de nous en departir pour ce moys prochain, aultrement je ne voy moyen de retenir les soldats, ce qui viendroit à une grande confusion. L'asseurance que j'ay de la bonne volunté qu'il vous plaist me faire cest honneur me porter, me faict estre si long en ce discours, lequel je finiroys, après vous avoir presenté mes très-humbles recommandations pour prier Dieu, Monsieur, vous donner à jamais très-bonne et heureuse prospérité.

De Dieppe ce xxix° janvier.

Votre très-humble et obeissant
à jamays serviteur,

MONTGOMMERY (1).

Enfin, il fait, le 30 janvier, une nouvelle demande d'argent à Cecil :

Monsieur, encor que vous aye nagueres escrit de l'estat et nouvelles de deça, si est ce que pour le besoing qui s'approche, je suis contrainct vous supplier de rechef moyener que la Majesté de la Royne fasse departir quelque argent pour le payment des gens de guerre qui sont en ceste place, car je n'ay receu que quinze cens escuz pour le payment de six compagnies de gens de pied et environ deux cens chevaulx. Je vous laisse à pencer, Monsieur, si cela peult satisfaire à une telle charge. De ma part, si j'avoys quelque moien de moy ou de mon bien, je les vouldrois voluntairement employer en ceste cause, veu la volunté qu'ilz ont tous de faire bon service à Dieu et à la Majesté de la dite Dame, mais en estant du tout desnué, je vous supplie y avoir esgard et persuader tellement sa dite Majesté de nous secourir, que a faulte d'y pourvoir il n'en puisse advenir aucun inconveniant. De quoy je m'asseure très bien seriez bien marry scachant que vous avez nostre cause assez pour recommandée, qui m'empeschera vous faire plus longue lettre, hors pour vous

---

(1) Record Office, State Papers, France, vol. XXIX. (Original.)

présenter mes bien humbles recommandations, suppliant le Createur, Monsieur, vous donner en santé tres-bonne et longue vie.

De Dieppe, ce xxx⁰ janvier.

Vostre obéissant à jamais serviteur,

MONTGOMMERY.

J'ay en outre receu cincq cens escuz de Monsieur d'Orsey, qui sont en tout deux mil escuz. Je vous supplie metre en consideration que depuis deux moys qu'il y a que suis en ceste ville avec les dites compagnies, cela pourroit avoir satisfait à leur entretien (1).

Le 31 janvier, il prie Warwick de lui envoyer M. Horsey :

Monsieur, par ce que beaucoup d'occasions qui sont de grande consequence se presentent par de ça, en quoy la Majesté de la Royne pourra recevoir ample contantement, jay prié Monsieur D'Orsey de faire le voyage pour luy faire entendre les moyens qui s'offrent, n'ayant voulu remetre charge de telle importance en aultre main que la sienne. Ce que je m'asseure ne trouverez maulvays, attendu que le tout reviendra à l'amplitude du service de sa dite Majesté et conservation de toutes choses, aydant Dieu, le quel je supplie, après vous avoir présenté mes bien humbles recommandations, vous donner, Monsieur, en heureuse santé bonne et longue vye.

De Dieppe ce xxxi⁰ janvier.

Pour le regard des compagnies que laisse Monsieur

(1) Record Office, State Papers, France, vol. XXIX. (Original.)

D'Orsey je y metray tel ordre qu'il n'en adviendra point d'inconveniant.

Vostre obéissant amy à vous faire service,

MONTGOMMERY (1).

L'argent lui manquant (il en manquait toujours), il fait un dernier effort auprès d'Élisabeth pour en obtenir :

Madame, le dangier ou je me voy constitué et par consequent tant de fidelles de ceste Normandie, m'a donné l'occasion de vous ramentevoir, ce dont je suis tant coustumier, d'importuner Vostre Majesté, la quelle je supplie très-humblement a ce besoing departir le bon secours que j'en ay tousjours esperé, vous asseurant, Madame, que si dans cinq ou six jours je ne suis pourvu d'argent pour soudoyer les six compagnies de gens de pied et deux cens chevaulx que j'ay en ceste place, je me voy au point d'un tel desordre que la consequence en apportera une pitoyable ruyne. Et par ce, Madame, que cela ne peut estre soulagé que par vostre seul moyen, je vous supplie très-humblement y vouloir donner le remede necessaire, et me faire tant d'honneur de croire que si la commodité me pouvoit estre departie d'ailleurs je ne vous ennuyrois si souvent de telle chose; mais depuis deux mois en ça que les dites compagnies sont à nostre devotion, je n'ay reçeu que les deux mil escuz qu'il a pleu à Vostre Majesté ordonner, je vous supplie très-humblement, Madame, metre en consideration si cela peut suffir à une telle charge, pour en y ayant esgard me donnez moyen de me continuer au service de Vostre Majesté à la quelle je supplie le Createur,

---

(1) Record Office, State Papers, France, vol. XXIX. (Original.)

Madame, vouloir donner accroissement de ses graces en longue et heureuse prosperité.

De Dieppe ce iiie febvrier.

Vostre très-humble et très-obéissant serviteur à jamays,

MONTGOMMERY (1).

A cette lettre il en ajoutait une pour Cecil :

Monsieur, je vous ay fait entendre par beaucoup de lettres en quel estat et necessité sont les affaires de deçà, faulte de secours, mais par ce que je ne vois sortir nul effet de mes prières, je suis content de vous supplier très humblement moyenner de Sa Majesté la Royne quelque département de deniers pour l'entretenement de six compaignies de gens de pied et deux cens chevaulx que j'ay en ceste place, vous laissant à penser, Monsieur, si deux mille escus que Sa Majesté m'a faict départir peuvent suffire au payement des compagnies y ayant deux mois que je les ay sur les bras, pourquoy vous supplie de rechef de y vouloir de vostre part donner ordre, de facon que la ruyne que je vois apprester ne puisse advenir faute d'y avoir aidé et pourvu. Au surplus, Monsieur, je vous veux bien advertir comme Monsieur Dandelot a attaqué quelques huit cens chevaux qui avoient passé l'eau pour entrer en la Sologne et les a défaits et mis en route et tellement espouvantés que Mr de Guise ne sait plus ce qu'il doit faire; joint l'étonnement qu'il a de l'armée de la royne de Navarre qui vient se joindre à M^r l'Admiral, ensemble quatre mille reistres qui sont ja en France, cela considéré et avec le bon service que nous attendons de Sa Majesté de la Royne nous devons espérer heureuse issue de nos entreprinses et augmentation du service de Dieu,

(1) Record Office, State Papers, France, vol. XXIX. (Original.)

lequel je supplie après vous avoir présenté mes bien humbles recommandations vous donner en santé très-longue et heureuse félicité.

De Dieppe, le iiie jour de fevrier 1563.

MONTGOMMERY (1).

Voici une note adressée à la reine d'Angleterre. Elle nous est un témoignage de l'avidité de Montgommery, qui finit par réunir contre lui et protestants et catholiques également rançonnés :

Plaise à la Majesté de la Royne envoyer à Dieppe à Monsieur le conte de Montgommery trois mil hommes pour la garde de la dicte place, oultre et par dessus ceulx qui sont à present.

Ou bien luy deppartir dix ou douze mil escutz pour en louer en France, et payer quinze cent Francois qu'il a de ce present pour le moys de janvier dernier et ce mois de fevrier.

Faire saisir les personnes et biens des marchands de Dieppe qui se sont retirez et leurs marchandises en ce royaulme, vendre les dits biens pour en faire deniers ou envoyer les personnes à Dieppe pour leur en faire trouver. Mesmement à la Rye ung nommé le Danoys et à Londres l'esleu Bouchart, ung nommé Quoquerel, le controleur le Nable, Englesville, Robert Fouache, Charles Miffaut et Guillaume Chochon.

Octroyer commission au dit de Montgommery pour trafiquer en Angleterre et en tirer deniers librement des marchandises qu'il y enverra pour les necessitez, entretenement et fortifications du dit Dieppe.

(1) Record Office, State Papers, France, vol. XXX. (Autographe.)

L'argent étant lent à venir, Montgommery envoya le capitaine Horsey en Angleterre avec cette lettre pour la reine :

5 février 1563.

Madame, affin que le rapport du capitaine Orsey vous puisse rendre plus ample tesmoignage de l'estat des affaires de deçà, je l'ay prié aller devers Vostre Majesté pour les vous faire entendre, ayant autant de fiance en luy qu'en nul aultre que je cognoisse par l'expérience que j'ay eue de sa bonne volonté laquelle il a manifestée en tous actes.

De Dieppe le vᵉ jour de fevrier 1563 (1).

Voici la réponse de la reine, à la date du 14 février 1563 :

Très cher et très aymé cousin, nous avons receu les lettres que vous nous avez escriptes par ce porteur le sieur de Horsey nostre secretaire, lequel nous renvoyons presentement à vous avec une certaine somme d'argent, la quelle bien qu'elle ne soit pas si grande que requerez et que de nostre part nous voudrions bien qu'elle fut plus large, touttefois c'est aultant que nous en pouvons bonnement fournir pour le présent, ayant regard à la grandeur de la somme qu'il nous fault envoyer à Monsieur l'Admiral, et touchant le reste nous nous en remettons le rapport au dit sieur Horsey, auquel prions donner crédit, sur ce, très cher et bien aymé cousin, Dieu vous ayt en sa saincte garde (2).

Cette dernière lettre nous a conduits jusqu'au 14 février. Pour l'intelligence de celles qui vont

(1) Record Office, State Papers, France, vol. XXX. (Original.)
(2) *Ibid.* (Minute originale.)

suivre, quelques explications nous semblent nécessaires :

A la suite de la bataille de Dreux, l'amiral de Coligny, après avoir reconstitué l'armée dont il était devenu le chef et traversé la Beauce, était d'abord venu à Beaugency, puis à Orléans. Briquemault et Beauvoir lui conseillaient de se rendre à Lyon (1); mais il préféra aller en Normandie, et, laissant à Orléans d'Andelot avec 6,000 hommes de pied et 1,500 chevaux, il se mit en chemin, le 1ᵉʳ février, avec 4 ou 5,000 chevaux, 200 valets et 200 chevaux de train; avec lui marchaient le maréchal de Hesse, chef des reîtres, le prince de Porcien, le comte de Larochefoucauld, de Mouy, de Grammont, d'Avaray, Duras, d'Avoines (2), Colombières et quelques gentilshommes normands (3); il voulait à la fois faire sa jonction avec les Anglais et venir toucher au Havre, ainsi qu'on le lui avait promis, les sommes nécessaires pour payer les reîtres, qui réclamaient leur solde avec force murmures.

C'est le 5 février que Warwick fut avisé de la marche de l'Amiral, qui s'annonçait pour le 10 ou le 12 devant Honfleur et désirait que cette ville fût prise avant sa venue (4). Beauvoir, qui était encore

---

(1) Kalendar of State Papers, 1563, p. 126.
(2) Georges d'Argenson, sieur d'Avoines.
(3) Kalendar of State Papers, 1563, p. 126.
(4) Voici une lettre de Beauvoir à Cecil, annonçant la venue de l'amiral :

« Monsieur, pour entretenir tousjours vostre bon et affectionné desir,

au Havre, s'offrit pour ce coup de main, demandant quatre enseignes d'Anglais, deux canons, deux couleuvrines et quelques barques armées pour s'opposer à un secours venu de Caudebec; mais Warwick, à cette ouverture, répondit qu'il ne pouvait s'engager sans une permission expresse de la reine, car c'était là un acte de guerre; il attendrait donc des ordres d'Angleterre et il allait en prévenir la reine (1).

La réponse d'Elisabeth ne se fit pas attendre; elle est du 10 février; elle a appris que l'Amiral, avec 4 ou 5,000 chevaux, s'approche du Havre pour recevoir le subside qu'elle a promis, et aussi qu'il désire que l'on prenne Honfleur et Fécamp; après en avoir délibéré, elle estime que l'entreprise sur Honfleur et

---

je ne craindray à vous faire ceste recharge, pour vous prier affectueusement de tenir tellement la main à la juste deffensce de nostre cause, qu'en peu de jours, Monsieur l'Amyral qui vient avec ses forces en Normandye soit secouru et d'hommes et de deniers de la Majesté de la Royne, selon la promesse qu'elle en a faicte par cy devant, car aultrement l'issue de nostre entreprinse, qui est avec l'aide de Dieu, fort proche, pourroit estre esloignée au grand desavantage non seulement de la France, mais de toute la crestienté. Je vous prie donc, Monsieur, de rechef, de nous favoriser tellement envers la dite Majesté, que le secours qui a esté promys puisse venyr à propos, car pour vostre dexterité et experiance vous scavez combien la demeure est perilleuse en telles affaires. Et en cest endroict me recommandant humblement à vostre bonne grace, je prie Dieu, Monsieur, vous donner en santé bonne et longue vye.

Du Havre de Grace le v° jour de febvrier 1562 (2).

(1) Record Office, State Papers, France, vol. XXX.
(2) *Ibid.*

Fécamp est de grande importance, et qu'elle peut être conduite sans trop de risque ; elle s'en remet à Warwick ; elle lui donne tout pouvoir, mais en lui recommandant de ne pas trop s'aventurer lui-même. On peut venir en aide aux Français, mais en leur laissant toute la charge de l'exécution ; on se bornera à être en mesure de les secourir en cas de danger. Quant à l'Amiral, s'il désire venir au Havre et voir Warwick, on ne peut le lui refuser, mais on lui enjoindra de n'amener qu'une escorte très-limitée, cinquante ou soixante gentilshommes au plus, et une grande circonspection est recommandée à Warwick (1).

Le plus difficile, c'était de s'entendre avec Coligny pour les subsides qu'il demandait dans toutes ses lettres. Throckmorton était retourné à Londres. C'est à lui que fut confiée la délicate mission de faire connaître les véritables intentions de la reine, et nous aurons à revenir sur son entrevue avec l'amiral ; mais auparavant, pour ne rien laisser de côté, voici une nouvelle lettre de Beauvoir à Warwick au sujet de l'expédition de Honfleur ; il accepte les conditions exigées par Elisabeth, qui, tout en désirant que la ville fût prise, ne voulait pas rompre trop ouvertement avec la France :

Monsieur, ayant tousjours désiré d'accomplir fidellement et diligemment la volonté de ceulx qui commandent

(1) Record Office, Kalendar of State Papers, 1563, p. 123.

à la conduite de nostre juste deffense, et ne pouvant satisfaire sans vostre aide et secours à l'avertissement de Monsr l'Amyral, je suys contraint par la necessité à la quelle je ne puys autrement resister, de vous supplier affectueusement qu'il vous plaise de me secourir de quelques nombres raisonnables de vos troppes pour executer l'entreprinse de Honnefleur, de la consequence et execution de la quelle depand en partie le repos de ceste place. Car ayant regardé de toutes pars, je ne voy moien de l'accomplir que le vostre, et ne fault estimer Monsieur que ceulx qui troublent maintenant le repos de ce royaulme, vous traictront plus doulcement quand vous ne metrez vos forces hors de ceste ville, car pour leur declairer la guerre, il suffit de monstrer comme vous faictes, quelques bonnes affections au repos de ce royaulme. Toutes fois, affin que je soys chargé de tout le different, j'ay deliberé soubz vostre meilleur advys et jugement de faire faire la proclamation de tous les soldats françois et habitants de ceste ville en mon nom pour executer la dite entreprinse que si lors de l'ambarquement il vous playt par dessoubz main et sans aucune proclamation precedente, me donner quelques compagnies, je ne voy poinct qu'on vous en puisse imputer aulcune chose, et affin que je me serve des forces du Roy contre ses ennemys j'ay deliberé soubz vostre congé de prandre seullement les pieces d'artillerye necessaires pour cest effect qui sont en ceste place et qui appartiennent au Roy à celle fin que celles de la Majesté de la Royne ne soient recongneues, et ce faisant, Monsieur, il me semble que vous ferez une chose grandement advantageuse pour Monsr l'Amyral, du quel après Dieu et la Majesté de la Royne depand principalement l'issue de ceste guerre.

Janvier 1563.

BEAUVOIR (1).

(1) Record Office, State Papers, France, vol. XXIX. (Original.)

Ce n'était pas Honfleur seulement qui était menacé; Fécamp l'était aussi, et dans les murs de la ville il y avait des protestants tout disposés à faire entrer les Anglais. Un certain de Prestrenas écrivait à Warwick le 24 janvier :

Mon Seigneur, apres vous avoir salué au nom de Dieu, je vous advertis que depuis huit jours en ca javois baillé des lettres à Mr Poulet gentilhomme ecossois de vostre court, par lesquelles je le priois vous advertir que pour l'advancement de l'Evangile et pour le soullagement de tous les fideles chrestiens et mesme pour la conservation de vostre ville du Havre et pour plusieurs raisons contenues aux dites lettres qu'il seroit bon vous saisir de Fescamp et pour ce que le dict Poulet m'avoit dict que je fisse mes preparatifs et que le trouveriez bon, à ces causes, monseigneur, j'ay envoyé des personnes gens de bien et fideles qui sont du dit lieu de Fescamp, lesquelz sont entrés par quelque secret dessous terre nuitamment au dict Fescamp et dans leurs maisons qui sont dedans le fort, sans que personne s'en soit apperçue et par ce dict lieu on pourroit faire entrer aultant d'hommes qu'on vouldroit, parquoy je vous prie ne laisser passer une telle occasion qui se presente, car si le dit lieu de Fescamp n'est par nous prins et saisi, les ennemis feront beaucoup de mal et garderont que pour le temps à venir il ne viendra aucuns vivres en ceste ville tant pour les gens que pour les chevaux, pour ce qu'il n'en vient plus que d'auprès Fescamp et s'il y a en ceste ville plusieurs fidèles qui ont esté chassés du dit lieu et qui meurent de faim, d'aultant qu'ilz ne peuvent jouir de leurs biens et depuis un an en ca n'en ont joui, du nombre desquels je suis, et qui plus est la court du parlement de Rouen à la poursuite de ceulx de Fescamp ont confisqué toutes mes seigneuries et tout mon bien, tellement que doresnavant je ne sauray de quoy vivre. Je vous prie de rechef nous aider, et je vous promets que nous vivrons et mourrons à vous faire service (1).

Avant de suivre Coligny en Normandie, examinons comment les choses s'étaient passées à Rouen depuis le départ de la reine-mère et du roi. Le maréchal de Vieilleville y avait été envoyé avec les pouvoirs de lieutenant général de la province et surtout « pour y faire entretenir la paix et faire vivre un chascun en repos, là où ilz ne faisoient que petites séditions et tumultes, autant par le mouvement du peuple que par les instigations et poussements de M. de Villebon leur bailli (2). »

L'historien du Parlement de Normandie a longuement raconté la scène de violence qui eut lieu entre le maréchal et M. de Villebon. C'est à ce propos que l'ambassadeur d'Espagne, Chantonnay, écrivait (3 février 1563) :

Ceux de Rouen sont tellement indignés et esmeus pour le débat d'entre le marechal et le Sr de Villebon, lequel, s'il n'est encore mort, est en grand danger de sa blessure, que le sieur de Vieilleville n'a trouvé moyen de sortir de Rouen, il est à hasard que le peuple ne l'assome (3).

Dans une nouvelle lettre de Chantonnay, du 12 février, au cardinal Granvelle, et que les *Mémoires de Condé* n'ont pas reproduite, nous lisons :

(1) Record Office, State Papers, France, vol. XXIX. (Original.)
(2) BRANTÔME, *Discours sur le maréchal de Vieilleville.*
(3) Archives de Vienne. V. *Mémoires de Condé*, t. II, p. 130.

Le Sʳ de Vieilleville est parti de Rouen, car le Rhingrave l'alla le trouver et l'emmena habillé comme l'un de ses reistres ; autrement il n'y eut moyen de contenir le peuple (1).

Dans une nouvelle lettre au même cardinal Granvelle, Chantonnay revient sur les agitations intérieures de la ville de Rouen :

Le peuple s'est pensé mutiner il y a quatre ou cinq jours à cause de quelques malheureux qui assaillirent un prêtre qui portoit le corps de Nostre Seigneur, de manière que pour apaiser le tumulte il a fallu faire commander que tous ceux qui sont suspects de la nouvelle religion eussent à partir ; ceux qui firent cet outrage furent tués sur le champ (2).

Revenons maintenant à la marche de Coligny : il passa d'abord sous les murs d'Évreux, qu'il ne put forcer faute d'artillerie ; puis, ayant dispersé une troupe de paysans qui voulaient lui disputer le passage près de Bernay, il gagna Saint-Pierre-sur-Dives et il en dépouilla les riches églises pour faire prendre patience à ses reîtres. Il arriva à Touques dans la nuit du 8 au 9 février ; c'est là que vint le trouver François Sommerset, envoyé par Warwick. De Touques il marcha sur Dives, et c'est de là que, le 12 février, il écrivait à sir Poulet :

(1) Archives de Vienne, Lettre de Chantonnay au cardinal Granvelle.
(2) *Ibid.*

Monsieur, ayant entendu le lieu que vous tenez auprès de Monsieur le conte de Warwick, j'ay bien voulu faire la présente pour vous pryer, que doresnavant vous employez l'acces et la faveur que vous avez de luy, en ce qui s'offrira pour le faict et bien de ceste compagnye, ayant prins les armes pour une sy juste querelle que nous les avons prises. Et oultre que je suys asseuré que vous ferez en cest endroict service agréable à la Royne d'Angleterre, je vous responds aussy pour tous les principaulx de ceste armée, que tous generallement se tiendront en cela bien fort gratifiez de vous, et de moy particulièrement, que ou j'auray moyen de vous faire plaisir, je m'y employeray de bon cueur.

Monsieur Poulet, qu'il vous donne ce que désirez.

De Dyves ce xiie febvrier 1563.

  Vostre entièrement bien bon amy,

       Chastillon (1).

Le 13, Coligny était encore à Dives et il écrivait à Elisabeth :

Madame, encores que puis nagueres j'aye entre autres depesché vers Vostre Majesté deux gentilhommes miens que j'ay entendu estre passez seurement, par lesquels je vous ay rendu compte de nos actions, et faict amplement entendre l'estat de nos affaires et la part ou j'estois, ensemble la fiance et attente que toute ceste compagnie a en l'ayde, secours et bonté de Vostre Majesté, selon que la justice de la cause, l'occasion et necessité le requierent. Estant maintenant approché si près de vous, Madame, et en lieu plus exempt des dangiers et difficultez des chemins et passages qu'auparavant, je n'ay voullu faillir

(1) Record Office, State Papers, France, vol. XXX. (Original.)

vous faire encores bien particulièrement entendre l'estat en quoy se retrouvent à present nos affaires, et le desir et besoing que ceste compagnie a de scavoir au plus tost des nouvelles de Vostre Majesté, à laquelle j'envoye pour cest effect Monsr de Theligny, présent porteur, gentilhomme de la chambre du Roy, personage digne et vertueux et duquel les merites surpassent son age. Vous supliant très humblement, Madame, le vouloir ouyr et croire de ce qu'il vous dira de ma part, comme moy mesmes, qui sur ce feray très humble requeste à Dieu de vouloir conserver Vostre Majesté, Madame, en très parfaicte santé et prospérité et beneir toutes vos actions.

Du camp à Dive, ce xiiie febvrier 1563.

Vostre très humble et très obéissant serviteur,

CHASTILLON (1).

Coligny, pour appuyer ses demandes auprès d'Elisabeth, avait remis des lettres à Teligny pour Warwick et pour Cecil; nous n'en reproduirons qu'une, car ce sont les mêmes prières appuyées par les mêmes considérations et les mêmes phrases :

A Monsieur Cecil.

13 février 1563.

Monsieur Cecile, cependant que jay esté esloigné de ces quartiers, les dangiers des chemins les quels jay congnieuz par experience et perte d'aulcuns hommes envoyez par moy, m'a guardé d'envoyer quelques gentilhommes de qualité devers la Royne d'Angleterre, comme

(1) Record Office, State Papers, France, vol. XXX. (Original.)

je desiroys de faire, pour advertir Sa Majesté bien particulièrement de l'estat des affaires de ceste guerre par la quelle nostre royaulme est travaillé maintenant. Et puys nagueres estant arrivé en ceste coste de Normandye, je n'ay voullu faillir de faire passer en Angleterre pour l'effect suffisant, l'ung des plus apparens gentilhommes que j'eusse auprès de moy. Par quoy j'envoye maintenant Monsieur de Telligny, présent porteur par delà, par le quel entre aultres choses j'ay bien voulu vous faire entendre que nous avons esté bien advertiz de la bonne et grande affection que vous portez à la cause de Dieu pour la quelle nous avons prins les armes, comme vous le demonstrez bien par les bons offices que vous faictes envers sa dicte Majesté pour l'entretenir en la bonne volunté qu'elle a de nous ayder et favoriser en une sy juste et sy saincte querelle. Et combien que je ne doubte point, que ce qui vous meut en cela n'est que le zèle que vous portez à la gloire de Dieu, sy ne veult-je laisser à vous en remercyer et pryer de continuer ces bons offices, par les quels je m'asseure que tenant le lieu que vous tenez au service de Sa Majesté, vous pouvez beaucoup favoriser nostre entreprinse, ainsy que le dit Sr de Telligny vous dira plus amplement de ma part, et toutes aultres nouvelles de nostre coste, par quoy, m'en remettant à sa suffisance, je ne vous feray plus longue lettre que de mes recommandations de bon cueur à vostre bonne grace et prier au Créateur, Monsieur Cecile, qu'il vous *doict* ce que desirez.

De Dyves, ce XIIIe de febvrier (1563).

Vostre entièrement bon et bien affectionné amy,

CHASTILLON (1).

Nous avons laissé Montgommery à Dieppe ; mais

(1) Record Office, State Papers, France, vol. XXX. (Original.)

son séjour ne devait pas s'y prolonger. L'amiral l'appela auprès de lui, et le 25 février il arrivait par mer au Havre. En passant devant Fécamp, il eut à livrer un rude combat contre trois chaloupes sorties du port, et il en ramenait une qu'il avait prise (1). La comtesse de Montgommery, Isabeau de La Touche, qui partagea sa vie aventureuse, était restée à Dieppe ; c'est elle qui annonce à Elisabeth qu'il vient d'en partir :

A la reine Elisabeth.

Madame, les bienfaicts qu'il a pleu à Vostre Majesté departir à Monsieur de Montgommery m'ont donné l'hardiesse de vous en faire tres humble merciement et vous faire entendre par ceste lettre comme estant le dit Sr de Montgommery mandé pour aller trouver Monsieur l'Admiral se doubtant au plus près d'y estre arresté, voulut avant son partement laisser ceste place garnye de forces compettantes, affin de la conserver pour le service du Roy et commoditez de Vostre Majesté, la recommandant tres expressement au S^r d'Orsey pour l'assurance qu'il a de sa fidelité. Luy comme tant avec le Sr Againssault l'entière charge des principales forteresses d'icelle, et par ce, Madame, que les bandes françoises qui y sont en pourroient estre retirées pour aller trouver mon dit Sr Admiral, il me semble, Madame, qu'il seroit très bon, que Vostre Majesté fust persuadée d'y envoyer au plus tost quelques forces veu la consequance qui s'ensuit à la conservation d'icelle. Vous voulant bien asseurer, Madame, que l'importance en est plus recommandable qu'elle ne

(1) Kalendar of State Papers, 1563.

fut jamais. Comme mesmes m'a adverti le dit Sr de Montgommery, lequel sur toutes choses desire employer à jamais tous ses moyens pour le fidel service qu'il doibt à Vostre Majesté, à laquelle je supplie le Createur, Madame, vouloir donner à tous-jours bonne et heureuse prosperité.

De Dieppe, ce xiiie de mars 1563.

Vostre très humble et très obéissant
serviteur à jamais,

YSABEAU DE MONTGOMMERY (1).

(1) Record Office, State Papers, France, vol. XXXI. (Original.)

CHAPITRE III

Résumé du chapitre précédent. — Situation militaire en Normandie des Français et des Anglais. — Entrevue du rhingrave et de Warwick.—Lettre du rhingrave à Warwick (20 janvier 1563).—Réponse de Warwick (22 janvier).—Entrevue de Coligny et de Myddlemore, envoyé par Elisabeth. — Discussion engagée sur le chiffre du subside promis à Coligny. — Note remise par Chastellier. — Lettre de Coligny à Throckmorton (23 février).—Secours envoyé du Havre à Coligny pour le siège du château de Caen.—Arrivée de Throckmorton au camp de Coligny.—Nouvelle de la mort du duc de Guise apportée à Caen.— Lettre de Beauvoir l'annonçant à Warwick (1er mars).— Lettre de Coligny l'annonçant également à Elisabeth (28 février).— Lettre de Coligny au rhingrave, en lui envoyant M. de Levy (1er mars).— Composition du château de Caen. — Coligny l'annonce à Elisabeth (3 mars). — Les villes de Normandie se soumettent les unes après les autres. — Départ de Coligny pour Orléans. — Son entrevue à Mortagne avec Myddlemore. — Nouvel entretien de Coligny avec Myddlemore à Brou.—Requête des habitants du Havre menacés d'expulsion (5 mars). — Réponse de Warwick. — Lettre du rhingrave à Warwick (20 mars).—Réponse de Warwick (21 mars). — Réplique du rhingrave. — Nouvelle lettre du rhingrave à Warwick (28 mars).— Défiances des Anglais éveillées par la paix d'Amboise.— Avis donné par Myddlemore à Warwick. — Lettre de Montgommery à Elisabeth (12 avril 1563).—Lettre de Warwick à Leicester et à Cecil (8 avril). — Condé et Coligny désavouent le vidame de Chartres. — Propositions faites par le rhingrave à Horsey, qui remplaçait Montgommery à Dieppe.—Lettre de Warwick à Leicester et Cecil (14 avril).— Lettre de Sainte-Marie d'Agneaux à Warwick (15 avril). — Warwick suspecte Briquemault, venu s'embarquer au Havre pour l'Angleterre.—Montgommery a la pensée de résister aux ordres de Catherine de Médicis. — Lettre de Warwick et de sir Poulet à Leicester et Cecil qui en témoigne (21 avril). — Lettre de Montgommery à Warwick, écrite de Ducé (23 mai 1563).—Suite de la lettre du 20 *avril de Warwick à Leicester. — Entrevue du rhingrave et de sir Poulet racontée par Warwick.*

Dans le chapitre précédent, nous avons réuni les documents qui se rapportaient à l'occupation de Dieppe par Montgommery, puis nous avons suivi la marche de Coligny depuis Orléans jusqu'à Dives, où nous l'avons laissé ; il nous reste à parler de la fin de sa campagne en Normandie, dont il était au moment de se rendre le maître, les villes se donnant les unes après les autres, lorsque l'accord passé entre Catherine de Médicis et Condé le fit revenir à Orléans. Coligny une fois parti de Normandie, nous nous enfermerons dans les murs du Havre et nous retracerons l'histoire de cette triste occupation anglaise ; enfin, nous servant des lettres de Warwick, du rhingrave et d'autres encore, nous raconterons jour par jour le siège du Havre, le fait militaire le plus glorieux de la régence de Catherine de Médicis, et nous pourrions dire le plus habile, car elle parvint à réunir sous le même drapeau protestants et catholiques contre l'Anglais, le plus ancien ennemi de la France.

Bien longtemps à l'avance, Throckmorton, avec la prescience du véritable homme d'État, avait annoncé à Elisabeth qu'il en serait ainsi : « Il viendra un moment, lui disait-il, où les Français s'entendront entre eux et se retourneront tous contre nous (1). »

Précisons d'abord la situation militaire des deux partis. Le rhingrave, avec 6,000 hommes de pied et 800 chevaux, se tenait à Montivilliers ; Warwick, le 2 novembre 1562, était sorti du Havre et s'était porté jusqu'à Mondeville ; mais, après une escarmouche assez vive, il s'était retiré (2), et depuis lors, par manque de cavalerie, il ne s'était pas hasardé dans les campagnes environnantes. Le château de Tancarville, occupé par les Anglais le 9 décembre (3), avait été repris sur eux par Castelnau ; Harfleur, au mois de novembre, avait résisté à une première attaque des Anglais (4) ; Honfleur était encore entre les mains des troupes royales, mais Caen venait d'ouvrir ses portes à Colombières ; Coligny n'avait plus qu'à en prendre possession. Le marquis d'Elbeuf et le gouverneur de la ville, Bailleul du Renouard, avec 600 hommes d'armes, s'étaient renfermés dans le château, qui était muni d'une bonne artillerie et récemment approvisionné.

Cet exposé de situation terminé, c'est au rhingrave que nous allons donner le premier la parole ; sa lettre est du 20 janvier 1563. Ce sera, il est vrai,

(1) Kalendar of State Papers, 1562.
(2) *Annals of the reign of Elisabeth*, Society Camden, p. 104, Londres, MDCCCXL.
(3) V. DEVILLE, *Histoire de Tancarville*, p. 275.
(4) *Annals of the reign of Elisabeth*, Society Camden, Londres, MDCCCXL.

retourner un peu en arrière ; mais la correspondance qu'il échange avec Warwick mérite d'être reproduite ; elle a cela de piquant que tous deux, sous un semblant de courtoisie, cherchent à se tromper mutuellement. Déjà, au mois de novembre dernier, ils s'étaient vus sous les murs du Havre ; c'est le rhingrave qui avait pris l'initiative de cette entrevue ; elle avait été très-amicale ; Montgommery et Beauvoir y avaient assisté et ils ne s'étaient pas fait faute de récriminations contre les Guise et tous ceux de leur parti (1). Voici la première lettre du rhingrave :

Monsieur, j'ay veu vos lettres et quant au remerciement du traitement que j'ay faict à voz soldatz (2), je vous asseure que si je leur eusse sceu faire courtoisie davantage, je l'eusse faict pour souvenir de vous, désirant sauf debvoir vous tenir toujours content de moy, et quant aux nouvelles de la paix, j'ay monstré une lettre au capitaine Saul que quelque prince m'escripvoit de delà, comme depuis j'ay receu d'aultres qui renferment que la royne travaille toujours pour faire ung bon accord et que Mr le prince de Condé y est fort enclin, mais ilz ne sont encore d'accord de tous articles ; pour vous dire en vérité en quoy il tient, je ne m'en oseray advancer, car tant on dit de diverses sortes, chascun à sa passion, mais je prétens après avoir donné icy un peu d'ordre, faire ung voyage en poste à la cour pour quatre ou cinq jours où je vous despartiray les certaines nouvelles. Mr de Guise a passé la rivière de Loire et a approché Mr l'Admiral qui a environ

---

(1) *Annals of the reign of Elisabeth*, Camdem Society, p. 103, Londres, MDCCCXL.

(2) Il fait allusion aux soldats faits prisonniers dans le château de Tancarville, qui venait d'être repris par Castelnau.

encore deux mille cinq cens chevaux, reistres, de gens de pied, bien peu en danger, comme deux chiens qui groignent, de se battre une autre fois. Pendant que l'on traite avec M^r le Prince (mais que le royaume ne souffrit) qu'eux deux se desbattent, le roy seroit heureux. Je vous escripvis hier pour le seigneur de Bacqueville à qui semble que j'aurois ce crédit en vostre endroict, que lui permettriez venir parler à moy pour me faire entendre son intention de la prinse de Dieppe où il a quelque opinion que l'on l'en charge; s'il vous plaist vous fier en ma parole, je m'oblige le vous renvoier le mesme jour, ou, s'il vous plaist, lui user de cette courtoisie qu'il puisse faire un voyage en sa maison; je m'obligeray pareillement à vous le representer le jour que me nommerez; vous feriez beaucoup pour luy, car il est en danger de tomber en grande peine et je seray bien aise de lui servir en quelque chose, me recommandant bien affectueusement à vostre bonne grace, priant Dieu vous conserver la sienne.

De Montivilliers ce xxe jour de janvier 1563.

Et il ajoute :

Monsieur, ayant esté à Caudebec j'ay tant fait que j'ay retiré ces pauvres Angloys qui y estoient, lesquelz avoient repondu pour leurs despense et pour la despense d'aultres, ainsy que vous verrez par le billet et mémoire que je vous envoye, dont j'ay fait respondre pour eulx tous.

Vostre obéissant amy, etc.,

RHINGRAFF (1).

Voici la réponse de Warwick, du 22 janvier :

Monsieur le comte, j'ay receu vos lettres et en icelles

---

(1) Record Office, State Papers, France, vol. XXIX.

j'ay bien entendu de voz nouvelles, depuis que j'en ay esté adverty d'aultres, c'est que la bataille a esté donnée entre Mysac et Bourgeuse, où le duc de Guise et son armée ont esté deffaits et luy tué ou fort blessé, en sorte que la victoire est demeurée à Mʳ l'Admiral et à Mʳ Dandelot, esperant que en brief Dieu mettra le tout en bon fin pour laquelle je prie affectueusement et quant aux pauvres prisonniers que m'avez renvoiés, je vous en remercie bien fort. J'attends tous les jours deux beaux geldins (1), lesquelz quand ilz seront venus, je vous en feray présenter en part de récompense du bon cheval que m'avez donné. Monsieur, je vous ay mandé par le sieur de Bacqueville touchant les pauvres prisonniers, les soldatz Francois que vous tenez pour le faict de Tancarville (2), je voulois bien prier de les faire bien traiter, car cela taxe bien mon honneur qui les ay mis la dedans, promettant de les garder; vous ferez ainsi qu'il vous plaira et comme vous semblera bon, mais je vous prie aussi d'avoir égard à mon honneur, car je le ferois au vostre qui sera l'endroict que avec mes humbles recommandations je prie Dieu, Monsieur le Comte, qu'il vous donne en santé très bonne, très heureuse et longue vie.

Du Havre de Grace, xxiiᵉ jour de janvier 1562 (1563).

Vostre bien affectionné amy et bon voisin,

WARWYCK.

Coligny était encore le 18 février à Dives; c'est là que Myddlemore, envoyé par Elisabeth, vint le trouver pour traiter avec lui du subside qu'il récla-

---

(1) Hongres.
(2) Le château de Tancarville avait été repris par Castelnau de Mauvissière. (V. *Mémoires de Castelnau*, collect. Petitot, vol. XXIII, V. DÉVILLE, *Histoire de Tancarville*, p. 279.

mait dans chacune de ses lettres; il y avait là une question de chiffres importante à débattre, la reine voulant réduire la somme promise. L'amiral, aux observations faites par Myddlemore, répondit qu'il était prêt à ratifier le traité passé entre Condé et la reine Elisabeth, mais qu'il comptait sur 140,000 couronnes et non sur 100,000 ; depuis trois mois les reitres ne recevaient pas de solde, et il était menacé et dans son honneur et dans sa vie; Myddlemore répliqua qu'il ne savait rien au sujet de ces 40,000 couronnes réclamées en plus par l'Amiral, mais que déjà on avait payé de fortes sommes à Rouen et à Dieppe pour Montgommery (1). Ces messagers, qui n'apportaient que de belles paroles et jamais d'argent, ces retards calculés rendaient la position de l'Amiral de plus en plus difficile, et pourtant il n'avait cessé d'adresser des représentations, tantôt à la Reine, tantôt à Warwick ; la note suivante explique bien les nécessités de sa situation :

C'est ce que j'ay à demandé à Monsieur le Conte de Warwick de la part de Monsieur l'Amyral, et les pointz de la creance qu'il m'avoit donnée,

Que sy l'argent que la Royne d'Angleterre avoit promys pour le payment des reistres estoit au Havre, qu'il luy plaist l'envoyer le plus tost qu'il pourroit, affin qu'il fut pour le plus tard dedans le quinzième de ce mois au camp de M. l'Amyral, lequel s'asseurant soubz la parolle de Sa Majesté et de ses principaulx ministres que l'argent

---

(1) Kalendar of State Papers, 1563.

fust au Havre avoit donné ce jour aux reistres pour le payement de ce qui leur estoit deu de leurs services.

Que sy l'argent estoit encore en Angleterre, qu'il plaist à M. le conte de Warwick y envoyer le plus diligemment qu'il lui seroit possible et le haster, affin de contenter les reistres dedans le terme qu'on leur a donné.

Que s'il se faisoit aultrement, beaucoup de maulx en adviendroient : premièrement le malcontentement des reistres, et par ce moyen la ruyne de l'armée d'ou depend le gaing ou la perte de ceste guerre et le grand tort qu'on feroit à Monsieur l'Amyral, lequel soubz la parolle de la Royne et de ses principaulx ministres avoyt sur ceste esperance amené l'armée sur le bord de la mer, obligeant sa foy et honneur de faire contenter les reistres, lesquelz ne l'estans et estans les plus fortz de beaucoup pourroient faire une honte ou tuer Monsr l'Amyral.

Pour ces raisons est il de besoing de haster le payement et tenir la parolle que luy et les principaulx de l'armée avoient donnée aux reistres.

Et pour ce que les forces qu'a M^r l'Amyral ne sont que de gens de cheval, qu'il plaist à Monsieur le conte de Warvick envoyer au premier jour en Angleterre, affin de faire descendre le plus tost qu'on pourroit une bonne force d'infanterie, jusques à dix mil hommes de pié.

Et cependant envoyer à M^r l'Amyral des gens de pié, qu'il a en ceste place, le plus grand nombre qu'il luy seroit possible avec l'artillerye et les munitions, tant pour la guarde de l'artillerye, pour la seuretté de l'armée, que pour assiéger et prendre places et beaucoup d'autres occasions.

Et pour ce que la Royne d'Angleterre auroit demandé pour la seuretté de ses deniers la parolle et responce de Monseigneur le Prince, d'aultant qu'il est prisonnier, Mons. l'Amyral et les principaulx de l'armée obligent à Sa Majesté leur parolle et tout ce qu'ilz ont de biens en ce monde pour la seuretté de son argent.

Fait au Havre de Grace, ce xii du mois de février 1562 (1563).

CHASTELLIER (1).

Dans toutes les occasions délicates, dans toutes les affaires un peu embrouillées, c'est à l'habileté de Throckmorton qu'Elisabeth avait recours ; il venait d'arriver au Havre pour venir en aide à Myddlemore et obtenir de l'Amiral cette ratification du traité passé avec le vidame, dont Elisabeth faisait la condition de son subside, mais l'argent attendu était encore au delà du détroit ; à bout d'expédients, l'Amiral, dans la lettre suivante, se plaint de ces retards.

A Monsieur de Throckmorton.

23 février 1562 (1563).

Monsieur, j'ay receu la lettre que vous m'avez escripte par le sieur de Bois le Conte, et en oultre j'ay entendu de luy ce que luy avez donné charge de me dire. Et pour vous dire vérité, je suis en grande peine de ce que je me trouve deceu de l'espérance que j'avois de recevoir la somme entière de cent mil escus, laquelle j'ai desià asseurée à M. le mareschal de Hessen et mes reistres estre preste; car encores qu'ilz se soient condescenduz à faire ce que il ne se trouve guères qu'aultres de leur nation ayent faict, si est-ce, M. de Throckmorton, que vous avez tant d'experience des choses de ce monde que vous n'estes pas à congnoistre l'humeur de ceste nation et combien il

---

(1) Record Office, State Papers, France, vol. XXX.

leur fault pour manquer de promesse, aprez mesmement les avoyr faict si longuement temporiser et reduict à faire ce que chascun a veu. Au reste je vous ay desià envoyé par le sieur de Mongreville le contract et ratification que m'avez envoyés par le baron de Montandre, signés et scellés des principaulx de ceste compagnie et association. Maintenant je vous envoye le tresorier Bertrand commis et estably par monseigneur le Prince à recevoir tous deniers generalement servans à ceste cause, lequel nous avons approuvé et confirmé, pour ce mesme effect approuvons et confirmons par la presente en tant qu'en nous est, en l'absence de mon dict seigneur le Prince et durant sa detention, lui avons donné charge et l'authorisons pour recevoir la dicte somme de cent mil escuz à nous octroyez par la royne vostre maistresse, suyvant le dict contract et ratification, et pour cest effect luy ayant baillé deux blancz signez ; et au cas que vous ne vous contenteriez de la presente et que vouldriez avoir aultre pouvoir, je vous promectz incontinant d'en faire expedier aultre, tel que vous adviserez estre requis pour vostre seureté, vous priant que telles difficultez ne retardent auculnement les affaires qui se presentent, aux quelles vous me trouverez tousiours prest de satisfaire. Quant au nombre de pouldres et canonz, il ne me semble estre suffisant pour l'affaire que nous avons et qui se presente, qui n'en requiert pas moins que vingt milliers, et si est besoing d'avoir pour le moins encores deux canons, que je vous prie bien fort, M. de Throckmorton, estre moyen qu'ilz me soient envoyés, sans que cela retarde ce qui peult estre desià prest, et mectre en consideration l'importance de ceste place et combien diligence et prompte execution y est requise, aprés laquelle je ne fauldray de renvoyer les dicts canons. Je ne fauldray aussy de faire tout le bon accueil et bon traitement dont je me pourray adviser aux gentilhommez et soldatz qui viendront soubz la charge de M. de Pelham, et auray soing de les accommoder, comme il est trop raisonnable pour beaucoup de regardz et respectz. Quant aux battaux pour transporter ce que j'attens de delà, je suis aprés tous les jours pour en faire charger de grains, affin de les envoyer au Havre, de sorte qu'il y, en aura assez par icy ; nous ne laisserons neanmoins d'y donner tout le meilleur ordre que nous pourrons. Il me reste à vous dire, M. de Throckmorton, que je vous attends en fort bonne devotion pour entendre de vous ce qu'il a pleu à la royne vostre maistresse vous donner charge de me faire entendre de sa part, vous asseurant que vous n'avez point plus grand desir de me voir que j'ay de vous voir. Sur ce, me recommandant affectueusement à vostre bonne grace, aprés avoyr suplié nostre bon Dieu vous donner, M. de Throckmorton, en santé bonne et longue vie.

De Caen, ce xxiiie febvrier 1562 (1563) (1).

L'Amiral, avec ses seules forces, ne pouvait rien contre le château de Caen ; il attendait bien Montgommery, mais comment commencer le siége sans artillerie ? Warwick, le 25 février, réunit cinq enseignes d'hommes de pied, et le 26 les fit partir pour Caen sous le commandement de Pelham. De son côté, Beauvoir, d'après les ordres de l'Amiral, rassembla tous les Français qui restaient encore au Havre ; mais il fallait entretenir toutes ces troupes ; Warwick avança 15,000 couronnes sur la promesse du cardinal de Chatillon de les rembourser dans vingt et un jours. Cela ne put suffire, il fallut ajouter 400 couronnes pour le transport des munitions et de l'artillerie. Ce fut Throckmorton qui se chargea

(1) Record Office, State Papers, France, vol. XXX. (Autographe.)

d'amener du Havre l'artillerie, les munitions et les hommes d'armes commandés par Pelham ; parti du Havre le 26 février, il arrivait à Caen le lendemain. Les tranchées n'attendaient plus que les canons ; néanmoins la position étant forte, la résistance pouvait être longue ; mais le marquis d'Elbeuf était pris d'une violente fièvre, c'était un des désavantages de la défense.

Le 28 mars, Throckmorton présenta à Coligny les lettres de la reine. L'Amiral le fit dîner ce jour-là avec un gentilhomme qui arrivait d'Orléans et qui apportait la nouvelle de la mort du duc de Guise, qui avait succombé, le 24, à la blessure reçue le 18. Cette nouvelle fut confirmée par un gentilhomme envoyé d'Orléans par d'Andelot, et Beauvoir l'annonça le jour même à Warwick :

1ᵉʳ mars 1562 (1563).

Monsieur, pour les grandes gratieusetéz et honnestetéz qu'il vous a pleu me faire et le grand desir que j'ay d'entretenir tousjours ceste amytyé et vous obéir, je n'ay voullu faillir vous advertir des nouvelles que Monsieur l'Amyral a ce jourd'huy receues de la part de Madame la princesse de Condé et de Monsieur d'Andelot. Comme il n'est rien sy vray, que Monsieur de Guyse est mort, cela me faict esperer que ce sera ung grand repos pour l'église de Dieu, d'aultant que c'estoit ung grand tyran et persecuteur des fidelles. Nous avons a ce matin commence a batre en batterie et esperons que nous aurons bien tost l'yssue de nostre entreprinse. Je ne vous feray plus longue lettre, m'asseurant que M. l'Ambassadeur vous escript bien au long de toutes choses. Et ici sera l'endroict où je me recommanderay humblement à vos bonnes graces priant Dieu,

Monsieur, vous donner en santé bonne et longue vye.

Au camp, à Caen, ce premier de mars 1562 (1563).

Votre obéissant compere et vrais amys
à vous faire servisse,

BEAUVOIR (1).

Je vous supplye trouver bon que Monsieur Pollet trouve icy mes recommandations bien fort à sa bonne grace.

De son côté, l'Amiral annonce cette mort à Elisabeth ; sa lettre est sèche et ne trahit aucune émotion ; qu'on en juge :

Madame,

Le sieur de Bricquemault m'estant venu trouver en ce lieu, j'ay entendu par luy beaucoup de bons, honestes et gratieux propoz, qu'il vous a pleu luy tenir. Et semblablement le sieur de Throckmorton, estant venu icy, m'a déclaré la creance, de laquelle j'ay veu par la lettre qu'il m'a baillée de la part de Vostre Majesté, que vous l'aviez chargé envers moy. Mais pour le present je ne m'estendray à vous faire plus ample responce sur ce que l'ung et l'autre m'a faict entendre, et employeray seullement la presente pour advertir Vostre Majesté comment j'ay eu ce jourd'huy des lettres de mon frere, M. D'Andelot, par lesquelles il m'escript que le xxIIII^e de ce moys le duc de Guyse mourut de la blessure d'une pistolle qu'il avoyt eue peu auparavant ; comme j'estime, Madame, que vous avez jà entendu, et m'estant venue maintenant la nouvelle de telle mort, je n'ay voulu faillir de la vous mander

(1) Record Office, State Papers, France, vol. XXXI. (Autographe.)

incontinent, comme j'ay intention de vous tenir advertye de toutes les aultres nouvelles d'importance que j'apprendray, par cy après, et à tant,

Madame, je supplye le Createur qu'il donne à Vostre Majesté très-longue vie en continuelle prosperité.

De Caen, ce dernier jour de febvrier 1562 (1563) (1).

La mort inattendue du duc de Guise modifiait bien les choses. Sans perdre une minute, l'amiral dépêcha M. de Lévy au rhingrave pour lui proposer de se ranger de leur parti.

Voici une lettre à Warwick qui en fait mention :

Monseigneur, le sieur de Levy s'en va trouver le conte Rhingrave, lequel est son beau père, et vous prie de ne point trouver estrange que je l'aye envoyé passer au Havre de Grace, car il faict ce voyage pour bon effect. Et après que j'en ay communiqué à Mons. de Throckmorton, il a bien esté de cest advis, comme luy Monsieur vous faict entendre par la lettre qu'il vous escript. Au reste, Monseignour, pour ce que j'ay bien besoing encores d'une bonne quantité de pouldre, je vous prye de m'en vouloir prester jusqu'à deux milliers, suyvant ce que le dit s^r de Throckmorton m'a dict aussy qu'il vous escrira, et que le dit s^r de Levy vous fera entendre plus amplement, par quoy je n'ay de quoy vous faire plus longue lettre, sy non de mes affectionnées recommandations à vos bonnes graces et prieres au createur.

Monseigneur, qu'il vous donne bonne et longue vie.

De Caen, ce premier jour de mars 1562 (1563) (2).

---

(1) Record Office, State Papers, France, vol. XX. (Autographe.)
(2) *Ibid.*, vol. XXXI.

Le 2 mars, à 6 heures du matin, le feu commença contre le château de Caen, et une brèche fut faite, mais si petite que la Reine mère, qui la vit quelque temps après, dit qu'elle « auroit pu être défendue par des servantes armées de leurs quenouilles (1). » L'Amiral avait hâte de retourner à Orléans ; de son côté, le marquis d'Elbeuf avait été comme anéanti par la nouvelle de la mort de son frère. Avec de pareilles dispositions, une composition était facile. D'Elbeuf et Renouard obtinrent de se retirer ou bon leur semblerait, et la garnison sortit avec armes et bagages (2) ; l'Amiral annonce en ces termes la prise de Caen à la reine Elisabeth :

Madame, ayant entendu que Monsieur le conte de Warvich depeschoit vers Vostre Majesté Monsieur de Sommerset present porteur, je n'ay voullu faillir à vous tenir par luy advertie de l'estat en quoy se retrouvent toutes choses par deça, et mesmes de ce qui y est succedé quant à la délivrance de ceste ville de la tyrannie et captivité où elle s'en alloit reduicte, par la prinse du chasteau. qui a esté faicte, grâces à Dieu, avec si peu de perte, comme le dit s^r de Sommerset vous pourra bien amplement et particulièrement faire entendre, qui me gardera d'ennuyer Vostre Majesté de plus longue lettre. Sur ce suppliant notre bon Dieu vous vouloir conserver, Madame, en très-parfaite santé et prosperité.

De Caen, ce IIIe mars 1562 (1563) (3).

---

(1) DE THOU, t. IV, p. 310.
(2) *Ibid.* — V. DE BRAS, p. 273.
(3) Record Office, State Papers, France, vol. XXX.

La prise du château de Caen décida du sort des autres villes de la Basse-Normandie. Colombières prit Bayeux, Mouy prit Honfleur, dont les habitants furent si bien pillés que tous les lits de la ville furent envoyés au Havre qui en manquait (1); Montgommery prit Saint-Lo, Avranches et Vire. L'Amiral était encore à Caen le 16 mars ; laissant à Montgommery la garde de cette ville et le gouvernement de toute la Basse-Normandie, il prit sa route par Falaise, Argentan et Séez ; il était le 20 mars à Mortagne ; c'est là que Myddlemore, l'agent d'Elisabeth, vint le trouver de nouveau pour savoir de lui les conditions de la paix conclue entre Catherine de Médicis et Condé ; on les disait très-défavorables aux Anglais. L'Amiral, avec sa prudence accoutumée, nia qu'il en fût ainsi et insinua que la Reine Elisabeth aurait satisfaction dans toutes ses demandes (2). Le lendemain, il était à Brou, où un courrier lui vint de la part de Condé ; Myddlemore le questionna de nouveau ; mais, de plus en plus réservé, il répondit que le prince ne lui avait parlé que de ce qui le concernait, et que tout ce qui pouvait intéresser la reine avait été remis à son arrivée à Orléans. Pour en savoir davantage, Myddlemore se décida à suivre l'Amiral.

Rentrons maintenant dans l'intérieur de la ville

---

(1) Kalendar of State Papers, 1563, p. 208.
(2) *Ibid.*, p. 225.

du Havre. Les Français qui s'y étaient réfugiés sur la foi des promesses de la reine d'Angleterre étaient de nouveau menacés d'expulsion, et voici la requête qu'ils adressent à Warwick :

Les premiers fideles des eglises reformées tant d'Harfleur, Montevilliers, Fescamp et autres de la vicomté de Montevilliers vous remonstrent qu'il y a environ ung mois, sur les effors et surprises esperées faire par le sr d'Aumale et son armée sur ceste place et forteresse du Havre de Grace, Mr le vidasme de Chartres par prevention s'estant emparé d'icelle pour le service du roy et se trouvant mal accompaigné nous avoit sollicités tous de le venir trouver et quitter noz villes promptement. Au commandement duquel nous avons obtemperé a l'instant, délaissant nos maisons, meubles, possessions et héritages et la pluspart femmes et enfans, famille, parens et meilleurs amys pour y venir faire le service de Dieu et du Roy et lui conserver avecques les bourgeois de ceste place pendant sa minorité et bas age, auquel lieu avons fait résistance à toutes les entreprinses du dict d'Aumale et des siens par l'espace de quatre mois jusques au temps qu'il a pleu à la majesté de la Royne d'Angleterre nous envoyer son secours et armée pour la tuition et deffense de ceste place et de tous les subjects du roy si estans lors retirés, et la deffendre contre toutes les violences, eulx, leurs biens et possessions comme à l'exemple elle traite ses bons et loyaux subjetz et vassaux, comme il est notoire à nous tous par ung article d'une patente par elle envoyée et publiée en ceste ville dont la copie est attachée à la presente requeste. Touttefois ne sachant pour quelle raison et ne pretendant en rien avoir offensé la majesté de la Royne, nous avons entendu plusieurs et diverses proclamations tendant à nous expulser hors de ceste ville, lieu de nostre refuge et habitation depuis ung mois et plus dont la dernière encores que nous ayons par le nostre bon conseil les roles des noms de nous tous par escript, a esté du tout contre l'asseurance certaine que nous avions que, nostre pays et ville n'estans reduictz encores a present sous l'obeissance du Roy, vous auriez esgard, Monseigneur, a nous supporter. Autant qu'il vous plaira considerez que la plupart de nous vivant icy y ont vescu jusques à present par la faveur et aide des habitans de ceste ville, leurs gens et amis, ce qu'ilz ne pourroient pas faire, estans hors de leurs cognoissances, mesme que une bonne partie des nostres se sont accommodés avec grand travail à quelque mestier necessaire à toute republique bien policée, espérant y rester toute leur vie. Touttefois estans frustrés tout a coup de nostre attente, nous vous supplions très humblement, Monseigneur, qu'il vous plaise ne permectre point que après tant d'afflictions et pertes passées pour ne servir à l'idolâtrie, mille incommoditez à nos personnes et biens par nostre bannissement, ces services par nous faictz tant à la conservation de ceste place, de la ville de Rouen, que des prinses de la ville et chasteau de Caen et ses voisines ou nos vies ont esté exposées aux hasards, qui portent certain tesmoignage et esprit de quelle fermeté en la religion nous pouvons estre, qu'il vous plaise que, au lieu de gratification de tout ce que dessus, ne soyons pas reduictz et contraints estre constitués comme brebis en la garde des loups, assavoir es mains de nos ennemis mortels les reistres allemans et papistes francois qui, par ce moyen auront toute occasion de se glorifier à nostre malheur et blasphemer de plus en plus le nom de Dieu en ce qu'ilz voirront que Dieu nous aura delaissés comme infideles ou traitres, estans deschasséz d'avec nos protecteurs et défenseurs de nostre religion, nonobstant la promesse mesme de la majesté de la Royne. Que s'il ne vous plaist, Monseigneur, de regarder ès choses alleguées, nous vous requerons de nous octroyer plus long délai, de sortir que nous puissions avoir loisir a envoyer devers le Prince de Condé gouverneur à présent de la France et à monseigneur l'Admiral pour nous faire restitution de l'une de nos villes de Harfleur ou Montevilliers pour la conservation de nos personnes et facultéz, en attendant que, par la permission de Dieu, nous ayons une bonne paix bien résolue, et publiée en nostre pays et villes pour nous y retirer, en en mettant les allemans et reistres hors et leur compagnie, et par mesme moyen nous permectre aussi de envoyer vers la majesté de la Royne d'Angleterre protectrice de la religion lettres ou semblables requestes que la presente, en quoy faisant, toute nostre vie nous nous enduirons à lui faire humble service et a prier Dieu pour sa bonne prosperité, lui suppliant lui continuer de mieulx en mieulx en sa sainte volonté, dont elle a usé à nostre endroict jusques à présent, dont nous rendons graces à Dieu auquel nous supplions pareillement vous conserver en sa saincte grace et nous en la vostre.

Du Havre de grace, le mercredy, le ve jour de mars 1562 avant Pasques.

Nous vous supplions, Monsieur, nous donner prompte response, pour suivant icelle nous gouverner et conduire (1).

Nous placerons en regard la réponse faite par Warwick :

Le sieur lieutenant dict qu'il ne cognoist point à l'un ni l'autre suppliant de interpreter ou mettre en dispute la sainte volonté et gracieux plaisir signifié à eulx par escript ou aultrement de par la bonne grace de Madame la Royne d'Angleterre, ains plustost le remettre à la mesme gracieuse disposition de Sa Majesté en toutes occurences qui en peuvent survenir, laquelle ne peut importer tel effect que si, sous couleur d'icelle, tous ceulx se disant fidèles, de quelque endroict de France qu'ils soient, seroient

---

(1) Record Office, State Papers, France, vol. XXXI. (Copie du temps.)

continuellement secourus et protégés par Sa Hautesse en ceste seule ville, mais que le contenu d'icelle estant bien droitement interpreté devoit estre pris de ne subvenir icy qu'aux seuls bourgeois habitans de la dicte ville. Néanmoins il est bien apparent que toutes sortes de gens de la nation francoise portant le nom et réputation de fidélité, qui ont fui en ceste ville, ont esté jusques icy supportez et conservés ici par Sa Hautesse en toute asseurance des incursions, violences de l'ennemy jusques à ceste heure ; il n'y a point d'occasion ni couleur maintenant à dire que les dictes lettres de protection se peuvent s'étendre aulcunement aux aultres que aux bourgeois, manans et habitans de ceste ville, auxquels toute faveur gratuitement et benevolement en est entendu, remettant tous aultres aux lieux de leurs propres habitations ou ailleurs bon leur semblera faire leurs demourances. Sur quoy la publication dernièrement faicte est fondée, donnant une plus grande et gracieuse liberté à eulx en cet endroict que n'est pas donnée à nous autres Anglois par les articles de la paix par laquelle nous sommes constitués et assignés au nom des estrangers de vider et abandonner tout le royaume de France, y estans bien admonestez de pouvoir et avoir asseurance en tous endroitz de passage bien nécessaire et pour aultres causes et considérations qu'il ne seroit point expedient déclarer icy, déclarons et à ceste cause concluons finalement sur la pleine et entière exécution de la dicte publication touchant toutes sortes de gens, si ce n'est que par quelques considérations spéciales et particulières on peut prolonger le temps de quelques jours à quelques-uns particulièrement.

Reprenons maintenant la correspondance du rhingrave. Le 20 mars, il écrivait de Montivilliers à Warwick :

Monsieur, quant à ce que m'escripvez que ne vous

entre mistes du faict du sieur Hemery, je croy qu'il vous souvient m'avoir escript que, pour l'amour de moy, il n'auroit nul mal, ains seroit mieulx traicté qu'il ne meritoit. J'estime que y avez toute puissance, combien que je pense, puis que Monsieur l'Admiral s'en va à Orléans, que Monsieur le Duc de Longueville luy en parlera, cependant je le vous recomande de ce qui est en vous; quant aux juges françois ou aultres françois qui luy feront desplaisir, Monsieur de Longueville l'aimant comme il faict, aussy ses amys les en feront bien sentir à temps. De moy je m'en soucie pas beaucoup; au surplus, Monsieur, le frère de Fontaines présent porteur m'a mandé qu'il ne tient plus qu'à vous que le capitaine Hemery ne sorte. Je vous prie, vu les eschanges que je baille pour luy, ne le voulloir retenir, d'aultant que m'avez tousiours mandé qu'il se falloit adresser à Beauvoir; j'entends que le frère du dit Fontaines est d'accord avec luy. Il n'y a cap^{ne} des vostres qui, s'il fut tombé entre mes mains, je ne vous en eusse plus tost faict courtoysie que le retenir sy longtemps. D'aultre part, Monsieur, il a esté prins quelques chevaulx à Monsieur de Bacqueville, lequel comme scavez est sur sa foy; de sorte que, par droict de guerre, ilz ne peuvent estre de prinse. Il vous plaira commander qu'ilz soient restituez. Je vous ay aussy tousjours porté respect de ne permettre que mes gens vous approchassent pour vous donner peyne que le moins possible, ne prétendant avoir en ceste guerre ennemys que ceulx qui entreprendront occuper l'auctorité du Roy mon maistre et de la Royne, ma maistresse, mesmement ne deffendre, ne vous empêcher ni fontaines ny moulins, chose qui n'est pas trop malaisée; mais me recherchant de sy près jusques à mes faubourgs, il me fauldroit penser à ma revanche, et me faire si près voisin que le chemin ne leur soyt plus sy libre ny ouvert, chose à mon regret, car, Monsieur, je vous asseure que je ne desire faire guerre à personne, si non garder ce qui m'a esté enchargé, vous priant encore voulloir commander que les chevaulx du sieur de Bacqueville soient rendus, aussy s'il vous plaist porter quelque faveur à mes povres soldats qui sont prisonniers entre les mains de certains françois, que je pense ne sont de compaignies, si non guestant les chemins, car j'entends qu'ilz leur font fort maulvais traictement, à quoy, sy j'etois vindicatif, ilz n'y gaigneroient guerres, ayant assez moyen me vanger et ne leur garder leurs biens et maisons, leur saulver la vie, comme j'ay faict; mais ilz ont ung bon mestier à nous trahir les ungs et les aultres, comment la fin le vous monstrera. Je ne vous puis dire davantage. Quant à la paix, vous la pouvez croire, la Royne nous a mandé pour certain qu'elle est arrestée, pareillement commandé de ne rien entreprendre, comme vous ay escript. Sy d'avanture vous pensez que Mons. l'Admiral se doibve arrester à quelques articles, ils sont acheminés à s'accorder et commencent desja à sentir l'ayse que leur apportera la paix que je croy que malaisement ilz se dejoindront qu'ilz ne deviennent d'accord du tout. Quant aux articles que desirez scavoir, je ne fait doubte que ne le saichiez mieulx que moy, combien que l'on n'a encore voullu qu'ilz soient sceus; je vous veulx dire ce que j'en ay entendu pour les points principaulx qui est de la Religion : il sera permis à tous seigneurs et gentilhommes qui ont justices tant en leurs maisons que par leurs terres pouvoir faire prescher, à condition de ne troubler l'ancienne église, comme ilz l'appellent. Et le gentilhomme qui n'a justice, demeurant et habitant soubz aultre seigneur qui ne fust de la religion reformée et qui n'eut presche en sa terre, ce gentilhomme pourra en sa maison faire prescher et exercer sa religion avec sa famille. Les villes, qui pour aujourd'huy tiennent la presche, auront ung temple, à condition que restitueront les aultres temples, sans molester les papistes ou empescher à leur religion ; aux villes où n'y a point de presches pour aujourd'huy il n'y en aura point. Touttes fois auront pour rescompanse par chascun baillage et senechaussée oultre les églises que les seigneurs tiendront ung lieu estably ou ilz pourront exercer leur dicte religion. Je croy qu'il ne peult avoir difficulté que sur ce point qui se peult aisement rabiller. Paris est reservé avec son circuyt et faubourgs. Quant aux particularités, tous éditz, arrestz tant du Roy que du Parlement cassés et recognus adnonvenus, advouant le Roy que tout a esté faict pour son secours, retirant mesmement les deux armées comme siennes, chacun restably à sa charge, estat, qualité et dignité, les estrangiers renvoyés, ou je fais estat m'en aller aux nopces du jeune conte Pallatin, qui a espousé la sœur du Roy de Suède, y estant jà convié, et vous perdrez ung voisin sy ainsy faict qui vous est amy et serviteur, sauf debvoir. Me recommande humblement à vostre bonne grace, priant Dieu vous conserver en la sienne.

De Montivilliers, ce xx de mars 1563.

Monsieur, quant vous aurez cesté lettre, je pense bien qu'elle ne vous servira plus à rien.

Vostre obeissant amy sur quoy avez puissance.

RINGRAFF (1).

La réponse de Warwick est datée du lendemain 21 mars :

Monsieur, j'ay receu vos lettres dont je vous en remercie de voz nouvelles et des courtoisies et bons offices que vous me faites d'avoir mandé à vos gens de ne courir sur les miens, ni d'endommaiger les uns les aultres, vous asseurant que j'ay faict le semblable commandement aux miens de ne courir sur les vostres, dont j'ay adverti la majesté de la Royne ma maistresse de voz bons advertissements. Je vous prie de faire que j'aye le capitaine Leighton pour le capitaine Hemery, ou si cela ne se peult faire, en-

(1) Record Office, State Papers, France, vol. XXXI. (Autographe.)

cores ferois je pour lui tant que je puis ; quant aux chevaux de Mr de Bacqueville, j'ay faict chercher partout et ne laisseray de faire ce qui me sera possible et aussi suivant ce qu'estes en délibération de vous en aller voir le mariaige du jeune comte Palatin, je suis d'advis que vous changiez ceste journée et vous alliez en Angleterre voir la Majesté de la Royne ma maistresse, laquelle sans point de doubte le prendra en bon gré et vous satisfera à vostre contentement, sur ce me recommandant à vostre bonne grace, je prie Dieu, Monsieur le Comte, vous tenir en sa saincte garde.

Du Havre de Grace, le xxi mars 1563.

Je n'entends pas que les vostres ou les miens s'entrepassent de çà ou de là pour leurs affaires particulières et sans passe port de l'ung ou de l'aultre.

Vostre très affectionné et bien bon amy et voisin,

WARWICK (1).

A cette lettre, le Rhingrave répondit à son tour :

Monsieur, ayant receu vostre lectre, j'ay de rechef commandé à mes gens de ne courir aulcunement sur les vostres, leur faisant entendre que ainsi avez commandé aux vostres et trouve fort raisonable que ni d'une ni d'aultre part ils n'ayent à se hanter ni s'entrevoir les ungs les aultres, sinon ceulx qui auront passe port pour affaires particulières, et pour mieulx éviter toute rencontre je fais défendre aux miens qu'ils n'ayent à passer la vallée des fontaines, touttefois ceulx qui de vostre part viendront de deça seront les bien venus. Je fusse esté bien aise vous voir avant que d'aller trouver Mr l'Admiral et croy de là que je pousseray jusques à la court ; mon

---

(1) Record Office, State Papers, France, vol. XXXI. (Copie du temps.)

voyage me paraît estre de huit jours, et à mon retour j'espère que touttefois serons en si bonne disposition que j'auray le moyen de vous baiser les mains. Je ne scay si j'oserois rumpre le voyage des nopces du jeune Prince comte Palatin, comme vous plaist me mander ; si est ce que avez beaucoup de puissance sur moy et le cognoistrez quand le voudrez employer, vous asseurant que n'ay pas peu d'affection à ce que le debvoir me pourra permettre vous faire ung bon service, si j'avois le moyen ; quant aux chevaux de M. de Bacqueville, c'est ung bon gentilhomme qui ne sera ingrat à vous faire service, si luy faites la faveur, commandant qu'ilz luy soient rendus, estimant, vu qu'il est sur sa foy, qu'ilz ne doivent estre de prise, et quant au capitaine Hemery je ne vous veulx abuser, je perdrois ma peine de solliciter le change du capitaine Leigthon pour luy, encores que me suis-je employé plus de trois fois pour sa délivrance et tellement efforcé que suis presque tombé en prières avec Mr Poinyngs, aussi vous prie renvoyer le capitaine Hemery pour les échanges que l'on a demandés pour luy ; je vous prie aussi ne le prendre en maulvaise part de moy ; ne laisseray pourtant, si mon voyage va jusqu'à la court, m'efforcer encores ramener le capitaine Leigthon et traiter pour luy. Je voudrois que Dieu nous donnast une bonne paix, tant pour la chrestienté que pour tant de gens de bien que sommes les armes en mains ; puissions-nous d'une mesme volonté aller quérir les pardons à Rome, qui sera fin en me recommandant à vostre bonne grace, priant Dieu vous avoir en la sienne.

Vostre obéissant et affectionné amy.

RINGRAFF (1).

J'ay renvoyé encores deux pauvres Angloys hors des gallères dont M. Poinyngs m'avoit escript.

(1) Record Office, State Papers, France, vol. XXXI. (Autographe.)

Enfin, voici une dernière lettre du Rhingrave ; elle donne quelques détails sur les nouvelles du jour.

Monsieur, je n'ay effectué mon voyage, m'ayant la Royne commandé a me tenir icy quelques jours pour le partement du mareschal de Vieilleville, qui s'en va à Metz, ou j'ay receu la lettre qu'il vous a pleu escripre à cause de Westerburd, nostre lieutenant, et l'observance de l'abstinence de prises entre nous, comme la désirons maintenir ; je luy mande se garder surtout de ne permettre aulcune chose à vous mescontenter. Je n'avois encores de nouvelles de la Court, depuis que M. l'Admiral y est arrivé, toutefois la paix a esté criée au camp d'Orléans et au logis du Roy ; ceulx de Paris ont receu les articles et n'ont voulu publier la paix, si la Royne ne les faict assister de deux Princes du sang, lesquels seront le cardinel de Bourbon et le duc de Monpensier, lesquelz ils attendent tous les jours, et cela faict, sera envoyé par tout le royaulme pour la paix si bonne comme la chrestienté en a besoing.

Monsieur, je vous avois escript pour le capitaine Hemery : ce pauvre gentilhomme ne mérite estre si longtemps retenu, qui est sa ruyne et en danger que ce soit cause que sa compagnie ne soit du nombre des laisséez ; puisque j'ay satisfaict ce que l'on a demandé pour luy, vous prie lui donner congé. M. de la Meilleraye débat encores fort le capitaine Bodole comme ayant esté renvoyé sur sa parole, délibérant ne rien obmettre pour en avoir la raison. Je suis d'advis, pour ne mettre le dit Bodole en ceste dispute, que vous direz au capitaine Hemery que, ayant à commencement esté présenté en échange de luy, qu'il fault qu'il le décharge envers le dict La Meilleraye, ce que je traiteray aisément, j'en suis certain, pour l'amour du dit Bodole, à qui je voudrois faire plaisir pour l'amour de son maistre, le laisser néanmoins quitte, me recommandant humblement en vostre bonne grace, priant Dieu vous avoir en sa saincte garde.

De Rouen, le xxviiie jour de mars 1563.

Je croy que scavez bien comment le filz du duc d'Albe est arrivé à Bayonne avec 3,000 Espagnolz et 500 chevaulx, ne trouvant la paix agréable ; moy j'espère qu'ilz passeront par là, et que pour eulx elle ne laissera pas estre faicte. Il a mandé avoir certaines commissions vers le roy ; on a envoyé au devant de luy pour le conduire à la court ; les Espagnolz qui sont au camp se doivent retirer en Flandres. D'une chose veulx vous advertir que l'on tient pour certain que le prince d'Espagne y doit venir, prétendant la main de la reine d'Escosse. Vous brulerez s'il vous plaist ceste lettre, car on n'est pas content de ce mariage si se fait.

Vostre obéissant amy,

RINGRAFF (1).

Les Anglais étaient en grande défiance des conditions de la paix d'Amboise. La clause qui spécifiait l'expulsion de tous les étrangers de France leur semblait une menace ; toutes les dépêches du conseil privé à Warwick témoignent de leurs craintes ; des mesures de précaution et de défense lui sont prescrites. De son côté, Myddlemore écrivait de la cour à Warwick que ni l'amiral ni Condé ne voulaient rendre Calais avant le terme fixé par le traité et il l'engageait à se défier d'une trahison, l'avertissant en même temps que Richelieu devait se rendre à

---

(1) Record Office, State Papers, France, vol. XXXI. (Autographe.)

Caen avec sept ou huit enseignes de gens de pied et prendre le gouvernement de la ville et du château (1). Montgommery s'y trouvait encore et y attendait les ordres de la cour. Nous avons retrouvé une lettre de lui à la reine Elisabeth :

Madame, l'asseurance que j'ay que me faictes cest honneur m'e tenir vostre très humble serviteur, me faict prendre la hardiesse escripre ceste lettre à Vostre Majesté, pour la supplier très humblement pour le capitaine Raulffe Eldecar, qui par fortune a donné ung coup d'espée ; qu'il plaise à vostre Majesté user de miséricorde à son endroict, car je vous puys asseurer, Madame, que je le congnois homme qui a faict beaucoup de service et est encores pour en faire au Havre, où il va, sy l'occasion se présente. Et quant à moy, Madame, je ne désire que d'avoir cest honneur de pouvoir faire congnoistre à vostre Majesté comme je vous suys très-humble et très-obéissant serviteur et y demoureray toute ma vie, suppliant Dieu, Madame, qu'il donne à vostre Majesté en parfaite santé, longue, heureuse et contente vie.

De Caen, ce xiie jour d'avril 1563.

Vostre très-humble et très-obéissant
serviteur à jamays,
DE MONTGOMMERY (2).

Nous avons laissé Warwick tout entier aux soins de la défense du Havre ; la lutte qu'il s'attendait à soutenir un jour contre toutes les forces de la France semblait maintenant prochaine ; l'arrivée de Riche-

---

(1) Kalendar of State Papers, 1562.
(2) Record Office, State Papers, France, vol. XXXI.

lieu à Caen et de Brissac à Rouen était à la fois une menace et un avertissement ; le 8 avril, il écrivait à son frère, Robert Dudley (Leicester) et à Cecil (1) :

Ayant eu occasion d'envoyer mon secrétaire au sujet de l'échange des prisonniers et notamment de Leighton et de Killigrew dont j'espère la délivrance, j'ai prié le rhingrave de me dire ce qu'il savait de la conclusion de la dernière paix, et de me faire connaître ce qu'il en pense. Il m'a répondu qu'il avait bien plus à me dire qu'il ne pouvait le faire dans une lettre et qu'il ne voulait s'en ouvrir de bouche à nul autre qu'à moi-même ; et comme il savait par moi que je n'étais pas très-bien et que je ne pouvais sortir, il a demandé que sir Hugues Poulet voulût bien venir en un lieu déterminé entre le Havre et Montivilliers, offrant de s'y rencontrer avec lui à une portée de canon du Havre ; il a protesté de son désir de servir la Reine d'Angleterre de préférence à tous les Princes de ce monde ; mais ayant si longtemps servi en France avec quelque honneur et réputation, si maintenant il délaissait son parti pour celui de la Reine, et prenait les armes contre la France, tout le monde parlerait mal de lui et le lui reprocherait ; mais si l'on en arrive à la paix entre la France et l'Angleterre, assurément il visitera la Reine et sera à ses ordres pour tous les services qu'il pourra lui faire contre l'Espagne, l'Ecosse et toute autre nation, excepté la France, si sa Majesté veut l'employer dans les guerres à venir ; il a fait entendre que le Roi d'Espagne veut la guerre avec l'Angleterre et n'a pas seulement cherché par son ambassadeur à embrouiller les choses et à exciter le Roi de France à la guerre contre la Reine, mais il désire la faire de son côté, et il l'aurait déjà certainement faite, s'il n'avait pas craint d'interrompre les relations de commerce des Flamands avec l'Angleterre.

(1) Cette lettre est en anglais et nous en donnons la traduction.

Le Rhingrave a en même temps promis de ne participer à aucune pratique de trahison contre moi ; bien plus, il m'avertira s'il y a quelques menées, et si une armée vient nous assiéger ; cependant, à tout événement je serai toujours sur mes gardes et je ne manquerai pas d'acheter les intelligences qui pourront m'éclairer sur tout cela et sur les promesses du Rhingrave. Sur ce j'annonce à la Reine que je lui envoie une chaîne d'or d'un joli travail et une petite montre de cristal dont le Rhingrave lui fait hommage, comme un gage de sa bonne volonté, il m'a fait prier par sir Hugues Poulet de le dire en son nom ; il annonce encore que les Espagnols qui étaient au camp français sont retournés en Flandres, dans quelle intention ? il l'ignore, et le Roi d'Espagne a maintenant 3,000 hommes de pied et six cents chevaux à Bayonne sous le commandement du duc d'Albe, auquel on suppose l'intention d'aller en Flandres, aujourd'hui que la guerre est finie en France ; il y a de plus 6,000 hommes de pied à Perpignan et dix-huit galères non loin, dont sept sont venues se joindre aux treize galères françaises, bien que la paix soit conclue et proclamée suivant les termes de l'édit que je joins à cette lettre. Les Français ne veulent pas faire la guerre contre la Reine, notre maîtresse, et sont disposés à un arrangement convenable, ils iront jusqu'à proposer à sa Majesté de payer l'argent dépensé pour cette entreprise du Havre et d'assurer la liberté du commerce pour les Anglais dans toutes les parties de la France, avec faculté de transporter de France toutes espèces de marchandises maintenant encore prohibées, ce qui pourrait être une occasion de grands bénéfices et de grandes commodités pour notre royaume ; la paix ainsi conclue serait très-honorable à la Reine, puisque c'est elle qui a moyenné celle qui rend en France la sécurité à tous les fidèles, ses amis, les rétablit dans leurs dignités, états, priviléges, anciennes libertés et libre exercice de la religion ; le Rhingrave affirme encore que les Français demanderont expressément la remise immédiate de cette ville du

Havre ; il sait bien que sa Majesté désire reprendre Calais en échange de cette ville, mais les Français ne rendront pas Calais avant le temps fixé par l'ancien traité, aux termes duquel ils se tiennent, et ils ne consentiront pas à ce que sa Majesté garde le Havre comme un gage jusqu'au moment de cette délivrance, mais les ôtages resteront comme par le passé. Voilà à peu près les déterminations arrêtées par les Français, autant que je puis m'en rendre compte d'après les avis que je reçois. S'il y avait possibilité d'avoir une assurance de l'accomplissement du traité pour Calais par une confirmation des États de la France ou par toute autre voie, c'est tout ce que sa Majesté pourra obtenir sous forme d'arrangement, à moins qu'elle n'ait d'autres moyens de pression qu'on ne voit pas en ce moment. Le Rhingrave dit aussi que le Prince de Condé et l'Amiral *nient entièrement que la reine ait pris possession du Havre par leur entremise;* à les entendre, c'est le vidame et M. de Beauvoir qui ont traité de tout ; le Rhingrave affirme également que le Prince et l'Amiral ont promis à la Reine-mère de jeter les Anglais hors de cette ville et de la remettre entre les mains du Roi de France, par traité ou par force, et il croit que les Français ne tarderont pas à s'approcher ; il a dit la même chose à Myddlemore avant la mort du duc de Guise, et que si sa Majesté avait en lui un ennemi, elle ne trouverait pas des dispositions plus favorables dans l'Amiral, s'il venait à succéder à l'autorité du Duc. Le Rhingrave a aussi promis d'envoyer un de ses serviteurs à la cour pour s'assurer de tout ce qui s'y fait, et à son retour de m'en informer d'ici huit jours. Quand le moment sera venu, j'enverrai sir Hugues Poulet aux informations. Le Rhingrave a proposé lui-même de se rendre à la cour pour négocier la paix, se disant également porté de bonnes intentions envers les deux partis, et promettant d'avancer les affaires de sa Majesté ; à cette ouverture nous lui avons répondu (comme on peut présumer) que sa Majesté ne voulait pas avoir l'apparence de faire les premières avances, ni que personne les fasse en son nom et qu'elle juge convenable d'attendre qu'on vienne à elle, car elle entend qu'on lui propose de telles conditions de paix qu'elle ait lieu d'en être satisfaite. Néanmoins sa Majesté doit être avertie de la bonne volonté du Rhingrave et de son désir d'amitié qu'elle prendra en bonne part, et aussi les deux partis auront lieu de voir d'un œil favorable les propositions du Rhingrave, si, comme de lui-même, il entame une telle négociation. Le Rhingrave ajoute encore que le maréchal de Vieilleville était envoyé à Metz ; ils ont quelque crainte que l'Empereur ne se rapproche de cette place; il n'en est rien pourtant; on l'attribue au traité ménagé par le cardinal de Lorraine, et il se dit qu'un mariage serait conclu entre la Reine d'Écosse et Charles, archiduc d'Autriche, second fils de l'Empereur; ainsi c'est ce dernier et non le Prince d'Espagne qui épouserait la Reine d'Écosse.

M. de Beauvoir a appris par d'autres sources que par le Rhingrave que toute la responsabilité de la remise du Havre entre les mains de sa Majesté lui était attribuée, ainsi qu'au vidame de Chartres, par le Prince de Condé et l'Amiral ; mais il m'a informé, ainsi que sir Poulet, qu'il a entre les mains la commission du Prince de Condé, revêtue de son seing, par laquelle on verra bien que cette remise de la ville a été faite par son commandement ; toutefois, il m'a demandé que cette communication restât secrète ; le Rhingrave désire aussi qu'il en soit de même pour tout ce que je viens de vous dire. Vous recevrez en même temps la proclamation de la dernière paix imprimée (1), laquelle j'ai jugé utile de vous envoyer, parce que j'ignorais si vous l'aviez reçue.

Monsieur Chatelier est parti aujourd'hui d'ici pour aller trouver l'Amiral; on dit que MM. Briquemault et Teligny sont partis d'Orléans pour aller trouver la Reine

---

(1) La paix d'Amboise.

notre maîtresse ; ainsi je finis, priant Dieu nous envoyer une honorable conclusion de cette paix.

Du Havre, le viii° jour d'avril 1563.

Vos bien dévoués,

Warwick et Poulet (1).

Cette lettre, dont nous n'avons voulu rien retrancher, malgré sa longueur, jette un jour tout nouveau sur les négociations qui précédèrent la remise du Havre aux Anglais. Il est curieux de voir Condé et Coligny soutenir tous deux, après coup, qu'ils n'ont jamais donné un tel pouvoir au vidame de Chartres et à de La Haye ; ils iront plus loin encore dans leurs dénégations, ils déclareront que les Anglais ont abusé du blanc-seing remis à leurs négociateurs ; aussi Condé n'est-il épargné ni par Smith, ni par Myddlemore ; le mot de misérable et de traître, dont se servira Calvin en qualifiant sa conduite dans les négociations avec la Reine-mère, reviendra bien souvent dans leurs lettres (2).

Lorsque Montgommery, rappelé par Coligny, avait quitté Dieppe, il avait été remplacé par Horsey ; le Rhingrave envoyait chaque jour des reconnaissances sous les murs de la ville ; il offrait à Horsey un libre passage, s'il voulait rentrer au Havre et lui remettre la ville ; il lui offrait même des vivres et

(1) Record Office, State Papers. (Traduction.)
(2) Kalendar of State Papers, 1563, p. 335.

des voitures pour transporter ses troupes, mais Horsey n'avait aucune confiance dans de telles offres, et se gardait soigneusement (1). Warwick en faisait de même et il écrivait à son frère et à Cecil, le 14 avril :

Après m'être recommandé à vos bonnes grâces, ce sera pour vous avertir que Dryver a passé la nuit ici à cause du changement soudain du vent, et que j'ai reçu ce matin les lettres ci-encloses de Thomas Smith, ambassadeur de sa Majesté, et des lettres de M. Myddlemore que j'ai pensé utile de vous envoyer avec les copies de deux autres lettres adressées à M. de Beauvoir par le Prince de Condé et l'Amiral, vous laissant juges de leur contenu ; mais je considère la paix comme conclue et arrêtée entre les Français ; leur seule préoccupation aujourd'hui est de se concerter pour savoir comment ils pourront nous expulser du Havre ; si l'on ne peut pas persuader à sa Majesté de se retirer, ils se porteront devant cette ville, même pendant le temps qu'ils essaieront de traiter ; le comte de Montgommery non-seulement est renvoyé de son gouvernement de Caen (comme le sont tous les autres de ce parti par toute la France, grâce à l'inconstance du prince de Condé qui, au dire des personnes sages, a plus de pouvoir en imagination qu'il n'en a en réalité), mais il est tenu en grande suspicion, il désespère de lui-même ; c'est bien l'homme de France qui me semble le plus dévoué de cœur aux Anglais et on peut augurer de ce qu'il pourra faire plus tard, ayant déjà donné assez de preuves de son zèle.

L'avertissement du Rhingrave me paraît avoir quelque espèce de fondement ; il est de ceux qui professent le plus de bonne volonté pour sa Majesté ; celui qui vous porte les lettres de Smith et de Myddlemore mérite toute

(1) Kalendar of State Papers, 1563 (lettre d'Horsey à Cecil), p. 271.

créance ; il ne vous reste donc plus qu'à prendre une décision ; quant à nous tous qui sommes ici, nous sommes prêts à tous les événements, à tous les dangers, attendant les forces et les secours que sa Majesté voudra bien nous envoyer (1).

Montgommery n'était pas le seul à être relevé de son commandement ; des ordres avaient été donnés pour ne pas laisser les villes aux mains des gouverneurs vendus aux Anglais. Voici une lettre de Sainte-Marie, gouverneur d'Honfleur, à Warwick, qui justifie bien les précautions prises :

Monseigneur, je vous envoye ung quartier d'ung petit sanglier avec la hure et suis fort marry que n'ay mieulx pour vous faire present. J'ay reçu aujourd'hui lettres de M^r le M^{al} de Brissac, lequel me mande que j'aye à mettre ceste place entre les mains du capitaine Hemery, ce que je n'ay voulu accorder que premierement je n'aye commandement de M. le Prince de ce faire et aussy, Monseigneur, je vous supplie me donner conseil ; je ne fais doubte que cela ne vienne d'ung faux rapport que l'on a faict de moy à M^r le c^{te} Rhingrave, ce que je n'ay point merité envers luy, car je n'ay rien empesché qui appartienne à luy, ains je vous supplie y avoir esgard, car les choses vous touchent par la commodité de ce pays et mesmes aussy que le dict s^r c^{te} Rhingrave menace la place de la venir prendre avec ses allemands, m'asseurant bien qu'il vous plaise me donner secours, comme vostre puissance est bien pour l'empescher ; et de ma part je donneray le bon ordre que vous aurez occasion de vous contenter de moy.

De Honfleur, ce 15 avril 1563 (2).

(1) Record Office, State Papers, France, vol. XXXI. (Traduction.)
(2) *Ibid.* (Autographe.)

Une fois que le soupçon est entré au cœur, il ne tient plus compte ni des services rendus, ni des dévouements éprouvés, ni même de l'estime que l'on a eue longtemps pour certains caractères : ainsi nous allons voir Warwick suspecter Briquemault, l'ami et l'allié le plus ancien des Anglais ; il était alors au Havre prêt à partir pour l'Angleterre où il était envoyé en mission par la Reine et Condé auprès d'Elisabeth, et Warwick le soupçonne de vouloir révéler au Rhingrave les côtés faibles de la défense de la place :

M. Briquemault ne m'a pas semblé satisfait de son long entretien d'hier avec le Rhingrave, mais comme pour le revoir il ne pouvait pas se servir de sir Hugues Poulet comme prétexte, il m'a dit aujourd'hui qu'il fallait qu'il lui fît ses adieux et qu'il espérait qu'ils se rencontreraient tout près de Montivilliers. Le rendez-vous était si bien donné à l'avance, qu'après mon dîner le Rhingrave arriva le long du marais pour l'y trouver à un mille de cette ville ; ils ont été ensemble toute l'après-midi, dans le but, je le crois, de voir tout ce quartier et de juger de la situation de la ville de ce côté et de l'endroit le plus favorable pour y placer un camp ; ils pensent, en vérité, nous amener à traiter bientôt de la paix avec ces démonstrations de guerre et ce déploiement de forces. De tout cela, j'ai eu des intelligences plus certaines ce soir par le capitaine Appleyard qui les tenait du capitaine d'Honfleur, Sainte-Marie, dépossédé aujourd'hui de ce poste par l'ordre de M. de Brissac, et remplacé par le capitaine Hemery, un cruel tyran papiste. Le capitaine Appleyard ayant été, ce matin, envoyé par moi de ce côté-là, le capitaine Sainte-Marie lui a dit qu'il entrevoyait la ruine imminente de tous les protestants de France et m'a fait avertir, d'après des intelligences qu'il avait à la cour, que je connaîtrais bientôt la puissance de la France, disant qu'une grande compagnie d'hommes d'armes vient d'arriver à Rouen, où se tient M. de Brissac, une autre compagnie à Montivilliers et Harfleur, enfin, à Caen, les huit enseignes dont je vous ai déjà parlé. Les troupes étrangères ne sont pas sorties de France et sont restées aux environs de Paris ; on peut juger par là de ce qu'ils prétendent et veulent faire. M. de Sainte-Marie m'annonce encore qu'il se retire dans sa maison et qu'il vivra et mourra fidèle à son parti ; il l'assure à Sa Majesté ; 2,000 gentilshommes et bons soldats sont prêts à lui faire service dans ces quartiers, quand son plaisir sera de les employer, et il a montré à M. Appleyard un plan du château de Honfleur et désigné l'endroit par où on peut facilement surprendre la place, à un moment favorable, avec deux cents bons soldats ; ainsi, j'ai non-seulement perdu un voisin si dévoué et si fidèle comme il était, mais encore je suis bien assuré que le capitaine Hemery fera arrêter tous les vivres qui viendront de ces quartiers, d'où cette ville tirait le plus grand secours depuis l'arrivée du capitaine Sainte-Marie. J'aurai des nouvelles du comte de Montgommery et de sa situation dans deux jours d'ici ; à l'exemple du capitaine Sainte-Marie, il a déclaré qu'il sera forcé de sortir de Caen et il vend tout ce qui lui appartient dans la pensée de quitter le pays. Je vous prie que le compte, ci-inclus, touchant l'artillerie soit de suite réglé selon votre ordre et celui des lords du conseil qui m'a été communiqué, lorsqu'on m'a engagé à faire travailler les soldats pour le meilleur avancement de ces fortifications. J'ai autant fait pour la défense avec les trébuchets flamands, et vous verrez par la prochaine estimation que ma dépense est de 300 livres par mois pour ce mois-ci et le prochain. Pour ce travail, les soldats devraient être payés de suite ; si vous voulez qu'ils continuent, il faut ajouter la somme nécessaire à celle que vous allez m'envoyer pour la solde de la garnison. Pour satisfaire à toutes ces nécessités, arriver à une bonne paix et sortir de toutes ces dépenses, il faut ne rien épargner dans les frais nécessaires à la défense et sauvegarde de cette ville.

Sir Hugues Poulet m'a demandé la permission de voir le Rhingrave demain tout près d'Harfleur (et ce sera dans l'après-midi), pour entendre de lui ce qu'il veut lui communiquer ; il paraît, à ce que lui a fait dire le Rhingrave, qu'un gentilhomme de sa suite est venu de la Cour, lui apportant des nouvelles dont il nous donnera connaissance (1).

Montgommery eut un instant la pensée de résister aux ordres de la Reine-mère et de se maintenir à Caen ; une lettre de Warwick et de Poulet à Leicester et à Cecil, à la date du 21 avril, nous renseigne bien sur ces velléités d'une nouvelle rébellion :

J'ai reçu verbalement des nouvelles du c^{te} de Montgommery qui, bien que Richelieu vienne à Caen avec commission de M. de Brissac de prendre la charge de ce château et de cette ville, n'a pas l'intention de l'y recevoir ni de laisser entrer les forces qu'il amène, mais de continuer à en garder le gouvernement, jusqu'à ce qu'il reçoive des ordres plus précis du Prince de Condé ; il a écrit dans ce sens au capitaine d'Honfleur qui est de la même opinion que lui, ce que vous pourrez voir par sa lettre que je vous envoie. J'ai plutôt l'intention de les y encourager que de les en dissuader, remettant à votre discrétion ce qu'on doit écrire au Comte de la part de la Reine pour l'y porter davantage (2).

Montgommery ne poussa pas très-loin sa résis-

---

(1) Record Office, State Papers, France, vol. XXX. (Traduction.)
(2) *Ibid.*

tance, et c'est de Ducé, où il s'était retiré, qu'il écrivait à Warwick :

Monsieur, j'envoye ce porteur au Havre pour avoir ce bien d'entendre de vos nouvelles qui ne pourroient estre si bonnes comme je les desire, et s'il vous plaît d'entendre des miennes, elles sont fort bonnes, grace à Dieu. Je suys maintenant en ma maison, attendant à voir comme toutes choses se passeront. Cependant je vous supplie de toujours vous asseurer de moy et que me trouverez l'ung de vos plus fidelles serviteurs et amys, car j'ay tant receu d'honnestetés et liberalités de vostre part que, à tout jamais, je me trouveray grandement atenu à vous, présentant en cest endroit mes bien humbles recommandations à vos bonnes graces, priant Dieu, Monsieur, qu'il vous donne en parfaicte santé très-heureuse vie.— De Ducé, ce xxiii may 1563 (1).

Nous n'en avons pas encore fini avec la dernière lettre de Warwick à son frère; revenons-y, car nous y trouverons une nouvelle preuve de sa défiance envers Briquemault :

Il s'est rendu hier à dîner chez le Rhingrave, et en grand secret ils ont conféré ensemble pendant l'espace de trois ou quatre heures après dîner ; le pourquoi je l'ignore, mais je ne pense pas que ce soit de bon présage. Un des serviteurs du Rhingrave est revenu ici avec invitation pour sir Poulet de venir le retrouver; M. de Briquemault avait espéré être compris dans cette invitation à dîner pour ce jour-là à Harfleur, mais il n'en a pas été ainsi, ce qui a donné lieu de penser qu'on ne le désirait pas beaucoup et qu'on ne voulait pas retarder son passage

(1) Record Office, State Papers, France, vol. XXXIII. (Original.)

en Angleterre ; il fut répondu que sir Poulet s'y rendrait, mais qu'il se réservait de fixer le rendez-vous, ce qui sera je pense dans deux jours ; j'espère apprendre de lui quelque chose de plus sur le bruit qui court que le Connétable est retourné très-fâché à sa maison ; et comme le Rhingrave m'écrit chaque jour pour la délivrance des vaisseaux de Fécamp qu'on vient d'y arrêter, je ne doute pas que sa Majesté ne soit bien sollicitée non-seulement pour la restitution de ces prises, mais aussi pour la remise des vaisseaux de cette ville du Havre, espérant néanmoins que sa Majesté aura regard à un plus long délai, ainsi que l'importance de la chose le requiert.

M. de Brissac est à Rouen en qualité de gouverneur de Normandie ; douze enseignes d'infanterie lui ont été envoyées, la galère et le gallion de Rouen et deux autres chaloupes viennent d'arriver sur la Seine ; nous n'avons pas de pareils navires et cette galère française peut rendre de grands services sur cette rivière.

Je vous dis de bon cœur adieu.

Du Havre, le xxie jour d'avril 1563 (1).

Vostre bien affectionné,

WARWICK.

Dans la lettre suivante Warwick raconte l'entrevue du Rhingrave et de sir Poulet.

Ainsi que ma lettre d'avant-hier l'annonçait, sir Hugues Poulet a rencontré le Rhingrave qui lui a déclaré, entre autres choses, que s'il avait sollicité cette entrevue, c'était pour revenir sur la promesse qu'il m'avait faite dernièrement, de ne faire aucune pratique de trahison, de me donner des nouvelles de ce qu'il entendrait, et de me

(1) Record Office, State Papers, France, vol. XXXIII. (Traduction.)

renseigner sur les forces qui s'approcheraient, voulant m'éviter ainsi une surprise, car on en prépare une ; ce ne sera pas de son fait, mais elle sera pratiquée principalement par ceux qui sont de l'autre côté de l'eau, et non très-éloignés d'ici, sous les ordres de M. de Brissac, qui en est l'instigateur et qui s'aide de ceux de cette ville ; mais il ne veut pas en dire les noms, affirmant que Brissac est notre grand ennemi et que la Reine mère et lui l'ont tous les deux bien réprimandé dans leurs lettres pour avoir fait trêve avec nous et pour m'avoir laissé fortifier et n'être pas resté assez près des portes de cette ville pour empêcher que rien n'y entrât ; il dit de plus que toute l'armée royale au nombre de 10,000 français et de 6,000 suisses de pied ou de cheval (sans compter ses propres bandes) est destinée à venir de ce côté et plusieurs de ces compagnies sont déjà en marche ; on attendrait pourtant la réponse de la Reine aux articles et conditions de la paix ; si elle refuse, immédiatement ces forces s'approcheront de la place, à la prise de laquelle les français attachent plus de prix qu'à la paix ; c'est sa Majesté qui aura l'apparence d'avoir commencé la guerre, et il s'ensuivra que, si sa Majesté veut garder par force cette ville qui appartient au Roi de France, pour ce fait elle perdra non seulement son droit sur Calais, mais le titre et le bénéfice de toutes les autres clauses du traité. Ils prétendent être assez en force pour nous chasser du Havre et garder Calais qu'ils ne veulent jamais rendre ; quant au traité précédemment conclu, le Rhingrave dit encore que la Reine mère, qui dirige et gouverne tout, a entièrement défendu qu'il en soit aucunement question ; elle ne veut pas en entendre parler et il a vu une déclaration formelle de sa main à cet égard ; si cela est vrai, elle a dû lui être montrée par Briquemault avec ses autres instructions dont il ne voulait pas me faire confidence. D'après ce que le Rhingrave a affirmé encore à sir Poulet, sa Majesté peut avoir la paix avec la France, si elle veut rentrer dans l'argent qu'elle a prêté au prince de Condé et à l'Amiral, mais si sa Majesté veut garder le Havre ou demander Calais, elle aura inévitablement et de suite la guerre avec toutes les forces de la France par terre et par mer, assistées par le Roi d'Espagne; il y a 28 galères prêtes à venir ici. Les reistres de l'Amiral vont rentrer dans leur pays, sur les derniers ordres que leur a donnés le Landgrave de revenir ; le Connétable est parti de la cour très-mal satisfait de ce que le fils du duc de Guise a été nommé grand-maître. De plus, le Rhingrave affirme que l'entreprise de l'Empereur sur Metz est suspendue, grâce au cardinal de Lorraine, par l'entremise duquel le mariage de la Reine d'Ecosse avec le duc d'Autriche, second fils de l'Empereur, est sans doute convenu et aura lieu dans peu de temps.

Je ferai de mon mieux et serai sur mes gardes avec ma compagnie pour la défense de ma charge ; j'ose vous assurer que je m'y emploierai de tout mon cœur; ainsi je vous fais mes adieux.

Du Havre, le 23 avril 1563 (1).

(2) Record Office, State Papers, France, vol. XXXIII. (Traduction.)

CHAPITRE IV

Situation difficile des Anglais au Havre. — Insuffisance des approvisionnements. — Les bras manquent pour les fortifications. — Les ingénieurs Portinarys et Ubaldini envoyés d'Angleterre au Havre. — Elisabeth refuse les propositions offertes par Briquemault. — Envoie au Havre son favori Tremaine. — Lettre d'Elisabeth à Warwick pour faire venir en Angleterre les vaisseaux français restés au Havre.— Lettre de Warwick à Cecil (18 mai); il se plaint de l'insuffisance des vivres et donne de curieux détails sur l'attitude du prince de Condé.—Avertissement donné par Warwick aux habitants du Havre. — Second avertissement donné aux habitants du Havre. — Lettre d'Elisabeth à sir Poulet pour remercier le Rhingrave de ses présents.— Lettre du comité de défense du Havre au conseil privé (28 mai); il y est fait mention d'une chaude escarmouche sous les murs du Havre.— Lettre de Warwick à Elisabeth ; il lui rend compte du même engagement. — Rapport adressé par le maréchal-de-camp Richelieu à Catherine de Médicis sur cette même rencontre. — Réponse de Catherine de Médicis. — Lettre de Warwick au Rhingrave.—Détails sur la composition de l'armée anglaise du Havre et sur sa conduite. — Warwick rend compte à Cecil de la manière dont Beauvoir et les habitants du Havre ont été traités. — Nouvelle escarmouche engagée par le Rhingrave. — Mort de Tremaine. — Lettre de Warwick au Rhingrave pour l'échange des prisonniers. – Il lui parle du mariage de Leicester avec la reine. — Catherine de Médicis envoie M. de Rabodanges auprès des chefs protestants normands.— Lettre de Brissac à Catherine de Médicis qui motive cette mission. — Rapport du comité de défense du Havre à l'occasion d'une attaque dirigée contre le boulevard Sainte-Adresse. — Nouveaux commissaires envoyés d'Angleterre au Havre.— Nouvelles plaintes du comité de défense du Havre. — Instructions données par le maréchal de Brissac à Billiard, chargé de rendre compte à Catherine de Médicis des opérations du siége.

Le Rhingrave partit pour la cour, ainsi qu'il l'avait annoncé à Warwick, et y arriva le 2 mai.

Nous profiterons de l'interruption momentanée de leur correspondance pour nous rendre compte de la situation intérieure du Havre.

A toutes les époques, la grande difficulté de la guerre pour les Anglais a été l'approvisionnement de leur armée, car il n'y a pas de soldat qui supporte plus difficilement les privations que le soldat anglais. La Normandie était dévastée; le grain y manquait; le pays compris entre le Havre et Orléans subissait la même disette; la seule ressource, c'était la Picardie, mais on ne pouvait espérer d'en tirer longtemps des vivres (1). Dès les premiers jours de l'occupation, Warwick se plaignait de ce qu'on avait placé à la tête du service des subsistances un simple commis d'intendance, au lieu d'un homme d'une certaine autorité; ces plaintes n'étaient que trop fondées : faute d'argent ou de précautions, jamais les vivres n'arrivaient à temps, ni en quantités suffisantes, aussi les hommes mouraient-ils par centaines. Un rapport officiel, en date du 18 mai, établit que sur 6,000 soldats et 2,000 pionniers envoyés d'Angleterre, il en manquait 2,500. Il en était de la solde comme des vivres; depuis quatre mois la garnison n'était pas payée; même imprévoyance pour tout ce qui tenait aux fortifications; au dire des plus experts, la ville, avec l'aide de 2,000 pionniers, aurait été rendue imprenable et on

---

(1) Kalendar of State Papers, 1563.

n'en avait employé que 300. Ce n'est pas faute de rapports sur l'état des choses ; les demandes se croisaient avec les réponses ; dans le mois de mai et à peu de jours de distance, on avait envoyé un habile ingénieur anglais Portinarys, et un ingénieur italien nommé Ubaldini(1), qui avait longtemps servi en France et dont Elisabeth vantait la grande expérience. Il avait ordre de retourner en Angleterre pour rendre compte de ce qu'il pensait des fortifications. On avait commencé à mettre la ville en état de défense, mais au bout de peu de jours on s'était arrêté, faute de bras ; une nouvelle tour avait été construite, mais l'artillerie laissait beaucoup à désirer : « Il n'y a pas un canon mis en place, écrivait sir Vaughan à Cecil, qui ne puisse en deux heures être démonté par l'ennemi(2); » à cela, il faut ajouter les maladies qui décimaient la garnison, la peste qui commençait, ce qui n'empêchait pas Elisabeth de répondre à Briquemault, envoyé par la Reine-mère et Condé pour traiter de la paix, qu'elle ne ferait aucune concession et ne rendrait le Havre qu'en échange de Calais et de la somme prêtée aux protestants (3), et elle y envoyait son favori d'alors, celui qui disputait son cœur à Leicester, le jeune Tremaine qui y laissa sa vie. Elle n'était pas pour-

---

(1) Voir *Anecdotes des Peintres anglais*, par Walpole ; il y est parlé d'Ubaldini, t. I, p. 249.
(2) Kalendar of State Papers, 1562.
(3) Record Office, State Papers, France, vol. XXXII.

tant à ignorer l'état des choses, car elle multipliait les instructions. Les vaisseaux français, restés dans le port et que Beauvoir avait sauvegardés, jusqu'au jour où la paix d'Amboise modifia toutes les situations, elle allait les faire venir en Angleterre, et elle écrivait à Warwick :

Bien fidèle et bien amé cousin, nous avons été à plusieurs reprises avertie que, sans compter les vaisseaux marchands et d'approvisionnement arrivés le mois dernier, il y a un certain nombre de vaisseaux français dans le port, et que, si on n'en renvoie pas une partie, il peut en résulter un grand danger pour la ville ; en conséquence, nous avons donné ordre à notre Amiral d'Angleterre (1) d'y envoyer des matelots pour emmener tous les vaisseaux français qui seront prêts à partir ; notre volonté est que vous donniez ordre de départ pour tous les vaisseaux appareillés à l'arrivée de la personne que notre Amiral y enverra avec des lettres à cet effet, et pour éviter tout danger, nous voulons et requérons, ainsi que de longtemps cela a été projeté, que tous les vaisseaux qui ne sembleront pas propres à prendre la mer soient détruits et les marins qui les montaient employés aux fortifications ; et quant aux vaisseaux qui ne peuvent être détruits par manque de bras, il faut plutôt les couler bas que de les exposer à être brûlés. Quant à ceux capables d'être employés à notre service, mais qui, faute de temps ou par toute autre considération, ne peuvent être emmenés, nous pensons que vous ferez bien de les raser, afin qu'il y ait moins de facilité à les brûler ; nous vous prions de confier cette mission à quelques hommes de bon jugement, afin que tous les projets tentés par l'ennemi soient ainsi déjoués, et puisqu'il reste dans la ville

(1) L'amiral Winter.

une grande quantité de marchandises et de vivres réclamés par divers étrangers et notamment par les sujets du Roi d'Espagne, bien que nous sachions que vous êtes occupé à la défense et aux fortifications, cependant vous donnerez ordre et charge expresse à quelques hommes spéciaux d'inventorier toutes les marchandises et vivres qui appartiendraient à des étrangers, aussi bien français que d'autre nation, et vous les conserverez, afin que, quand besoin sera, un bon compte en puisse être rendu, comme en vérité nous devons le faire, et que tout ce qui peut servir à nourrir la garnison soit employé ; et quant aux marchandises qu'on reconnaîtra appartenir à d'autres qu'à des Français, qu'un bon compte en soit dressé, ainsi que le réclament l'honneur et la justice ; et quant aux marchandises qui appartiennent aux Français, notre intention est que tout soit conservé à notre usage, mais seulement dans le cas où ils feront acte d'hostilité ; s'ils restent paisibles, nous en rendrons compte (1).

L'insuffisance des vivres était toujours l'objet des grandes préoccupations de Warwick. Dans une lettre du 18 mars à Cecil, il écrivait :

Je m'aperçois du grand soin que vous mettez à nous fournir de vivres et de tout ce qui nous manque ; jusqu'ici, en vérité, on n'y a pas satisfait. Avec des vivres en abondance, nous serons plus capables de nous passer du reste ; si nos ennemis nous donnent un répit d'un mois, j'espère, avec l'assistance de nos soldats, rendre la vieille ville si forte que nous serons en état de repousser toute leur malice. Je vous assure, Monsieur, que la vieille ville est d'aussi grande importance que la ville elle-même, car, par ce moyen, nous garderons le port en dépit de leurs efforts ; ce sera aussi une grande sûreté pour tout

(1) Record Office, State Papers, France, vol. XXXII. (Traduction.)

ce côté de la ville. On ne parle que de guerre ici, et je ne puis mieux vous en assurer, qu'en vous envoyant une proclamation qui a déjà été publiée ; il est donc à présumer qu'ils ont l'intention de venir nous visiter, mais nous avons fait de notre mieux, ils seront les bien reçus, et sommes tous déterminés, du plus petit au plus grand, à bien rendre compte à notre maîtresse de la charge qu'elle nous a confiée, ou de mourir tous ensemble ; mais avant d'en venir à une telle extrémité, j'espère, avec l'aide de Dieu, qu'il coûtera tant d'hommes aux Français *que désormais ils craindront d'entendre prononcer le nom du Havre.*

Puis venant à ce qui se passe en France, il ajoutait :

L'Amiral, à ce que j'apprends, ne suivra pas la cour, soit par égard pour sa propre situation, soit parce qu'il est très-mécontent de la conduite du prince de Condé. *Je vous assure qu'il n'y a pas d'homme dont on parle si mal que de ce petit inconstant de Prince de Condé.* On dit qu'il est pire que jamais n'a été son frère, et je crois qu'il finira de même, car il est impossible qu'il puisse réussir longtemps ; il a amassé sur sa tête trop de malédictions des pauvres affligés de France. Pendant que j'écrivais, est arrivé un homme qui m'a affirmé avoir vu embarquer à Paris quarante-deux canons destinés au siége de cette place ; ainsi attendant nos bons conviés, je cesse de vous importuner de plus longue lettre.

WARWICK (1).

Les habitants du Havre n'en étaient pas à savoir ce qu'il en coûte pour appeler dans ses murs l'étran-

---

(1) Record Office, State Papers, France, vol. XXXII. (Traduction.)

ger ; ils allaient subir de nouvelles exigences. Voici d'abord le premier avertissement qui leur fut donné par leur seigneur et maître le comte de Warwick :

Le dit lieutenant fait entendre que tant que femmes et enfans, de quelque condition qu'ilz soient, estans dans ceste ville, de s'assembler dans l'église de ceste ville par devant le controleur et le prévost cet après midy de ce présent jourd'hui, sous peine d'estre expulsés hors de ceste ville et confiscation de tous leurs biens.

Du Havre de Grace (ce IIIe jour de mai 1563).

WARWICK (1).

Voici maintenant la seconde sommation faite aux Français d'avoir à sortir du Havre :

Warwick, lieutenant de Sa Majesté la royne d'Angleterre ès pays de deçà :

Le sieur lieutenant veult et commande que tous Francois qui devroient sortir hors de ceste ville selon les publications déja faictes, ceux qui ont femmes, enfans ou biens, pareillement les femmes desquelles les maris s'en sont allés hors de ceste ville, auront à sortir de ceste ville dedans samedi prochain sous peine d'estre prins prisonniers et leurs biens confisquéz.

Item tous les habitans de ceste ville auront à ensevelir leurs mortz en la marée hors la muraille vers Ingouville; tous les soldatz et ceulx de la guarnison auront à enterrer leurs mortz en la vieille ville près du costé de la mer et sur peine (à ceulx auxquels l'offense paroitra appartenir) d'emprisonnement pour six jours et telle amende que

---

(1) British Museum, Cotton, Caligula, E, vol. V, f° 199. (Original signé.)

mon dit seigneur lieutenant et son conseil en ordonneront.

Fait au Havre de Grace, ce xiii⁰ jour de may 1563.

WARWICK (1).

Le Rhingrave étant revenu de la cour, Warwick reprit avec lui sa correspondance, et lui fit parvenir la lettre suivante d'Elisabeth, dans laquelle elle le remercie de la chaîne et du manteau dont il lui avait fait présent (cette lettre, datée du 17 mai, était adressée à sir Hugues Poulet) :

Très féal et bien amé, le cte Rhingrave, comme je l'ay entendu, s'est souvent depuis naguères montré bien affectionné envers nous et nostre couronne, ce que n'a laissé de nous donner à cognoistre par présents qu'il nous a faitz tant de chevaux auparavant de ces troubles que depuis d'une chaine et manteau qu'il nous envoya ces jours passés, dont ne nous pouvons que avoir bonne considération et regard, et ayant pensé vous commander de le remercier de nostre part, nous fumes advertie qu'on l'avoit mandé de se trouver à la court de France, qui a esté la cause que l'ayons différé jusques à ceste heure, parquoy, croyant qu'il est déjà de retour, nous vous prions lui donner à entendre pour certain que nous désirons récompenser cette sienne dévotion et que n'avons point de doubte que, occasion se présentant à luy de pouvoir monstrer le plus sa bonne volonté, il ne veuille persévérer en sa première intention et avoir souvenance de ce qu'il promit à nostre cousin le cte de Warwick de se deporter de monstrer une principale inimitié à l'égard de ceste place; quoy faisant, le réputerons pour tel envers nous qu'il

---

(1) Record Office, State Papers, France, vol. XXX.

nous trouvera, pour estre d'honneur et de considération ; et quant à la bonne justice de nostre cause, nous n'avons aulcun doubte, que, avec l'aide de Dieu tout puissant, pourrons recouvrer nostre droit (1).

Le temps des courtoisies qui s'échangeaient de part et d'autre était passé ; la guerre sérieuse allait commencer et une lettre de Warwick (22 mai), au conseil privé, va nous renseigner et sur les dispositions du Rhingrave et sur la première escarmouche qui venait d'avoir lieu sous les murs du Havre :

Hier, après avoir reçu une lettre du Rhingrave, nous lui avons envoyé le capitaine Horsey pour voir ce qu'il pourrait apprendre de lui, car il arrive de la cour et nous savons par Horsey que jusqu'à ce jour après-midi il ne molestera pas cette garnison, mais cette heure passée ce sera à nos risques et périls. Contrairement à sa promesse, il a envoyé ce matin vers deux heures vingt enseignes d'infanterie et 300 chevaux à la portée de fusil du nouveau fort de la vieille ville ; les troupes avec sacs et bagages ont pris campement dans un petit village. Nos coureurs m'en ayant prévenu, je me rendis au nouveau fort où, la nuit passée, j'avais placé quatre capitaines, ayant chacun sous leurs ordres 200 hommes, nommément MM. Reed, Antwisill, Appleyard et Manners ; prenant avec moi la nouvelle compagnie du capitaine Tremaine, j'ai fait une sortie pour escarmoucher ; mes hommes se comportèrent avec tant de valeur qu'ils ont repoussé les forces du Rhingrave et ont tué ou fait prisonniers tant d'hommes de pied que de cavaliers quatre

(1) Record Office, State Papers, France, vol. XXXII. (Minute originale.)

cents avec une enseigne et sept tambours ; nous n'avons eu, tant tués que blessés, que vingt hommes et pas un des nôtres à notre connaissance n'a été fait prisonnier ; abandonnant leurs bagages et vivres, ils ont fait retraite de l'autre côté de la colline où est maintenant campé le Rhingrave ; il y a placé deux ou trois pièces de canon d'où il a déjà tiré sur cette ville, mais sans faire de mal. Voilà le déjeûner que, grâce à Dieu, nous lui avons donné pour sa bienvenue ; il tiendra mieux une autre fois ses promesses. Quelques-uns des prisonniers, au nombre desquels se trouvaient des capitaines et gentilshommes de marque, ont avoué qu'ils attendent immédiatement quelques enseignes de Suisses et d'Espagnols, ce qui indiquerait la détermination de porter toutes leurs forces contre nous ; nous tâcherons, grâce à Dieu, de les repousser de notre mieux, espérant que vos Seigneuries nous fourniront de toutes choses nécessaires, surtout des hommes, des vivres et de l'argent pour nos pauvres soldats. Assurément il n'y a jamais eu prince servi par hommes plus vaillants, comme l'a bien montré l'affaire de ce matin ; chacun a fait son devoir depuis le capitaine jusqu'au dernier soldat et je ne saurais les louer suffisamment. Vos Seigneuries recevront du commis des subsistances une note ci-incluse de la réception des marchandises mentionnées dans une note que confirmait votre lettre du 13 courant ; elles ne sont rien en raison du rapport qui vous a été fait, comme vous le verrez, et vos Seigneuries se rendront compte ainsi du peu de provisions que nous avons ici pour faire vivre un si grand nombre d'hommes ; je prie Dieu que nous en ayons en peu de temps. Selon le plaisir de sa Majesté que vous nous avez fait connaître, l'Amiral Winter a choisi les vaisseaux qu'il juge à propos d'emmener ; on lui a aussi remis une note des matelots que l'on peut trouver dans la ville et de l'équipage des vaisseaux restés dans ce port.

Les compagnies écossaises sont déjà passées en revue et seraient prêtes à partir aussitôt leur solde payée ; il paraît qu'elles sont très-satisfaites d'avoir servi sa Majesté et regretteraient de partir; ainsi nous nous remettons à la protection de Dieu.

M. Winter, le porteur des présentes, peut vous renseigner sur ce qu'il a vu et croyez-le de tout ce qu'il vous dira. Il vous plaira vous ressouvenir de M. Portinarys pour sa solde; il s'emploie ici avec toute diligence et sans épargner ni peine ni fatigue (1).

Warwick voulut rendre compte lui-même à la Reine de l'engagement qu'il venait d'avoir avec le Rhingrave; sa lettre est du 23 mai, elle ajoute quelques détails à ceux donnés par la précédente :

Il plaira à votre Majesté d'entendre que, le 22 de ce mois, le Rhingrave pensant faire quelque grande entreprise sur la vieille ville, que nous ne fortifions pas, s'en est approché à 3 heures du matin avec au moins 3 ou 4,000 hommes de pied et 500 chevaux, mais ils ont trouvé les nouvelles fortifications en si bon ordre qu'ils n'ont pas osé les attaquer; cependant ils ont engagé une chaude escarmouche, tout près du fort, pour prendre pied dans le village; j'étais d'opinion qu'il n'était pas bon de les y laisser, parce que s'ils étaient une fois maîtres de cette position, nous ne serions plus en mesure de travailler à nos fortifications; ne voulant pas les y souffrir plus longtemps, j'ai fait venir les capitaines et leur ai montré le danger qu'il y avait à ce voisinage de l'ennemi; j'ai donc voulu faire un grand effort pour les déloger, car nous en aurions été si incommodés qu'il fallait mieux risquer nos vies que de les y laisser; je ne l'avais pas sitôt fait comprendre aux capitaines que c'était à qui marcherait le premier, heureux de sacrifier sa vie au

(1) Record Office, State Papers, France, vol. XXXII. (Traduction.)

service de Votre Majesté ; j'ai désigné de suite six ou sept enseignes dont j'ai confié le commandement au capitaine Reed, soldat aussi vaillant que ferme. Plût à Dieu que votre Majesté eût été placée en lieu sûr pour être témoin du courage de ces pauvres soldats ; elle aurait vu tout ce qui a été fait à son honneur; aucun de vos ancêtres n'a été mieux servi, car on ne pourrait faire plus qu'ils n'ont fait, l'ennemi étant placé sur un terrain aussi avantageux, leurs arquebusiers si bien embusqués que nos soldats ont été comme à l'assaut de la position où l'ennemi s'était logé ; grâce à Dieu et à leur courage, ils ont pris le terrain pied à pied et de proche en proche ils les ont définitivement chassés ; on combattait corps à corps, toutes les armes étaient bonnes, et dans cette mêlée, lorsqu'ils montèrent à l'assaut avec leurs piques, ils se montrèrent bien les dignes enfants de cette race vaillante d'où sortent tous les Anglais, de sorte qu'en peu de temps ils ont dispersé leurs ennemis, et sont restés maîtres du terrain. On a tué (je le sais de bonne source) 400 hommes de pied et 60 ou 80 hommes de cheval et fait 120 prisonniers, sans compter un grand nombre de blessés. Ainsi votre Majesté a eu un honorable début, et la fin, grâce à Dieu, répondra au commencement. Maintenant que nous sommes assiégés, je prie instamment votre Majesté de nous faire bien fournir de vivres et de munitions (1).

A côté du récit de ce premier engagement, où l'orgueil britannique donne si bien sa mesure, on lira avec plaisir le rapport qu'en adresse le maréchal-de-camp Richelieu à Catherine de Médicis :

Madame, hier au seoir, j'arriuay avec tout mon regiment. Cejourdhuy matin Monsieur le Conte m'a pryé

(1) Record Office, State Papers, France, vol. XXXII. (Traduction.)

d'assembler tous les capitaines pour nous remonstrer et faire entendre les commodités et incommodités qui sont pour assallir ceste ville et le fort qu'ils y ont faict de nouueau. Nous auons regardé tous ensemble que mon dict sieur le Conte (1) vous enuoiroit ce gentilhomme présent pourteur, lequel vous fera certaine de tout et vous pourra dire comme nous avons aujourdhuy attaché une escarmouche la plus belle et la plus grande qui se soit faicte il y a plus de trois ans, laquelle a duré espace de trois à quatre heures, et messieurs les Anglois nous avoyent atitré toutes les artilleryes qu'ils ont dedans la ville et de toutes leurs nauires qu'ils avoient mis à la rade qui sont au nombre de plus de soixante avec leurs galaires et galiotes nous ont tiré trois cents soixante coups d'artillerye. Pour tout cela nous n'auons poinct laissé de les atacquer de si près qu'ils n'ont osé abandonner leurs fossé et contrescarpe, et y en a plusieurs des nóstres qui sont venus aux mains auec eulx. L'artillerye nous a endommaigé beaucoup de nos soldards jusques au nombre de vingt cinq morts et blessés. Je m'asseure qu'ils en ont perdu quatre fois aultant, encore qu'aujourdhuy, après qui se sont retirez, nous auons prins ung espyé qui m'a asseuré qu'ils ont perdu beaucoup de gens et ung grand nombre de blessés et entr'aultres ont perdu ung de leurs capitaines de quevallerye. Nous auons prins son cheual qui est fort bien doré, et ont perdu sept ou huict aultres hommes de quevallerye. Madame, je me plaints à vous, d'aultant qu'il n'y a en mon regiment qu'ung chirurgien qui ma suiuy et n'ay médecin apoticquaire ni tantes pour loger les malades. Le receveur Dauid qui a demeuré à Parys a la charge des deniers qui se recouvrent de nos aulmosnes et n'est poinct icy, il vous plaira luy commander qu'il ayt à se retirer en ce lieu pour subvenir à ses pouures blessés et malades. Le

---

(1) Le comte de Brissac.

Thesaurier qui a receu les aulmosnes de ceste monstre, y vous plaira luy faire commander qui les mette entre les mains de quelcung qui suyve nos bandes pour les distribuer là où je cognoistray qui sera nécessaire pour les dicts malades et blessés et entretenement des chirurgiens, lesquels ne veulent plus seruir, d'aultant qu'il y a quatre moys qui n'ont rien receu. J'ay bien nécessité d'ung prevost, pourceque le nostre a quicté son estat et charge; il est bien nécessaire que, en ung tel lieu que cestuy cy, qui y en ayt ung.

Madame, je suppliray le Createur vous donner en très-bonne santé très-bonne, très-longue et très-heureuse vye.

De ce camp du Hâvre, ce xxviie jour de may 1563.

Vostre très-humble, très-obéissant et très-obligé seruiteur et subiect,
\u2003\u2003\u2003\u2003\u2003\u2003\u2003\u2003\u2003RICHELIEU (1).

Nous avons retrouvé la réponse de Catherine à Richelieu; elle n'approuvait pas ces combats inutiles et donna des ordres pour qu'on s'en abstînt jusqu'à l'arrivée de forces plus considérables :

Monsieur de Richelieu, j'ai entendu le bon et vaillant debvoir que vos bandes ont faict et deux saillies que les Angloys ont faictes, et, pour ce que, estant si foibles que vous estes, au respect des forces qui sont dedans, je craindrois que, à la longue, ils vous puissent donner quelques estrette, j'escripts à Monsieur le comte Rhingrave que je le prie ne plus escarmoucher qu'il ne soit plus fort, et quand le régiment du capitaine Charry et les Suisses que je vous envoie seront là, il y aura de quoy,

(1) Bibliothèque impériale de Saint-Pétersbourg. Manuscrits français, vol. XCVIII, pièce n° 39, f. 88.

s'ils sortent les recogner si rudement que ils y pourront beaucoup perdre et rien gagner (1).

Entre Warwick et le Rhingrave, on n'en était plus aux compliments : à des observations présentées par le Rhingrave sur le traitement fait aux prisonniers du dernier engagement, voici ce que répond Warwick :

Monsieur, j'ay receu vostre lettre, et quant à vos gens que dictes estre égarés en rude prison, vray est qu'il y en a ung si grand nombre qu'ilz ne peuvent estre gardés si bien à leurs aises, comme s'il y en avoit peu.

Et il ajoute avec une certaine forfanterie :

Si je n'eusse fait retirer mes gens, en respect de l'amitié que je vous porte, la défaite eust été de beaucoup plus grande, doubtant bien que si les vostres eussent trouvé les miens en si dure partie, qu'ils ne les eussent voulu laisser passer si humainement, et touchant les vostres que je tiens prisonniers, vostre tambourin nous en baillera les noms, sur quoy mandez moy vostre volonté, me recommandant sur ce à vostre bonne grace, priant Dieu vous donner la sienne.

Vostre bien bon amy et voisin.

Je receus hier des lettres de sa Majesté la Royne, ma maîtresse, par lesquelles elle vouloit que M. Poulet vous portât ses recommandations et quelque chose davantage, mais voiant que les choses se portent en l'estat que je vois à ce présent, il me semble qu'il seroit chose vaine d'en faire aultrement discours (2).

(1) Bibl. impér. de Saint-Pétersbourg.
(2) Record Office, State Papers, France, vol. XXXIII. (Minute originale.)

Dans une lettre de Warwick à Cecil, du 27 mai, nous trouvons quelques détails curieux sur la composition de la garnison anglaise du Havre et sur sa conduite :

Quant au désordre des soldats, je crois presque impossible d'amener en si peu de temps un tel nombre à la perfection qu'on voudrait obtenir; une grande partie de ces gens-là est (comme l'on dit) l'écume de notre pays ; néanmoins ceux qui comme moi ont eu depuis longues années charge de garnison, affirment qu'ils n'ont jamais vu si peu de désordre dans une si grande compagnie ; cependant je ne veux pas m'excuser tout à fait, mais je tâcherai plutôt d'y remédier ; ils viennent à l'église et y entendent la parole de Dieu quatre fois par semaine ; il y a aussi peu de jurements et de jeux de hasard que jamais on a vu en aucune garnison ; s'ils ont été un peu avec les femmes, c'est qu'en vérité beaucoup de femmes sont venues d'Angleterre avec les passagers qui les ont secrètement gardées, sans que le conseil ni moi nous puissions le savoir; ceci est en partie réformé et nous avons chassé ces femmes, et donné ordre de n'en plus laisser venir d'autres sans un passe-port spécial délivré par moi ; cette place sera bientôt purgée de cette infâme offense. Veuillez me croire, Monsieur, cette garnison est aussi honorable que jamais fut garnison, elle ne doit pas être outragée par toutes ces calomnies inventées à plaisir et à son déshonneur ; ces hommes-là se battent comme des Hector, travaillent comme des esclaves, plus mal nourris que des paysans, plus pauvres que des mendiants et ils n'ont que la plus petite ration : du poisson sans beurre, ou du fromage deux ou trois fois par semaine et une petite portion de bœuf et de porc qui serait insuffisante pour un homme oisif; c'est à un tel point que plusieurs fois, quand ils ont eu de la viande et en petite quantité, ils n'ont pas eu de pain, ou bien encore quand ils ont plus de nourriture, ils n'ont rien à boire, et cela non pas une ou deux fois, ni un ou deux jours, mais à plusieurs reprises, étant réduits à un ordinaire de poisson deux jours par semaine et de beurre et fromage les autres jours ; avec si peu ils sont contents, quoique la plupart travaillent toute la journée ; ils se lèvent et se couchent presque toujours avec leur équipement. Des hommes peuvent-ils en vérité faire plus ? Malgré tout ce qu'on a pu dire d'eux, ils méritent plutôt des éloges que d'être découragés par ces blâmes et ces infamies. Vous auriez pu juger d'eux si vous les aviez vus samedi dernier ; une telle bravoure peut racheter bien des fautes ; jamais Prince n'a été mieux servi, et ils ont délogé l'ennemi de sa position, car c'est d'elle que dépend la sûreté du nouveau fort et des défenses de la vieille ville dont la sauvegarde importe tant à la nouvelle ; car si les Français s'en emparaient, je vous assure que cette ville ne serait pas tenable et ne resterait pas longtemps anglaise ; en maintenant cette position nous aurons de l'eau fraîche, l'ennemi ayant coupé tous les conduits qui l'amènent dans la ville. Le nouveau fort est assez avancé comme construction pour que nous puissions maintenant y continuer à travailler sans être inquiétés et de tout cœur ; aussi j'espère que, d'ici à huit jours, il n'y aura plus de dangers pour nos soldats, le fort sera à l'abri du canon dans quatorze jours d'ici, s'il y a assez d'argent pour payer les travailleurs et assez de vivres pour les nourrir, vous assurant que nulle chose ne vexera tant l'ennemi que de les empêcher de prendre cette place ; et selon moi il n'y a pas de meilleur moyen d'arriver à la paix que de nous fortifier ici. Grâce à la digue que nous venons de terminer, les Français ne pourront pas entrer de force dans cette place, si nous ne manquons ni d'hommes, ni de vivres, ni des choses nécessaires pour la défense ; il ne faut donc rien y épargner et largement y pourvoir, et alors je ne doute pas que vous n'en recueilliez les fruits. Celui qui est chargé de tout ce qui regarde l'eau est en butte à de très-grandes plaintes ; il faut qu'elles soient examinées sérieusement, avec autant de diligence et d'impartialité que la chose le requiert, pour qu'on sache bien ce qui en est ; lui-même se rendra devant vos Seigneuries et vous agirez suivant ce qu'il mérite. M. de Beauvoir a été traité avec une extrême courtoisie ; bien avant l'arrivée des lettres de sa Majesté qui l'autorisaient à emporter ses biens ; ses domestiques avaient fait sortir de la ville tout ce qu'ils avaient voulu, et, après l'arrivée du sieur Glahenick, ils ont encore emporté ce qu'ils ont voulu de ce qui restait à son logis ; rien n'était donc arrêté par le contrôleur avant le départ des domestiques et avant la remise des clefs. Ils n'ont rien laissé derrière eux de grande valeur, comme vous verrez par le compte ci-inclus, qu'a rédigé ledit contrôleur, et s'il y a des hommes pour alléguer ou affirmer qu'un seul Français n'a pas été traité par moi ou par aucun des membres du Conseil, avec équité et eu égard à l'honneur de sa Majesté, qu'on l'entende sur ces calomnies, et que l'on nous fasse connaître ses plaintes, étant sûrs à l'avance que l'examen tournera à notre décharge et à la honte des calomniateurs. Hier, le Rhingrave est descendu de la colline avec ses troupes pour nous visiter, et deux jours auparavant, il avait fait venir le capitaine Hemery d'Honfleur avec sa compagnie de l'autre côté de l'eau pour mieux favoriser son entreprise, ce qui était une sorte de bravade, et aussi dans le but, en escarmouchant, de s'approcher assez près pour voir où en étaient nos nouveaux travaux pour la digue ; nous les avons si bien reçus que je suis à peu près certain qu'ils ont perdu deux capitaines de reîtres, un porteur d'enseigne et plus de 150 soldats ; mais de notre côté, dans l'engagement avec les reîtres, a été tué le capitaine Tremaine, d'un coup de pistolet du côté gauche de la tête et d'une balle enchaînée (deux balles réunies par une chaîne, dont se servent les reîtres habituellement), et ainsi a fini l'escarmouche après trois heures de lutte, avec la perte de vingt de nos soldats, et je vous assure que nos hommes ont fait autant ce jour-là que jamais hommes pourraient faire ; les ennemis eux-mêmes en ont cette opinion. Le capitaine Horsey, avec sa compagnie, a attaqué à la pique leur cavalerie, y a mis le désordre et pris plusieurs chevaux ; ainsi, avec mes recommandations, je vous dis adieu de bon cœur.

Du Havre, le 27 mai.

Votre bien dévoué ami,

WARWICK.

Je vous assure qu'il n'y a pas un homme vivant qui peut mieux escarmoucher qu'a fait Edouard Horsey, et autant à l'honneur de notre maîtresse (1).

A la fin de mai, les relations devinrent plus amicales entre le Rhingrave et Warwick ; les propositions de l'échange des prisonniers faits le 22 mai furent reprises, et Warwick écrivait :

Monsieur, je receus hier vostre lectre, et quant aux nouvelles que dites estre venues en vostre camp touchant le mariage qui doit estre fait entre la Majesté de la Reyne et mon frère (Leicester), je vous asseure que je n'en ay esté adverty ; touttefois, je vous remercie de la courtoisie qu'avez offerte à l'endroit de sa Majesté et de mon frère. Quant aux prisonniers qui sont icy, s'il vous plaist donner l'ordre à deux de vos gentilzhommes de se trouver demain en quelque endroict entre icy et vostre camp, deux des miens se rencontreront pour deviser ensemble à l'heure que vous y assignerez, sur quoy je ne doubte point que nous n'en serons bientost d'accord, et quant au page dont m'avez aujourdhui escript, je ne puis rien entendre de

(1) Record Office, State Papers, vol. XXXIII. (Traduction.)

luy ; s'il vous escript, mandez son nom, je le feray chercher partout et vous en ferez raison, et me recommande à vostre bonne grace.

Du Havre-de-Grace, le dernier jour de mai 1563.

Vostre bien bon amy et meilleur voisin,

WARWICK (1).

Laissons pour un instant le Havre de côté et voyons dans quelles dispositions étaient les chefs protestants normands.

Catherine, craignant toujours une nouvelle prise d'armes, avait donné l'ordre au bailli d'Alençon, M. de Rabodanges, d'aller trouver, en son nom, le comte de Montgommery, Sainte-Marie d'Agneaux et Colombières, pour leur ordonner de renvoyer tous les soldats qu'ils avaient en leurs compagnies et de se tenir paisibles en leurs maisons avec leur train ordinaire, sous peine d'être punis comme rebelles et séditieux (2). Ces précautions étaient commandées par l'agitation qui régnait encore ; une lettre de Brissac à la Reine-mère nous fournit quelques détails sur la situation prise par les lieutenants de Condé et de l'Amiral.

Madame, suivant ce que je vous escripvis, j'ay sceu encores depuis que pour certain le capitaine Coulombieres, Bressault, Aigneaux, Moineville, Le Mesnil Barré et d'aultres sont passés en trouppe, bien montez et bien ar-

---

(1) British Museum, collect. Egerton, n° 21,406.
(2) Voir *Vie de Malignon*, par de Caillières.

mez et qu'ils disent aller droict à la court. J'ay pensé debvoir advertir vostre Majesté, affin qu'elle y prenne garde, aussi pour ce que St-Lo, Coutances et aultres lieux de là autour on y presche et continue la mesme vie et façon dont l'on usoit auparavant le traité de paix, et que ce sont les dessus nommés qui y tiennent la main et font faire le tout ; je vous supplie tres humblement, Madame, s'ils sont arrivez à la court, leur en dire ce qui semblera à vostre Majesté estre plus à propos et necessaire. Le chevalier Batresse (1) m'a aussi escript *que dans la ville de Caen ceulx de la nouvelle religion y ont tenu depuis peu de jours leur synode et que aulcuns des ministres ont presché que, si les Anglois venoient en Normandie, ce seroit très mal faict d'aller contre eux et de les empescher.* Je voy tant de choses par deça principalement vers la Basse Normandie prendre maulvais chemin et tout au contraire du traité de paix, que je ne pense aultre moyen d'y pourvoir que avec de grandes et bonnes forces en ce pays, ce que je supplie encore une fois très humblement vostre Majesté vouloir bien considerer et me mander quelle est là dessus vostre volonté et resolution pour y obéir et l'ensuivre en tout ce qui me sera possible. Sur ce, je prie le créateur vous donner en très parfaicte santé très longue et heureuse vie.

De Rouen, ce XXVII mai 1563 (2).

Brissac.

Du 22 mai au 5 juin, il n'y eut pas de nouvel engagement entre les troupes du Rhingrave et les Anglais; mais ce jour-là une double attaque fut dirigée contre le nouveau fort Warwick et du côté du boulevard Sainte-Adresse. Voici le rapport que le

---

(1) Gouverneur de la ville de Caen.
(2) Bibl. imp. de Saint-Pétersbourg, vol. XCXVIII, n° 2, f° 86.

comité de défense envoya aux lords du Conseil sur ce combat, où il s'attribue l'avantage :

Il plaira à vos Seigneuries d'être averties que hier, environ trois heures de l'après midi, M. de Brissac a envoyé les Suisses avec d'autres bandes françaises vers le village, situé près du nouveau fort, avec trente canons. Dès leur approche, ils nous ont offert l'escarmouche, comptant sur une sortie, ainsi que nous avions fait à la première arrivée du Rhingrave ; mais quand ils ont vu que nous ne laissions sortir que cinquante ou soixante arquebusiers, pour ne pas dégarnir nos tranchées, ils se sont retirés et se sont placés dans le village et les vergers environnants où ils ont l'intention de rester, et si près de nous, que ce matin ils ont tiré sur le fort quarante coups d'arquebuse à la fois. Cette nuit, ils ont dressé leurs canons sur le bord de la mer, entre ledit village appelé l'Heure (1) et la mer, aussi bien pour inquiéter les pinasses et autres vaisseaux passant la rivière, que, s'ils le peuvent, pour intercepter l'entrée du Havre. Le Rhingrave, qui reste encore avec ses troupes sur la colline, a mis en batterie cette nuit six ou sept canons à l'extrémité du rivage, du côté des fours à chaux ; cette nouvelle batterie menace les moulins à vent, le port, le château, et incommodera tous les vaisseaux qui voudront entrer dans la rade. Ainsi, vous le voyez, nous sommes cernés par mer de tous les côtés, et le vent a été tel ces quatre derniers jours, que nous n'avons rien reçu depuis l'arrivée du vice-chambellan (2) ; nous ne doutons pas que vos Seigneuries n'ayent été bien informées par lui de notre situation, le nombre de nos hommes a diminué d'une manière effrayante. Cette affreuse peste qui nous décime en a enlevé hier soixante dix-sept que

---

(1) V. manuscrit de la ville de Grace, par Marceilles (Le Havre, 1847), p. 33.
(2) Sir Knollys.

nous avons fait emporter hors de la ville. Ainsi, nous perdons maintenant, en comptant ce qui meurt chaque jour, plus de 500 hommes par semaine. Nous n'avons pas plus de 3,000 hommes à notre disposition pour garder toutes nos défenses, et sir Knollys, à son départ, a reconnu l'imperfection de nos fortifications, et nous n'avons pu que très peu travailler depuis son départ, à cause du grand nombre des malades et des morts, et il n'y a pas eu ces jours derniers plus de 80 paysans à nous aider.

Tout ce que nous avons de vivres ici et spécialement pour le boire, vous en connaissez le chiffre ; et le nombre de pauvres gens qui meurent chaque jour par manque de boire et de viande fraîche est plus effrayant que nous ne pouvons l'exprimer ; quelques-uns des capitaines ayant 53 malades de leur bande et quelques-uns n'ayant que 10 ou 12 hommes valides ; c'est pourquoi, si on n'y suppléé pas bientôt, nous serons réduits à une telle extrémité qu'elle ne sera pas supportable. Nous ne pouvons que vous avertir par de continuelles lettres, ce que nous n'avons pas négligé depuis notre arrivée ici, et soyez assurés que, si l'ennemi peut prendre quelque avantage, il ne perdra aucune occasion de le faire ; il n'ignore pas dans quel état nous nous trouvons ; ainsi nous nous recommandons à la protection de Dieu.

P. S. — Quant aux 1,200 hommes de Suffolk et de Norfolk, nous n'en avons aucunes nouvelles, s'ils arrivent ils ne suffiront pas même à combler nos vides. Depuis cette lettre écrite sont arrivés cinq petits vaisseaux chargés de vivres, les canons dressés par les Français hier soir le long des fours à chaux ont tiré tout le jour du côté du château, les boulets sont venus jusqu'à l'entrée du port, mais, grâce à Dieu, ces vaisseaux n'ont pas eu de mal. Il vous plaira donner ordre que quatre mille petits paniers et cent douzaines de pelles et de bêches, deux cents piques et mille haches nous soient envoyés aussi vite que possible, et tout cela en outre de ce que nous avons déjà demandé, car tout le reste est usé (1).

Ainsi, d'après toutes les dépêches de Warwick, la place n'était jamais convenablement secourue : les hommes, les vivres, les munitions, rien ne venait à temps, ni à propos. On croyait avoir tout fait lorsqu'on avait envoyé un délégué extraordinaire porteur d'un minutieux questionnaire ; dans le seul mois de juin, il en vint deux : le vice-chambellan, sir Knollys, dont il est parlé dans la lettre précédente, et Whitington. Le Conseil privé promettait beaucoup et donnait peu ; on pourra juger de l'état de dénûment de la garnison par de nouvelles plaintes du comité de défense.

> Vous avez été avertis du grand désordre qui a eu lieu parmi les soldats pour manque de bière ; on n'en a pas et on ne peut en avoir, l'eau pour en fabriquer nous faisant défaut ; l'on n'en a envoyé que très-peu d'Angleterre ; les soldats sont réduits à boire continuellement du vin, ce qui est contraire à leur tempérament et à leurs habitudes et ce qui a amené des désordres et des maladies ; quant aux pourvoyeurs étrangers, il n'en est pas venu depuis quelque temps, parce que l'argent manque, et les provisions qu'ils nous destinaient, ils les ont portées en Flandres ou ailleurs. Les soldats blessés et ceux qui tombent malades, ce qui arrive journellement et de plus en plus, n'ont aucun espoir d'amélioration ou de soulagement, parce que ni leurs capitaines, ni leurs trésoriers n'ont d'argent pour les soulager et acheter de la viande

(1) Record Office, State Papers, France, vol. XXXIII. (Traduction.)

fraîche ; aussi, grâce à ce manque de ressources, à notre grand chagrin, ils meurent misérablement. Il n'y a pas ici autant de vin qu'on a dit, et ce qu'il y en a ne peut servir, faute d'eau dont nous manquons (1).

Nous venons de voir ce qui se passait du côté de la défense, faisons connaître maintenant les dispositions prises pour l'attaque et reproduisons en entier les instructions données par le maréchal de Brissac à Billiard, chargé de rendre compte à la Reine-mère de la marche du siége (elles sont du 12 juin 1563) :

Ce que Billiard fera entendre à la Royne de la part de Mons*r* le mareschal de Brissac que, avant l'arriuée du sieur de Breaulté, il auoit ja escrit à sa Majesté comme, craignant quelque désordre et a ce qu'il y eust moins de gents engagez à la garde de l'artillerye, il auoit mandé au sieur de Caillac qu'il ne la feist pas toute conduire au camp, ains en reseruat une bonne partie jusques à la venue des Suisses et des bandes du cappitaine Charry et que, suyvant cela, il n'y en auoit esté mené que cinq canons, estant partie du surplus demeurée à Harfleur, ou auec les cheuaulx d'artillerye leués tant en Normandye que ailleurs ; l'on faict encores conduire le reste de Caudebec, et que le tout sera laissé à Harfleur, et le voiaige du dict sieur maréchal au camp, retardé jusques à la venue des dicts Suisses et François, ne luy semblant raisonnable, selon mesmes l'opinion de sa dicte Majesté, qu'il ne se hazarde rien sans propos, et que cependant Monsieur le Ringraff est logé en lieu aduantageux, ou les Anglois ne le scauroient endommager. Que, quant à la place du Hâvre, il y a tant de gents par deça qui la cognoissent et y en a tant de bons desseins que l'on seroit assez quelle

(1) Record Office, State Papers. (Traduction.)

elle est, et que sa Majesté mesme en a parfaicte cognoissance, joinct qu'il y a icy ung ingenieur qui a, ces jours passés, esté auec l'ung des gents du dict sieur Ringraff jusques à la court, lequel a longtemps trauaillé en la dicte place et le maître maçon qui en conduisoit l'entreprinse, lesquels en ont tous deux entière cognoissance, oultre une infinité de capitaines et gentilshommes du pais qui n'ignorent rien de ce qui en est. Que suyuant ce que le dict sieur mareschal auoit mandé à Monsieur de Caillac, il a esté jusques au camp pour veoir comme toutes choses y estoient et recognoistre la place, et a rapporté qu'ils tiennent l'eau fort haulte tout à l'entour, que les fossés, criques et aultres endroicts, où la mer peut entrer sont remplis, aussi qu'ils continuent tousiours la fortification de leur retranchement, lesquelles choses rendront les approches plus difficiles; touttefois, sitost que toutes les forces seront arriuées, l'on s'acheminera pour les aller faire, mais que ce ne peut estre en ung jour, parce que, estant la place en lieu ras et descouuert, comme elle est, n'y aura moyen de loger les soldats qui couuriront les pionniers, sinon dans les tranchées.

Cela faict, que l'on tentera de forcer la place par une grande batterye, mais elle est, au jugement de tous ceulx qui l'ont veue, si furieuse que le dict sieur Mareschal n'en peult aultre chose promettre, synon qu'il y fera son debuoir, comme aussi il pense que feront tous ceulx qui sont par deça, joint qu'il y a dedans beaucoup de gents, qu'ils en peuuent encores auoir de jour à aultre d'Angleterre et que sa Majesté sçait bien que une place où il y a cinq ou six mil hommes, n'est pas aisée à forcer. Que si la force n'y peult rien faire promptement et qu'il faille conduire les choses à la longue et faire faire des forts à l'entour, sera aussi nécessaire que sa Majesté se résolue d'y maintenir longuement une force gaillarde et par ce moien il peult estre que la nécessité que l'on fera souffrir à ceulx de dedans les réduiroit à quelque raison. Aussi aultrement y auroit danger que, faisant les Anglois des saillies comme ils sont bien coustumiers, ils meissent les nostres en quelque désordre.

Que l'argent que sa Majesté envoye pour les Francois et lansquenets arriuera fort à propos pour la nécessité dont desjà ils se plaignoient et principallement les François qui, sur cela, prenoient occasion de se desbander, à quoy ne sauroit estre pourveu et mis bon ordre que leur payement ne vienne mieulx.

Que le dict sieur Mareschal a escrit au sieur de la Curée qu'il lui envoye le marchant, lequel a ja esté pardeuers luy et aultres, si aulcuns y en a qui veuillent entreprendre de fournir des pouldres; mais quant au prix, il lui sembleroit bien meilleur d'en prendre de bonnes à x et à viii sous que d'autres à viii et à vii, estant bien certain que la bonne fait trop plus d'effect et est plus prouffitable que l'aultre. Quand le dict marchant fut deça, il la vouloit bien bailler à viiii sous et à viii, mais l'essay qu'il en apporta ne se trouva pas bon, à cause de quoy le dict sieur mareschal pour l'avoir meilleure la mettoit à x et à viii. Touteffois quand les dicts marchants seront arrivés, il en conclurra avec eulx au plus juste prix qu'il pourra et ne tiendra à leur en promettre le payement et s'en obliger à eulx, s'ils s'en contentent, que le marché n'en soit accordé; mais ne se fault tant attendre de ce, c'est que l'on en fasse provision d'aultres, pour ce que le siège est pour durer longuement, et que, aux grosses escarmouches qui s'y feront, il s'y en consommera beaucoup.

Que la galaire est demeurée à Roucy, où le cappitaine Albisse la faict équiper, et que le dict sieur Mareschal pense qu'il sera icy cejourd'huy ou demain, mais qu'il seroit besoing de renvoyer au plus tost le capitaine Corset, affin de favoriser la rivière et conduitte des vivres avec la gallère, galliotte et autres vaisseaulx que l'on pourroit équipper et mettre ensemble. Fera aussi entendre à sa Majesté en quel estat sont les vivres par deçà qu'il n'y a des bleds pour fournir du pain à l'armée que jusques au xxiiii de ce mois, et que pour ceste cause il est besoing de faire haster ceulx que l'on y veult envoyer.

Qu'il y a desia par deçà environ neuf cens des pionniers qui ont esté levés sur le pays, que dans deux ou trois iours il y en aura jusques à douze cents, et qu'il plaise à sa Majesté commander que le payement ne faille tant pour eulx que pour les aultres deux mil levés hors le pays de Normandye.

Faict à Estelan, le xiiiie jour de juing 1563.

BRISSAC.

Que M. Bartolomeo de Pezaro, ingénieur (1), arriva hier dont mon dict sieur le Mareschal fut très aise et incontinant l'envoya au camp avec le cappitaine Breguet Justinien, pour ensemble recognoistre la place et adviser ce qui se pourra faire, aussi que ayant entendu que le cappitaine Bartholomeo de Pezaro desiroit être par deçà pour y faire services, plus tost que demeurer inutille à la Court, lui a escrit et prié de le venir trouver, mais qu'il seroit besoingt que l'estat qu'il plaise au Roy donner à l'ung et à l'aultre leur feust envoyé par deçà par chascun mois, et que, si la Royne entend qu'on leur donne quelque aultre entretenement, il plaise à sa Majesté le mander au dict sieur Mareschal commander que cest entretenement soit mis sur l'Estat et qu'il en soit donné assignation avec le payment des gens de guerre.

Que des deux quartiers dont a esté baillé assignation au cappitaine Albisse, il n'en a peu toucher que mil liures, et que du surplus il est remeis à quelque temps et touteffois il n'a laissé de faire équiper sa gallère et l'amener jusques par deçà Caudebec, mais à cause que nous

---

(1) Au xvie siècle, l'Italie avait le privilége de nous fournir des ingénieurs. Nous avons relevé dans les archives de Florence une recommandation du maréchal de Montmorency (9 novembre 1572), en faveur de Jules Spinelly, ingénieur pour le roi au pays de Normandie, et commissaire des fortifications en son gouvernement de l'Isle-de-France, qui retournait en Italie pour quelques affaires.

sommes en basse eaue et que la gallere ne pourroit sortir de ceste riuière mesmes à l'endroit de Quillebeuf, sinon que la mer soit haulte, sera besoing d'attendre la fin de ceste lune ou le commencement de l'aultre. Cependant que le dict Sr Mareschal aduisera avec Monsr de Meilleraye et aultres cappitaines de marine du lieu où l'on pourroit retirer la gallère, mais que jusques à ceste heure il ne s'en trouue point qui y soït bien propre, car à Honnefleur la gallère demoureroit à sec, en la riuière de Toucque il y a si peu d'eaue que la dicte gallère, y estant, n'en pourroit sortir que de haulte mer et estre seullement ung lieu par deça Honnefleur nommé, comme il semble, Lespinette, où elle se pourra retirer, mais les vaisseaulx du Havre y pourroient aussi venir, tellement que pour les en empescher et deffendre les nostres, seroit besoing de faire ung petit fort en ung endroit qui y est assez propre, et puis y mettre quelque pièce d'artillerye, à quoy le dict sieur Mareschal aduisera de pouruoir.

Qu'il plaise à Sa Majesté escrire et commander au dict sieur Mareschal, si elle entend que le Sr de Carvoysin entre et commande au Pont de l'Arche, et si dans ce cas il luy plaist de prendre de luy le serment ou bien si le dict sieur Mareschal le prendra et en quelle sorte de serment se debvra faire (1).

(1) Bibliothèque impériale de Pétersbourg. Manuscrits français, vol. XCXVIII, pièce n° 49, pages 98, 99 et 100.

CHAPITRE V

La ville du Havre investie. — Politique vraiment française de Catherine de Médicis.—Jugement sur elle de M. Guizot.—Craintes d'une invasion de l'Allemagne menaçant Metz.— Philippe II approuve la politique suivie par Elisabeth.—Impulsion patriotique que partage Condé et qui pousse les Français au Havre.— Catherine annonce à la duchesse de Savoie son départ pour la Normandie. — Détails qu'elle donne sur les préparatifs de guerre. — Envoie au duc de Savoie un plan du Havre. — Itinéraire de la cour. — Lettre de Catherine de Médicis à Matignon (13 juillet). — Nouvelles recommandations de Catherine de Médicis à Matignon.— Le jeune Roi Charles IX reçoit les ambassadeurs étrangers à Louviers, à l'exception de l'ambassadeur d'Angleterre.—Déclaration de Charles IX aux ambassadeurs, d'après une lettre de l'ambassadeur d'Espagne. — Il poursuit sa route jusqu'à Fécamp.— Catherine de Médicis tient l'ambassadeur d'Angleterre à distance.—Elisabeth revient sur ses premières prétentions. — L'ambassadeur anglais, sir Thomas Smith, demande un logement à la cour.—Catherine de Médicis lui permet de venir à Valmont.—Elisabeth envoie Throckmorton en Normandie.—Lettre de Catherine de Médicis à Smith, lorsqu'il l'en avise.—Lettre de Warwick et du comité de défense rendant compte des opérations du siège (11 juillet). — Nouvelle lettre de Warwick annonçant que leur position est empirée. — Lettre de Warwick à Elisabeth, du même jour, pour la remercier de songer à leur salut. —Lettre d'Elisabeth à Warwick, à l'occasion des offres de rendre la place que leur a faites le Connétable (26 juillet). — Sir Knollys engage Warwick à essayer de s'embarquer.— Warwick demande à Elisabeth la permission de traiter de la composition. — Dernière lettre de Warwick à Elisabeth (29 juillet). — Curieux détails sur les négociations entamées avec le Connétable et sur l'extrémité où étaient réduits les Anglais. — Lettre de Warwick au Rhingrave pour solliciter son intervention auprès du Connétable.—Réponse du Rhingrave. — La flotte anglaise arrive trop tard. — L'Amiral Clinton rend compte de ce qui s'est passé à son arrivée en vue du Havre. — Récit de l'entrée de Catherine au Havre, d'après l'ambas-

sadeur d'Espagne. - Lettre de Catherine de Médicis à Saint-Sulpice pour lui annoncer la prise du Havre.—Lettre de Charles IX au duc de Ferrare pour lui annoncer la prise du Havre. — Réponse de Marie Stuart au Rhingrave, qui lui avait fait part de la prise du Havre. — Opinion d'un historien anglais moderne sur l'entreprise malheureuse du Havre.—Chiffre des dépenses que coûta à l'Angleterre l'occupation du Havre et le siége.

Nous touchons au premier juillet, la ville du Havre est investie ; mais avant de suivre les opérations qui décidèrent de sa reddition, nous ne pouvons nous dispenser de dire quelques mots des négociations échangées entre la France et l'Angleterre. La situation avait cela d'étrange que, tandis qu'une déclaration de guerre était criée dans les rues de Paris et qu'on se battait tous les jours, il y avait en France deux ambassadeurs anglais, Smith qui en avait le titre officiel, et Myddlemore, chargé d'agir secrètement sur Coligny et Condé, pour les amener à tenir leurs promesses, ou tout du moins à peser de toute leur autorité sur les résolutions de Catherine de Médicis ; mais, n'écoutant que la voix des vrais intérêts de la France, dès le mois de février elle avait écrit à M. de Gonnor :

Je sais bien que, pour chasser les étrangers, il nous faut la paix que je désire (1).

Au mois de mai suivant, les yeux toujours fixés

(1) Bibl. nat., fonds Colbert, n° 39.

sur le Havre, et voulant réunir dans un effort commun toutes les forces de la France, elle écrivait à Saint-Sulpice :

> Petit à petit, nous donnons ordre dans un lieu, tantost dans ung aultre, pour y établir la paix en composant et adoucissant les cœurs des ungs et des aultres, que les guerres dernières avoient tant aliénés (1).

En concluant la paix d'Amboise, elle y avait fait insérer la clause de l'expulsion des étrangers, et ce n'est pas seulement aux reîtres qu'elle entendait l'appliquer ; ce qu'elle avait voulu et ce qu'elle voulait encore, c'était l'expulsion des Anglais du Havre. C'est là le beau côté de la vie politique de Catherine de Médicis, et comme le dit M. Guizot : « Si au point de vue moral on ne saurait la juger trop sévèrement, à travers tant de vices, elle eut des mérites ; elle prit à cœur la royauté et la France ; elle défendit de son mieux, contre les Guise et l'Espagne, l'indépendance de l'une et de l'autre, ne voulant les livrer ni aux partis extrêmes, ni à l'étranger (2). »

Aujourd'hui que nous savons ce qu'il en coûte pour assister au démembrement de son pays, rendons justice à Catherine pour n'avoir jamais voulu céder un pouce du terrain que l'épée du duc de Guise nous avait donné et si bien défendu, et rappe-

---

(1) Bibl. imp. de Saint-Pétersbourg.
(2) Guizot, *Introduction à l'histoire de la fondation de la république des Provinces-Unies*, p. LXXVII.

lons qu'une des principales causes pour lesquelles elle signa la paix d'Amboise, c'était la crainte de l'invasion projetée par l'Empereur et l'Allemagne qui menaçait Metz et les trois évêchés conquis par Henri II. On ne pourra pas dire, cette fois, que l'Espagne était de notre côté, car Challoner, l'ambassadeur anglais à la cour d'Espagne, représentant à Philippe II que la Reine, sa maîtresse, en occupant le Havre, ne voulait qu'abréger le délai de la restitution de Calais qui était bien à elle, le Roi répondit que cela était juste, et reconnut l'avantage que la Reine Elisabeth avait à rentrer dans Calais (1).

Dans les derniers jours de juin, Catherine partait avec le jeune roi pour la Normandie, emmenant Condé avec elle. Longtemps il avait hésité, allant même jusqu'à déclarer à Myddlemore que jamais il ne tirerait l'épée contre la Reine d'Angleterre ; mais d'Alluye envoyé en Angleterre (2) pour traiter de la paix et de la restitution du Havre, ayant, à son retour, répété à qui voulut l'entendre que, dans un moment de colère, Elisabeth lui avait dit qu'en occupant le Havre elle n'avait jamais songé qu'à venger l'honneur de l'Angleterre ; que c'était la revanche de Calais ; ces offensantes paroles, dont la politique de Catherine, aidant peut-être un peu à la mémoire de d'Alluye, allait tirer un si bon parti, couvrirent

---

(1) Kalendar of State Papers, dépêche de Challoner, p. 467.
(2) D'Alluye arriva à Londres le 10 juin. V. Kalendar of State Papers, 1563.

d'un noble prétexte le brusque changement de Condé et son ingratitude ; lui aussi il se laissa aller à cette impulsion patriotique qui entraînait tous les Français, et dont le mot de ralliement était tombé des lèvres de Montmorency sous les murs du Havre : « D'ici à Bayonne, tout crie : Vive la France ! »

Catherine voulut annoncer elle-même à la duchesse de Savoie son prochain départ pour le Havre :

Nous avons commencé à nous acheminer a nuit, qui est le lendemain de la Saint-Jean et le mareschal de Brissac est déjà en avant aveques trente enseignes de François et trente-sept de Suisses, Allemens et quarante canons, aveques équipage et munition pour tirer vingt mile coups et quatre mile pioniers, en attendant vingt enseignes de son filz et de Sarlabos qui seront dans six ou huit jours ; si bien, Madame, que je pense que, si elle ne nous le veult rendre par amour, que Dieu nous le fayra avoyr par force et vous prie que Monsieur de Savoye me escripve, ayant veu le portrait que vous en envoye (1), ce qu'il espère que puisse réussir de ceste entreprinse, au moins de ce que l'on pourra juger, ne voyant le fort qu'en papier, encores qui soit bien fayt (2).

Suivons l'itinéraire de la cour : le jeune roi ayant été pris d'un flux de sang, on fit séjour à Mantes jusqu'au 4 juillet. Dès le 30 juin, Catherine avait averti M. de Matignon des grands préparatifs que faisait Elisabeth pour secourir le Havre ; craignant

---

(1) Nous regrettons de n'avoir pu trouver le plan envoyé par Catherine de Médicis.

(2) Archives de Turin.

une descente des Anglais sur quelque point de la côte de Normandie, comme moyen de diversion, elle recommanda à ce prudent capitaine d'avertir les populations de se tenir sur leurs gardes (1).

De Mantes, la cour vint à Gaillon ; c'est de cette ville que Catherine écrivit de nouveau, le 13 juillet, à Matignon :

> Monsieur de Matignon, par une lettre que je vous ay escripte et envoyée à monsieur le mareschal de Brissac, vous vous trouverez satisfaict de l'intention du Roy monsieur mon fils et de la mienne sur l'entretenement des deux cens hommes à Cherbourg, et aussi d'aultres hommes dedans Bayeulx, Fallaize, Granville et le port de Tatihou, de sorte qu'il me reste peu à vous dire sur vostre lettre du ve de ce mois, sinon vous prier à donner tout l'ordre que vous pourrez sur l'entretenement de la pacifficaction par delà entre nos subjects et pour le regard des Angloys, puisqu'ils ne se veultent retirer du Havre et au contraire menacent de faire aultres descentes en ce royaulme, et travaillent après les préparatifs, qui me faict encore vous prier, suyvant ce que je vous ay jà par deux fois escript, regarder à vous tenir sur vos gardes en ceste Basse-Normandye, advertissant les peuples des costes à ce que chascun se prépare pour éviter tout inconvénient et conserver la frontière, espérant que nous aurons bientost si bonne raison du Havre, que nous les chasserons bien loing de nous, et s'il survient quelque chose de nouveau, seray bien ayse d'en estre advertye ; affin que vous ayez plus de moyen de leur résister, nous avons mandé à toute la gendarmerye qui est en garnison en la dicte Normandye se tenir preste et trouver en leurs garnisons

(1) British Museum.

dedans la fin de ce mois pour faire monstre ; vous ferez le semblable de vostre compaignye, priant Dieu, Monsieur de Matignon, vous avoir en sa saincte garde.

Escript de Gaillon, le xiiiᵉ jour de juillet 1563.

CATERINE (1).

Depuis cette lettre escripte j'ay eu advis que près du Havre se faisoit quelque amas de gens ainsi que verrez par le double d'une lettre cy enclose, à quoy vous adviserez de prévenir et tenir main que le feu ne se rallume poinct (2).

Le lendemain elle revint sur ses précédentes recommandations ; enfin, de Louviers, le 16 juillet, elle écrivit de nouveau à Matignon :

Monsieur, pour ce que je suys advertye que la Royne d'Angleterre continue ses préparatifs pour faire quelque descente où elle verra le plus beau jeu et plus à propos, et scait qu'elle faict dilligence d'advancer pour cela ses dicts préparatifs, j'ay advisé vous faire encores ceste recharge, ne sachant où cet orage doibt tomber, lequel tend seullement à cuyder divertir nostre entreprinse du Havre, qu'elle voyt estre en grande necessité, en vous pryant donner tout l'ordre que vous pourrez pour éviter et fuir l'inconvénient et danger qui y pend, laissant dedans les villes et places les garnisons qui y sont le mieulx averties et pourveues que vous pourrez, et, au demourant, les peuples des costes si instruicts et esveillés que, si les dictz Anglois se jouent de se mettre en mer pour cet effect, ils soient descouverts si à propos qu'ils puissent trouver partout l'ordre qui y est nécessaire, car vous ne ferez

(1) British Museum, mss. addit., nᵒ 12074. (Original signé.)
(2) *Ibid.*

jamais service plus grand au Roy monsieur mon filz. Priant Dieu, Monsieur de Matignon, vous donner ce que désirez.

Escript à Louviers, le xvi⁰ jour de juillet 1563.

Caterine (1).

Tous les ambassadeurs étrangers s'étaient rendus à Rouen. M. d'Oisel vint les y prévenir officiellement, à l'exception de l'ambassadeur d'Angleterre, que le jeune Roi les recevrait à Louviers le 18 juillet, à deux heures.

Nous nous servirons ici du récit de Chantonnay, l'ambassadeur d'Espagne (2) :

Le Roy parla lui-même, déclara que son intention étoit d'entretenir la paix avec tous ses voisins et observer les traités contre le contenu desquelz la Royne d'Angleterre s'était saisie du Havre et ne le vouloit restituer, quelque réquisition que l'on eut faicte, et qu'à ceste cause il s'étoit délibéré d'acheminer dès demain encontre le Havre et faire ce qu'il pourroit pour le ravoir par force, estant seulement son intention de ravoir le sien, dont il avoit voulu advertir tous les ambassadeurs, affin que chascun l'écrivit à son maître. De fait (ajoute Chantonnay), il fut demain pour aller à quatre lieues d'ici, et après demain en fera encore quatre autres et s'arrêtera à la mi-chemin d'ici au camp sous le Havre, et le Connestable arrivera après demain, et bientot le suivra le mareschal de Bordillon, laissant pour lieutenant à Rouen M. de Carrouges.

(1) British Museum, mss. addit., n° 12094. (Original signé.)
(2) Archives de Vienne, *Lettre de Chantonnay*.

Dans une nouvelle lettre du 24 juillet, Chantonnay écrivait :

Le roy s'est décidé à pousser jusqu'à Fécamp, où il est arrivé (1).

L'ambassadeur d'Angleterre s'était bien rendu lui aussi à Rouen, mais Catherine, après l'avoir reçu une première fois à Gaillon, était devenue invisible. Vainement demandait-il audience, elle ne répondait pas et le tenait à distance. Nous voyons en même temps Elisabeth rabattre chaque jour de ses prétentions ; d'abord, elle ne réclame plus Calais que dans trois ans, puis elle revient au délai de huit ans fixé par le traité, se contentant d'ôtages ; puis, enfin, elle offre l'arbitrage de Philippe II, sachant peut-être à l'avance qu'il lui serait favorable; pour arriver plus efficacement à la paix, Smith demande un logement plus rapproché de la Cour et une suspension d'armes. Le ton de sa lettre contraste singulièrement avec les dépêches précédentes, et, pour obtenir ce logement, il avait eu recours à l'intervention du prince de Condé (2). Sa lettre à Catherine de Médicis mérite d'être reproduite :

(1) Archives de Vienne. Lettre de Chantonnay à la duchesse de Parme (18 juillet).

(2) Voici la réponse du prince de Condé à Thomas Smith :

« Monsieur l'ambassadeur, j'ay receu la lettre que vous m'avez escripte pour response, à la quelle je vous diray que l'ayant communiquée à la Royne et fait entendre le meilleur que j'ay pensé de

Madame, après mes très humbles et très affectueuses recommandations, la Royne ma souveraine ayant pris en bonne part tout ce que j'ay négocié tant avec M. le Prince que avec le Roy et Vostre Majesté à Gaillon et délibéré incontinent me mander sa commission avec quelques aultres personnes d'honneur et qualité pour parachever ceste paix entre les deux royaulmes, de la quelle les principaulx pointz et articles sont déjà (comme vostre Majesté scait) accordéz et pour moustrer son bon vouloir à paix et amitié avec le Roy très chrestien et vous et en ma part pour me gratifier, n'a voulu que mon courrier ait attendu jusques à ce que la commission et instructions aient esté faictz et escriptz, mais me les renvoye incontinent avecques ceste déclaration, sachant que c'est la chose à moy la plus agréable et que je désire plus au monde et pour ce que je vous prie madame *que je puisse avoir logis, aussi ceulx* qui seront conjointz avecques moy en commission, pour traiter où il vous plaira plus commodément et pourtant que les deux Princes soient si bien inclinés et délibérés d'avoir paix, affin que le sang chrestien puisse estre espargné et ne se repande plus pour la querelle qui sera tantost vuidée par bonne amitié, si ainsi vostre plai-

vostre intention, Sa Majesté est si contente d'entendre à toutes bonnes conditions qu'elle a advisé de vous ordonner ung logis, où facilement on pourra discourir de toutes choses, le succès desquels je prie à Dieu qu'il soit tel que les deux Majestéz soient satisfaictes et leurs peuples en repos, et sur ce je prieray le Createur, Monsieur l'ambassadeur, vous donner ce que plus desirez.

Escript à Fescamp, le xxiiiie jour de juillet 1563.

Vous verrez par la response que sa Majesté vous faict la deliberation de son intention et bon plaisir.

Vostre bon amy,
Loys de Bourbon (*). »

(*) Record Office, State Papers, France, vol. XXXIV. (Copie du temps.)

sir est que cependant soit abstinences et tresves entre vos gens de guerre et les nostres ; s'il plaist au Roy de commander aux siens, j'ay commission et escripray, au nom de la Majesté de ma souveraine, à M. de Warwick d'accorder à cela et la faire tenir de ses gens, ne doubtant pas que en bien peu de jours les tresves asseurées et la ferme paix, amour et amitié se confirment entre les deulx Princes, leurs subjetz et royaulmes, à l'honneur de Dieu et le comfort de vostre Majesté, joie et contentement de tous bons chrestiens et ainsi, Madame, je prie Dieu qu'il vous ayt en sa sainte et digne garde.

De Rouen, le xxiiie jour de juillet 1563.

De guerre lasse, Catherine lui permit de venir à Valmont, où elle lui assigna un logement, mais elle venait de partir pour Fécamp (1), mettant deux lieues entre elle et lui. Elle savait à quelle extrémité était réduit le Havre et ne voulait recevoir Smith que lorsque la ville se serait rendue, comptant bien appliquer alors à l'Angleterre la peine de la déchéance de son droit sur Calais, pour avoir pris les armes contre la France.

Dans les derniers jours de juillet, Elisabeth, à bout de voies, se décida à renvoyer Throckmorton en France ; mais Catherine, lorsque Smith l'en avisa, eut bien soin de rappeler que ce choix était peu convenable, car il avait été l'instrument de tous les troubles

---

(1) Ce furent les religieux du monastère de Fécamp qui fournirent les tapisseries et les tentures nécessaires pour meubler le manoir de Vitanval occupé par la Reine-mère et la cour pendant la durée du siége. — LEROUX DE LINCY, *Hist. de l'Abbaye de Fécamp*, p. 335.

de la France, et le 27 juillet, à une nouvelle demande d'audience, elle répondit à Smith :

Monsieur l'ambassadeur, vostre homme présent porteur m'a trouvé preste à monter à cheval pour aller au camp, m'ayant Monsieur le Connestable escript que le comte de Warwick estoit en termes de luy rendre la place, ce que estant faict, je vous advertiray de mes nouvelles et feray scavoir ce que aurez à faire. Priant Dieu, Monsieur l'ambassadeur, vous donner ce que désirez.

De Fescamp, ce xxviiie jour de juillet 1563.

CATERINE (1).

Retournons en arrière et reprenons le récit du siége du Havre, d'après les lettres de Warwick et du comité de défense. Voici ce que nous y lisons, le 11 juillet :

La peste redouble ses ravages ; en quatre jours, elle nous a réduits à 1500 hommes ; nous perdons cent hommes par jour, et le nombre de ceux qui tombent malades est du double. L'ennemi a ouvert une tranchée à travers les marais et l'a conduite jusqu'au rivage ; ils y veulent placer une batterie de dix ou onze canons ; ils dirigent leur attaque tout à la fois du côté du boulevard Sainte-Adresse et sur le bord de la mer, pour s'emparer de l'entrée du port; notre petit nombre ne permet pas de s'y opposer, chaque nuit l'ennemi se rapproche du fort, et nous n'avons plus que 300 hommes à envoyer aux murailles. Le Rhingrave, sur son honneur, a dit à un de nos hommes que le Roi, le

(1) Record Office, State Papers, France, vol. XXXIV. (Copie du temps.)

Prince de Condé et l'Amiral, avec trente enseignes de Gascons, seraient bientôt devant cette place (1).

Du 11 au 15 juillet, la situation des assiégés s'était encore aggravée ; Warwick écrivait au conseil privé :

Depuis le départ de M. Fisher, les ennemis non-seulement ont tiré sur le clocher et l'ont rendu inservable, mais, deux jours durant, ils ont dirigé du rivage un feu violent contre le boulevard Sainte-Adresse. La nuit dernière, ils ont terminé une tranchée qui va de leur batterie à l'angle du boulevard Sainte-Adresse, et ils y ont placé leurs paniers, et, la prochaine nuit sans doute, ils y viendront en force et attaqueront le flanc du boulevard en face du château. La même nuit, nos hommes ont de leur côté commencé une tranchée qui va de l'écluse au bord de la mer pour protéger le château et le port, mais il est à douter qu'ils puissent y parvenir par manque de bras. Malgré le secours qui nous est venu de 640 hommes, nous n'avons plus que 1,200 soldats valides ; hier, il y a eu une escarmouche sur le bord de la mer, du côté de la jetée, mais l'ennemi a déployé de telles forces qu'il a fallu se retirer (2).

Du 15 au 19, la ville avait été plus étroitement resserrée ; les Français, en forces considérables, avaient pris position entre l'écluse et le boulevard Sainte-Adresse et leur feu donnait en plein contre le château ; malgré un renfort de 500 hommes amenés par sir Winter, les Anglais n'étaient pas plus

(1) Record Office, State Papers, France. (Traduction.)
(2) *Ibid.*

de 2,000 ; tous leurs vieux soldats avaient succombé ; une nouvelle batterie de vingt-six canons menaçait les forts ; les pièces d'artillerie en fer fondu, envoyées de la Tour de Londres, étaient inservables (1).

Du 19 au 24 juillet, nouveaux progrès des Français. Warwick écrivait :

> Les forces de l'ennemi se sont tellement augmentées que nous avons été forcés d'abandonner notre tranchée devant l'écluse du port ; ce matin elle a été détruite par leurs boulets et nous n'avons guère l'espoir de conserver longtemps le port ; toute notre défense sera reportée au delà du boulevard Lagrange entre cette place et le nouveau fort ; si nous avions eu les soldats et les pionniers promis à sir Hugues Poulet, nous n'en serions pas réduits à cette extrémité, mais nous ferons en sorte de garder la ville jusqu'à ce que l'Amiral vienne à nous ; si les secours qu'il amène ne sont pas en nombre suffisant pour déloger l'ennemi, ils seront inutiles. Comme nous l'avons écrit, notre provision de vivres, surtout en pain et bière, est bien peu considérable et ne pourra durer que quelques jours, et nous manquons en outre de toutes les choses nécessaires spécifiées dans le compte que j'envoie.

Et il ajoutait :

> Les charpentiers arrivés ici sont morts ou malades et M. Tendering est mort également, c'était le seul homme qui restât pour surveiller nos provisions. L'ennemi a canonné le chateau, dressé une nouvelle batterie contre le boulevard Sainte-Adresse et pratiqué une brèche assez large pour permettre l'assaut, nous nous y attendons ;

---

(1) Record Office, State Papers, France.

d'un autre côté il s'est approché du fossé du nouveau fort (1).

Le même jour il écrivait à Elisabeth :

Ma très chère et gracieuse maîtresse, j'ai reçu vos lettres, et moi et tous ceux qui survivent nous rendons graces à votre Majesté de préférer notre sûreté et nos vies à la conservation de cette ville. Ayant égard à ce que le devoir et notre propre honneur nous commande, nous sommes bien décidés à faire tout ce qu'il nous impose, ou à mourir tous sur la brèche ; on n'aura pas lieu de dire, ma chère Reine, que ma jeunesse ou mon manque d'expérience ont pu porter préjudice à la défense de cette place et à votre honneur; mes actions parleront pour moi ; mais, avec la grâce de Dieu, cette ville pourra être maintenue, aussi longtemps que Dieu nous prolongera nos vivres, et j'espère que l'ennemi n'aura pas à nous insulter ; en même temps je prie votre Majesté humblement de ne pas croire tout ce qui peut lui être rapporté ; il sera fait ici, grâce à Dieu, tout ce que des hommes peuvent faire ; rien n'est désespéré. Si on hâte l'envoi des vivres, ils peuvent être débarqués entre le fort et la ville et sans trop de danger ; ainsi je prierai Dieu d'avoir votre Majesté en sa sainte garde et de vous donner un long et prospère règne, au grand soulagement de tous vos vrais et fidèles sujets (2).

Elisabeth, le 21 juillet, avait autorisé Warwick à traiter de la reddition de la place, si la nécessité l'y contraignait ; le 26, elle écrit une nouvelle lettre

(1) Record Office, State Papers, France. (Lettre du 24 juillet, traduction.)
(2) *Ibid.*

que Warwick ne dut recevoir que lorsque la place était déjà rendue. La voici :

> Mon bien fidèle, je vous salue de tout mon cœur ; nous avons reçu vos lettres du 23 de ce mois, que nous a apportées Henri Tirrel. Nous avons compris que vendredi dernier le Connétable vous a invité à rendre cette place au Roi de France, disposé, comme il l'a dit, à vous offrir une honorable composition, et que vous avez désigné sir Hugues Poulet pour en conférer avec Richelieu, leur maître de camp. Sir Poulet a répondu avec prudence et honneur, mais je n'ai pu bien me rendre compte par vos lettres des offres qui vous ont été faites. Voici donc notre avis : si une offre d'entrevue vous est faite de nouveau et acceptable avec honneur, ce sera à vous de demander à connaître les conditions pour en référer à notre ambassadeur près le Roi de France et à sir Nicolas Throckmorton ; ils ont des pouvoirs suffisants pour traiter des premières ouvertures, et vous demanderez communication de ces offres par écrit, et un trompette et un messager pour envoyer à nos ambassadeurs, à l'effet de connaître par eux notre intention et de vous y conformer, et si nos ambassadeurs ne peuvent obtenir un armistice, ce sera à vous de trouver le bon moyen d'y parvenir (1).

Le jour même où Elisabeth, se faisant encore illusion, écrivait ces lignes, sir Knollys, mieux renseigné sans doute sur la situation désespérée du Havre, engageait Warwick à s'embarquer, dût-il laisser derrière lui une partie de ses troupes (2).

La fortune de la France enfin l'emportait et Warwick écrivait à Elisabeth :

(1) Record Office, State Papers, France. (Traduction.)
(2) Kalendar of State Papers, 1563.

N'ayant plus aucun espoir de ravitaillement si le port vient à être pris et voyant que l'on nous réduit à un état désespéré, puisqu'on nous laisse manquer d'hommes, de vivres et d'argent, nous avons jugé convenable de profiter de vos gracieuses décisions et de nous faire transporter en Angleterre, si l'approche de la flotte de l'Amiral nous le rend possible et si le vent nous permet l'embarquement d'un si grand nombre d'hommes. C'est entre la ville et le nouveau fort qu'il peut s'effectuer, mais il sera très-difficile. Dans l'extrémité où nous sommes, plaise à votre Majesté d'y avoir bonne considération et qu'elle veuille bien nous donner permission de pratiquer toutes les voies et moyens que le temps et les circonstances pourront requérir. Dans tous les cas, nous n'oublierons pas notre devoir en tout ce qui touche à l'honneur de votre Majesté, et nous ne compromettrons rien par témérité ou folle hardiesse, et nous n'emploierons que de sages et prudents moyens. Sur ce, je prie Dieu donner à votre Majesté un long et saint règne (1).

Une dernière lettre de Warwick à la Reine, du 29 juillet, nous fournit de précieux détails sur les négociations qui amenèrent la reddition de la place :

L'ennemi a pratiqué deux grandes brèches dont l'accès est facile, il s'est approché du nouveau fort jusqu'aux fossés et eu égard au petit nombre d'hommes qui nous restent pour la défense des fossés (et encore ce sont des recrues), eu égard au grand nombre de vieux et vaillants soldats que nous avons perdus, aucun vaisseau n'étant signalé, j'ai cru devoir, en me conformant à la dépêche de votre Majesté du 21 juillet, envoyer une lettre au Rhingrave, dont la copie est ici incluse ; il m'a répondu le len-

(1) Record Office, State Papers, France. (Traduction.)

demain et je joins sa lettre à la mienne. Après l'avoir reçue j'ai fait partir M. Pelham avec une lettre de créance et des instructions pour tâcher de connaître, autant que possible, les dispositions du Connétable. J'ai cru entrevoir qu'il n'a aucune intention de traiter de la paix, mais qu'il voudra bien traiter de la reddition de cette misérable ville. Comme je m'y attendais, il a refusé de toucher à ce qui regarde la paix, et a déclaré que si je voulais accepter une raisonnable composition et leur envoyer le lendemain cinq ou six gentilshommes, pour s'entendre sur les différents points, il était disposé à traiter avec eux ; en conséquence, sir Hugues Poulet, sir Maurice Denis et le dit Pelham, accompagnés de quelques autres gentilshommes, se sont rendus auprès de lui, et, à la seconde entrevue, ont été arrêtés les articles que j'envoie à votre Majesté. Quoiqu'ils ne soient pas aussi honorables que j'aurais voulu, en considérant notre situation, ils sont encore meilleurs que je ne pouvais espérer, et je ne doute pas que votre Majesté ne les prenne en bonne part. La brèche du château était si grande, si facile d'accès, qu'encore que nous eussions repoussé un assaut, la brèche étant de nouveau élargie par le feu de leurs batteries, la place devait tomber en leur pouvoir avant la composition ; ainsi nous étions réduits à faire du mieux que nous pouvions ; il y avait d'ailleurs une autre brèche au boulevard Ste Adresse ; soixante hommes pouvaient y entrer de front, aussi facilement que sur un terrain plat et elle ne présentait pas plus d'obstacles que si les murs du château n'avaient pas été jetés bas ; la courtine entièrement abattue ne pouvait plus permettre de défendre la brèche ; nul homme ne pouvait s'y maintenir sans danger de mort. Notre farine et notre biscuit étaient épuisés, la boisson en peu d'abondance et nos soldats sur le point de se mutiner ; ainsi nous espérons que votre Majesté ne sera pas mécontente, car nous n'avions plus que deux heures pour répondre aux offres du Connétable. Maintenant nous attendons un prompt envoi de vaisseaux anglais et français qui sont près d'ici, et je prie Dieu accorder à votre Majesté un long et prospère règne (1).

Pour ne rien laisser de côté, voici la lettre écrite par Warwick au Rhingrave et à laquelle il faisait allusion :

Monsieur, comme, à ce que M^r le Connestable m'avoit l'autre jour mandé pour la restitution de ceste ville en la possession du roy de France sur telz conditions honorables qu'on pourroit accorder là dessus en cest endroict, auquel fut respondu que je n'avois commission de traiter aulcunement, comme il fut vray ; néanmoins j'ay maintenant reçu advertissement de la Majesté de la Royne ma maistresse, par lequel appert non seulement que sa Majesté est bien inclinée à une bonne paix honorable entre ces deux royaulmes, mais aussi m'a donné commission de traiter en cest endroict en tant que à l'honneur de sa Majesté sera agréable, de laquelle chose je vous voulois advertir comme à celuy duquel je m'asseure que mettrez peine non seulement avec le dict seigneur Connestable, mais aussi aux aultres, à ung si bon ordre tendant à la gloire de Dieu, la continuation de la paix et à la tranquillité entre les deux Princes, et à ceste cause je vous prie communiquer cet effect au dit sieur Connestable et m'en advertir par ce présent porteur, estant content par vostre passeport d'envoier demain ung gentilhomme de crédit pour en communiquer plus amplement en cest endroit, si ainsi bon semblera. Me recommandant sur ce à vostre bonne grace, je prie Dieu, Monsieur le Comte, qu'il vous ayt en sa saincte garde.

Du Havre, le xxvie jour de juillet 1563.

Vostre affectionné et bien bon amy,

WARWICK (2).

(1) Record Office, State Papers, France. (Traduction.)
(2) Record Office, State Papers, France, vol. XXXIV. (Copie du temps.)

Voici la réponse du Rhingrave :

Monsieur, j'étois allé hier faire la révérence au Roy, et revenant bien tard le seigneur de Cossé m'a baillé une lettre de vous que vostre trompette lui avoit baillée, et l'ayant vue, comme celui qui désire et ay toujours désiré que les choses passassent plus doucement, m'en suis allé incontinent trouver Monsieur le Connestable, lequel me faisant cet honneur de m'aimer comme ung de ses filz m'a accordé de donner sauf conduict à ung gentilhomme de telle qualité qu'il vous plaira, puisque ne demandez que ung, l'envoyer vers moy, lequel je lui presenteroy et s'il vous plaist le mestroy entre les mains du dict seigneur de Cossé qui m'a baillé la lettre qui le conduira jusques icy et quant au frère aîné de Bassompierre, il est parti, il y a cinq jours, et prend son chemin par Anvers ; c'est chose dont vous ne pouvez doubter, car en plus grande chose pour fin je ne manqueray de parole, plutost mourir ; je me recommande à vostre bonne grâce et suis à vostre commandement sauf mon debvoir, priant Dieu vous garder en santé.

Je vous prie que Mr Pollet et maistre Vosham reçoivent icy mes recommandations à leur bonne grâce.

Vostre obéissant amy et bon voisin,

RHINGRAFF (1).

La flotte de l'amiral Clinton, retenue à Portsmouth par des vents contraires, prit enfin la mer le 30 juillet, mais lorsqu'elle arriva en vue du Havre, il était trop tard ; la ville avait capitulé, et Warwick, blessé à la cuisse d'un coup d'arquebuse dans la matinée du 28 juillet, était déjà à bord d'un

---

(1) Record Office, State Papers, France, vol. XXXIV. (Original signé.)

bâtiment de transport. C'est l'amiral Clinton qui va nous dire comment les choses se passèrent ; sa lettre est adressée aux lords du Conseil privé :

Messieurs, vous avez été avertis, j'en suis sûr, de l'appointement du Havre ; je serais bien aise de connaître le bon plaisir de sa Majesté pour ce qu'il me reste à faire ; j'ai laissé les vaisseaux le *Philippe et Marie*, le *Lion*, le *Sakar* et deux galères avec huit transports à Mr Winter dans la rade du Havre, pour se joindre à ceux qu'il avait sous son commandement pour le transport des hommes et de tout ce que nous avons à amener de par delà, et j'ai laissé M. Holstocke pour assister M. Winter. De mon côté, avec l'*Elisabeth*, le *Jonas* et la *Vittoria*, je suis arrivé ici ce soir, et d'après les avis du vice-chambellan, j'ai dépêché un nombre suffisant de vaisseaux qui se trouvaient ici pour se rendre au Havre et prendre tout ce qui doit être emmené (1).

Maintenant voici comment il raconte son arrivée au Havre :

Je suis arrivé hier à une heure de l'après-midi et j'en suis reparti à deux heures du matin, trouvant lord Warwick à bord d'un vaisseau et prêt à partir. A mon arrivée, Edouard Horsey est venu me trouver avec M. de Lignerolles de la part du Roi, de la Reine et du Connétable (ainsi qu'il a dit) pour me visiter et m'offrir tout ce qui pourrait être à ma commodité ; il m'a dit que le Roi désirait que j'allasse le trouver, et il m'a communiqué l'appointement du Havre ; je lui ai dit que la plaie de cette mortelle épidémie avait fait pour eux (je le pensais ainsi) plus que toutes les forces de la France n'auraient

---

(1) Kalendar of State Papers, 1563. (Traduction.)

pu faire, car si la mortalité n'avait pas dévoré nos capitaines et nos soldats en si grand nombre, l'on n'aurait pas eu cet avantage sur nous, ni approché si près de la ville ; mais ce qui ressort le plus en évidence, c'est le noble courage du lord lieutenant et la vaillantise de ses soldats qui a été aussi loin qu'il est donné à des hommes de pouvoir faire, ayant lutté contre cette misérable peste et toutes les forces de la France, et autant j'étais réjoui du noble courage dont ont fait preuve mes compatriotes, autant j'étais attristé de la fortune que les Français ont eue de recouvrer cette place. Je l'ai chargé de présenter l'expression de mes honorables sentiments au Roi, à la Reine et au Connétable pour leur courtois message et l'offre qu'ils m'avaient faite, mais ayant charge, par le commandement de sa Majesté, des vaisseaux et de mes hommes, je ne pouvais quitter mon bord, et sur cela nous nous sommes séparés.

Après l'arrivée de Edouard Horsey et de ce dit Français auprès de moi, ne sachant pas à ce moment-là où était lord Warwick, j'envoyai William Drury avec un trompette au Havre pour parler au dit lord de ma part, et à son débarquement le prince de Condé et divers autres gentilshommes qui se trouvaient là ont usé avec lui d'une véritable courtoisie, lui offrant un cheval pour se rendre à la ville et un gentilhomme pour l'accompagner ; ils lui ont déclaré que lord Warwick était déjà embarqué et prêt à partir. Je me suis empressé de vous faire connaître tout cela, priant Vos Seigneurs de me faire parvenir les nouveaux ordres de sa Majesté (1).

L'ambassadeur d'Espagne Chantonnay a fait le récit de l'entrée de Catherine au Havre :

La composition du Havre achevée, la Royne y vint avec

---

(1) Kalendar of State Papers, 1562. (Traduction.)

toute la Cour et amena le Roy loger en une maison où M. le Conestable se tenoit durant le siège, et furent revoir la grosse tour dans laquelle les François estoient et semblablement les tranchées, artillerie et tout l'ordre du camp, combien que la peste fust effectivement au Havre (1).

Laissons maintenant Catherine nous raconter la prise du Havre :

Monsieur de Saint-Sulpice, Dieu m'a fait la grace à la fin d'avoir acheminé l'entreprinse du Havre de façon que, par la bonne conduite, soin et diligence extrêmes de tant de braves serviteurs qu'a le Roy Monsieur mon filz, j'espère de voir remestre sa place du Havre ce aujourd'hui xxviiie de juillet entre ses mains, au siège de laquelle, encores que l'on eust faict très grandes prouesses par l'espace de douze ou quinze jours, et gagné pied à pied tel advantage sur eulx, que l'on estoit pretz à venir aux mains, si est-ce que les Anglois n'ont attendu l'extremité des assaultz qui se préparoient dans peu de temps, et ont mieulx aymé consentir nous rendre ceste place qu'ils nous détenoient contre tout droit et raison que de souffrir daventage, à quoy il est mieulx avoir recouvré la ville sans perte d'honneur et les laissant aller que de l'avoir eue avec le hasard et péril de vie de tant de gens de bien qui serviront bien ailliers en quelques autres bons endroicts ; ils commencent à partir et à s'embarquer et espère que dans peu de temps ils seront en Angleterre et que considérant la perte qu'ilz ont faite qui est de plus de quatre ou cinq mille hommes, ilz ne seront si prompts à y retourner ; le surplus vous le verrez par la depesche de mon filz, et n'en fais point le double, et par les dites vous le verrez si particulièrement que j'abstiendray à

(1) Archives de Vienne.

n'en dire davantage, si ce n'est pour prier Dieu qu'il vous ayt en sa saincte et digne garde.

Du camp du Havre, ce xxx⁰ jour de juillet 1563.

CATERINE (1).

Pour compléter le récit de Catherine, nous allons y joindre la lettre écrite par Charles IX au duc de Ferrare pour lui annoncer la prise du Havre. Elle est tirée des archives de Modène :

Mon cousin, après que Dieu m'eut fait la grace de pacifier les troubles qui avoient si longuement duré en mon royaume, je tachai par tous moyens de m'accommoder aussy avec la Reyne d'Angleterre et recouvrer par l'amiable la place du Havre qu'elle avait usurpée, pour lequel effect je lui fis tous les plus honnestes offres qu'il est possible et mesmes ung seul moyen qui me sembloit raisonnable pour la contenter en me satisfaisant du mien que avec peu de raison elle detenoit, mais je n'en pus jamais avoir aultre raison que obstiné refus, lequel n'estant pas pour comporter, ni aussi pour endurer qu'on me détint rien du mien, que je n'essayasse tous les remèdes pour le ravoir par amour ou par force, je me délibéray d'avoir recours aux armes, puisque la raison et l'équité avoient si peu de forces et je fis approcher mon armée du dict Havre qui le commença à serrer de si près que encores qu'il y eust six ou sept mille hommes de guerre, ils commencèrent leurs tranchées en lieu si bas et difficile que après avoir, avecques toute la peine

---

(1) Bibl. imp. de Saint-Pétersbourg, Documents français, vol. III, f. 72. (Minute originale.) — La lettre à laquelle Catherine de Médicis fait allusion dans la sienne se trouve à la bibl. nat., fonds Mortemart, n° 39.

de travail et le péril qu'il est possible, approché de la
place du costé de la mer, ou la chaussée est si estroite
et pleine de tant de pierres et cailloux qu'on n'y peut ni
toucher ni si loger que périlleusement et fort incommo-
dément ; enfin Dieu leur fit la grace de gagner tellement
pied à pied qu'ils vinrent à gagner une palissade par où
ils vinrent en une tour qui est à l'embouchure du Havre
à la portée de l'arquebusade de toute leur courtine et
d'une grosse tour qui défend l'entrée du dit Havre où il y
eut quelque combat qui dura peu, d'autant que les Anglois
l'abandonnèrent fort vistement. Cet avantage étant gagné
mes soldatz sous la conduite des Princes, Mareschaux
de France et chevaliers de mon ordre, avec l'aide d'une
infinité de noblesse firent tant qu'ils se logèrent au
pied de la tour d'un bastion qui étoit à l'autre bout
de la courtine ou ils s'approcherent si près de ceulx
de la place qu'ils estoient à coups de pierre, ce que
considérant les Anglois et qu'ils avoient perdu l'entrée
du Havre, que nos gens étoient aux mains avec eulx, dès
le lendemain ils commencèrent à s'estonner, de façon que
peu de temps après ilz voulurent parlementer et envoyèrent devers mon cousin le Connestable qui comman-
doit en mon armée pour traiter avecques luy, lequel après
les avoir ouys, enfin leur accorda de sortir bagues saulves,
remettant entre ses mains la ville, toute l'artillerie et
aultres munitions estant en icelle avec tous les navires
qui estoient au port, dont il y a une infinité, ce qu'ilz ont
volontairement accepté et se sont embarqués de quatre à
cinq mil hommes de guerre qui s'en partent, jour par
jour ; du reste la mortalité a été telle qu'ils asseurent avoir
perdu tant durant le siége que de la prinse cinq ou six mil
hommes et tous leurs capitaines. Voilà le discours, mon
cousin, de l'heureuse victoire qu'il a plu à Dieu me donner, de la quelle je n'ay voulu faillir vous faire part, pour
l'asseurance que j'ay que, m'aimant comme vous faites,
vous ne serez que bien ayse de la prospérité de nos affaires,
vous priant croire ce que le sieur de Cerisolles vous en

dira plus au long de ma part, l'ayant chargé de vous faire tout entendre particulièrement, et je prieray Dieu, mon cousin, vous avoir en sa saincte et digne garde.

Du camp du Havre, le dernier jour de juillet 1563.

CHARLES (1).

Le Rhingrave crut devoir annoncer à Marie Stuart la prise du Havre. Si nous n'avons pas retrouvé sa lettre, du moins nous avons la réponse de Marie Stuart, datée de Stirling le 22 septembre 1563 :

Mon cousin, combien que les nouvelles que m'avez escriptes du camp devant le Havre eussent été quelque peu tardifves, d'aultant que, du costé d'Angleterre, j'avois entendu la restitution du dict Havre, si est que je ne laisseroy de vous remercier bien affectueusement de la souvenance qu'avez eue de moy, m'escripvant de vos nouvelles et de la prosperité des affaires de la couronne de France. De quoy je suis si ayse que nouvelles qui me pourroyent advenir, et qui me faict bien pryer de continuer en ceste bonne volonté, vous asseurant que vous ne scauriez faire plus grand plaisir que je seroys ayse de recognoistre en ce que le voudrez employer d'aussi bon cueur.

Un historien anglais moderne a porté sur cette malheureuse entreprise du Havre, ainsi qu'il la qualifie, un jugement qui mérite d'être reproduit : « La perte du Havre, malgré les désastres qui en résultèrent, était plus désirable pour l'Angleterre

---

(1) Archives de Modène. (Original signé.)

qu'un succès ; elle épargnait une interminable guerre. Malheureusement, la peste qui avait décimé la garnison du Havre, fut portée par elle en Angleterre ; au mois d'août, à Londres, elle fit de terribles ravages, et, dans les mois suivants, la mortalité s'éleva à deux mille âmes environ par semaine (1).»

Telles furent les calamités qui suivirent une agression aussi injuste. Il nous reste à faire connaître le chiffre des dépenses que cette guerre coûta à l'Angleterre ; ce sera le complément de tous les documents qui se rattachent à l'occupation du Havre et à son siége.

Mémoire fourni par l'ambassadeur de France des frais faits par la Reine d'Angleterre pour la guerre de France.

La depesche du mois d'octobre pour six mille hommes de pied environ envoiés au Havre de Grace et pour l'estat du comte de Warwick, gouverneur de l'armée, et pour l'estat du mareschal trésorier controleur pour les frais de la mer, pour faire passer les soldatz se monte en tout à la somme de . . . . 32,480 escus.

Item la dépense du mois de novembre pour le Havre de Grace, comprins la dépense faitte pour environ 400 hommes à Dieppe et 300 hommes de pied à Rouen avec l'estat du gouverneur des fortifications faites au Havre se monte en tout à la somme de. . . . . 31,750 escus.

Item la dépense du mois de novembre comprins la perte de deux cens porcs et quatre vingts bœufs et quarante mullets portant du pain ou biscuit perduz par

(1) Froude's, *History of England*, t. VII.

fortune de mer avec les frais de la fortification se monte à la somme de. . . . . 32,000 escus.

Item la despense du mois de janvier comprins les fortifications et bois portez de ce pays au Havre pour faire ung mont se monte en tout à la somme de. 31,560 escus.

Item la despense du mois de febvrier comprins les frais des fortifications du mont se monte en tout à la somme de. . . . . 31,400 escus.

Item la despense du mois de mars comprins les frais pour envoier mille hommes de pied à M. l'Admiral et estat de Throckmorton pour son voiaige se monte à la somme de. . . . . 32,633 1/2 escus.

La somme à quoi se monte la despense de six mois pour le Havre. . . . . 191,823 escus 1/3.

Item l'estat du comte de Warwick se monte par mois 700 escus à VII l. sterl. par jour.

L'estat du mareschal trésorier controleur et ung conseiller adjoint au gouverneur se monte par mois 320 escus.

L'extrordinaire qui se fait au Havre, tant pour les fortifications et despenses des navires qui portent le bois pour faire les fortifications, non comprins les munitions, se monte par mois l'ung portant l'aultre. . 4,500 escus.

Les gaiges de chascun soldat, l'ung portant l'aultre, revient, pour chascun V escus par moys ; les gaiges des capitaines 33 escus 1/3 par moys, l'estat de leurs lieutenants 16 escus 1/3 par moys, l'homme de cheval n'a que quatre gros et demy par jour qui sont sept escus et demy par moys, et leur capitaine 40 escus par moys, son lieutenant 20 escus par moys.

Depuis six mois, de février 1561 (1562) au mois de mars 1562 (1563) avant Pasques, les despenses ont été faictes pour le faict de la guerre de France, réunies aux despens de la royne, tant pour l'argent déboursé en Allemaigne que argent déboursé à l'Admiral et *fraiz faitz par Throckmorton durant ces praticques en France* et les despenses du Havre, sans les armes, pouldres et bouletz comprins, tout le mois de mars, la somme de. . . . 455,156 escuz.

Item, l'argent délivré pour Gresham en Allemaigne, pour la première solde des Allemans, au moys de juin 1563. . . . . 133,333 escus.

L'argent délivré par Throckmorton, ce mois de mars à monsieur l'admiral à Caen. . . . . . 50,000 escus.

Item l'intérest que la Royne a payé à Anvers pour ung an pour l'argent qu'elle a tiré pour les guerres. . . . . 30,000 escus.

Item pour les frais que Throckmorton a faitz en France depuis le commencement des troubles jusqu'à son retour. . . . . 30,000 escus (1).

(1) British Museum, collection Egerton, n° 742. (Pièce originale.)

CHAPITRE VI

Lettre de Charles IX à Matignon (1ᵉʳ septembre 1563). — Nouveaux indices d'agitation religieuse.—Lettre de Marie Stuart à Matignon. — Lettre du prince de Condé à Matignon, à l'occasion de l'Église réformée d'Alençon. — Lettre d'un nommé Coucy à Cecil, où l'on pressent de nouveaux troubles.— Les prétentions des Anglais coïncident avec les agitations intérieures.—Lettre du vidame de Chartres à la Reine Elisabeth.—En vieillissant Elisabeth garde ses prétentions à la beauté. — Éloge qu'en fait le Vidame. — Le Vidame retourne en Angleterre au mois de mai 1569.—Lettre où il annonce son arrivée à la Reine Elisabeth. — La Normandie préservée de la guerre civile, en 1569, par l'absence de Montgommery. — Lettre de Montgommery au prince de Navarre. — Lettre de Damville à Charles IX (24 novembre 1569). — Détails qu'il donne sur Montgommery et ses ravages en Béarn et Gascogne. — Le Vidame et le cardinal de Chatillon reprennent en Angleterre leurs menées. — Lettre du Vidame à Cecil (21 novembre 1569).— Lettre du Vidame à la Reine Elisabeth en faveur de Sainte-Marie d'Agnaux. — Entretien de Walsingham, ambassadeur d'Angleterre, et de Catherine de Médicis au sujet de Montgommery. — Montgommery réfugié à Jersey.—Lettre de Montgommery au gouverneur de Guernesey (29 septembre 1572). — Détails qu'il donne sur la Saint-Barthélemy. — Lettre du duc d'Anjou (Henri III) à Matignon (22 août 1572) —Lettre de Matignon au bailli de Caen et à ses lieutenants à l'occasion de la Saint-Barthélemy (27 août 1572).—Proclamation de Matignon. — Notes secrètes que possède le Record Office sur la Saint-Barthélemy.—Lettre de Montgommery à Cecil (24 septembre 1572).—Lettre du comte de Retz à la comtesse de Montgommery. — Montgommery paraît vouloir rentrer en grâce (3 octobre 1572). — Lettre de Charles IX à Montgommery (13 février 1573) à cette occasion.— Précautions recommandées par Charles IX au duc d'Anjou. — Lettre de Montgommery à lord Burghley, où il confesse son échec devant La Rochelle (21 avril 1573).—Charles IX renseigne le duc d'Anjou sur les mouvements de Montgommery. — Lettre de Montgommery à lord Burghley (26 mai 1573).—Elisabeth ignore ce qu'il est devenu. — Ce qu'en dit La Mothe-Fénelon. — De Lorges va trouver le prince d'Orange à Delft.—Le prince d'Orange n'accepte pas ses offres de service. — Les réfugiés français en Angleterre font leur soumission.—Montgommery se réjouit de la paix.—Sa lettre à

Burghley (août 1573). — *Se plaint d'une tentative d'assassinat.* — *Lettre d'un nommé Campel, qui engage Montgommery à se rendre en Languedoc, où les protestants sont encore en armes* (8 octobre 1573). — *Mesures de sûreté prescrites par Charles IX à Matignon contre Montgommery.*—*Lettre de Montgommery à Burghley, au moment de partir pour la France.*—*Lettre de Montgommery à Burghley, où il lui annonce son débarquement en Normandie* (24 mai 1574). — *Propositions de conciliation faites par Charles IX aux chefs protestants.* — *Leur réponse* (24 mai 1574). — *Lettre de Charles IX à Matignon.*—*Il compte sur la prise de Montgommery à Domfront et parle de sa santé* (24 mai 1574).— *Triste destinée de la comtesse de Montgommery.*—*Lettre que lui écrit la Reine Elisabeth, à l'occasion de la captivité de Montgommery.*—*Lettre de Charlotte de Maillé, mère de la comtesse de Montgommery, au ministre Walsingham, pour lui recommander sa fille.* — *Pauvreté et détresse de la comtesse de Montgommery en Angleterre.*—*Lettre d'elle à la reine Elisabeth.*— *L'amiral anglais Champernon, marié à sa fille, veut la répudier.* — *Dernier mot sur les Montgommery.* — *François de Civille.* — *Ce qu'en dit M. de Blosseville, son biographe.* — *Les lettres de Civille que renferme le Record Office expliquent la fin de sa vie.*— *Lettre de Civille à Walsingham* (10 septembre 1584).—*Il est venu à Londres pour intéresser Elisabeth en faveur des filles du feu prince d'Orange et pour les soustraire à la tutelle du duc de Montpensier.* —*Lettre de Civille à Walsingham* (19 octobre 1584). — *Lettre d'Elisabeth au duc de Montpensier, au sujet des filles du prince d'Orange* —*Lettre de Civille à Walsingham* (12 novembre 1584).— *Lettre de Civille à Walsingham* (15 mars 1585).—*Lettre de Civille à Walsingham* (8 mai 1585).—*Il y peint l'état des esprits et dévoile les pratiques de la Ligue.*—*Lettre de Civille à Walsingham* (14 juin 1585). — *Il envoie des fruits de Normandie à lady Walsingham et à lady Leicester.*—*Civille se réfugie en Angleterre.*—*Lettre de lui à Walsingham, lui annonçant son arrivée* (2 juin 1585). — *Lettre de Carrouges à lord Burghley, en faveur des religieuses de Sainte-Brigitte.*

Nous n'aurons pas sous la main, pour les années qui vont suivre, comme pour le siége du Havre, une série non interrompue de documents ; il faudra bien se contenter de quelques fragments jusqu'au moment où nous nous servirons de nouvelles lettres de Montgommery. Commençons par une lettre de Charles IX à Matignon, écrite le 1ᵉʳ septembre 1563 ; elle semble indiquer qu'il se tramait dans l'ombre quelque nouvelle intrigue et qu'elle se rattachait à l'audacieuse tentative de Pierrepont sur Cherbourg (1) :

Monsieur de Matignon, je viens d'estre adverty que dedans Cherbourg demeure ung Angloys duquel je ne scay le nom ; mais, depuis la reprise de Rouen, il a marié une sienne sœur, et par leur moyen y a quelque menée en main en faveur des Angloys ; pour le moins ont ilz une intelligence avec ung aultre Angloys nommé Estienne Davis, serviteur au P. de Throckmorton, cy devant ambassadeur de la Royne d'Angleterre, dernièrement venu et arrêté en France ; et encores que la dicte pratique ne soit pas bien descouverte et ne sachions à quel fin elle tend, si est que pour estre de l'importance dont elle est, je n'ay voullu tarder à vous en advertir incontinent, vous priant faire esclairer et observer de près les ungs et les aultres et faire prendre garde aux actions et déportements du dict Angloys et de sa dicte sœur et leurs alliez ; pour ce vous verrez qu'il soit à propos les mettre en lieu où ilz ne puissent mal faire et s'asseurer tellement d'eulx, que l'on puisse descouvrir ce qui y pourroit être de caché et de ce que vous y aurez trouvé m'advertirez incontinent, priant Dieu, Mʳ de Matignon, vous avoir en sa saincte garde (2).

CHARLES.
DE L'AUBESPINE.

(1) V. CAILLIÈRE, *Vie de Matignon*, p. 67.
(2) British Museum, Royal autographs, France, nº 12,094. — Elle a été imprimée dans la *Vie du maréchal de Matignon*, par CAILLIÈRE. —V. DE LA LANDE, *Guerres de religion dans la Manche*, p. 57.

Si la paix officielle avait été signée à Amboise, elle était loin encore d'être affermie dans les esprits. Les passions n'avaient pas désarmé, et il était facile de prévoir que la trêve obtenue ne serait pas de longue durée. Dans notre province, des actes fréquents d'intolérance entretenaient l'agitation. Marie Stuart y fait allusion dans une lettre à Matignon datée du 31 janvier 1564 :

Monsieur de Matignon, ayant entendu que le sieur des Ventes, beau-frère de Lugerye *(sic)*, que vous cognoissez et le lieu qu'il tient près de moy, est molesté des officiers du siége présidial d'Alençon pour le greffe qu'ilz luy veullent faire perdre nonobstant le commandement et lettres que le Roy de France, monsieur mon beau-frère, et la Royne, madame ma belle-mère, leur en ayent escript, ne délaissent l'envye qu'ilz ont injustement contre luy, pour ne s'estre declaré de leur party durant les troubles passez, de quoy se voullant ressentir empeschent en ce qu'ilz peuvent le dit sieur des Ventes, de manière qu'il ne peut traicter pacifiquement ses affaires et moins celles du dit Lugerye que je désire demeurer en ma protection pour le conserver en tout ce qui luy appartient. Par quoy, combien que je sache qu'il soit de vos amys, je vous ay voulu escrire la présente en sa faveur, vous priant me faire cognoistre, en ce qui luy touche ou les siens, la volonté que vous avez de me faire plaisir, et comme c'est l'endroict où je prie Dieu vous donner longue et heureuse vie.

Escript à Rothes, ce dernier jour de janvier 1564.

MARIE (1).

---

(1) British Mus., bibl. Egerton, Miscell. lett. and pap., t. XXIII, f° 74.

L'année suivante, nous retrouvons encore la trace d'un nouveau conflit à Alençon. Le prince de Condé écrivait de Vendôme à Matignon, le 9 novembre 1565 :

Ceulx de l'Église réformée d'Alençon se sont retiréz par devers moy en ce lieu pour se plaindre de n'avoir pas la continuation de l'exercice de leur religion, et de ce que vous avez interdit M⁰ Pierre Merlin, leur ministre, sous prétexte, qu'on lui a voulu imputer, d'avoir presché en ung verguier et faulbourg d'Alençon, d'avoir receu à la cène aulcuns personnages qui ne sont du baillage et d'avoir prins à femme une damoiselle qui estoit nonnain en l'abbaye du Pré. »

Le prince le disculpe et prie Matignon de le réintégrer (1).

Ce n'était là, il est vrai, qu'un fait particulier ; mais voici d'autres indices plus significatifs de la prochaine prise d'armes des protestants : un nommé Coucy écrivait à Cecil, le 18 avril 1566 :

Mʳ le prince de Condé s'en alla à sa maison le 14 de ce mois ; Mʳ de Montgommery, le prince de Portian ne bougent pas encore.

Mʳ de Montgommery m'a dit que les protestants de France sont disposés à secourir ceulx de Flandres, au moyen de quoy les tempêtes recommenceront ici de rechef (2).

(1) British Mus., bibl. Egerton., Miscell. lett. and pap., t. XVII, f⁰ 77. (Original signé.)
(2) Record Office, State Papers; France, vol. XXXIX.

Nous l'avons déjà remarqué et nous en avons de nombreuses preuves, les prétentions de l'Angleterre coïncident toujours avec les troubles intérieurs provoqués par les protestants. En 1567, Elisabeth donne commission à Smith de revendiquer Calais (1), et en 1568, en pleine guerre civile, nous voyons notre ambassadeur en Angleterre, Paul de Foix, se plaindre à Elisabeth des menées de son ambassadeur en France, sir Norris, et il a soin de rappeler qu'au moment où la conspiration pour surprendre le Havre avait été découverte (2), une flotte anglaise croisait sur les côtes de Normandie (3). La politique des Anglais n'avait donc pas varié ; elle en était revenue aux pratiques de 1562.

Celui qui avait joué le premier rôle dans la remise

---

(1) Commission donnée à Smith en latin. — British Museum, bibl. Harl., E, vol. VI.

(2) De Masseville, dans son *Histoire de Normandie*, raconte ainsi l'entreprise des protestants sur le Havre :

« Un de leurs vaisseaux, chargé de soldats cachez sous des marchandises, entra dans cette ville avec assez d'adresse et de bonheur : la nuit étant venue, ils se saisirent du marché, et, par les intelligences qu'ils avoient avec plusieurs des habitans, ils alloient se rendre entièrement maîtres de la ville, sans la vigilance et la conduite de Sarlabos qui en étoit gouverneur. Dès qu'il en entendit le premier bruit, il fit prendre les armes à sa garnison, s'assura des portes et des murailles, et attaqua les protestans avec tant de vigueur, qu'ils les défit. Il y en eût qui se sauvèrent, les autres furent pris et exécutéz (*).

(3) Commission donnee à Smith en latin. — British Mus., Bibl. Harl., E, vol. VI, f° 33.

(*) De Masseville, *Histoire de Normandie*, t. V, p. 192.

du Havre aux Anglais; le Vidame de Chartres, à la suite de la paix d'Amboise, était rentré en France, et plus d'une fois on l'avait vu à la cour ; Elisabeth en prit ombrage. Désireux de se remettre dans ses bonnes grâces, le Vidame crut devoir s'en expliquer, et, connaissant son faible, il commence par louer sa beauté, dont elle était si fière, qu'un éloge, tout exagéré qu'il fût, restait encore au-dessous de ce qu'elle pensait d'elle-même ; puis il la remercie de la lettre qu'elle a daigné lui écrire ; il a craint un instant d'être en suspicion auprès d'elle et d'avoir été calomnié par quelqu'un de ceux « qui sont marris de la facilité et clémence qu'il a trouvée auprès de son Roi et la Reine sa mère » ; il s'excuse de n'avoir pas signé la lettre qu'il a écrite à Elisabeth, se comparant à Marie, sœur de Marthe, qui « omettoit beaucoup de choses » ; il sollicite l'honneur d'avoir un portrait d'elle, si elle se fait peindre, « pour en faire envie à toutes celles qui n'arriveront jamais à ce degré de beauté, » et venant aux projets de mariage qu'on prêtait à Elisabeth avec Leicester, il ajoute « qu'elle a jeté les yeux sur une personne qu'il sait être honorable et agréable à tous ceux qui la connaissent (1). » En vieillissant, Elisabeth avait gardé toutes ses prétentions à la beauté ; à bien des années de distance, nous retrouverons le Vidame lui prodiguant encore de surannées flagorneries : « Comme

---

(1) Record Office, State Papers, France, vol. XXXIX.

mes yeux n'ont à voir que le soleil de vos belles beautés, ni nos vœux que vos perfections à adorer, ma vie ne portera jamais que les lois de votre volonté, non plus que le vent mes soupirs, le zèle de mes prières et que les souhaits de vostre éternelle prospérité (1). »

Au mois du mai 1569, ramené en Angleterre par la nouvelle prise d'armes, le Vidame en prévint immédiatement la Reine :

Madame, que l'envie que j'ay eu de me rafrechir en vostre memoire au nombre de vos très-humbles et très-obéissants serviteurs m'a esmeu laisser le repos que je pouvois prendre à la Rochelle et passer la mer, pour, au mesme temps que je cherchois de jouir des fruits de mariage, trouver l'occasion de me présenter à vostre Majesté et vous faire cognoistre que je ne seray jamais oublieus ni ingrat du gracieus recueil qu'il lui pleust me faire aulx premières troubles. Desirant pouvoir faire le mesme en l'endroit de ce Prince tant vertueus, Monsieur l'Electeur Palatin, au quel nous sommes fort tenus en general et moy en particulier, lui doibs beaucoup. J'ay deliberé devant que retorner en France lui aller faire la reverence, et pour veoir de tels Princes, je ne pleindray jamais mes peines et moings pour leur faire service.

Madame, je prie Dieu qu'il tienne vostre personne et vostre Majesté Roialle en telle prosperité que en très-heureuse et longue vie, soyez tousjours contente et augmentez vostre grandeur en l'amour et grace de Dieu.

A Exester, le 6 mai 1569 (2).

(1) Record Office, State Papers, France, vol. XCVI. (Autographe.)
(2) *Ibid.*, vol. XLVI. (Original.)

Si, à cette époque, la Normandie fut préservée d'une seconde invasion et de la guerre civile, elle le dut à l'éloignement de Montgommery qui avait rejoint l'armée des Princes en Gascogne, et encore laissat-il des traces de son passage; car, chemin faisant, il prit-Falaise et Alençon (1). Ce serait nous écarter de notre sujet que de le suivre en Béarn et en Gascogne ; nous nous bornerons à donner ici une lettre de lui au prince de Navarre, dans laquelle il lui annonce sa victoire sur Terride :

« Monseigneur, je vous ay dernièrement écrit par le s* de Pirouard comment les ennemis avoient levé le siége de devant la ville de Navarrain et que les venois trouver en ce lieu, ce que j'ay fait, ou Dieu nous a donné la victoire, comme vous dira ce porteur, ayant prins Monsieur de Terride, la pluspart des chefs et granz hommes de sa suite, desquelz je vous envoie la liste et une copie de la composition qui a esté faicte, ayant eu aussi quatre canons, quatre coulevrines et trois moyennes, sans sept à huit cens soldatz qui sont demeurés des leurs par la place, les aultres rendus à noz compagnies, les aultres mis en route, seize enseignes de leurs gens de pied, une de la compagnie du s* de Terride, une aultre du s* de Negrepelisse, la pluspart de leurs armes et chevaux prins. Vous asseurant bien, Monseigneur, que je ne perdray une seule heure de temps pour vous faire cognoistre l'envie que j'ay de vous faire service très humble et agréable ; aussi, Monseigneur, je vous supplierai très humblement m'envoyer ce que vous ay demandé tant par La Chapelle, le dict sieur de Pirouard, que par ce porteur, et espère, avec l'ayde de Dieu, que la Reyne et vous en recevrez

---

(1) MASSEVILLE, *Histoire de Normandie*, t. V, p. 191.

contentement et plaisir, le quel je supplie Dieu, Monseigneur, vous donner en parfaite santé.

A Orthes, le xvi aoust 1569.

MONTGOMMERY (1).

Accusé de n'avoir pas secouru à temps Terride, qui, au mépris de la capitulation qui lui laissait la vie sauve, fut massacré avec ses compagnons, le maréchal Damville se justifie ainsi dans une lettre au Roi du 24 novembre 1569 :

Estant en chemin pour secourir le comte de Terride, que le comte de Montgommery tenoit assiégé dans le chasteau de Hortes, je fus adverty de la surprinse par luy de toutes les villes du Béarn. La Gascogne, le Bigorre, l'Armagnac sont ruinés, les villes pillées (2).

Il cherche Montgommery pour le combattre. Monluc, qu'il a envoyé avec trois mille chevaux et deux mille hommes de pied, a repris Mont-de-Marsan et fait passer au fil de l'épée tout ce qui se trouvait dedans; il répond du succès s'il peut joindre Montgommery..Voilà comme on faisait la guerre en ce temps-là !

Dans cette même année 1569, le Vidame de Chartres, aidé du cardinal de Châtillon, réfugié comme lui en Angleterre, reprit toutes ses menées contre la France et redevint l'agent le plus actif des réformés.

(1) Record Office, State Papers, France, vol. XLVI. (Autographe.)
(2) V. correspondance de Monluc, t. IV, édit. de la Société de l'histoire de France. On y trouvera quelques indications curieuses sur Montgommery.

Le 21 novembre 1569, il écrit à Cecil pour lui recommander une pauvre veuve dont le mari avait été exécuté en France ; c'est le ministre de l'Église française de Londres qui l'a prié de s'y intéresser, et il demande pour elle des lettres de naturalisation (1). Le mois suivant, et ceci est plus important, il réclame la protection d'Elisabeth pour le lieutenant le plus fidèle de Montgommery, pour Sainte-Marie-d'Agnaux :

Madame, puis peu de jours en ça est arrivé à la Rye ung gentilhomme nommé Saincte-Marie d'Agnaux, le quel, dès les premières troubles, en l'an mil cinq cens soixante-deux, passa du Havre à votre Royaulme et baisa les mains de votre Majesté ; et pour ce qu'il est malade, fort caduque et travaillé des guerres de France, dont il vient présentement, il désireroit voluntiers aller voir sa femme, qui est en vos isles de Jarzay et Garnizay. Et soubs le bon plaisir et volunté de votre Majesté pour tel temps qu'il vous plaira luy permettre y séjourner pour se raffraichir, Et à ceste occasion il supplie très-humblement votre Majesté, comme je fais aussy, lui vouloir octroyer une lettre de votre commandement au cappitaine et gouverneur des dites isles de le souffrir en patience vivre avec son train et famille pour tel temps qu'il vous plaira luy permettre. Je n'entreprendrois à faire ceste requeste à votre Majesté, si je ne cognoissois combien le dict Sr de Saincte-Marie vous est très-humble et très-affectionné serviteur.

Madame, je supplie le Créateur vous donner en très-bonne et parfaite santé, très-heureuse et longue vie.

A Hauborne, ce xxvii décembre 1569 (2).

(1) Record Office, State Papers, France, vol. XLVI.
(2) *Ibid.* (Original.) .

Franchissons quelques années pour arriver au mois d'août 1572 et à la sanglante nuit de la Saint-Barthélemy. Montgommery, ainsi que la plupart des chefs protestants, se trouvait alors à Paris et avait pris gîte au faubourg Saint-Germain. Dans une conversation qui eut lieu, le 21 septembre, entre Catherine de Médicis et l'ambassadeur anglais Walsingham, il est question de lui. L'ambassadeur, au nom d'Elisabeth, ayant dit à Catherine qu'il aimait à croire que le Roi se justifierait devant Dieu et devant les hommes du massacre de la Saint-Barthélemy, elle répondit que l'exécution s'était faite avec plus de cruauté que le Roi n'aurait voulu; qu'on avait eu bien de la peine à l'obliger de faire ce qu'il avait fait, et encore y avait-il été contraint par l'imminent danger dont il était menacé, ainsi qu'elle-même et ses autres fils, et elle ajouta : « Puisque la Reine ma sœur se montre surprise de ce que j'ai pu me résoudre à cette exécution et qu'elle semble croire que j'aurais dû et en toute justice examiner auparavant si les avis que j'avais reçus étaient fondés ou non, vous pourrez lui dire que les maux présents voulaient des remèdes prompts, car nous étions informés par des personnes sûres et de même opinion religieuse que l'Amiral, mais qui, en cette circonstance, ont cru devoir préférer leur Roi à un de ses sujets, que si ceux de la Religion n'avaient pas été prévenus dans le temps qu'ils le furent, ils se seraient emparés deux heures plus tard des portes du Louvre et de nos personnes, entreprise qui devait être exécutée dans l'après-midi du jour même où l'Amiral fut blessé. » « Ce jour-là, ajouta-t-elle, le comte de Montgommery fut longtemps au Pré-aux-Clercs avec une compagnie de cavalerie, attendant ce que les autres feraient dans Paris. » Sur ce, Walsingham lui demanda la liberté de lui dire quelques mots à la décharge de Montgommery : le vendredi soir, après la blessure de l'Amiral, il était venu à son logis entre neuf et dix heures, et, entre autres choses, il lui avait dit que, si ceux de la Religion et lui avaient juste sujet d'être affligés de la blessure de l'Amiral, ils n'en avaient pas moins de se réjouir de voir le Roi prendre tant de soin de sa guérison et se donner tant de mal pour découvrir les coupables, et, quant à cette démonstration au Pré-aux-Clercs, Walsingham ajouta que, le matin du jour où l'exécution se fit, il avait envoyé un gentilhomme anglais au logis de Montgommery pour savoir de lui ce que c'était que ce tumulte, et sa réponse fut qu'il y avait eu, en effet, quelque trouble, mais qu'il était apaisé ; que le Roi avait mis si bonne garde autour de l'Amiral qu'il était en sûreté ; cette réponse indiquait bien qu'il n'était pas venu avec mauvaise intention au Pré-aux-Clercs ; d'ailleurs, il n'avait à ce moment que quarante cavaliers, tous désarmés, à l'exception de quatre ; il n'était donc pas au Pré-aux-Clercs pour quelque méchant dessein. Catherine se contenta de répondre qu'elle ne croyait pas le comte aussi coupable que les autres ; que, depuis son départ, il avait adressé au Roi son fils deux lettres de justification et de soumission (1).

Toujours est-il que Montgommery, avec quelques-uns des siens, crut plus prudent de fuir du faubourg Saint-Germain de toute la vitesse de ses chevaux, et ne se crut en sûreté qu'à Jersey. Nous avons retrouvé une lettre de lui au gouverneur de Guernesey, datée de Jersey le 29 septembre :

Monsieur, je ne veulx perdre une seule occasion de vous écrire quand j'en auray le moyen, je vous prie me faire ce bien de me departir de voz nouvelles, quand vostre commodité se presentera. Ce que je vous puis faire sçavoir pour le présent, ce sont toutes choses piteuses et lamentables, car on continue en tous endroits de France, tant aux villes que aux champs, de massacrer tant vieux que jeunes, que femmes, que enfants et n'en eschappe de leur tyrannie et cruaulté que ceulx qui ont l'heur de se sauver secrètement. Je vous envoie une liste (2) de ceulx qui se sont échappés du massacre de Paris, que Dieu a réservés pour lui faire encore quelquefois service à l'advancement de son règne et liberté de son Église, encore dit-on qu'il s'en est sauvé quelques aultres qui sont obmis en ce mémoire ; ceulx de nostre religion tiennent Cognac et Saint-Jehan d'Angely en Poitou, on pense qu'ils tiennent Angoulesme aux quels lieux ils assemblent des forces. Il est arrivé présentement ung ministre d'auprès de Caen qui a rap-

(1) Recueil des ambassades de Walsingham. Amsterdam, MDCC.
(2) Cette liste malheureusement n'accompagne pas la lettre, mais nous avons retrouvé dans le même volume ces quelques noms : le vidame de Chartres, Gamaches, Grammont, Bouchavannes, Beauvais la Nocle, Dacier (Crussol), Colombières, Bourcy, le fils de La Rochefoucauld, le fils de M. de Lavardin.

porté que la Reyne de France est accouchée d'ung filz et qu'elle, pour recognoissance du bien que Dieu luy a faict, sollicite le Roy de faire pardon à tous ceulx de la religion, fors qu'aux ministres, et le même messager rapporte qu'il y a ambassadeurs à la cour de la part des princes d'Allemagne et d'Orenge pour desclarer la guerre au Roy sur son faict si cruellement exercé, aussi qu'il y a ambassadeurs de la part des subjectz du Roy de Navarre, qui demandent sa liberté, aultrement qu'ilz lui signifieront la guerre ; on dit que le Roy est fort intimidé de telles menasses et qu'il faict semblant d'estre marry de ce qui est arrivé, et qu'il faict cesser la persécution. Je ne vous baille ces nouvelles non pour asseurées, mais pour telles qu'elles m'ont esté présentées et apportées ; c'est l'endroit où je me recommanderay de bien bon cœur à vostre bonne grâce, priant Dieu, Monsieur, vous tenir en la sienne en toute bonne prospérité et longue et heureuse vie.

De Gersey, ce penultième de septembre 1572.

Vostre bien affectionné et fydèle amy,

DE MONTGOMMERY (1).

Nous avons également retrouvé à Londres quelques documents relatifs à la Saint-Barthélemy à Rouen et qui ont leur place ici. Voici d'abord une lettre du duc d'Anjou à M. de Matignon, en date du 22 août 1572 :

Monsieur de Matignon, vous verrez par les lettres du Roy, monseigneur et frère, ce qui est advenu à mon cousin l'Admiral dont nous sommes tous fort marrys, vous priant faire entendre en l'estendue de vostre charge le desplaisir que l'on en a icy et comme l'on en veult faire la justice, tenant aussy la main que le bruict qui en

(1) Record Office, State Papers, France, vol. LIII.

ira par delà ne soit cause de quelque esmotion, trouble ou inconvenient, mais que chascun vive doulcement et bonne discipline sous l'observance de l'edict de pacification et suivant ce que le Roy monsieur mon frère vous escript, et vous lui ferez service tres agreable, priant Dieu, monsieur de Matignon, qu'il vous ayt en sa saincte et digne garde.

Escript à Paris, le xxiie jour d'aoust.

Vostre bon amy,
HENRY (1).

Nous ferons suivre cette lettre par celle de Matignon au bailli de Caen et à ses lieutenants :

Messieurs, j'ay receu une lettre qu'il a plu au Roy m'escripre par où sa Majesté me mande qu'il est advenu quelque esmotion à Paris où il a esté tué plusieurs personnes et entre aultres Monsieur l'Admiral, ce qui est advenu par la querelle particulière qui estoit entre M. le duc de Guise et le dit sieur Admiral, et qu'en cela il n'y a rien de la rupture de son dernier édict de pacification, lequel sa Majesté veut estre entretenu et observé, à l'occasion de quoy j'ay fait dresser une ordonnance à ceste fin que je vous envoye et vous prie donner ordre, incontinent que l'aurez receue, de la faire lire, publier, tant en la ville et faubourgs de Caen que aux aultres villes et villages du dict bailliage et tenir la main à ce que toutes choses se passent de vostre côté selon l'intention de sa Majesté portée par la dicte ordonnance, priant Dieu, messieurs, vous avoir en sa saincte garde.

Falaise, le xxviie jour d'aoust 1572 (2).

(1) British Museum, collect. Egerton, *Lettres des Rois et Reines de France*, t. V, f° 41.
(2) Record Office, State Papers, France, vol. LIII.

Le même jour, Matignon faisait répandre cette proclamation :

Pour eviter qu'il n'advienne aulcune sédition ou esmotion populaire, tant en ceste ville de Caen que aulx champs, sous prétexte du bruit que l'on pourroit faire courir de l'esmeute dernièrement advenue à Paris et que, à l'occasion de cela, il y eut quelques ungs qui se volussent élever et prendre les armes pour se massacrer les ungs et les aultres, qui seroit contrevenir à la volonté et intention de sa Majesté, il est très-expressement inhibé et deffendu, sous peine de vie, à toutes personnes de quelque estat, qualité ou condition, qu'ilz soient de ceste dicte ville, faulxbourgs, bourgades et villages de ce bailliage, de se demander ou quereller aulcune chose par voye de faict, ne de prendre ou porter aulcunes armes deffendues par les ordonnances de S. M., ains leur est extrèmement enjoint, sous les mesmes peines, de se contenir et vivre amiablement les ungs avec les autres, suivant le dernier édict de pacification, tant en ceste dicte ville, faulxbourgs, que aultres villes du dict bailliage, aulx champs ou besoin sera.

Fait à Caen, le xxviie jour d'aoust 1571 (1).

Le Record Office possède encore quelques notes secrètes et en anglais sur la Saint-Barthelemy, à Rouen ; nous en donnons la traduction exacte, en avertissant qu'elles ne portent toutes deux aucune suscription. C'est sans doute le rapport de quelque agent subalterne en résidence à Rouen (2). Voici la

---

(1) Record Office, State Papers, vol. LIII. — Cette proclamation est datée de Caen et imprimée par Estienne Thomas, imprimeur ɩ.u Roy.

(2) V. *Estat de la France sous Charles IX.* Meidelbourg, 1578, t. I, p. 408.

première : « Carrouges (1), le gouverneur, apprenant que le bon plaisir du Roi était que les protestants désormais participeraient aux choses de la religion catholique, ne voulut pas adhérer à un tel acte, et, ne se trouvant pas assez autorisé, envoya

(1) Les archives municipales de Rouen renferment plusieurs lettres de Charles IX à M. de Carrouges ; elles diffèrent des deux notes publiées ci-dessus : — La première lettre est du 24 août ; elle est en tout semblable à celle écrite à M. d'Eguilly, gouverneur de Chartres (*) ; ce n'est donc en réalité que la même circulaire adressée à tous les gouverneurs ; dans cette lettre, la Saint-Barthélemy n'est que le résultat d'une lamentable sédition « qui s'est meue, avec telle furie qu'il n'a été possible d'y apporter remède tel qu'on l'eût pu désirer, le Roy ayant eu assez affaire à employer sa garde et ses autres forces pour se tenir le plus fort en son chasteau du Louvre, » afin de donner ordre partout d'apaiser la dite sédition qui est, grâces à Dieu, à ceste heure arrestée, n'estant que *la querelle particulière* qui est de longtemps entre ces deux maisons (de Guise et Coligny), de laquelle aiant tousjours pensé qu'il adviendroit quelque mauvais effet, et il avoit fait ci devant tout ce qu'il lui étoit possible pour l'apaiser. »

Il déclare qu'il entend maintenir son édit de pacification, d'autant « qu'il auroit merveilleusement regret si cette occasion provoquoit d'autres massacres. »

Le massacre ayant eu lieu à Rouen le 17 septembre, le 21 septembre suivant, Catherine et Charles IX écrivirent pour s'en plaindre, et demandèrent la punition des coupables.

Nouvelle lettre de Charles IX du 7 octobre, pour déplorer le massacre du 17 septembre, « d'autant que cela contraindra les Anglois et autres estrangers à abandonner le trafic qu'ils ont accoustumé ; » il invite de nouveau M. de Carrouges à punir les coupables. Le Conseil de ville, les notables allèrent trouver M. de Carrouges, « chacun protestant qu'il n'a été pour rien dans le massacre, » et le 8 octobre, une assemblée municipale eut lieu pour aviser aux moyens d'éviter à l'avenir de nouvelles émotions (**).

(*) V. Mermet, *Lettres des rois de France.*
(**) Archives municipales de la ville de Rouen.

auprès du Roi pour connaître sa volonté. Charles IX reçut très-mal ce message et avec des jurements, il répondit qu'il entendait qu'il en fût ainsi ; sur ce, le gouverneur non satisfait renvoya de nouveau pour avoir des lettres explicites de décharge. Le Roi fort en colère, mais dissimulant, tout en prenant du tabac, répondit qu'il entendait qu'il en fût de même à Rouen qu'ailleurs. Le gouverneur se retira à la campagne dans une maison à lui, et le peuple, avec une extrême cruauté, massacra ceux de la Religion sans aucune résistance (1). »

Voici la seconde note :

« A Rouen, ils ont emprisonné soixante-deux de la Religion ; le reste était resté dans leurs maisons, et mercredi 17 septembre, environ quatre heures du matin, les meurtriers allèrent à la prison, et, par force et violence, ont ordonné au geôlier de leur remettre les prisonniers ; il y a résisté autant qu'il pouvait, mais à la fin il les a rendus ; alors, les appelant par leurs noms, les uns après les autres, ils les ont tués. Le geôlier en voulait sauver quelques-uns, mais, regardant leurs listes et trouvant qu'il en manquait un à l'appel, ils l'ont forcé de le livrer.

« Le chef des meurtriers était un nommé le capitaine Maromme (2) ; les autres principaux chefs

---

(1) Record Office, State Papers, France, vol. LIII. (Trad. du texte anglais.)

(2) V. *Estat de la France sous Charles IX*, t. I, p. 408.

étaient le capitaine Caumont, Hostelier et un curé de Saint-Pierre (1).

« Le capitaine Caumont est arrivé à Dieppe le 30 septembre avec ses bandes, espérant y faire la même chose, mais le sieur de Sigognes ne le permit pas; il a fait mettre en prison vingt-cinq ou trente de ceux de la Religion qui craignaient pour leur vie (2). »

De Jersey, Montgommery vint à Londres; la lettre suivante, adressée à Cecil le 24 décembre 1572, nous l'apprend :

Monsieur, vous avez bonne souvenance comment, il y a quelque temps, je vous ay communiqué les affaires qui touchent principallement nostre cause, dont deppend ung raffreschissement de vivres et munitions de guerre pour la ville de la Rochelle, et combien qu'une espace de temps se soit escoulé depuis, propre pour advancer ce raffreschissement; toutes fois je ne vous en ay point voulu importuner, esperant par la responce qu'il plaira à sa Majesté me faire d'estre esclairé de ce point, qui est le point principal, mais d'aultant que l'hiver commence desia fort à se passer (qui est le temps plus propre pour pourvoir à la nécessité de ceulx de la Rochelle), joint que les deputés d'icelle qui sont venus exprès en ce Royaulme pour sollicitter cest affaire estant revenus depuis peu de jours de Hampton, m'ont faict entendre que ceulx de la dicte ville sont plus pressés que je n'avois entendu, j'ay été contraint vous supplier très humblement de faire tant à ma faveur envers sa Majesté, qu'il luy plaise d'octroyer

---

(1) V. *Estat de la France.*
(2) Record Office, State Papers, France, vol. LIII. (Trad. du texte anglais.)

aux dicts deputés qu'ilz puissent enlever de ce Royaulme (en payant les droitz) ce qu'ils auront besoing pour la munition, suivant les memoires que j'ay donnés à ce porteur, avec charge de vous en communiquer plus au long, le quel, s'il vous plaist, vous croirez. Et comme je ne doubte que cest affaire ne vous soit sur toutes aultres recommandé pour la conséquence et qualité dont il est, je n'adjoutteray aultre chose à la présente, sinon que, comme dernierement j'eus ce bien de vous voir, je vous parlé de l'affaire du cappitaine Sorès, d'aultant que tant plus je reconnoy ce qui m'est nécessaire, d'autant plus je voys combien j'auray besoin de luy. Je suis constrainct de rechef vous supplier très-humblement d'estre moien envers sa dite Majesté, qu'il puisse librement commercer en ce royaume, sans pouvoir estre recerché pour les choses advenues durant les troubles précédents, des quelles il a bonnes et seures descharges par MM. les Princes. Car je m'asseure tant de sa personne qu'il ne fera aulcune faulte à son debvoir, et s'il plaist à sa Majesté luy faire tant d'honneur que de luy commander pour son service, je suis certain qu'il se sentira heureux de s'y employer de toute sa puissance, et qu'il en est aultant digne que cappitaine qui hante la Marine. Ce dict porteur vous présentera une requeste de sa part qu'il vous plaira faire intérimer. Et en cest endroict, je vous presenteray mes très-humbles recommendations et supplieray Dieu, Monsieur, vous donner en très-parfaite santé très-bonne et heureuse vie.

A Londres, le xxiiiie de décembre 1572.

Depuis ces lettres escriptes, j'ai esté adverty que celluy par lequel je vous envoys ces lettres a esté faict prisonnier, qui faict que j'ay donné charge au sieur de Villiers de porter les susdictes lettres, et vous faire entendre la nécessité qui nous presse, lequel je vous supplie très-humblement de croire. Le dict prisonnier avoit lettres de la part de ceux de la Rochelle pour présenter à sa Majesté, et les quelles il vous envoya par le Sr David, l'ung des députés de la dite ville (1).

Dans les derniers mois de l'année 1572, soit de bonne foi, soit pour masquer ses desseins, Montgommery cherchait de nouveau à rentrer dans les bonnes grâces de Charles IX, ou, du moins, il laissait agir en son nom Mme de Montgommery, sauf à la désavouer plus tard.

C'est un côté peu connu de sa vie et sur lequel nous appelons l'attention.

Voici ce que le comte de Retz, envoyé en mission extraordinaire en Angleterre, écrivait, le 3 octobre 1572, à la comtesse de Montgommery, en réponse à une lettre que nous regrettons de n'avoir pu retrouver :

Madame, j'ay, ces jours passés, receu une votre lettre suyvant laquelle j'ay bien particulièrement faict entendre au Roy l'estat de votre fortune, ensemble les remèdes qui m'ont semblé les plus propres pour le bien et conservation de votre maison, lesquels, il fault que je vous dye, dependent entièrement de vous et de votre mary. Estant très asseuré que, se comportant doucement comme il doibt et comme il m'a asseuré dernièrement estant icy et comme je scay qu'il peult faire, vous et luy et tout le demeurant qui vous touche, aurez entière jouissance avec grand repos de tout ce qui est vostre. Et combien que je soys le moindre de vos amys, si me voys je assez fort en ce que je ne vous puys nyer que je ne craigne advenir

---

(1) Record Office, State Papers, France, vol. LIII.

au contraire, si vostre dit mary ne se resoult à ce'que
dessus, qui m'a faict deliberer d'asseurer le Roy que vous
envoyerez promptement devers luy pour entendre bien
particulièrement et au vray sa déliberation. Et si ainsi
est qu'il veuille se contenter, quelque part qu'il veuille
demeurer, d'y vivre doulcement avec vous et comme il
doibt en la fidelité de son Prince, le Roy le permettra
volontiers à luy et à vous et de jouir entièrement, en
toute liberté, de tout ce qui est vostre de deça, pourveu
que votre fils y vienne, au quel je m'asseure faire donner
toute entière liberté et seureté, et que vous vous conten-
tiez de faire eslever les aultres petits en la maison de
quelque de vos parens ou amys qui les nourisse au debvoir
qu'ils doivent à leur Roy et à leur patrie. J'avoys pensé
que Madame de La Suse prendroit très volontiers ceste
charge, ce que j'ay mis en avant au Roy, qui l'a eu bien
agréable, comme il a eu semblablement que vous puissiez
faire vos couches librement partout où vous choisirez
pour le mieulx, qui est, ce me semble, la satisfaction
entière de ce que j'ay peu cognoistre que vous desirez.
Je supplie Dieu vous donner le moyen de vous pouvoir
resouldre au mieux, et par là vous m'aurez donné toute
puissance de vous pouvoir servir, ce que je desire de tout
mon cœur, duquel je supplie le Créateur vous donner
en très bonne santé, Madame, bien heureuse et contente
vie.

A Paris, ce troys^{me} jour d'octobre 1572.

Je vous supplie, Madame, user de toute diligence d'advertir votre mary, d'aultant que je prevoy que de cela seul
depend l'entier contentement de vous deux (1).

Ces tentatives de rapprochement continuèrent :

(1) Record Office, State Papers, France, vol. XLIII. (Copie du temps.)

Notre ambassadeur à Londres, La Mothe-Fénelon, écrivait au Roi, le 15 janvier 1573 :

Le Vidame m'a dit que le comte de Montgommery offroit que, si j'avois à luy faire entendre quelque chose en particulier de votre Majesté et de la Reyne votre mère, qu'il viendroit parler avec tout respect à moy pour ouyr vos bons commandements (1).

C'est à la suite de ces pourparlers que Charles IX écrivait à Montgommery, le 13 février 1575 :

Monsieur le comte, j'ay esté bien ayse d'entendre par le S^r de St-Jehan, vostre frere, la bonne volonté en laquelle il vous trouva de vous contenir doulcement par de là et sans entreprendre ni favoriser aulcune chose que soit contre le bien de mon service, qui est ce que je desire de vous, et me semble que vous ne sauriez mieulx faire pour vostre honneur et avantaige, ayant pour ceste cause advisé envoyer le Sr de Chateauneuf present porteur pour vous dire et asseurer que, vous comportant de mesme, je vous feray conserver de tout ce qui vous touchera, et vous maintiendray ainsi que mes aultres loyaux subjects, comme vous entendrez plus particulièrement du dict sieur de Chateauneuf, sur lequel me remettant du surplus, dont je vous prie le croire, et prieray Dieu, Monsieur le comte, vous avoir en sa saincte et digne garde.

Escript à Paris, le ixe jour de février 1573.

CHARLES.

Monsieur le comte, j'ai fait desgaiger vostre vaiselle de trois cens escus et ay commandé au trésorier de mon

---

(1) *Correspondance de La Mothe-Fénelon*, t. V, p. 240.

espargne la garder pour la vous faire rendre comme je luy ay ordonné (1).

Il est à croire que ces propositions de soumission n'étaient, de la part de Montgommery, qu'un moyen de masquer ses menées et ses préparatifs d'expédition pour secourir la Rochelle, car dès le 16 février suivant, notre ambassadeur jette un cri d'alarme: « Je crains, écrivait-il au roi, de beaucoup d'endroits beaucoup de choses d'ont j'auray l'œil ouvert. » Le 20 février, il prévient le Roi que Montgommery traite ordinairement avec le secrétaire du comte Palatin, et les forces qu'il rassemble secrètement il les mènera à la Rochelle, ou il se hasardera de surprendre quelque place le long de la côte de Normandie (2); aussi tout en cherchant à ramener Montgommery, Charles IX avait-il les yeux ouverts sur la Normandie ; le 4 mars, il fait part au duc d'Anjou des remontrances qu'il a adressées à la Reine d'Angleterre, à l'occasion de ceux de ses sujets qui s'étaient retirés en ses États, et il annonce à son frère qu'il fait fortifier les places de Normandie et de Bretagne pour éviter une surprise (3); le 10 mars suivant, il prévient le duc d'Anjou qu'il a su, par La Mothe-Fénelon, son ambassadeur à Londres, que Montgommery doit s'embarquer, le 12 du mois, pour une destina-

(1) Record Office, State Papers, France, vol. XLIX.
(2) *Correspondance de La Mothe-Fénelon*, t. V, p. 261.
(3) Bibl. imp. de Saint-Pétersbourg, *Correspondance de Charles IX*.

tion encore inconnue (1) ; le 23 mars, nouvelle lettre ; il espère qu'il empêchera Montgommery de donner secours à la Rochelle alors assiégée (2).

Le 27, il annonce le passage de Montgommery par Jersey, et engage son frère à veiller sur la flotte (3).

Mais Montgommery n'avait pas encore pris la mer : le 28 mars il était encore à Plymouth d'où il écrivait à lord Burghley :

Je ne vous scaurois dire l'ennui que j'ay eu de mon long embarquement pource que les navires ne sont pas encore venus en ce havre, tant pour le vent qu'à cause d'aultres choses que je ne scay point.

Il n'a su avoir qu'un navire qui ne sera prêt que dans sept jours ; il attend de sa faveur la rondelle, « laquelle lui défaudra bien parce que leurs ennemis se renforcent toujours. »

Et de sa main :

Si Dieu me fait la grace d'entrer dans La Rochelle, sa Majesté connoistra que le Roy de France ne sera point trompé du service que je luy feroy (4).

Mieux renseigné cette fois, Charles IX écrit au duc d'Anjou, le 12 avril 1573, que Montgommery se prépare toujours à partir d'Angleterre, et il l'engage à bien faire veiller sur la Bretagne ; il a donné

(1) Bibl. imp. de Saint-Pétersbourg. *Correspondance de Charles IX.*
(2) *Ibid.*
(3) *Ibid.*
(4) Record Office, State Papers, France, vol. LIV.

des ordres pour faire répartir sept milliers de poudre à canon dans les places de Normandie (1).

Le 20 avril, il prévient son frère que La Mothe-Fénelon l'a averti que le départ de Montgommery était fixé au 21 du mois (2). Un certain M. de Fumel (lequel se dit être au roi de Navarre), a dû dire que « la flotte de Montgommery forceroit l'entrée du port de La Rochelle, car il ne falloit se fier aux vaisseaux qui sont dedans le port; » il faut lui ôter son commandement sur le vaisseau où il est enseigne (3).

Deux jours durant, Montgommery se présenta devant La Rochelle, mais ne pouvant ni forcer l'entrée du port, ni engager le combat, il reprit le large. En annonçant cette heureuse nouvelle à La Mothe-Fénelon, Charles IX lui dit qu'il a su que Montgommery lui-même, dans une lettre au Grand-Trésorier d'Angleterre, convient de son insuccès (4); cette lettre de Montgommery, nous l'avons retrouvée et la voici :

Monsieur, j'ay pryé messieurs de Languillier et Seberre prendre la payne d'aller en toute dilligence advertir sa Majesté de nostre voyage, de la force des navyres de nos ennemys et du petit moyen que nous avons eu de les pouvoir combattre et luy faire entendre et à vous aussy comme toutes choses se sont passées. Il y a deux ou troys

---

(1) Bibl. imp. de Saint-Pétersbourg, dépêche originale, datée et signée de Fontainebleau.

(2) Bibl. imp. de Saint-Pétersbourg. (Dépêche originale datée et signée de Fontainebleau.)

(3) *Ibid.*

(4) *Ibid.*

moys si je feusse party avec ce que j'ay admené icy, comme je l'avoys bien désiré et supplyé, j'en eusse eu bon marché. Je vous supplye très-humblement, Monsieur, estre moyen que sa Majesté ne veuille plus differer de secours tant de gens de bien et de bon peuple qui se sont remys soubs son obéissance et ont deliberé d'y vivre et mourir, et que les tirans ne parviennent au bout de leurs entreprinses pour les exterminer comme ils ont faict les aultres, car ce sont autant d'ames desquelles Dieu peult demander compte à sa Majesté, oultre l'advancement de sa gloire qui peult estre retardée par ce moyen-là. Ce que Dieu luy a faict la grace de voulloir mettre entre les mains, m'asseurant que continuant les bontés et graces que Dieu a mises en elle et le bon conseil qu'il luy a voullu establir de tant de bons et notables seigneurs, je ne fais nulle doubte que promptement ung si bon et juste effect ne se mette en execution, ce que je vous supplye très-humblement, au nom de Dieu. La suffisance de ces porteurs me gardera de vous ennuyer davantage de la longueur de malettre et vous presenteray en cest endroict mes très-humbles recommandations à vos bonnes graces et prye Dieu, Monsieur, vous donner en très-parfaicte santé très-heureuse et longue vye.

De la radde de Belle-Isle, ce xxiie d'avril 1573 (1).

Enfin, ainsi que nous l'apprend une dernière lettre de Charles IX au duc d'Anjou, en date du 5 mai 1573 (2), Montgommery, après avoir perdu l'espoir d'entrer à la Rochelle, descendit à Belle-Isle et s'en rendit maître après un combat de cinq jours ; le jeune Roi ajoute : « cela est bien fâcheux, de là il menacera les ports de Bretagne, interceptera les

(1) Record Office, State Papers, France, vol. LIV.
(2) Bibl. impér. de Saint-Pétersbourg. (Dépêche originale datée et signée de Fontainebleau.)

vivres ; pour parer à ces inconvénients, il a envoyé un courrier à M. de La Meilleraye, avec ordre d'assembler le plus de vaisseaux qu'il pourra en la côte de Normandie, de les équiper de soldats et munitions et de les conduire lui-même en Bretagne pour reprendre Belle-Isle ; pareil commandement a été donné à M. de Piennes (1). »

De son côté, Montgommery que jusqu'ici, grâce à cette double correspondance, nous n'avons pas perdu de vue, écrivait à Burghley, le 26 mai :

Monsieur, incontinent après avoir mys pied à terre et estre arryvé en ce lieu, je n'ay voullu faillir vous envoyer mon fils présent porteur, pour vous faire entendre en partye, comme les choses se sont passées en nostre voyage. Attendant que j'aye ce bien de vous voir qui ne sera jamais si tost que je le desire, j'espère au premier vent propre aller à l'isle de Wight pour m'achemyner d'aller la part où sera sa Majesté pour avoir cest honneur de recepvoir ses commandemens. Ce pendant je vous suplye très-humblement vouloir instruire ce dict porteur sur quelques particularités que je luy ay donné charge, s'il vous plaist, d'entendre, affin que selon cela je me puisse gouverner, et vous y obeyr, comme celuy que vous trouverez tous jours bien à votre commandement, et de peur de vous ennuyer je feray fin en cest endroit, pour présenter mes très-humbles recommandations à vos bonnes graces et prye Dieu,

Monsieur, vous donner en parfaicte santé très-heureuse et longue vye.

De Planne, ce xxvie jour de may 1573 (2).

(1) Bibl. imp. de Saint-Pétersbourg. (Dépêche originale datée et signée de Fontainebleau.)
(2) Record Office, State Papers, France, vol. LXIV.

Que devint-il à partir du 26 mai 1573? Dans les premiers jours de juin, la reine Elisabeth, dans un entretien qu'elle eut avec La Mothe-Fénelon, affirme « qu'elle ne savoit en façon du monde que le comte de Montgommery fût encore en ce royaume (1). » A la fin du même mois, La Mothe-Fénelon négociait avec la comtesse de Montgommery pour faire rentrer le comte son époux en l'obéissance du Roi, et nous savons qu'à cette date il vivait retiré à 30 milles de Londres, et que de Lorges, son fils, et la plupart des Français qui l'avaient accompagné devant La Rochelle, se préparaient à passer en Hollande; en effet, de Lorges, accompagné de Poyet et de quelques autres Français, vint trouver le prince d'Orange à Delft et lui offrit d'entrer à son service. La position du prince d'Orange était critique; il ne crut pourtant pas devoir accepter le secours qui lui était offert. Il écrivait à son frère Louis de Nassau :

> Monsieur de Lorges, Poyet et quelques autres François, n'ayant peu entrer à La Rochelle, me sont icy venus trouver, mais vous scavez le peu d'appuy qu'il y a pour ne savoir la contrée, ni la langue, me doubtant que, pour estre la paix de rechef en France, ils se vouldront tout aussytost retirer (2).

La paix ayant été conclue avec ceux de La Rochelle, les réfugiés français qui étaient en Angle-

---

(1) *Correspondance de La Mothe-Fénelon*, t. V, p. 339.
(2) Archives de la maison d'Orange, 1re série, vol. IV, p. 177.

terre vinrent, pour la plupart, faire leur soumission entre les mains de notre ambassadeur; Montgommery ne se joignit point à eux; néanmoins La Mothe-Fénelon écrivait, le 31 juillet, au Roi :

Je say qu'il s'est bien réjoui de la paix, et pense qu'il fera bientôt repasser sa femme et ses enfants en France.

Et il ajoutait :

Je ne say s'il prétend d'aller trouver le prince d'Orange, tant y a qu'il fait faire des armes en ceste ville (1).

Au mois d'août, la correspondance de Montgommery avec Burghley se reprend; il se plaint d'un assassinat médité contre sa personne et en accuse le Roi, la Reine et un gentilhomme du nom de La Motte-Serrant :

Monsieur, la ferme assurance que j'ay de la bonne amitié que me faites le bien de me porter comme le m'avez par ci devant monstré par effect, me faict vous supplier bien humblement me faire tant de bien que ne me vouloir donner advis comme je dois me gouverner sur ung avertissement que j'ay receu depuis vous avoir escript par ung gentilhomme que le comte de la Suze et sa mère, et la femme de mon fils, sa fille, m'ont envoié exprès, dont je vous envoie les lettres et les billets de créance, que, s'il vous plaist à prendre la peine de voir, c'est que le Roy et la Royne, sa mère, ont pratiqué ung gentilhomme de ce pays d'Anjou, Monsieur La Motte de Serrant, pour me faire mourir soit par armes ou poison, et

(1) *Correspondance de La Mothe-Fénelon*, t. V, p. 384.

d'aultant que le dict La Motte ne peult avoir sa grace ni pardon des follies et meschancetés qu'il a faites, s'il ne tente à executer l'entreprise; il s'est accordé de ce faire et leur a dit les moyens, de quoy il se veult ayder pour m'accoster, qui est qu'estant banny de France, il me fera entendre qu'il est depourvu de moyens et qu'il n'a eu loisir d'apporter. Je ne l'ai vu jamais ni parlé que je sache, oultre je sais de bon lieu que quatre aultres sont depeschés pour mesme effect, qui ne sont que soudars. Voilà la fiance qu'il y a en eulx. Je supplie sa Majesté et vous supplie lui vouloir présenter mes lettres. Mon frère de Saint-Jehan m'a fait ce bien que de donner ordre secrètement qu'il ne viendra Françoys que je ne sache pourquoy. C'est l'endroit où je feray fin, priant Dieu, Monsieur, qu'il vous ayt en sa garde (1).

C'était certainement le chef le plus actif du parti protestant, l'homme de toutes les tentatives hardies ; au mois d'octobre de cette même année, un certain Campel, surnommé Sanion, lui écrit de la Rochelle pour l'engager à se rendre en Languedoc où les protestants n'ont pas déposé les armes.

Monsieur, encores que je n'ay point heu ce bien et honneur d'estre cogneu de vous, si est ce que je vous supplieray très humblement de croire qu'il n'y a personne au monde qui ayt meilheure volonté de vous fere service que moy, et le cognoistrez par experience lors que l'occasion se presentera. Il y a quelque temps que Monsieur de La Failhe, ministre, revenant d'Angleterre, me dict que vous aviez volonté de venir en France. Si je heusse trouvé homme à propos, je vous heusse plus tost escript comme vous ne pourriez demeurer en ceste ville, sans

(1) Record Office, State Papers, France, vol. LV. (Autographe.)

donner grand alarme aux papistes, veu la heyne qu'ils vous portent, mays je m'asseure que, s'il vous playsoit aller à Montaulban, à Nimes ou en Berry, que ils s'estime-roient heureux que vous y fussiez et encores plus ceulx des peis de Provence, Languedoc et Dauphiné, où ils n'ont point mis les armes bas, par ce qu'ils n'ont aulcune liberté de l'exercice de nostre religion, et s'il vous plet d'aller en quelcun de ces lieux là, vous n'avez descente plus propre que ung port nommé Ribeyron, qui est à deux cens pas de ma mayson de Sanion, où vous pourrez venir sans estre veu de personne, s'il en est besoing, et m'y trouverez prest d'employer ma vie et tout ce qui en deppend pour vous fere service et compagnie par tout là où il vous plerra, et ay graces à Dieu de tels amis qui vous sont serviteurs, et des commodités de chevaulx et aultres choses que ayseement je vous pourray guider jusques à Montaulban sans aulcune difficulté, si vous avez ceste volonté et que l'occasion se présente que me le puissiez mander quelques jours auparavant, vous ache-miner par ung mot de lettre ou par quelque homme bien assuré qui me le die de bouche, je ne partiray de ma dicte mayson pour vous y attendre, et encore que ne mandiez rien et que veniez sans que je le sache, si d'adventure je n'y estois, vous y aurez toute puissance et ne seray pas si loing que, dens vingt et quatre heures, je ne sois à vous, et en cest endroict je prieray Dieu,

Monsieur, qu'il vous doint en sancté très-hureuse et longue vie.

De La Rochelle, ce huitiesme jour d'octobre 1573 (1).

Avec un pareil adversaire, ayant de longue date des intelligences dans toute la Normandie, une sur-veillance de tous les jours était une nécessité. Charles IX, le 24 octobre 1573, donnait l'ordre à

(1) Record Office, State Papers, France, vol. LV.

Matignon d'aller de ville en ville dans son gouvernement et de s'informer de la manière dont se comportait la noblesse et le clergé, de l'ordre qui était donné à la justice ; enfin, il l'invitait à venir le trouver, le 22 décembre prochain, à Compiègne, où il devait se rendre après son voyage de Metz, afin de l'informer de bouche de tout ce qu'il aurait appris (1).

Au mois de janvier, Montgommery se trouvait à Londres, il y préparait cette fatale expédition qui lui coûta la vie et il écrivait au grand-trésorier d'Angleterre :

Monsieur, je vous aurois déjà escript une aultre lettre devant ceste ci quand j'ay eu l'honneur de baiser les mains de sa Majesté, à mon retour du pays d'Auche, que j'avois baillé à mon frère de Champernon (2) par mes présentes, pour m'excuser envers vous, si je ne vous estois allé visiter et vous offrir mes services, mais je scais que vous trouveriez si mal que je n'eusse faict que vous importuner, et que moy je voulois partir de ceste ville, j'avois délibéré d'aller recepvoir voz commandemens, mais mondit frère de Champernon m'en a empesché, me faisant entendre que vostre maladie ne le pouvoit permettre, je vous supplie bien humblement de croire que je me sens tenu vostre obligé, que en quelque lieu là où je puisse jamais estre, je me sentirai bien heureux de vous pouvoir faire quelque agréable service, et en cet endroict, je feray fin pour vous présenter mes très humbles recommandations, priant Dieu qu'il vous donne, en très parfaite santé, très heureuse et longue vie, etc. (3).

(1) British. Mus. Collect. Egerton, vol. 5, f° 38 (Original signé).
(2) Du nom d'un fief.
(3) Record Office, State Papers, France, vol. LVII. (Original.)

C'est lui-même qui, dans une nouvelle lettre adressée au grand trésorier d'Angleterre, va nous raconter son débarquement en Normandie et la prise de Carentan, son premier fait d'armes :

Monsieur, il y a environ douze jours que j'ay mis pied à terre en Normandie, près Coutances, là où bonne troupe de gentilz hommes et aultres gens de guerre me firent cet honneur de me venir recepvoir, et le lendemain que j'ay esté arrivé, je m'en suis venu en ce lieu de Carentan, là où le sieur de Matignon, lieutenant du Roy en ce pays, avoit mis forces, se doutant bien qu'elle etoit de conséquence, encore qu'elle ne fust pas forte, mais que dans peu de temps on la peut accommoder de telle façon qu'on la rende imprénable et n'avons esté que deux jours devant qu'ils ne se soient rendus par composition et depuis avons pris un chasteau aupres, environné de trois ou quatre rivières, nommé le Pont-Douai, de façon que nous tenons des passages pour tenir tout le pays de Costantin en subjection et la plus grande part de toute la coste et oultre avons gagné sur le bord de la mer dans des forts qui estoient là pour garder la descente, des pièces d'artillerie, de quoy il y a quatre canons. Nous avons prins aussi la tour et fort de Tatihou. J'espère, moyennant la grace de Dieu, devant qu'il soit huit jours d'aujourd'hui, nous acheminer plus avant dans le pays. Aussi je ne veux faillir de vous dire que les sieurs vicomte de Touraine (Turenne), nepveu de Monsieur le marechal de Montmorency, de Torcy, capitaine de cinquante hommes d'armes et chevalier de l'ordre, sont venus me trouver de la part du Roy, et vous envoye par escript la créance qu'ilz avoient charge de me dire et de me faire entendre et à la noblesse qui est icy, mais la mémoire est si fraiche encore du jour de Saint-Barthelemy que nous ne sommes pas délibérés de nous laisser tromper et abuzer comme nous avons faict par le passé. Les dernieres nouvelles que nous avons eues là où estoient nos reistres conduits par M^r le conte Ludovicq, estoit qu'ilz estoient à Sedan, il y a deja près de huit jours, lequel lieu appartient à M^r le Duc de Bouillon. Il y a plusieurs seigneurs et gentilz hommes, encores qu'ilz ne soient point de nostre religion, qui se sont joints avec nous, cognoissant nostre querelle et le bien et repos du publicq. Il n'est pas que vous n'en sachiez bien amplement de toutes nouvelles, et si j'avois le moyen de vous en departir aussi souvent que je le desirerois bien, je vous en manderois tous les jours et aussi pour me ramentavoir en vos bonnes graces, auxquelles je desire faire perpetuelle demeure, comme celuy qui se sent vostre obligé pour tant de faveurs et courtoisies que j'ay reçues de vous, que je n'oublieray jamais, et ne tiendra qu'à faute de moyen que ne fasse paroistre l'envie que j'ay de vous faire quelque bon service, saluant en cet endroit vos bonnes graces de mes humbles recommandations et prie Dieu, Monsieur, vous donner en très bonne santé heureuse et longue vie.

De Carentan, ce xxiiiie de mars 1574 (1).

Monsieur, je vous supplie humblement que, par vostre moyen, il y ayt marchans qui apportent aux isles jusqu'à dix milliers de poudre, six milliers pour harquebouziers et quatre milliers pour artillerye, que nous pourrons acheter là, et aussi s'il est possible que nous y puissions faire acheter jusqu'à huit ou dix pièces de campaigne que l'on paiera ce qu'ils vaudront (2).

La lettre de Charles IX dont parle Montgommery

---

(1) *Correspondance de La Mothe-Fénelon*, t. VI, p. 77.
(2) Record Office, State Papers, France, vol. LVII. (Original.) — V. *Archives de la maison d'Orange*, 1re série, t. IV, p. 376.—V. *Mémoires de Bouillon*.

lui fut apportée par MM. de Turenne et de Torcy (1). Le Roi lui offrait, ainsi qu'aux gentilshommes ses confédérés, « de les prendre en sa sauvegarde et protection, leur enjoignant de déposer les armes, et ne désirant qu'une chose, c'est que les gentilzhommes de la religion puissent vivre avec les autres en toute liberté. »

Cette déclaration fut remise le 22 mai à Montgommery ; il était encore à Carentan ; il répondit le même jour « qu'il étoit arrivé en ce pays tant pour le rétablissement de la justice et piété que pour la défense de l'autorité de l'État, et quant au désir exprimé par sa Majesté qu'ilz demeurassent en leurs maisons en paix et repos, qu'il auroit fallu apporter des articles ; que les seigneurs de la qualité de celui qu'on envoie sont sujets au désaveu ; qu'au reste, ils étoient tous les membres d'un même corps et qu'avant de répondre il falloit communiquer la déclaration de sa Majesté à ceux qui sont de leur association soit au dedans, soit au dehors du royaume. »

A cette réponse évasive, nous ajouterons la lettre adressée de Carentan à Burghley par tous les chefs protestants qui avaient suivi la fortune de Montgommery, lettre signée par eux et par lui-même:

Monseigneur, jusqu'à ceste heure nous estions persua-

---

(1) Blosset de Torcy. V. LE HARDY, *Histoire du Protestantisme*, p. 254.

(2) Record Office, State Papers, France, vol. LVII.

dés que M. de Montgommery, pour avoir eu cet honneur d'estre par plusieurs fois bien venu en la Court de sa Majesté, estoit suffisant pour remontrer à sa Majesté et à Messeigneurs de son conseil le mérite de la cause de nostre prinse d'armes et le besoing que les gentilzhommes qui sont assemblés en ce pays de Normandie, ont d'estre conservés sous la protection et faveur de sa Majesté, ce que nous avions toujours espéré de sa clémence, sachant que pour la faveur de la religion et nos princes et chefs et autres nations, ont toujours eu recours à sa Majesté et ont trouvé secours à ceste heure, oultre la faveur de ceste cause, nous espérons que la nécessité publique de toute la France qui est cognue à tout le monde et l'interet et peril des Princes du sang et grans officiers de la couronne rendra ceulx qui ont prins les armes tant plus recommandables, ce que nous esperons de vous, Monseigneur, plus que d'aultre du conseil de sa Majesté, tant pour scavoir de quel poids est vostre conseil envers sa Majesté que pour scavoir les faveurs par ci devant reçues de vous par nos chefs, quelle est vostre affection envers ceulx qui maintiennent la querelle de la religion.

Monseigneur, nous vous supplions tres humblement nous avoir pour recommandés en la protection de la Royne et vostre bonne grace à laquelle nous nous recommandons, et prions Dieu vous donner en parfaite santé heureuse vie.

De Carentan, ce 24 mai 1574 (1).

Montgommery, de Refuge (2), Montmartin, Vallainville, Guitry, J. de Berre *(sic)*.

Le dénoûment approche ; la prise de Montgommery

(1) Record Office, State Papers, France, vol. LVII. (Original.)
(2) De Refuge-Gaillardon, gendre de Montgommery.

est devenue l'unique pensée de Charles IX, déjà atteint du mal qui doit l'emporter.

Voici ce qu'il écrit à Matignon qui suit pas à pas son adversaire et ne le laissera pas s'échapper de Domfront :

Monsieur de Matignon, pour ce que depuis le partement du s^r de St-Leger je n'ay point eu de vos nouvelles que par le commissaire Le Faure qui est parti devers vous, il y a deja assez longtemps, desirant bien fort d'en entendre par l'esperance que j'ay qu'elles seront fort bonnes et que ce malheureux conte de Montgommery sera prins dedans Dampfront et que bientost après il en sera faict aultant de Coulombieres en St-Lo, j'ay advisé vous faire ceste depesche par ce courrier exprès pour vous prier me mander par luy et sans qu'il tarde par de là, mais me le renvoyer tout incontinent, l'estat en quoy vous seriez à son arrivée et quelle esperance vous avez en la prise de Dampfront et St-Lo et, par consequent, des ditz conte de Montgommery et Coulombieres, vous priant et tous les gens de bien qui sont avec vous, tant devant Dampfront que St-Lo, et que m'avez particulierement escript qui font si bien pour mon service, continuer tellement que vous puissiez bientost reprendre Carentan, affin que ceulx qui occupent les dictes villes et lieux soient chassez de mon pays de Normandie et n'y ayent aulcun pied, comme j'espere que de bref ils n'en auront en toute la Guyenne et Poitou. Le surplus de ma lettre sera pour vous dire et asseurer que, graces à Dieu, je vais tousjours de bien en mieulx en ma guarison, ne me restant plus qu'à me fortifier comme je fais, de sorte que j'espere estre bientost de tout achevé de guarir. J'ay eu depuis jeudi dernier quelque petit accès de fiebvre double tierce, mais les medecins asseurent que cela aidera bien fort à m'achever du tout de bien guarir, dont aussi je vous ay bien voullu advertir et les gens de bien qui sont avec vous, sachant certainement que ces bonnes nouvelles là vous seront et à mes autres subjectz estans par de là tres agreables. Priant Dieu, Monsieur de Matignon, vous avoir en sa saincte garde. ◊

Escript au bois de Vincennes, le xxiiiie jour de may 1574.

(De sa main) : Me porte fort bien, grâces à Dieu; je seray encores plus content et me trouveray beaucoup mieux quand je sauray la prinse de Damfront et de Montgommery et des aultres places que tenez assiégées, à quoy je m'asseure que vous et les gens de bien qui sont par delà pour mon service ne perdez point de temps et ferez en sorte que Montgommery et Colombières ne s'eschapperont pas, et prenez y bien garde, je vous prie, et sur tous les services que désirez me faire.

CHARLES (1).

Cette lettre sent la fièvre ; l'agitation et l'irritation du malade percent dans chaque ligne; on devine que si Montgommery est pris, il n'y a plus de pardon pour lui.

Au milieu de ces guerres violentes du xvie siècle, on ne peut s'empêcher de prendre en grande pitié les pauvres femmes associées à la vie aventureuse et précaire de ces chefs de parti : la comtesse de Montgommery, Isabeau de La Touche, mériterait peut-être qu'on écrive sa vie; jamais femme n'à passé par plus de misères et de douleurs. En 1562,

---

(1) British Mus., collect. Egerton, vol. V, f° 39. —V. *la Prinse de Montgommery*, publiée par la Société des Bibliophiles normands.

lorsque son mari prit les armes pour la première fois, et qu'il gagnait en toute hâte le bord de la mer, suivi par Matignon et le duc d'Étampes; elle venait d'accoucher deux jours auparavant; lorsque Montgommery s'échappa de Rouen, il la laissa derrière lui à la merci du vainqueur; maintenant son mari est prisonnier et la voilà réduite à implorer la pitié d'Élisabeth. Mais, après s'être servie jusqu'à la fin du bras de Montgommery pour agiter la France, Élisabeth croira avoir beaucoup fait, lorsqu'elle aura écrit quelques lignes de banale consolation à celle qui sera bientôt veuve. Cette lettre est sèche et peint bien la femme : ce qu'elle regrette en Montgommery « c'est qu'il avoit autant de dévotion envers elle que s'il étoit son naturel sujet. »

Madame la Contesse, ayant entendu par vos lettres le grand danger auquel est Monsieur le Conte vostre mary, j'ay receu ung très grand desplaisir, tant pour l'ennuy que je scay avez de le voir en sy perilleux estat, comme aussy pour scavoir en angoisse celuy que je congnoys m'estre sy fidèllement affectionné et avoir tant de devotion à mon service, comme s'il estoit mon naturel subject. Mais, Madame la Contesse, une dame chrestienne et sage comme vous estes, et sy bien nourrye et exercée es afflictions, doibt porter cela avec constance et generosité qui par avant vous ont esté familiers, scachant assez qu'il fault tenir bon, et que la vertu se faict congnoistre au besoing. Vous avez veu et gousté la begnignité de Dieu en tant de delivrances passées de ce paouvre Seigneur, qu'elles vous doibvent asseurer que celuy qui l'a delivré par avant n'a point le bras accoursy. Et quant à mon endroit, je porte tel desplaisir et fay tant de cas du dit affaire, que j'employeray de très bon cœur ce que je scauray y proffiter, et, Dieu aydant, je cuyde que bien tost vous pourrez entendre combien ma bonne vollonté et affection à sa delivrance y prouffitera, que je desire estre bien tost pour vostre consollation et allegement, et pour satisfaire au desir que j'y ai. Je prie Dieu, Madame la Contesse, qu'il vous envoye sa saincte consolation.

De Grenouviche, ce sixiesme jour de may mil v^c LXXIIII (1).

Ce fut l'ancien ambassadeur en France, Walsingham, qui fut chargé d'envoyer à la comtesse de Montgommery la réponse d'Élisabeth ; il y joignit la lettre suivante :

Madame, vos lettres m'ont apporté ung si grand ennuy que je ne scay de qui je le pourrois recepvoir plus grand. Sa Majesté aussy en a esté merveuilleusement desplaisante, comme verrez par les lettres qu'Elle vous en escript. Nous avons esté quelque temps au poinct de ne riens croire de cest emprisonnement, tant par ce que on nous avoit dit, que pour resjouir le Roy deffunct, on luy avoit faict ce rapport, que aussy aulcuns de Londres ont receu lettres, que la Roynne mere avoit esté fort marrye de ce qu'il estoit eschappé à Matignon, puis qu'il plaist à Dieu qu'ainsy soit, vous scavez, Madame, qu'il le fault prendre comme de la main de Dieu, et humblement adorer ses jugemens. Je vous prie, sur ce, vous proposer les prisons de tant de princes et princesses de nostre temps, des quels la mort estoit jurée et conjurée, les quels toutes fois Dieu a delivrés. Vous ramentevrez l'estat des feus Roy de Navarre et prince de Condé, lors du decès du Roy. Dieu, sur ceste prinse de Monsieur le Compte, a preparé et vous a mis comme en la main moyen apparent

(1) Record Office, State Papers, France, vol. LVII.

pour le delivrer par la prinse des seigneurs de Puygaillard et Richelieu, prisonniers de Monsieur de La Noue. Et quoy qui soit, ce Dieu tout puissant nostre Dieu et père n'est jamais desgarny de moyens pour delivrer ceulx qui sont garnis de ferme foy. Je vous prie vous consoler en luy et vous assurer du secours qui vous est necessaire. Sa Majesté affectionne tellement cest affaire qu'Elle y envoyera ung gentilhomme en France expressement pour y faire tout le possible. De ma part je vous prye croire que je m'y employeray comme sy c'estoit mon propre père en tous les endroits que je penseray y pouvoir proffiter. Vous me ferez grand plaisir de m'advertir de ce qui surviendra, afin que de nouveau affaire on prenne nouveau conseil, aussy s'il survient chose pour vous advertir, je le feray d'aussy bon cœur que je supplye Dieu vous donner, Madame, le secours et consolation duquel avez besoing, me recommandant de très-bon cœur à vos bonnes graces, comme font ma femme et ma fille qui en partye m'aydent à porter le desplaisir que j'ay de vostre desplaisir.

De Grenouviche, ce sixiesme jour de May mil v^c LXXIIII.

Votre très-affectionné serviteur,

FRA. WALSINGHAM (1).

La tête de Montgommery est tombée en Grève; sa veuve a quitté la France, elle est réduite à manger le pain de l'exil et de l'aumône. Si on veut juger de sa misère, qu'on lise la lettre suivante écrite par sa mère Charlotte de Maillé à Walsingham, le 5 avril 1575.

Monsieur, Madame de Mongommery, ma fille, m'a

(1) Record Office, State Papers, France, vol. LI.

faict entendre la bonne volonté que vous avez de luy faire plaisir en ses affaires, et comme vous vous y estes desia grandement employé, de quoy je vous remercie bien humblement, vous suppliant lui faire ce bien de continuer en vos bonnes graces, et luy faire tenir cinq cens francs que je lui envois, de quoy je m'asseure que la pauvre femme a bien nécessité. Et suis bien marie que ma puissance n'est plus grande, elle s'en ressentiroit davantage. Mais j'ay bien peu de moiens à present pour la secourir, par ce que, depuis la mort de feu M. de Montgommery, son mari, l'on a saisi tous mes biens, de sorte que je suis en bien grande peine pour moi mesme. Je vous supplie, Monsieur, l'avoir toujours pour recommandée, et vous nous obligerez tous à vous faire service, ce que je désire faire de ma part en tous endroicts où j'en auray jamais les moiens, et d'aussi bon cœur que je présente mes humbles recommandations à vos bonnes graces, et prie Dieu, Monsieur, vous donner en trèsbonne santé heureuse et longue vie. De Paris, ce cinquième apvril 1575 (1).

Nous aurions voulu pour l'honneur d'Élisabeth trouver la trace de ses bienfaits envers cette pauvre femme; mais rien ne peut faire présumer qu'elle l'ait assistée dans sa détresse, et la comtesse de Montgommery écrivait le 5 mai à Walsingham pour le supplier de remettre 30 livres à M. Yon sur l'argent que sa mère lui a envoyé. Sa misère devenant plus poignante, elle écrit de nouveau le 7 mai à Walsingham pour lui demander le peu d'argent qu'il a encore pour elle :

Jamais femme ne fut en telle nécessité; elle ne sait

(1) Record Office, State Papers, France, vol. LIX. (Original.)

de quoy elle pourra vivre dorénavant, et craignant que ce propos ne fût ennuyeux, elle se recommande aux bonnes grâces de sa femme et aux siennes (1).

Voilà donc où est tombée la veuve de Montgommery ; mais les malheurs pour elle ne s'arrêteront pas là. Une main de fer pèse sur sa destinée ; à neuf ans de distance, nous la retrouvons dans son manoir de Ducé ; c'est de là qu'elle écrit à la Reine Élisabeth pour implorer son assistance en faveur de sa fille que son mari, l'amiral anglais Champernon, voulait répudier.

Madame, les benefices innombrables que tous ceulx de notre maison, et principalement moy, avons receu de vostre Majesté, me fait encores recourir à Elle comme au seul refuge des povres angoissés et mon port plus asseuré qui me garantira des tormentes et naufrage qui m'agitent presque jusques à la mort, et pour ce je la suplie très humblement de vouloir empecher le tort et la detestable injure que le sieur de Champernon (2) a conspiré de faire à ma fille, sa femme, et de la mettre au bras de la justice pour, par les faux temoings qu'il a miserablement subornés et apostés, faire voulloir trouver cause de la répudier, de la quelle conspiration j'ay été avertye. Votre Majesté saura, s'il luy plaist, que cet outrage pourchassé à ma fille ne luy procède que de une vindicte et haine qu'il a conceue contre nous. Elle a peu estre advertie du mauvais traitement qu'il luy a toujours faict et de quoy quelque fois j'ay prins la hardiesse de vous parler. Je supplie donc très

---

(1) Record Office, State Papers, France, vol. LIX. (Autographe.)
(2) Il avait épousé Roberte, la troisième des filles de Montgommery. —V. *France protestante*, p. 480.

humblement vostre Majesté, au nom de celuy de qui vous tenez le sceptre, de vouloir faire sentir à cette pauvre affligée ma fille quelque étincelle de votre divine justice et inviolable vertu, des quelles vous estes honorée sur toutes les princesses, et que ceulx de Montgommery qui se sont perpetuellement dediés fideles et très humbles serviteurs de votre couronne ne reçoivent une si vilaine tache et si hors de raison, faisant, s'il plaist à votre Majesté, advertir ceulx de la justice qu'ils aient à faire bonne justice à cette pauvre afligée, car il ne se pourra trouver qu'elle ait jamais commis chose mal séante à l'honneur d'une femme de bien.

Madame, je prieray Dieu pour l'accroissement de votre couronne et pour votre perpetuelle louange, prosperité et santé.

V/ très humble, très obeissante et très affectionnée servante,

Isabeau DE LA TOUCHE (1).

Un dernier mot sur les Montgommery : le fils aîné d'Isabeau de la Touche, Jacques de Montgommery, écrivait le 20 mars 1586 à la reine Élisabeth pour lui offrir en cas de guerre, si elle en obtenait pour lui la permission du Roi, 4,000 arquebusiers et 100 gentilshommes (2).

---

(1) Record Office, State Papers, France, vol. LXXIX. (Autographe.)

(2) Voir, pour Jacques de Montgommery, *France protestante*, vol. VII, p. 480 et suiv. Dans des titres qui m'ont été communiqués par M. Stephen de Petiville et qui proviennent du chartrier du château de Vaudry, j'ai retrouvé quelques aveux rendus aux Montgommery :

1° En 1509, aveu rendu par René Le Foullon à Gabriel de Montgommery, seigneur châtelain de Cherencé, Champ-Sernon ; il s'inti-

Parmi les contemporains de Montgommery et les chefs protestants qui se signalèrent au siége de Rouen en 1562, il en est un dont la vie tient de la légende et dont les romanciers et les chroniqueurs se sont emparés, je veux parler de François de Civille, « mort, enterré et ressuscité (1). » Voici ce qu'on lit dans sa biographie : « C'est en 1562, après avoir échappé miraculeusement à la mort, que François de Civille vint en Angleterre. Était-ce un voyage forcé comme on le dit dans quelques notices? Remplit-il plus tard, durant la guerre des trois Henri, quelque mission secrète du parti protestant? Il n'y a là qu'une conjecture plausible (2).

Un ministre protestant réfugié, Guibert de Sicqueville, mari d'Élisabeth de Civille, arrière-petite-fille de François de Civille, dit que la Reine Élisa-

tulait gentilhomme de la chambre du roi, capitaine de 50 hommes d'armes et gouverneur de la ville de Pontorson.

2º (Mai 1580), aveu du fief de la Porte par Robert Laurence à Giles de Montgommery, seigneur de Cherencé, Champ-Fleury, La Pelotière.

3º (1665), aveu rendu à Louis de Montgommery, comte de Ducé, seigneur et patron de Chérencé, baron d'Ecouché (il se convertit à la religion catholique). — Voir LE HÉRICHER.

4º (Octobre 1700), aveu rendu à Suzanne de Montgommery, femme de Gaspard de Collins et c[te] de Mortagne, s[r] et patron de Ducé. — Voir encore pour les Montgommery, *Histoire d'Écouché*, par M. DE CAIX.

(1) V. le discours sur les causes pour lesquelles le sieur de Civille, gentilhomme de Normandie, se dit avoir été mort, enterré et ressuscité. — V. Notice donnée sur François de Civille par M. de Blosseville. (Mémoires de la société des Bibliophiles normands.)

(2) Notice de M. de Blosseville sur François de Civille, p. 2.

beth voulut le voir, lui fit raconter son étrange histoire, et qu'en 1588, en reconnaissance d'un service qu'il lui avait rendu, elle lui donna son portrait.

Nous empruntons ces lignes à la curieuse notice de M. de Blosseville. C'est tout ce qu'on sait jusqu'ici de la fin de la vie de Civille. Le Record Office possède un grand nombre de lettres de lui ; elles nous font bien connaître ses liaisons en Angleterre, les motifs qui l'y amenèrent à diverses époques et nous permettront de reconstituer la partie ignorée de sa biographie. Toutes celles que nous allons publier sont adressées à Walsingham et nous sont un précieux témoignage de l'amitié constante que Civille porta à ce grand homme d'État et du lien intime qui les unit ; à l'aide de cette correspondance nous verrons avec quel dévouement Civille s'occupa des filles du prince d'Orange, assassiné par Briet, son secrétaire.

La première lettre de Civille est datée de Londres le 10 septembre 1584 ; c'est par elle que nous savons que Civille y avait été envoyé par la duchesse de Bouillon (1) et le duc de Bouillon son fils, et qu'il s'agissait non d'une mission politique, mais de placer en mains sûres les jeunes filles du prince d'Orange (2), de crainte que le duc de Montpensier,

---

(1) Françoise de Bourbon-Montpensier, sœur de François de Bourbon-Montpensier, prince Dauphin, et de Charlotte de Bourbon-Montpensier, princesse d'Orange.

(2) Guillaume s'était marié quatre fois : 1° à Anne d'Egmont, dont

leur oncle, et ne les fit élever dans la religion catholique.

Monsieur, suyvant l'avertissement, qu'il vous pleut hyer m'envoyer par le sr de Jolytemps, du refus que sa Majesté avoit faict de signer des lettres que luy aviez présentées pour Hollande suyvant leur teneur, j'ay écrit à Messeigneurs le comte de Leicester et grand chambellan Howard, les ayant instamment supplyés de vouloir tant faire vers sa Majesté, que de vouloir accepter les deux filles aisnées de feu Monseigneur le Prince d'Aurenge, suivant l'instante requeste et supplication que luy en a faicte Madame la Duchesse de Bouillon par moy, et l'extrême desire qu'elle en a, pour le doubte et crainte qu'elle a que Mes Damoiselles, ses niepces, ne soient nourries en la papauté, sinon qu'il plaise à sa Majesté de les envoyer quérir et mander toutes troys, à la charge de les distribuer puis après à telles personnes qu'elle verra bien estre, voyre mesme à condition d'en bailler l'aisnée à Monsieur le Duc de Montpensier, en cas qu'il la demandast, affin que la prenant de la main de sa Majesté, il l'aye, à la charge de la laisser vivre en la liberté de sa conscience, et de luy laisser sa gouvernante et ses serviteurs; en quoy

---

il eut Philippe-Guillaume, prince d'Orange, mort sans postérité; 2° à Anne, fille de Maurice, électeur de Saxe, dont il eut Maurice de Nassau, prince d'Orange après la mort de son frère (1618); 3° à Charlotte de Bourbon, fille de Louis, duc de Montpensier, qui fut d'abord abbesse de Jouarre, puis embrassa la Réforme et mourut le 6 mai 1582; il en eut six filles: Louise-Julienne de Nassau, femme de Frédéric III, comte Palatin du Rhin, morte le 15 mars 1644; Élisabeth, femme de Henri de La Tour, duc de Bouillon, morte le 2 septembre 1642; Catherine-Belgique, mariée à Philippe-Louis, comte de Hanau; Charlotte-Brabantine, femme de Claude de La Trémouille, duc de Thouars; Charlotte-Flandrine, abbesse de Sainte-Croix de Poitiers, morte le 10 avril 1640; Émilie, femme de Frédéric-Casimir, comte Palatin du Rhin.

faisant seroit le sainct zèle et intention de Madame de Bouillon accomplys, qui ne tend qu'à entretenir ses niepces en la crainte, amour et vray service de Dieu, pour n'estre polluées à l'advenir aux superstitions de la papaulé, comme sans doubte il adviendroit si sa Majesté ne les envoyoit quérir toutes trois ensemble pour venir en ce pays. Et d'autant que je scay, Monsieur, combien vous avez de vostre grace ceste affaire recommandée, je ne vous feray plus longue lettre ; seulement je vous supplieray, Monsieur, de vouloir continuer en ceste bonne volonté et affection, qu'il vous a tousjours de votre grace pleu porter et monstrer à Madame la Duchesse de Bouillon et Messeigneurs ses enfans, et particulièrement vouloir pryer Monsieur le Grand Trésorier, comme aussy mes aultres Seigneurs du Conseil, de supplyer sa Majesté de vouloir en cecy accorder la très humble et très juste requeste de ma dicte Dame de Bouillon, suyvant la teneur de vos lettres si faire se peult, où après vous avoir bien humblement baizé les mains, je pry Dieu, Monsieur, vous donner en parfaicte santé longue et heureuse vie.

De Londres, ce 10 de septembre 1584.

Votre très-humble serviteur comme j'espoire, Dieu aydant, le monstrer et prouver par effect,

Françoys DE CIVILLE (1).

Monsieur, je n'eusse fait faulte de vous aller trouver, mais j'espoire partir après disner ou demain matin, Dieu aydant, pour aller trouver monseigneur le comte de Hutingdon, vous priant, Monsieur, de m'envoyer vos lettres pour luy par ce présent porteur.

(1) Record Office, State Papers, France, vol. LXXXI.

Voici une seconde lettre de Civille à Walsingham, datée du 19 octobre suivant :

Monsieur, il me semble que vous m'avez et par tant de moyens, et par tant de fois desia obligé à vous depuis le temps que j'ay eu cest heur d'estre cogneu de vous, qu'il n'estoit point de besoing de m'envoyer encor un diamant par M. Burnham, pour m'obliger davantage. Me recognoissant donc estre trop insuffisant de pouvoir maintenant assez dignement recognoistre tant de biens par quelque service que je vous puisse jamais faire, je ne peux aultre chose vous dire, pour toute et telle satisfaction que pourriez atendre ou espoirer de moy, si non que, dès maintenant, je me jette tout entier entre vos bras, moy et mes deux enfans, pour en faire et en disposer pour jamais à vostre volonté, fantaisie et discrétion. (Je dy sans en rien réserver, sinon la seule conscience à Dieu et l'honneur, sans le quel je ne pourroys jamais estre tel serviteur que voulez et desirez que les vostres soyent.) Ainsy, me voilà tout vostre, Monsieur, je ne dy pas moy seulement, mais mes deux enfans (1) aussi, qui sont les deux gages les plus précieux que j'aye en ce monde et lesquels Dieu, par sa liberalité, m'a donnés pour les nourrir en sa crainte et amour, affin de vivre et mourir avec leur père à votre service en luy obéissant. Monsieur, j'ai receu les lettres de sa Majesté avec leurs copies, les deux passeports et lettres pour La Rye, avec les vostres pour Madame la Duchesse de Bouillon et Monsieur le Duc de Bouillon son fils, auxquels j'espoire faire entendre les paynes qu'il vous a pleu prendre icy pour eulx en tout ce qu'avez cogneu les concerner. Je dy vous, Monsieur, plus que

---

(1) Civille s'était marié, le 17 août 1566, à Jehanne du Mouchet, dont il eut deux fils, le premier chef de la branche des Civille-Saint-Mars; le second, de celle des Civille-Villerest. — V. DE BLOSSEVILLE, *Notice sur Civille*.

tous aultres, sans faire tort à personne, dont j'espoire que leurs Excellences vous remercieront amplement, estant princes chrestiens, et qui n'oublyent jamais leurs bons amys, et ceulx des quels ils recoyvent plaisir. Et d'autant, Monsieur, qu'entre les lettres que sa Majesté escrit, je n'en ay trouvé pour Madame de Paracly (suyvant le memoire, desir et intention de Madame la duchesse de Bouillon) par les quelles il plaise à sa Majesté recommander la jeune princesse à la dite dame du Paracly, pour la garder et bien faire nourrir, suyvant l'intention de feu mon dit sir le prince d'Aurenge, son père, comme si de son vivant il en eust escrit et requis sa dite Majesté de faire, je vous supply, Monsieur, de m'en vouloir envoyer une de la part de sa Majesté, à ce propos pour la dite dame Paracly, et me l'adresser à Roan par le moyen de Jacques le Paintre ou aultre surement : à celle fin que elle s'en puisse prévaloir et deffendre à l'encontre de monseigneur le duc de Montpensier, en cas qu'il la demandast, qui est ce que madame la duchesse de Bouillon desire surtout, de paour qu'elle ne soit distraicte de là pour estre nourrie à la papauté, ce que tasche de faire mon dit sieur de Montpensier. Quant à la lettre que sa Majeste escrit à mon dit seigneur de Montpensier, ma dite dame de Bouillon desire qu'il pleust à sa Majesté la luy faire tenir par le moyen de son ambassadeur resident en France ou par aultre, de paour qu'il ne descouvrit que ma dite dame de Bouillon se soit entremise de ceste negotiation. Et partant, je la vous renvoye, vous supplyant, Monsieur, qu'elle soit gardée pour quelque temps s'il vous plaist, jusques à ce que celle de madame la princesse de Navarre (1) soit envoyée, et que nous en puissions avoir des nouvelles, de paour que mon dit seigneur de Montpensier ne brouille ou rompe le dessein de ma dite dame de Bouillon, qui est très-bon et très-sainct. Combien que je ne doubte qu'à la venue de la lettre de sa Majesté, Madame la

---

(1) Catherine de Bourbon.

princesse de Navarre n'accepte la jeune damoiselle. Et où vous trouveriez qu'il fust expedient de me renvoyer la lettre de sa dite Majesté à mon dit Seigneur le Duc de Montpensier pour la luy faire tenir nous mesmes, il vous plaira, Monsieur, me l'envoyer par Jacques Le Peintre ou aultre, avec la lettre que sa Majesté escrira par votre moyen à Madame du Paracly. Pour fin, Monsieur, je ne peux que vous remercyer au nom de ma dite Dame la Duchesse et Monsieur le Duc de Bouillon maintenant comme en leur nom et envoyé par leurs Excellences, bien affectueusement de tous les bons offices qu'il vous a pleu leur faire jusques à ce jour en ce pays. Et pour tout ce qu'avez faict pour moy en qualité de votre petit esclave, vous dire et vous conseiller que ne mettiez en hazard pour l'advenir en moy tant de biensfaits, dont pourriez tirer du proffit beaucoup et plus d'avantage, de beaucoup de bons personnages que non pas de moy, de paour qu'en me commettant plus que je ne mérite, ou je n'eusse pas le moyen de vous en rendre votre compte, ou bien feusse contrainct vous faire banqueroutte. Si est ce, Monsieur, que je vous peux asseurer que je suys gentilhomme et chrestien et qui desire n'estre ingrat pour la conscience, et qui veux de tout mon pouvoyr faire ce qui convient à l'homme d'honneur, ce que j'espoire, Monsieur, avec l'ayde du Tout Puissant, de vous faire voir par effect, quand il vous plaira me employer et commander, et d'estre trop plus ferme et constant à votre service que la pierre du diamand n'est dure. Où, après vous avoir très humblement baizé les mains, je prye le Createur, Monsieur, vous donner en parfaicte santé ce que plus desirez.

De Londres, bien las, bien malade et en haste, ce XIXe jour d'octobre 1584.

V/ bien humble et affectionné serviteur.

Cette lettre d'Elisabeth pour le duc de Montpensier

que Civille sollicitait avec tant d'instances, il put enfin l'obtenir et nous la faisons suivre, car elle est l'explication et le complément de la sienne :

Monsieur mon cousin, comme le feu prince d'Orange, prévoyant le danger imminent auquel il estoit toujours subject par les secrettes menées et embusches que lui tendoient ses ennemys, nous eust de son vivant bien instamment prié d'avoir ses filles pour recommandées et de les prendre en nostre protection, s'il lui advenoit de les laisser sans père, se reposant (comme à bon droit il pouvoit faire) sur la faveur et affection que luy avons de tout temps portée, nous avons advisé, après cest infortuné accident de la mort du dit Prince, de faire bailler l'aisnée à Madame la princesse de Navarre (Catherine de Bourbon), sa parente (comme scavez), où elle ne peult faillir d'estre bien et vertueusement nourrye, et de mander quérir la seconde, qui est nostre filleule, pour la tenir icy près de nous ; ayant par cy devant recommandé celle d'après, qui se nomme Brabantine, à Madame la duchesse de Bouillon vostre sœur, pour estre nourrye près de Mademoiselle de Bouillon sa fille. Les deux aultres estant desja accordées, l'une, nommée Amelyne, à l'Electrice Palatine, et l'autre, nommée Katérine, à la contesse de Schwartzemburg, leurs marraynes. Et quant à l'autre, nommée Flandrine, que la dame du Paracly avoit desja auprès de soy du vivant du père, nous la luy avons de longtemps bien expressement recommandée, dont vous avons bien voulu particulièrement advertir, pour l'intérest qu'avez en elles par le droit de nature, espérant que ne trouverez mauvaise la disposition qu'en avons faicte, ains plustost qu'aurez pour agréable le soing qu'avons d'elles ; en quoy vous prions de nous seconder et y aporter aussi de vostre part tout l'advancement que pourrez, comme leur plus proche parent du costé maternel, prenant et acceptant la tutèle de vos dites niepces et vous rendant protecteur et conservateur de ce qu'elles ont de bien en France, afin qu'elles en puissent estre subvenues pour leur entretenement et que, à ceste fin, il vous plaise requerir le Roy de son commandement et authorité pour leur faire service, s'il en sera de besoing. Et ainsi, faisant icy fin de cette, nous prierons le Créateur qu'il vous ait, Monsieur mon Cousin, tousjours en sa saincte garde et vous doint très bonne vie et longue.

Escript à nostre maison de Hamptoncourt, le xviie jour d'octobre 1584.

Vostre très affectionnée bonne cousine et très asseurée amye à jamais,

ELISABETH (1).

La lettre d'Elisabeth que nous venons de citer ne précéda que de bien peu de jours le retour de Civille en Normandie. En effet, il écrivait de Rouen à Walsingham, le 18 novembre suivant :

Monsieur, j'esperois toujours vous ecrire par Jacques Lepeintre, mais, voyant qu'il ne venoit point, je n'ay pas voulu plus longtemps differer de vous escripre ce mot de lectre pour vous testifier de plus en plus que je suis votre très humble serviteur et attendant journellement vos commandemens pour les mettre à execution en toute fidelité et diligence. J'espere partir demain matin p^r aller trouver le Duc de Bouillon, ayant été retardé par maladie d'y aller plus tost ; cependant, Monsieur, je vous prie tenir pour assuré qu'il n'y a gentilhomme en ce monde sur lequel ayez plus de puissance que sur moi mesme, qui se tienne plus vostre obligé et plus résolu à vous faire

---

(1) British Museum, Bibl. Cott. Titus, 11, f. 188. (Autographe.) — V. *Archives de la maison d'Orange-Nassau*, 1re série, t. VIII, p. 472.

toute sa vie tres agreable service que moy, où, après vous avoir très humblement baisé les mains, je prie le Createur, Monsieur, vous tenir en sa saincte garde.

De nostre maison à Rouen, ce xviiie jour de novembre 1584 (1).

CIVILLE.

P. S. Monsieur, je suis tant assuré de la bonne affection qu'il vous plaist me porter et d'entreprendre d'employer mes très humbles recommandations aux bonnes graces de Mme de Walsingham, M^r et Mme de Sidney (2).

En 1585, sa correspondance continue avec Walsingham ; le 15 mars, il lui écrit de Rouen, où la sciatique l'a retenu tout le mois de janvier ; il parle des grands préparatifs de guerre qui se font partout, « ce qui met chacun en peine. »

La correspondance de Civille avec Walsingham se poursuit l'année suivante :

Monsieur, il y a desia for long temps que je n'ay eu lettres de Monseigneur le Duc de Bouillon, et en attend d'heure en aultre, et croys que les grandes affaires qu'il a eues depuys quelques jours, et les troubles qui semblent menacer la France, et singulierement le cartier où il est, à cause de la proximité de la Lorrayne, où il se faict grand amas de gens de guerre, l'en ont empesché. Je suys tres marry, Monsieur, que je n'ay eu moien d'aller à Paris pour y baiser les mains de *Monseigneur le comte d'Arby*, et luy offrir et aux aultres seigneurs le service que je desire

---

(1) Record Office, State Papers, France, vol. LXXXI. (Autographe.)
(2) C'était la fille de Walsingham, mariée à sir Philippe Sidney, l'ami d'Hubert Languet.—Voir *Correspondance de Sidney et d'Hubert Languet*. Londres.

leur faire, mais j'ay esté icy arresté par une sciatique qui m'a tenu depuys le moys de janvier et qui me tourmente grandement encore. Cependent, Monsieur, nous ne voyons en ce pays qu'aprests et menaces de guerres civiles, assemblées et levées de soldats et de compagnies tant de pied que de cheval par tout, qui met tout chacun en payne; et ne doubte que n'y voyez clair et n'en oiez assez souvent parler par le moyen des seigneurs qui sont à la court, Jaques Lepeintre a esté en ceste ville, lequel ne m'est venu veoir, ce que je desiroys fort pour beaucoup de raisons, ce que je m'asseure luy aviez commandé de faire. Pour fin, Monsieur, je vous prie me vouloir tousjours tant honorer que de me tenir pour l'un de vos plus obligés et devotieux serviteurs, ce que j'espère vous faire par effect cognoistre toute ma vie d'aussi bonne volunté, qu'après vous avoir bien humblement baisé les mains, je prie le Createur affectueusement, Monsieur, vous donner en parfaicte santé longue et heureuse vie et à tout ce qui vous apartient.

De Roan, ce xve jour de mars 1585 suyvant le coté de France (1).

Monsieur, depuys la présente escritte il est arrivé un gentilhomme provinçal, mien parent et amy, lequel venant de ce pays de dela, m'a aporté des graines assez excellentes, comme il m'a dict, dont je vous en envoye de six diverses sortes; aussy ma femme envoye à Madame demy cent de poires et demy cent de pommes de deux sortes qu'elle a faictes seicher au four, ce que nous vous suplyons tous deux recevoir comme venant des mains de vos très affectionnés serviteurs. — J'envoye à Monseig^r le comte de Pembrock de cinq sortes de graines, que je vous supply, Monsr luy vouloir faire tenir pour ce que je n'ay eu loysir de luy escrire à cause de la haste qu'avoit le

---

(1) Record Office, State Papers, France, vol. LXXXII.

présent porteur. Pour nouvelles, nous sommes en la guerre. Dieu veuille avoir pitié de nous.

Au mois de mai, la goutte ne l'a pas quitté ; il s'en plaint à Walsingham, car elle l'a empêché d'aller en Angleterre, comme il en avait le désir. Cette lettre peint bien l'état des esprits en France et dévoile les pratiques de la Ligue.

Monsieur, j'ay eu depuis quelque temps de bonnes et justes occasions de passer la mer et vous aller baiser les mains, mais une goutte sciatique de laquelle je suis travaillé depuis plus de cinq mois m'en a empesché. Je ne laisse cependant de continuer en la dévotion que j'ay toujours eue et que j'auray toute ma vie de vous faire très humble service. Deux de nos plus grands ennemis de ceste ville et qui journellement tenoient conseil avec nos rebelles en sont partis; ils ont eu leur congé, combien que continuellement ils travailloient secrètement contre nous et faisoient icy, pour la sainte et diabolique ligue, ce qu'ilz pouvoient; mais ils ont esté découverts, et par leur departement se sont rompues beaucoup d'entreprises tant contre vous que contre nous ; Dieu, par sa garde, nous en veuille défaire pour jamais, à ce qu'ilz ne reviennent plus icy. Il nous a été rapporté ici qu'aucuns seigneurs de par de là nous ont pensé dresser des parties que Dieu a rompues, dont nous lui rendons grâces de tout nostre cœur, le priant d'avoir soin de son Eglise. Nous voyons icy de très grandes preuves du mauvais vouloir que nous portent nos ennemis et quasi tout le pays à nostre cause commune, qu'il nous faut doubter de l'intelligence du chef, combien qu'il y eut de grandes raisons du contraire, et aucuns disent maintenant qu'en attendant l'exécution d'outre mer qui étoit le seul refuge et secours de ceux de deça pour se déclarer, mais qu'il y a danger, puisque le tout est mal succédé vers vos quartiers et que vous parlez haut maintenant et ouvertement, qu'on taschera plutost à faire un appointement forcé et redresser la partie et la différer à une autre fois et temps plus commode. On attend par deça Mr de Leithon, qu'on tient estre depesché par sa Majesté en France pour bonnes et sainctes occasions, auquel je désire pouvoir ici et ailleurs faire service, comme à vous aussi, Monsieur, auquel j'ay une particulière et très grande obligation et pour lequel je n'ay vie, ni biens, ni chose quelque chère qu'elle me soit (conservant la conscience seule à Dieu), que je ne mette au hasard touttefois et quantes vous me commanderez, où, après vous avoir humblement baisé les mains et de Madame, sans oublier M^r et Mme de Sidney, je prie le Créateur, Monsieur, de vous tenir en sa saincte garde.

De Rouen, ce viiie jour de mai 1585 (1).

La correspondance ne se ralentit pas. Voici une nouvelle lettre de Civille, écrite le 14 juin suivant ; nous la recommandons à l'attention du lecteur. Civille envoie à lady Walsingham et à lady Leicester des pommes de Normandie, « des poires trèsbelles et excellentes de sa façon, » et des graines de melon ; il l'avertit des attaques violentes dirigées par les prédicateurs de Rouen contre Elisabeth ; de toutes les lettres de Civille, c'est peut-être la plus curieuse :

Monsieur, j'ay receu vos lettres, mais non par les mains

(1) Record Office, State Papers, France, vol. LXXXIII. (Autographe.)

de M. Clayton, car, à ce qu'il me mande, il fut contrainct de s'en retourner, ayant esté contremandé par son frère à l'occasion de son procès, comme il me mande qui estoit prest à vuyder, combien que je pense que ce n'en soit la vraye occasion, mais bien l'opinion qu'il a eue de ne pouvoir passer pour aller trouver Monseigneur de Bouillon; mais il se trompe, car encore luy ay je depuys xv jours porté jusques à Paris douze mil escus au soleil que j'ay delivrés à ses gens estans là, qui les luy ont portés à Sedan. Je luy ay aussi envoyé vos lettres dès le jour qu'elles me furent delivrées par un gentilhomme angloys, qui alloit trouver Monsieur le comte de Laval, lequel, après luy avoir faict la courtoisie telle que je veux et doibs faire à tous gentilshommes angloys, en recognoissance des faveurs infinies que je y ay receues et singulièrement de vous, je luy ay baillé compagnye avec lettres d'adresse pour le conduyre jusques au chasteau et conté de Harcourt, où est accouchée Madame la comtesse de Laval d'un petit fils, auquel lieu il trouvera journellement compagnye pour aller en Bretaigne trouver Monsieur le comte de Laval. Je suis très marry que je n'eus le loysir de faire demonstration à Monsieur Turnham de l'obligation que j'ay à votre service et combien je tiens cher tout ce qui vous apartient et vient par deça de vostre part, vous asseurant, Monsieur, que je n'espargneray jamais vie ne biens pour leur faire à tous, à vostre occasion, paroistre combien je suys desireux de recognoistre ce que j'ay receu de vous. Or il vous plaira me pardonner, Monsieur, si j'ose me plaindre à vous de ce qu'ayant, dès le 16ᵉ du moys de mars dernier, esté baillé par ma femme à Jehan de Vicques, poste ordinaire de sa Majesté, deux cens de pommes seches et deux cens de poires très-belles et excellentes de sa façon, pour en presenter de sa part la moytié à Madame de Walsingham et l'autre moytié à Madame la comtesse de Leycester il n'en a rien faict, et les a encore, comme il m'a dit à moy mesme; comme aussi il a retenu les lettres que je vous escrivoys, Monsieur, et

à messeigneurs le comte de Warwick, de Leycester, de
Pembrock, grand-chambellan Haward, Willoughby et
de Sidney, vous envoyant à tous des graines excellentes
de melons et sucrins d'Italie, Gênes et Provence, que
j'avoys envoyé querir, en quoy il m'a faict grand tort,
Monsieur, parce que je ne vouldroys que les lettres que
je vous escry tombassent en aultres mains que les vostres.
Et est ce qui me garde bien souvent de vous pouvoir
advertyr des choses qui se passent ; et vous adverty,
Monsieur, que les postes logent ordinairement en un logis
d'un homme dont j'ay parlé au Peintre, vostre serviteur,
pour le vous faire entendre, et qu'il est journellement
avec un nommé de Monchy, compagnon et confrère de
Roos (1) et son négotiateur en ceste part pour conferer
ensemble, ce que je scay très certainement ; chez le quel
de Monchy (2) : there is a great resort of all y^r English
papish rebelles : in whose house has been compounded
and under his auctority printed the book of the papish
rebellions newters of England, and is wont at every
corner and purpose to shewe unto every man and woman
the sayd book. Utteryng many slanderous wordes of Hyr
Majesty, and hyr most honorable counsell, car il est
grand vicaire du cardinal avec Roos, qui font dire aux
prescheurs de ceste ville choses indignes de sa Majesté, et
au grand prejudice et deshonneur et d'Elle et de tout le

---

(1) Jean Leslie, évêque de Ross et archidiacre du diocèse de
Rouen. Il a publié, en 1569, une défense de Marie Stuart, et, un
peu plus tard, un livre de prières pour les affligés. La traduction
de ce petit traité (rarissime édition imprimée à Rouen) renferme
deux sonnets de Marie Stuart à laquelle il était dédié. La pauvre
captive nous dit d'une manière touchante combien cette lecture lui
a apporté de consolation dans ses heures de tristesse et de découragement.

(2) Michel Monchy, conseiller clerc au Parlement et grand-archi-
diacre de Notre-Dame de Rouen. — V. FLOQUET, *Hist. du Parlement*,
t. III, p. 249 et 250.

pays, combien que ce soyent choses que je cognoys estre fausses, et vous veux bien advertyr, Monsieur, que dimanche dernier il y a un cordelier en ceste ville, lequel, après avoir publiquement preché sedition et qu'il falloyt six foys par an solemniser saincte feste de St-Barthelemy et en ceste ville et par tout ce royaulme, a tenu des propos si injurieux de sa Majesté, touchant sa pudicité et l'appellant Jezabel, que il m'a semblé que pour mon debvoyr et l'obligation que j'ay en particulier et en général à sa Maiesté, à vous tous mes bons Seigneurs et à toute la nation angloyse, que je ne pouvoys moins faire que de vous en advertyr, affin d'y pourveoir, dont j'ay aussi adverty Monsieur l'ambassadeur Stafford par Jehan de Vicques, pour en faire ses plaintes au Roy et pour demander et faire députer commissaires pour en informer et les envoyer en ceste ville, où je leur trouveray tant de tesmoings et de plus notables et riches personnages papistes, hommes et femmes de ceste ville, que on aura moyen de monstrer et apprendre à tels coquins de parler à l'advenir plus sagement et plus discrètement d'une telle et tant chrestienne Princesse que la Royne. Quant aux nouvelles de ce pays, Monsieur, ne doubtant que Monsieur l'Ambassadeur ne vous en donne des advys suffisans et bien amples, je ne vous diray aultre chose sinon : que, de plus en plus, le Roy faict demonstration de bonne volunté et affection qu'il porte à ceste saincte race de rebelles et rejettons pretendus de Charlemaigne et qu'il ne se prepare de leur faire rendre compte de ses deniers qu'ils ont reçus et raison de leurs actions passées ; pour fin, Monsieur, je vous pry tenir pour asseuré que je suys et seray toute ma vie, comme j'ay esté, vostre très affectionné serviteur, attendant journellement vos commandemens, où, après vous avoir humblement baizé les mains de Madame de Walsingham, et de Monsieur et Madame Sydney, comme aussi faict ma femme de sa part, je pry le Createur, Monsieur, vous donner à tous en parfaicte santé longues et heureuses vies, avec entier accomplissement de vos saincts desirs.

De nostre maison, à Rouen, ce 14e jour de juing 1585, et selon vostre compte le 4e.

Vostre très humble et très affectyonné serviteur,

Françoys DE CIVILLE.

Monsieur, j'avoys pryé Le Peintre de scavoir de vous si Jehan de Vicques vous avoit délivré et à Madame les graynes et fruicts secs de ma femme pour m'en advertyr; mais je croy qu'il a voulu couvrir la faulte de son compagnon. Il vous plaira lui commander ou de changer d'hoste ou de se garder de luy, ce que je ne vous mande sans raison pour le service que je vous doibs et à sa Majesté.

Monsieur, depuis la présente escritte j'ay esté contrainct de vous advertyr, qu'ayant voullu bailler ce présent paquet à Pitou, il ne le voulut porter, qui m'a contrainct de mendyer et chercher homme seur pour le vous porter tost et seurement, affin d'estre promptement adyerty de ce que dessus. Je vous envoye un coq-à-l'asne qui m'a esté envoyé de Paris, au quel trouverez quelques bons traicts. J'ay entendu que sa Majesté prend plaisir à telles choses. Je desireroys que fust chose meilleure. Je croy qu'il n'est entier ni complet (1).

Au mois de juillet, Civille était obligé de se réfugier en Angleterre, avec sa femme et ses deux enfants; il annonce à Walsingham cette triste détermination :

Monsieur, je suis tout presentement arrivé en ceste

(1) Record Office, State Papers, France, vol. LXXXII.

ville de la Rye, avec ma femme, deux enfants, et une partie de ma famille, où nous avons réussi à nous réfugier sous vostre aide, faveur et autorité, vous suppliant nous tenir pour vos serviteurs, et nous faire cet honneur de nous y vouloir aider de vos lettres pendant le séjour que nous y faisons en attendant la commodité de pouvoir vous mener ceste mesme famille à Londres, pour vous baiser les mains, ce que je fais maintenant d'aussi bon cœur que je prie le Créateur,

Monsieur, vous tenir en parfaite santé, longue et heureuse vie.

De la Rye, ce 2 jour de juillet 1575 (1).

Avant d'aborder le règne de Henri IV, il ne nous reste plus qu'un seul document à mentionner, c'est une lettre de Carrouges (1589), gouverneur de Rouen, à Burghley et à Walsingham, en faveur des religieuses de Sainte-Brigitte, qui, s'étant réfugiées à Rouen, et ne pouvant y vivre par le malheur des temps, avaient été obligées de s'en aller en Espagne; prises en mer par les Rochellois, elles avaient été ramenées en Angleterre. Il intercède vivement pour elles et peut affirmer qu'elles n'ont pas conspiré contre la Reine d'Angleterre (2).

(1) Record Office, State Papers, France, vol. LXXXVI. (Autographe.) V. *Histoire du Parlement de Normandie*, t. III, p. 211.
(2) Record Office, State Papers, France, vol. LCI. (Original.)

CHAPITRE VII

Marche victorieuse d'Henri IV en Normandie.—Henri IV à Dieppe.— Bataille d'Arques d'après un document anglais.—Henri IV marche sur Paris. — Son retour en Normandie, en décembre, d'après un récit du temps. — Deux lettres de M. de Chatles, gouverneur de Dieppe, à Walsingham, complètent ce récit.— Lettre d'Henri IV au président du Parlement de Rouen, pour se plaindre d'exactions qui se commettent à Caen (16 juin 1590). — Flatterie d'Henri IV à l'endroit d'Elisabeth —Lettre de Beauvoir à Henri IV, où il lui parle des marques d'affection qu'elle témoigne pour sa personne. — Rôle joué par Antoine de La Boderie dans l'ambassade du duc de Luxembourg à Rome, à la fin de l'année 1589. — Éloge que fait le duc de Luxembourg de La Boderie à Henri IV. — Premières ouvertures faites par La Boderie à Henri IV pour sa conversion. — Lettre de La Boderie à Henri IV (9 février 1590). — Réponse d'Henri IV. — Nouvelle lettre de La Boderie à Henri IV (24 mars 1590).— Lettre de La Boderie à Henri IV (5 mai 1590), où il dévoile les menées de l'Espagne et rend témoignage de la bienveillance de Sixte-Quint pour le roi légitime.— Deux lettres de La Boderie à M. de Révol (mai 1590). — Lettre de La Boderie à Henri IV (30 juin 1590). —' Dernière lettre de La Boderie à M. de Revol, avant de quitter Rome (12 janvier 1591).— Le comte d'Essex en Normandie. — Sa correspondance passionnée avec la reine Elisabeth.— Triste tableau qu'il fait de la misère de l'armée royale.— Fâcheux début du siége de Rouen. — Mort de Devereux, frère d'Essex. — Plaintes d'Elisabeth. — Elle rappelle Essex. — Il obtient d'elle de revenir en Normandie. — Désordre de l'armée anglaise. — Essex reste à Dieppe pour être fixé sur les mouvements d'Henri IV. — Flatteries qu'il prodigue à Elisabeth. — Mission de sir Unton auprès d'Henri IV. — Renforts donnés à Essex.— Investissement de Rouen.—Temps perdu en tiraillements.— Voyage d'Essex en Angleterre. — A son retour, trouve les choses empirées. — Sa lettre à Burghley.—Reçoit l'ordre de retourner en Angleterre.—Son cartel à Villars.—Laisse l'armée anglaise à sir Roger Williams.—Factum d'Elisabeth, où elle résume les causes de son mécontentement. —

Lettre d'elle à Henri IV.—Nouvelle lettre d'elle à Henri IV (16 mars 1591).—Henri IV va au devant du duc de Parme. — Blessé devant Aumale. — Surprend les deux quartiers de Mayenne et du duc de Parme. — Sortie heureuse de Villars. — Henri IV revient devant Rouen.— Il en presse le siége.— Villars appelle le duc de Parme à son secours.— Henri IV se replie. — Il force le duc de Parme à la retraite et l'accule à la Seine. — Ce que dit Mornay de l'habileté de ce plan.—Lettre de Biron (17 mai 1591), qui établit la situation du duc de Parme. — Lettre de Henri de La Tour à Burghley. — Lettre de Beauvoir à Burghley, où il demande des secours. — Grimouville-Larchamp fait le récit de la retraite du duc de Parme.— Note d'Elisabeth pleine de défiances.—Henri IV licencie une partie de son armée. — Sancy veut quitter l'Angleterre. — Ses plaintes.— Effort tenté par les ligueurs contre Quillebeuf.—Lettre de Beauvoir à Burghley. — Nouvelle lettre du même à Burghley. — Ce qu'il dit d'Elisabeth. — Mort de François du Hallot de Montmorency. — La guerre se ralentit. — Henri IV renforce la garnison de Quillebeuf. — Sa lettre, à cette occasion, à sir Roger Villiams. — Lettre de M. de Saldaigne à Burghley. — Éléphant envoyé à la reine Elisabeth.—État des protestants de Normandie.—Mesures de rigueur du Parlement de Normandie. — Lettre de Beauvoir à Burghley, où il s'en plaint.— Lettre de Beauvoir à Burghley (28 décembre 1592), pour demander de nouveaux secours. — Abjuration d'Henri IV.— Lettre écrite à ce sujet par M. de Feugeray à Burghley (1er juillet 1593).— Deux lettres d'Henri IV à M. de Beauvoir, où il lui parle de son abjuration. — Lettre d'Elisabeth à Henri IV, où elle se plaint de son changement de religion. — Elle rappelle ses troupes. — Beauvoir essaie de la faire revenir sur sa détermination.— Lettre d'Elisabeth à Henri IV (15 octobre 1593). — Nouvelle lettre d'Elisabeth. — Plaintes des marchands anglais à l'encontre du premier président de Caen. — Mission de La Boderie en Angleterre en 1595. — L'ambassadeur d'Angleterre en France, sir Edmonds, le recommande au comte d'Essex. — Ambassade extraordinaire envoyée par Elisabeth à Henri IV en 1598. — Sa lettre à Henri IV. -. La Boderie chargé de recevoir les envoyés d'Elisabeth à Dieppe et de les amener au roi.— Lettre d'Henri IV à ce sujet.— Séjour des envoyés anglais à Rouen. — Sir Robert Cecil en fait le récit à lord Burghley, son père. — Éloge qu'il fait de Groulart. — Mort, à Rouen, de Wilks, un des envoyés d'Elisabeth.— La Boderie poursuit son voyage avec le reste de l'ambassade.—Leur itinéraire. — La Boderie revient à Rouen. — Lettre de lui à lord Burghley.— Nouvelle lettre de lui à lord Burghley. — Détails qu'il donne sur l'itinéraire du roi. — La Boderie envoyé en mission auprès de l'archiduc Albert et de l'infante. — Il l'annonce à Burghley. — Nouvelle lettre de lui à Burghley. — Il lui parle des réformes qu'Henri IV a en vue. — Lettre de sir Robert Cecil à La Boderie (10 novembre 1598).—Demande délicate de renseignements qu'il fait à La Boderie. — Réponse tardive de La Boderie (20 janvier 1600). — La Boderie envoyé en Angleterre en qualité d'ambassadeur. — Ses ambassades ont été imprimées.—Lettre où il annonce sa nomination d'ambassadeur à sir Robert Cecil. — Le comte de Salisbury (Robert Cecil) s'adresse à La Boderie pour le prier de recommander son fils à l'archevêque de Tours. — Quatre lettres inédites de La Boderie au comte de Salisbury. — Lettre du Dauphin (Louis XIII), recommandant La Boderie au roi Jacques.

C'est au mois d'août 1589 que nous prendrons, avec Henri IV, le chemin de la Normandie. Après avoir soumis sans trop grande difficulté Gisors, Meulan, Pontoise et Louviers, enlevé Gournai le 21 août, il prit possession, le 22, de pont Saint-Pierre, où on lui apporta les clefs du Pont-de-l'Arche; enfin, le 24 août, il s'établissait à Darnetal, aux portes de Rouen, où le duc de Montpensier l'avait précédé, mais dès le 26 il quittait son camp, et, suivi de cinq cents chevaux, il poussait jusqu'à Dieppe. Aymard de Chattes y commandait ; c'était un catholique sincère, mais appartenant au parti des politiques et resté fidèle jusqu'à la fin à Henri III, il avait reporté son dévouement sur le nouveau roi.

Durant son séjour à Dieppe, Henri IV reçut l'adhésion des villes de Caen, de Coutances, de Saint-Lo, de Carentan. Après avoir aidé les Dieppois à reprendre Neufchâtel, il revint à Darnetal ; c'est là qu'il apprit que Mayenne marchait au secours de Rouen. A ceux qui lui conseillaient de se retirer devant une armée supérieure à la sienne, il rappela cette maxime que les événements ont souvent justifiée : « Qui quitte la partie la perd. » Le 2 septembre, il prit donc la route de Dieppe, bien résolu à ne pas s'éloigner de la Normandie.

C'est le 15 septembre que parut Mayenne ; il s'établit sur le coteau de Martin-Église, et après avoir, par deux fois, échoué contre le faubourg du Pollet et les lignes fortifiées des royalistes devant Arques, il attaqua, le 21 septembre, au matin, la position de la Maladrerie (1). Voici le récit qu'en fait un nommé Couessin à Walsingham (2) :

Ce jourd'hui, il s'est fait un grand effort au quartier du Roy, ou il a esté reçu de mesme, car on tient qu'il est demeuré plus de cinq cents des siens. Le Roy y a combattu à pied et à cheval ; le sieur de Bacqueville y a esté blessé ; on attend ici de jour à aultre les Ecossois.

Ce n'était pas seulement un secours en hommes qu'on attendait, c'était de l'argent et des vivres ; si rien ne venait, ce n'était pas la faute de Beauvoir La Nocle, l'envoyé d'Henri IV auprès de la Reine

---

(1) V. sur cet engagement le récit qu'en donne M. d'Estaintot, d'après un mémoire du temps : *La Ligue en Normandie*, p. 53. — V. Discours pour la rencontre d'Arques et de Dieppe. Bibl. nat., fonds Dupuy, vol. LXXXVIII, p. 25. — V. *Archives de la maison de Hollande.*

(2) Record Office, State Papers, France, vol. XCIII.

Elisabeth ; chaque jour il demandait les sommes promises, et qu'on expédiât d'Angleterre des farines, des bœufs et des moutons en vie : « Comme c'est dommage, disait-il, que nous ne sommes habillés en cordeliers, car nous demandons toujours (1) ! »

Mayenne, à la nouvelle de la prochaine arrivée des Anglais et des Écossais (2), et des secours amenés à Henri IV par le comte de Soissons, le duc de Longueville et le duc d'Aumont, ayant levé son camp et pris la route d'Amiens, Henri IV, le 24 octobre, quitta Dieppe et marcha sur Paris. Le 1er novembre, il en emportait les faubourgs ; un coup de main heureux pouvait l'en rendre maître, mais Mayenne y étant rentré, et n'ayant, pour en faire le siége, ni argent, ni approvisionnements, il décampa et tourna ses armes ailleurs. Une note du temps va nous indiquer jour par jour son itinéraire en Normandie, où il revint en décembre :

Le Roy, après avoir donné aux faubourgs de Paris, s'achemina à Etampes, qu'il print, et de là à Vendosme, qu'il print de force ; depuis se rendirent les villes du Mans, de Laval, de Chasteau-Gontier, Sablé, Caen et

---

(1) Record Office, State Papers, France, vol. XCIII.

(2) « Ils nous apprestèrent à rire, dit le jeune comte d'Angoulême, à les voir armez et vestus comme les figures de l'antiquité représentées dans les vieilles tapisseries, avec jacques de mailles et casques de fer, couverts de drap noir comme bonnet de prebstre, se servant de musette et de hautbois lorsqu'ils vont au combat (*). »

(*) *Mémoires du duc d'Angoulême*, collect. Petitot, 1re série, t. XLIV, p. 585.

Chasteaubriand. Il a séjourné 11 jours à Laval et se partit le 19ᵉ de décembre et s'achemina vers Alençon, où il arriva le 20ᵉ. Le mesme jour, après avoir reconnu les tranchées, fit donner l'assaut et emporta la ville avec perte de 400 des siens et tous ses ennemis taillés en pièces, et depuis a prins le chasteau par composition, et s'achemina vers Argentan, qu'il a prins à l'eschelle en parlementant; il est à présent à Caen et a fait assiéger Falaise et Bayeux, qui ne peuvent tenir huit jours au plus; il s'achemine vers Avranches et Pontorson, qui sont résolus de n'attendre sa furie; il pourra attacher Fougères et de là venir à Dol et à Dinan (1).

Une lettre de M. de Chattes à Walsingham complète ces détails (11 janvier 1590) :

Nous avons nouvelles que le Roi a pris Falaise et est maintenant à Caen. Les villes de Lisieux, Bayeux et aultres lui ont apporté les clefs; Mʳ de Mayenne a pris Pontoise après trois assaults; on dit qu'il fait marcher son armée vers le Pont-de-l'Arche (2).

Le 21 janvier, de Chattes écrivait de nouveau :

Avranches n'est pas encore réduit; le Roi, au sortir de Lisieux, qui fut le xviii du présent, a séparé son camp : il en a envoyé partie à Pont-Audemer, partie à Honfleur. Deux compagnies se sont saisies du château de Dreux; trois jours de délai ont été accordés au sieur de Longchamps, gouverneur de Lisieux, pour servir le Roi, à quoi il s'étoit refusé (3).

Il ne peut entrer dans le plan que nous nous

---

(1) Record Office, State Papers, France, vol. XCIV.
(2) *Ibid.*, vol. XCV.
(3) *Ibid.*

sommes tracé de décrire, après tant d'autres, les opérations militaires de Henri IV ; nous nous bornerons aux documents que nous avons recueillis, passant du champ de bataille et des récits de guerre à des correspondances intimes, nous arrêtant à tout ce qui touche à l'histoire, aux intérêts de notre province. Ce sont les documents qui nous conduisent ; nous allons où ils nous mènent.

Au milieu des préoccupations de la guerre, Henri IV eut encore à intervenir dans un grave conflit entre des marchands anglais, dont Elisabeth avait pris en main la querelle, et les habitants de Caen, ceux-ci se plaignant et à juste titre de ce que les Anglais venaient leur faire concurrence et se refusaient à payer les droits. Voici la lettre qu'Henri IV adressa à ce sujet au président de la Cour du Parlement alors siégeant à Caen :

Monsieur le Président, le secrétaire qui est près de moy de la part de la Royne d'Angleterre, en l'absence de son ambassadeur, m'a remonstré par forme de plaincte que les fermiers des impositions qui se lèvent sur les marchandises en ma ville de Caen, ne se contentent de prendre des marchands anglois qui y traficquent les coustumes ordinaires, ains les veullent contraindre à paier d'aultres impositions nouvelles contre le debvoir de la paix qui est, entre nous et nos Royaulmes, et qui pis est, y procédant injurieusement jusques à les menacer de leurs vies, chose que non seulement je ne veux estre tolérée, mais, au contraire, estant trouvée véritable, il en faut punition de ceulx qui en seront coulpables, telle que le faict merite. Et que la dicte dame et ses subiects cognoissent combien semblables exactions et injures sont éloignées de mon intention. En ces causes, je vous prie faire informer dilligemment sur les dictes plainctes, après avoir ouy ceulx qui les font sur les causes d'icelles, ensemble sur les moiens de les veriffier et sy mesmes se trouvent avoir commis telles faultes en faire faire chastiement, de sorte qu'il serve d'exemple à l'advenir, donnant neantmoings ordre incontinent la presente receue, que les subjects de la dite dame ne soient vexés ni molestés en leur trafisques par impositions, oultre ce qui est accoustummé, et en toutes aultres choses ils soient traités le plus favorablement qu'il sera possible et gracieusement, ainsy qu'il convient à l'entretennement d'une bonne paix entre Princes, estats et amys. Et par ce que l'on m'a aussy touché quelque mot de semblable rigueur pratiquée à l'endroict de ceulx des Estats du Pays-Bas unis, qui traficquent aussy à ma dicte ville, vous ferez la recherche et donnerez pour tout que vous jugerez estre requis selon mon intention sus dite. Au demeurant, il a esté cy devant conduict du dict pays d'Angleterre en la dicte ville quantité d'habillements à soldats, comme juppes, pourpoincts, chausses, chemises, bottes et soulliers, qui sont encore en la garde d'ung nommé Belot, marchand anglois. Ayant esté apportés pour mon service, je veux aussy que vous teniez la main à ce que ceulx qui en ont la charge n'y soient molestés, ne qu'il y soit touché par aulcun arrest ny imposition, en payant seulement par le dict Belot ce qu'il a accordé pour le louage de la maison où il les tient. Comme je m'asseure que vous pourvoirez sy bien à tout qu'il n'en viendra plus aulcune plainte. Priant Dieu, Monsieur le Président, qu'il vous ayt en sa garde.

Escript au camp d'Aubervilliers (1), le seiziesme juing mil V^e qu^{re} vingt dix (2).

(1) Dans l'Ile-de-France, aujourd'hui le département de la Seine.
(2) Record Office, France, vol. XCV.—Cette lettre n'a pas été publiée

Le Parlement avait jugé en faveur des habitants de Caen, mais le Conseil du Roi évoqua l'affaire et donna gain de cause aux marchands anglais : la raison d'État le voulait ainsi ; il fallait à tout prix ménager Elisabeth ; mais ce Roi, qu'on ne saurait trop louer et qui était bien le plus habile diplomate de son temps, n'ignorait pas que le meilleur moyen de se rendre Elisabeth plus favorable, c'était de feindre pour elle une vraie passion, et il ne se refusait pas cette maligne et intéressée galanterie. En vieillissant, Elisabeth, nous l'avons déjà dit, avait gardé toutes les prétentions de sa jeunesse, toutes ces ardeurs de sentiment que l'âge était impuissant à éteindre ; elle tenait à justifier la devise qu'elle s'était donnée un peu tard : *Semper eadem*. Les perles, les rubis, les émeraudes dont elle se couvrait, dissimulaient tant bien que mal les ravages du temps ; emprisonnée dans l'or, les dentelles et les pierreries, elle se faisait illusion à elle-même ; elle n'avait plus rien de la femme ; c'était, comme le dit Walpole, une pagode de l'Inde. Beauvoir raconte à Henri IV une audience qu'elle lui donna, ainsi qu'au Vidame de Chartres, le 23 janvier 1590 ; elle avait alors cinquante-sept ans (1) ; elle les conduisit dans sa chambre secrète où elle leur montra le beau portrait qu'elle

---

par M. Berger de Xivrey, dans la collection des lettres de Henri IV. — V. Lair, *Histoire du Parlement de Normandie durant son séjour à Caen*, p. 192.

(1) Elle était née le 7 septembre 1533.

avait du Roi « *avec telle démonstration qu'il leur cuida qu'elle en aimeroit mieux le vif;* touttefois, parce que c'est un point qui gist au plus fort de l'ame et qu'il n'appartient à ung vilain de renier Dieu, je n'ose, ajoute-t-il, entrer plus avant dans ce discours, tant y a qu'elle ne se courrouça point lorsqu'on lui dit que vous l'aimiez. » Beauvoir, à la fin de sa lettre, demande à quitter Londres; il a fourni plus de douze cents escus *à ce coquin de Maligny* (le Vidame de Chartres) durant le séjour de Dieppe (1).

Nous allons passer maintenant à une série plus importante, car c'est dans les dépêches de nos ambassadeurs, dans les lettres du temps qu'il faut aller chercher l'histoire du passé. Cette étude, nous l'avouons, nous attire de préférence; les faits seuls seraient bien arides, si on ne remontait pas jusqu'aux intérêts, jusqu'aux motifs secrets qui les ont déterminés et qui nous les expliquent.

Dans les premières années du règne d'Henri IV, un tout jeune secrétaire d'ambassade, qui plus tard devait représenter si noblement la France en Angleterre (2), un Normand, dont les deux frères se firent un nom dans les lettres, l'un comme poète et l'autre comme orientaliste, Antoine de La Boderie, a joué un rôle peu connu jusqu'ici dans la première ambassade que les seigneurs français, à la fin de l'année

---

(1) British Museum, collect. Egerton, vol. VI, f. 34. (Dépêche originale.)

(2) Les ambassades de La Boderie ont été publiées en 4 vol. in-12.

1589, envoyèrent au pape, sous la conduite du duc de Luxembourg. Dans l'étude que nous avons consacrée à cette illustre famille (1), sur la foi d'un renseignement de seconde main, nous avions dit que, faisant partie de la suite du marquis de Pisani, l'envoyé de Henri III, La Boderie, dont le séjour s'était prolongé à Rome, avait pu nouer avec Henri IV une correspondance où, pour la première fois, il avait abordé la question délicate de son abjuration, et cela en 1590. Quelques explications nous semblent ici nécessaires : le marquis de Pisani, ambassadeur d'Henri III, resté à Rome après sa mort, avait remontré au pape Sixte-Quint qu'on avait quelque espoir de ramener Henri IV à la religion catholique, pourvu qu'on s'abstînt de toute pression inopportune ; il n'avait pas laissé ignorer que les princes et seigneurs qui avaient députe le duc de Luxembourg manifestaient certaine velléité d'une séparation de l'Église gallicane ; le Pape s'était peu à peu rendu à ces sages observations ; il avait repoussé les demandes d'argent que lui adressait la Ligue, défendu à son légat Gaëtan d'user d'excommunication envers les seigneurs du parti royal, et, faisant un pas de plus dans les voies de la conciliation, il avait reçu le duc de Luxembourg, lutté avec fermeté contre les conseils violents du duc d'Olivarès,

---

(1) *Les La Boderie, étude sur une famille normande*, Paris, Aubry, 1855.

l'ambassadeur de Philippe II, intimant l'ordre à son légat en France de s'employer à ménager la paix entre les royalistes et les ligueurs.

Ceci exposé, nous arrivons tout naturellement à parler de la part que prit Antoine de La Boderie à ce grand démêlé où l'Espagne et la Ligue se réunirent dans un effort commun contre le roi légitime. Le duc de Luxembourg, dans une lettre à Henri IV (16 mars 1590), a fait de La Boderie ce bel éloge :

> Vostre Majesté a icy le sieur de La Boderie qui m'a faict pour son service tout ce qu'elle pouvoit désirer d'un bon et fidèle serviteur, m'ayant assisté en toutes les occasions qui se sont présentées, tant près nostre Sainct Père que partout ailleurs, ce qui m'a semblé nécessaire de représenter à vostre Majesté (1).

La Boderie, dont nous avons retrouvé au British Museum toute la correspondance, va nous dire lui-même comment, venu à Rome avec le marquis de Pisani, il y resta de l'assentiment de Henri IV et se sépara à jamais des ligueurs. Sa première lettre nous met bien au courant des intrigues espagnoles à Rome, et nous y remarquons cette phrase significative :

> Nous voyons déjà tous que le Pape n'obmettroit rien de ce qu'il peut et doit faciliter la conversion de vostre Majesté.

Ce que La Boderie insinue habilement, le duc de

---

(1) British Museum, collect. Egerton, n° 7.

Luxembourg le dira en termes plus formels à Henri IV (lettre du 8 mars 1590) :

Vostre Majesté me pardonnera si souvent je l'importune se conformer à la religion du bon roi St Loys ; elle l'attribuera, s'il lui plaist, à l'affection que j'ay de vous voir le plus grand prince du monde et vostre royaume en repos (1).

Voici maintenant la lettre de La Boderie :

9 février 1590.

Il y a quelque huict jours que j'ay receu par la voye de Monsieur de Maisse la lettre dont il a pleu à vostre Majesté m'honnorer du septiesme novembre et puis qu'il luy plaist avoir agreable que je sois demouré icy pour son service, je prie Dieu seulement qu'il luy plaise seconder mon affection, me donnant autant de moien de luy estre serviteur utile, comme je luy seray toute ma vie tres fidelle et tres obeissant. Sitost que je sceuz la triste nouvelle de la mort du feu Roy que Dieu absolve, tous les vrays Francois que je congneuz en Itallie me seront tesmoings du bon augure que je feis de votre prosperité et comme nonobstant ung si horrible coup qui faisoit perdre cœur aux plus asseurez, j'euz tousjours neantmoins esperance que Dieu ne nous abandonneroit point tandis que votre Majesté demeuroit en vie ; aussi des l'heure vous vouay-je ma fidelité et plus humble service, et si je ne vous en ay faict veoir les effects par la continuation de mes lettres, le peril evident que j'aurois couru m'en a gardé, mais si n'ay-je laissé de faire entendre par toutes les occasions que j'ay peu, tant à M. le marquis de Pisani que à M. de Maisse, tout ce que j'ay estimé importer à vostre service et estre digne de sa cognoissance. J'espere qu'ils auront de leur

(1) British Museum, collect. Egerton, n° 7.

costé faict leur debvoir de le luy escrire. Et puis qu'elle monstre trouver bon que je le fasse moy mesme, je m'en acquicteray à l'advenir et tiendrai les voyes qu'elle a pleu de m'ordonner. M. de Luxembourg luy aura, a mon jugement, faict entendre la facon dont il fut receu par deca et ce qu'il y a advancé jusques a ceste heure ; toutefois, pour ne rien obmettre, je diray à vostre Majesté que la bonne chere, qui luy fut faicte, surpassa l'esperance de tout le monde, et en ses deux ou trois premieres audiences, il remporta tant de bonnes parolles du Pape, que tous vos serviteurs en demourerent aussi consoléz comme esperduz et estonnéz les ligueurs et fauteurs de la ligue, de sorte que nous croyons desia tous que le Pape n'obmettroit rien de ce qui *peut et doit faciliter la conversion de vostre Majesté;* toutesfois les Espagnols redoubtant cela pour la cognoissance qu'ils ont du mal qui leur tiendroit, quand elle auroit osté aux Princes catholiques le scrupule qui les retient de se déclarer apertiment pour Elle, ils feirent lors, avec la grande assistance qu'ils ont en ceste court, tous les stratagemes qu'ils peuvent pour retenir Sa Sainteté et voyant que les artifices ny suffisoient, ils vinrent aux menaces et presenta l'ambassadeur une protestation par escrit, au nom de son maistre, par laquelle il menacoit Sa Sainteté, si elle absolvoit votre Majesté ou la favorisoit en aulcune chose qu'elle demandast, que son dict Maistre s'en repentiroit par les armes temporelles que Dieu luy a mises en mains et quant elles ne suffiroient, qu'elle convocquieroit un conscille, disant qu'elle ne vous pouvoit absouldre ny recevoir à l'eglise sans le consentement des aultres Princes, nommement de son maistre pour le grand interest qu'il y avoit ; cela apporta au commencement plus de desdaing que d'estonnement au Pape, mais depuis, l'ayant ledit ambassadeur suivy d'infiniz offices que feirent tous les cardinaulx ses partisans en ceste conformité, et mesme ayant ceulx de la congregation de France usé de leurs soffisticqueries accoustumées pour l'arrester, ils luy ont beaucoup alteré la bonne volonté qu'il monstroit avoir, tellement que tout ce que Monsieur de Luxembourg en a peu tirer est la despeche qu'il vous envoie avec asseurance qu'on luy a donnée que toutes et quantes fois que votre Majesté escrira, monstrant de se vouloir réduire, on aura ses lettres fort agréables, et quand elle demandera l'absolution, qu'indubitablement on la luy donnera. Il est vray qu'on veut trouver auparavant quelque temperament en la prison de Monsieur le cardinal de Bourbon, disant que, quelque abjuration que votre Majesté feist de sa religion, on ne pourroit neantmoins absoudre par ce qu'elle demeureroit toujours aussi bien excommuniée pour raison de la dicte prison ; mais le Pape a, de luy mesme, mis en avant que l'on feist demettre le cardinal de Bourbon de ses prétentions, ce qu'il croit n'estre difficile, attendu l'age qu'il a ou bien que vostre Majesté le teinst prisonnier dessoubs ses gardes, au nom toutesfois de sa Sainteté ; avec ces conditions, ung chacun tient que vous obtiendrez du Pape ce que vous vouldrez, mais je en adjousteray encore une que je croy estre la plus importante et la plus forte de toutes, c'est a scavoir que voz affaires aillent bien en France, sur la quelle je fais tel fondement, veu la facon de proceder qu'on tient icy, que j'espère que vous debvrez principalement bastir là dessus toute l'esperance du bien ou du mal que vous pourriez en attendre. Le Roy d'Espaigne, scachant le peu de credict qu'a son ambassadeur icy resident aupres du Pape, envoie (se dict on) le duc d'Olivares pour traverser voz affaires et principalement empescher votre absolution ; mais sa Sainteté monstra ne s'en estonner que de bonne sorte et maintient desia, quant à elle, que vous n'estes pointz relaps, ainsi que font beaucoup d'aultres doctheurs à qui elle l'a dict estudier, de sorte que, si vostre Majesté se resould à ce que desire le Pape, qu'elle face de son costé, je tiens pour certain qu'elle les mect en roupture le Roy d'Espaigne et luy, et que ce sera une occasion que les Venitiens et le grand Duc auront tres chere pour ayder à votre Majesté à se venger de luy et le ruyner ; vray est que par les lettres qu'elle escrira, si tant est qu'elle se résolut, il faudroit qu'elle monstrast confier plus de sa Sainteté seule que de tout le reste de ce college, et surtout qu'elle la priast n'appeler point en chose, où il traict de son interest, les cardinaulx de la Congrégation qu'il a establis sur les affaires de France pour les avoir tous pour suspects et estre le principal d'iceulx vassal d'Espaigne et les aultres pour divers interests trop partiaulx et attachéz à ceste faction, car par ce moien elle s'obligeroit davantaige le Pape et se deferoit à la verité de grands ennemys qui sont tous gaignéz par ses adversaires, et quand bien le Pape y en vouldroit mettre d'aultres, ils ne scauroient estre pires que ceulx cy, et beaucoup pourroient ils y entrer qui sont neutres et gens de bien, ou a tout le moings qui ne sont pas encores corrompuz, comme sont les aultres. J'ay pensé estre de mes debuoirs de discourir de tout cecy vostre Majesté, pour le peu de cognoissance que j'ay des affaires de deca, sur quoy elle interposera son jugement et ordonnera ce qui lui plaira, suppliant les Créateur donner à vostre Majesté, Sire, la parfaite properité très longue et tres heureuse vie, et a moy l'heur d'estre tousjours tenu d'Elle pour son tres humble et tres obeissant subject et serviteur.

De Rome, ce ixe jour de février 1590.

La Boderie.

Cette lettre eut l'honneur d'une réponse. Henri IV était trop bon politique, trop bon juge pour ne pas apprécier à sa valeur le mérite du jeune La Boderie et le parti qu'il pouvait en tirer. Voici sa lettre :

Monsieur de La Boderie, avec la depesche que mon cousin le sieur de Luxembourg m'a faicte par ce courrier, j'ay receu vostre lettre du ix février, par laquelle j'ay veu en quelle disposition estoient les affaires par delà pour mon regard et le jugement que vous faites des moyens qui peuvent avoir plus de force pour empescher que mes ennemis n'y obtiennent tout ce qu'ils désireroient contre moy. Vous m'avez faict plaisir de m'escrire ce que vous en cognoissez, et desire que vous continuiez de m'advertir de tout ce que vous en pourrez descouvrir et apprendre, faisant aussi tous les offices que vous pourrez à l'advantage de mes affaires sous main, si ouvertement il ne vous est permis, comme j'estime bien que vous ne pourriez seurement le faire. Et en cela je remets à vostre prudence de vous y conduire selon que vous mesmes scaurez bien juger qu'il soit à propos. Vous aurez desja peu entendre l'heureuse victoire que Dieu m'a donnée contre mes ennemis, en l'appuy et bonté duquel j'avoys constitué ma fiance, et eulx, au contraire, au grand nombre et bon equippage de leurs forces. Aussi j'en ay receu la bonne issue que j'en esperois, dont je refère la gloire et louange à sa Majesté divine et la prie que ce coup qu'il luy a pleu frapper de sa main sur mes dicts ennemis, amolisse de façon l'endurcissement de leurs cœurs qu'ils me donnent le moyen d'exercer plus tost la clemence en leur endroict que occasion d'user du severe chastiment que la rebellion tire à soy sur ceulx qui y demeurent opiniatres. Le cardinal Gaëtan a recherché le Mareschal de Biron de s'aboucher avec luy, ce que je luy ay permis et se doivent voir dans un jour ou deux à Noisy. Le sieur de Villeroy qui monstre, il y a ja quelque temps, volonté de se retirer, a aussi désiré conférer avec quelqu'un de ma part. Il est sorty de Paris, et j'ay deputé ung de mes serviteurs pour communiquer avec luy en ung lieu non guères loing d'icy, qui a esté choisi à cet effect. Je ne scay s'il se fera quelque ouverture de leur part qui me puisse faire mieulx espérer de leurs intentions que je n'ay eu occasion jusques icy ; s'ils viennent à chose qui soit raisonnable, ils me trouveront encore plus prest qu'eulx à l'embrasser, comme aussi j'ay plus d'interest que nul aultre à la conservation de ce royaume. Je ne doute que les ministres et partiaux d'Espagne n'empeschent la reconciliation par deçà, tant qu'ils pourront, pour animer d'autant plus le Pape, qu'ils verront par la victoire que j'ay eue l'exécution de leurs mauvais desseins, tendans à la subversion de cet estat, rendue plus difficile, mesmes qu'ils voudront faire et persuader plus grand effort contre moy qu'auparavant. Vous prendrez garde à leurs déportements, et dextrement mettrez en consideration ès lieux, où vous cognoistrez qu'il puisse servir, que les evenements de la guerre et voye des armes peuvent plus tost estre la semence et introduction d'impiété que la conservation de la religion catholique, et partant le Pape ne se doit laisser abuser du faux prétexte duquel ils couvrent leur ambition, et par lequel ils le veulent faire joindre à eulx pour destruire ce royaume, peu soucieux au demeurant du fait de la religion, quelque bon semblant et protestation qu'ils fassent au contraire. Vous prendrez les occasions de faire valoir ces raisons le mieux qu'il sera possible. Sur ce je prie Dieu, Monsieur de La Boderie, qu'il vous ayt en sa saincte garde.

De Mantes, le xxve jour de mars 1590 (1).

Une seconde lettre d'Antoine de La Boderie à Henri IV, du 24 mars 1590, est non moins importante. La mise en liberté du cardinal de Bourbon, alors en prison, était toujours la première condition que le Pape exigeait pour l'absolution du Roi. La Boderie, en diplomate déjà consommé, a le soin de faire remarquer à Henri IV « qu'il falloit prendre garde, comme il délivrera le cardinal de Bourbon, et

---

(1) *Recueil de divers mémoires, harangues et lettres.* Paris, Pierre Chevalier, MDCXXIII, p. 250. (Cette lettre a échappé aux recherches de M. Berger de Xivrey.)

s'assurer de manière, s'il est possible, que sa prison ne retarde point l'absolution de Sa Majesté, ni que sa liberté engendre un nouveau trouble. »

Sire, si la lettre que i'escrivis à V. M. le 9e de ce mois par la voye de Monsieur le Marquis de Pisany, vous a esté rendue, vous aurez veu fort particulièrement le mauvais mesnage qui commençoit à naistre entre le Pape et les Espagnols. Depuis, les affaires sont tousjours allés s'embrouillant davantage, et en sont venus jusques là que l'on n'en attend maintenant qu'une roupture, si d'aventure les dits Espagnols, suivant leur bonne coustume, après avoir bien faict les braves, ne se resolvent de cailler et boire la honte qu'ils se sont eux mesmes préparée. L'ambassadeur n'ayant peu ou, pour mieux dire, osé faire faire en public, par ce president Napolitain qu'il avoit tout exprès fait venir pour cest effect, la protestation dont V. M. aura tant de fois ouy parler, à cause du bon ordre qu'y avoit mis le Pape et des caresses qu'ils scavoient qu'on leur preparoit, feist en deux audiences tout l'effort qu'il luy fut possible pour au moins obtenir que Sa Sainteté l'y voullust recevoir en privé, mais s'en estant, sa dite Sainteté, deffendue avec les meilleures raisons qu'elle peut, et voyant à la fin qu'elles ne proffitoient, il fut contraint de venir aux rebuffes, et après avoir, comme j'ay appris, toutes les deux fois traité le dit ambassadeur de présomptueux et temeraire, il le planta dans la chambre où il estoit, et se retira dans une aultre, luy fermant la porte au visage, ce que voyant le dit ambassadeur, et ne voullant neanmoins laisser aucune pierre à remuer, il meist en avant les cardinaux Jesualde et Come, qui, après plusieurs allées et venues, reduisoient enfin le Pape à ceste raison qu'il se convoqueroit une congregation de vingt-quatre ou vingt-cinq cardinaux pour avoir leur advis sur les affaires presentes, affin, disoient-ils, que Sa Sainteté peust davantage justiffier ce qu'Elle feroit, comme il luy seroit plus facile, quand il apparoistroit qu'Elle ne l'auroit fait de sa seulle teste, mais en effect par l'opinion qu'ils avoient de faire faire aux dits cardinaux ce qui leur plairoyt. En cela, toutesfois, ils se trouverent fort abusés et confus, car encor qu'ils eussent d'eux mesmes appelé la dite congregation, et nommé tous les cardinaux qui s'y trouverent sans aucune participation du Pape, qui leur voullut donner ceste pasture, pour leur faire davantage connoistre le peu d'equité de leurs demandes, et que la pluspart d'iceux fussent vassauls d'Espagne, ou au moins reconnus de tout le monde partisans de ceste faction, comme V. M. pourra voir par la liste que je luy en envoye. Et neanmoins, de vingt qu'ils estoient, il en a eu à grande peine deux qui adherassent à l'opinion de ces deux autres, tout le surplus ayant monstré trouver très mauvais la façon de procéder de l'ambassadeur, et conseillé le Pape de reprimer son insolence pour le mauvais exemple qu'elle apportoit; mais, affin que V. M. y voye plus clair, je luy deduiray à peu près le menu comme tout passa; le Pape entra en la dite congregation par un fort long et docte discours de l'authorité du Pontife et du respect que tous les Roys luy doivent et luy ont tousjours porté; il dist une grande partie de ce qu'il avoit commandé au Legat quand il l'envoya en France, et nommément qu'il eust à faire tous les efforts qu'il pourroit pour réunir les catholiques ensemble, et ceux qui voudroient demeurer opiniastres qu'il luy avoit ordonné de procéder contre eux par censures; que, depuis, Monsieur de Luxembourg estoit arrivé, qui luy avoit apporté beaucoup de submission de la part des Princes et seigneurs qui suyvent V. M. et par protestation que, ce qu'ils en faisoient, étoit principalement pour moyenner vostre reduction à l'Eglise; qu'il luy en avoit outre cela donné grande esperance de vostre part, et nommément luy avoit dit que V. M. luy eust escrit, si Elle eust pensé qu'elle eust deu recevoir ses lettres; qu'il luy avoit promis de les recevoir et avoir agréables, pourveu qu'elles

demonstrassent quelque disposition de conversion en
V. M., et que jusques là il luy avoit promis aussi de ne
rien faire contre vous ni ceux qui vous suyvent ; que,
depuis, le comte d'Olivarez l'avoit importuné et tourmenté
tout ce qui se peut pour qu'il declarast par nouvelle bulle
V. M. à jamais inhabille de succeder à la couronne de
France, excommuniast tous les catholiques qui vous servent et chassast Monsieur de Luxembourg d'icy ; que
maintenant se reduisoit à ung point, qui estoit l'excommunication de la noblesse et clergé qui vous assiste, et à
faute de cela le menaçoit de voulloir faire des protestations et de guerre et de conciles contre l'authorité et
dignité de ce Saint Siége ; que, partant, il les prioit luy
donner leur advis sur ces deux chefs : à scàvoir si, au
prejudice de la promesse qu'il avoit faite à Monsieur de
Luxembourg, il pouvoit ou devoit procéder à la dite
excommunication, et, à faute de cela, s'il devoit admettre
ou permettre au dit ambassadeur ou autre pour luy de luy
faire la dite protestation. Tous, excepté Jesualde, Cosme,
Madrucy et Alexandrin, furent d'advis qu'il devoit demourer aux termes de sa promesse, sans innover aucune
chose au prejudice d'icelle, et empescher par tous moyens
ces protestations qu'on prétendoit faire, concluants qu'il
n'estoit loisible à ung seculier de protester contre le Pape,
mesmement pour choses qui dependent de la conscience,
et le premier qui meist en avant ceste opinion fut le cardinal d'Arragon, lequel, encor qu'il soit vassal d'Espagne et fort interessé avecque luy, se porta neanmoins
très genereusement en ceste action, et monstra par
beaucoup de raisons que c'estoit le service catholique qui
le mouvoit à en parler de ceste sorte, en quoy il fut suivi
de tous les aultres, bien que peut estre il s'y en trouvast
quelqu'un qui allast davantage flattant l'Espagne ; mais il
n'en y eust point qui le tranchast plus au vif que Mathey,
car il dit qu'il s'emerveilloit extremement comme ung
Roy qui avoit jusques icy voulu remplir les opinions de
tout le monde, non seulement en religion catholique,

mais protecteur des catholiques, voulust maintenant tomber en schisme, et que le Pape devoit et tenir ce qu'il avoit promis, et, si l'Ambassadeur continuoit en ses braveries, y prendre tel temperament qu'il luy fist sentir qu'il se gouvernoit mal. De quoy je me suis tant plus resjouy que les dits d'Arragon et Mathey sont, peut estre, les deux plus grands amys qu'eust Monsieur le marquis de Pisany par de ça. Enfin, il fut conclu que deux des cardinaux de la dite congrégation, à scavoir le vieux Colonne et Sforze iroient trouver le dit ambassadeur, non de la part du Pape, mais comme d'eux mesmes, pour luy dire ce qui avoit esté resolu, et scavoir de luy s'il y voulloit acquiescer ou non, et se departir de ses belles protestes. Cela fut lundy matin : l'après-disnée, lesdits cardinaux y allèrent et rendirent le dit Ambassadeur bien étonné, qui sachant les sujets qui assistoient en ceste congrégation pensoit y devoir obtenir tout ce qu'il voudroit, mais reconnoissant tout le contraire, et se sentant pressé de répondre et de déclarer son intention, il demanda temps jusqu'au lendemain. Le lendemain il les alla trouver, et voullant tousjours tenir le Pape en suspens et en doute, quelque effort que fiessent les dits Cardinaux, si ne leur fut il jamais possible d'en tirer aucune résolution, leur disant seullement qu'il ne scavoit que leur en dire. Cela ayant esté rapporté au Pape, il tint le jour en suivant consistoire, et donna conte à tout le collége de ce qui estoit passé en ceste congregation précédante, s'excusant à ceux qui n'y avoient esté appelés, que ce n'avoit esté luy qui en avoit fait la liste, et dist entre autres choses pour bailler ung peu sur les doigts aux dits Jesualde, Cosme, Madruchi et Alexandrin, qu'entre douze apostres il s'en estoit bien trouvé ung Judas, et entre vingt de leurs confrères y en avoit eu de mauvais qui n'avoient point fait conscience pour quelque interest temporel de vouloir trahir la dignité du dit Siège, mais que neanmoins il ne leur estoit pas reussi, par ce qu'il y en avoit eu bon nombre d'aultres qui l'avoient maintenue ; que le comte d'Olivarez se comportoit si insollemment avecq luy qu'il n'en pouvoit plus souffrir, et estant resolu d'y prendre ung temperament, qu'il les prioit tous de se retrouver auprès de luy, le lendemain, où il leur proposeroit ung expedient et remede qu'il y voulloit tenir, dont pour lors il ne leur voulloit dire aultre chose, seullement leur commandoit-il de ne parler cependant au dit Olivarez, luy escrire ou mander personne, ni recevoir billet ou message de luy, declarant ceux qui contreviendroient à ce sien commandement, *ipso facto*, excommuniqués d'excommunication majeure et principalle. Le lendemain, qui fut hier, ils se rassemblèrent, et le Pape reprenant les choses de plus haut donna pareil conte de tout ce qui s'estoit negotié entre le dit Olivarez et luy sur les affaires de France, incontinent après la mort du feu Roy, comme ils estoient demouré d'accord que le Roy d'Espaigne fourniroit vingt cinq mil hommes et luy quinze pour envoyer en France au secours de la Ligue ; mais, quelle diligence qu'il eust faite d'en soliciter le Roy et son Ambassadeur, il n'en avoit jamais peu avoir de resolution, faisant lire pour plus grande justification de ce qu'il disoit des lettres qu'il en avoit escrites à son nonce, les responces qu'il en avoit eues ; qu'il avoit fait de son costé ce qu'il avoit peu et avoient voullu, avoit envoyé à leur suscitation ung legat en France avec charges fort avantageuses pour leur party, et mesme y avoit contribué de son argent ; et qu'au lieu qu'il se devroit plaindre du dit Ambassadeur pour ne luy avoir rien fait observer de ce qu'il luy avoit promis, il alloit maintenant se plaignant de luy, et le menaçant des protestes qu'ils avoient ouyes ; que partant il estoit resolu de s'oster ceste mouche du nez, et à ceste fin les avoit appelés pour avoir leur advis sur deux choses : la première, comment il se devroit gouverner pour chasser le dit Olivarez, à scavoir par excommunication, simple commandement ou forme de justice, et l'aultre, si, à cause des bruits qui courent qu'il y a tout plein de gens de guerre sur les confins de cest

Estat, ils estoient d'advis qu'il armast. Le premier qui parla, ce fut S* George comme Doyen, et dist que ces deux propositions estoient de très-grande importance pour la puissance et bonté du Roy qu'elles regardoient, et qu'elles méritoient bien que l'on y pensast plus d'une fois. Ce neanmoins si sa Sainteté se resolvoit à la première, qu'il estoit d'advis qu'Elle deputast une congrégation de Cardinaux-Docteurs pour cest effect, affin que quelque chose qui se feict, ce fust toujours le plus justificativement qu'il seroit possible, et quant à s'armer, que quelque chose qu'on dist, il ne pensoit pas qu'il en fust besoing, tenant le Roy d'Espagne pour trop religieux pour voulloir entreprendre quelque chose contre le Saint Siége. Jesualde qui suivoit après, vouloit braver et faire peur de la grandeur d'Espagne, adioustant qu'il estoit d'advis que le Pape deputast deux Cardinaux pour scavoir quelle seroit la résolution finalle du comte. Sur quoy sa Sainteté l'interrompit, le taxant d'estre mauvais cardinal et indigne du titre qu'il en portoit, en disant que, quand le mesme Roy d'Espagne seroit icy, il ne lui envoyeroit pas deux Cardinaux et passa à Arragon qui fut quasi du mesme advis que Saint-George, et de main en main tous les aultres presque de mesme, jusques au cardinal Saint-Félix, qui, suivant son ignorance accoustumée, entra en ung grand discours des affaires de France, dont le Pape le retira, luy disant qu'il ne scavoit ce qu'il disoit et qu'il laissast parler ung autre. Enfin, quand ce vint à Detza qui est Espagnol, il dist qu'il supplioit très-humblement le Pape ne prendre aux affaires présentes tous les rigoureux expédients qu'il pourroit bien, qu'il s'asseuroit que le comte n'avoit jamais eu volonté d'offenser sa Sainteté, et que s'il lui plaisoit luy commander qu'il allast scavoir son intention, il esperoit de la tirer et d'en contenter le Pape. Tous les autres qui suivirent furent presque de cet advis, excepté quant ce vint aux diacres que Sforze, Montalto, Mathey, Justinian, Delmonte, Pepoly et les autres jusques au jeune Colonne furent bien d'opinion que le Pape disferast pour ung jour le licenciement d'Olivarez, attendant que Detza luy eust parlé, mais cependant qu'ils estoient d'advis qu'il s'armast, et si le dit Ambassadeur ne se rangeoit à la raison, que sa Sainteté le chassast et procedast contre luy par toutes sortes de voyes. Le dit Colonne voulut reprendre les arguments de Jesualde et espagnolizer, c'est-à-dire braver comme l'aultre, mais le Pape le fist taire. Et lorsque tous les cardinaulx unanimement supplièrent le Pape de s'accomoder au party de Detza, ce qu'il leur accorda, à la charge toutes fois qu'il n'iroit trouver le dit Ambassadeur que comme de luy, et non en son nom, ni de la Congrégation, et qu'il luy en rapporteroit response dès le soir, afin que tant plustost il peust donner ordre à ce qui est de sa réputation et dignité. Cependant il fait munir et avitailler le château de St-Ange, ayant assigné trente mil escus à ceste fin et le faict garder avec plus de soing que l'on ne souloit.

De sorte que votre Majesté peut par tout ce que dessus juger, combien il est en sa puissance de mettre le Pape de son costé, et si l'opinion des serviteurs qu'elle a par de ça est bien fondée, c'est ung des plus grands advantages que Dieu lui auroit peu envoyer en ce temps cy. Et pour mon particulier avecq la reverence et submission que je luy doy, je la supplie très-humblement se valloir de ceste occasion, et faire en sorte que ceste bonne disposition du Pape ne vous reussisse point infructueuse à faute de la bien mesnager.

Je ne veux obmettre de faire entendre à vostre Majesté que, sur promesse que luy en a, à qu'il dit, faict Monsieur de Luxembourg et M. le Cardinal de Vandosme en a escrit, le Pape s'atend que ferez delivrer M^r le Cardinal de Bourbon, avant que pouvoir estre absoubs, et à ce propos, en parlant dernièrement sa Sainteté à l'Ambassadeur du Grand Duc, Elle luy dit que, quand le dit Cardinal de Bourbon seroit délivré, elle auroit son intension par ce qu'il seroit Roy, ce que le dict Ambassadeur remarqua très-bien, et me l'ayant confié, j'ay estimé le devoir dire à votre Majesté, affin qu'Elle prenne garde comme elle delivrera le dict Cardinal, et s'en asseurer de manière, s'il est possible, que sa prison ne retarde point votre absolution, ni sa liberté engendre nouveau trouble.

De tout cecy, je fais ce que je puis à ce que Monsieur de Luxembourg, qui retourna mardy matin au grand regret des Espagnols, advertisse votre Majesté par courrier exprès; mais cependant pour la grande importance dont il me semble estre à la bonne direction des affaires de V. M., j'ay pensé que je ferois faute si je perdois la commodité de nostre ordinaire, qui part aujourd'huy sans vous en donner advis, en ayant encore autant mandé par la voye de Monsieur le marquis de Pisany, affin, s'il est possible, que choses si importantes ne faillent point de venir à la connoissance de votre Majesté, à laquelle je supplie le Créateur,

Sire,

Donner en toute prosperité et victoire de vos ennemys, très-longue et très-heureuse vie.

De Rome, ce 24 mars 1590.

Le très-humble et très-obéissant pauvre subject et serviteur de V. M.,

La Boderie.

L'affaire de l'Ambassadeur a esté accommodée par le moyen du Cardinal Detza, à la charge qu'il sera comme il a promis plus modeste à l'advenir, et nommement ne parler plus de protestation dont il menaçoit, s'il n'en a nouvel ordre de son Maistre. Cela s'apaise à mon advis, jusques à ce qu'il voye si V. M. demandera l'absolution, de sorte que la demandant èt vous faisant catholique vous les mettez sans doubte en rupture, et pour l'honneur de Dieu, que V. M. prenne bien garde de ne perdre en ceste occasion son advantaige; mais il fault qu'elle satisface au particulier de M^r le Cardinal de Bourbon, car sans sa delivrance, le Pape dict encores hier à l'Ambassadeur de Venise qu'il ne pourroit rien faire pour vous. Il pense avoir obtenu une grande victoire d'avoir reduit les Espaignols à ceste raison, et brave à ceste heure contre eulx à merveilles et en particulier après cest ambassadeur qu'il ne traicte de rien moins que de scelerat. J'entends que Jehan Andrea Doria est allé charger sur ses gallaires à Naples quatre mil espagnols, deux mil qu'on a faict venir de Cecille, et deux mil des garnisons du Regne et oultre cela deux mil Italyens qu'ils ont levés, il y a près d'un an, et craings bien que ce soit pour Provence, votre Majesté, s'il luy plaist, y prendra garde (1).

La lettre qui suit, adressée par La Boderie à Henri IV, le 5 mai 1590, tout en nous révélant les menées et les pratiques de l'ambassadeur d'Espagne, est un nouveau et un irrécusable témoignage de la bienveillance soutenue de Sixte-Quint pour le roi légitime :

Monseigneur, depuis mes dernières qui furent du 23 du passé, le solliciteur de la Ligue qui est icy eut une audience, où il presenta au Pape la lettre du Duc du Mayne, dont je vous envoye la copie, la quelle Sa Sainteté ayant lue et vu dedans à peu près tout ce dont l'ambassadeur d'Espaigne l'avoit si long temps menacé, après s'en estre mise en collère à bon escient, elle l'envoya incontinent à tous les Cardinaux de la Congregation de France, leur commandant que le lendemain ils eussent à se trouver devant luy, ainsi qu'ils feirent. Et après avoir Sa Sainteté exageré tout ce qu'elle peut contre le dit Duc de Mayne, contre la Sorbonne, qu'elle croit avoir conseillé toutes

(1) British Museum, collection Egerton, M. S., p. 71. (Autographe et chiffrée.)

ces protestations, et contre les Espagnols, Elle demanda aux dits Cardinaux leur advis sur trois choses : la première, si elle devoit repondre à la dite lettre ; la seconde, si elle devoit donner les benefices du Cardinal de Guise à ung des fils du feu Duc, ainsi qu'il en estoit recherché, et la troisième, ce qu'elle auroit à faire sur l'offre que les villes de Provence luy faisoient de se mettre en sa protection. Sur la première, tous les dits Cardinaulx unanimement furent d'advis qu'elle ne respondist point à la dite lettre, pour estre pleine d'impertinences qui ne méritoient pas qu'on en prist la peine, mais il y en eust qui se fonderent davantage en cest advis sur l'opinion qu'ils eurent qu'elle eust esté forgée icy, dont principalement fut Pinelli, qui, pour cela, en eust des paroles fort aigres avec le vieux Colonne qui vouloit deffendre le contraire ; mais après qu'ils eurent tous parlé, Sa Sainteté prist la parole et dist qu'Elle ne pouvoit estre de leur advis, car encore, comme ils disoient, que la dite lettre fust impertinente, tout ce qui se peut dire, et partant indigne de responce, si luy sembloit il estre obligé y respondre, tant pour ne laisser opinion à ceulx qui auroient veu la dite lettre et sceu qu'Elle n'y auroit respondu, que c'eust esté pour n'avoir eu qu'y respondre, que pour repousser la mordacité du Duc du Mayne et ses adherents, et leur aprendre pour une aultre fois à estre plus discrets qu'ils n'avoient esté. Et, de fait, elle commanda à deux des dits cardinaux d'en dresser une response qui tendist à ces deux fins, où la modestie et neanmoins la dignité du Saint Siége fust observée, ainsi que je croy l'on aura fait. Pour le regard des benefices, presque tous furent d'advis, comme ils l'avoient l'autre fois esté, que le Pape les deust donner ; mais, comme il est plus prudent, que tous ensemble, il maintint qu'il n'estoit pas temps, veu mesme comme avoit dit ung d'entr'eux que ce seroit contre les Concordats, et pour trouver quelque accroche en ceste resolution, il commanda à celuy qui avoit parlé des dits concordats de les étudier et s'en tenir prest pour une aultre fois. Sur le faict de Provence, les deux premiers qui parlèrent furent Arragon et Sainct-Severine ; après s'estre fort estendus à magnifier la bienseance dont seroit ceste province à ce Saint Siège, pour estre aux portes d'Italie, et avoir l'estat d'Avignon si contigu, ils dirent que non seulement Sa Sainteté devoit recevoir ces peuples en sa protection, mais se liguer avec le Roy d'Espaigne et ses collegues qui estoit plus que jamais resolu de mettre la main aux affaires de France, et peult estre resolu d'y entrer par la Provence, s'asseurant que ce seroit le moindre parti qu'il feroit au Saint Siège de ses conquestes, et seroit une grande gloire à son Pontificat que, durant iceluy, il eut acquis ung estat si important à l'Église. Santiquatre contredist à cest advis, mais non du tout, et dist que ceste ligue traîneroit beaucoup d'incommodités et de perils après soy, mais que la dite composition devoit estre acceptée ; de plus que sa dicte Sainteté debvoit envoier une armée de huit à dix mil hommes en Avignon, soubs la charge d'ung legat, tant pour corroborer la dicte protection, que pour avoir la dicte armée tout preste d'entrer en France, s'il en survenoit occasion, et cela, disoit-il, comme on croit, en faveur du cardinal Sforze, qui auroit envie de ceste legation, presque tous les autres en deirent le mesme excepté deux, qui jugèrent plus seur que le Pape n'innovast rien et attendist à voir quelle seroit la resolution sur le fait de la conversion. Sa Sainteté loua cest advis comme le plus prudent, et ainsi se finit la dite congrégation. De là à cinq ou six jours, ayant sa Sainteté receu lettre du Legat qui contenoit son abouchement fait à Noisy le xxiv ou xxv mars avec Monseigneur le mareschal de Biron, et autres lettres de Monseigneur le cardinal de Vendosme, en response du bref que sa Sainteté luy avoit escrit ; Elle feist rassembler les dits Cardinaux, et entama, comme j'ay apris, ceste congregation par ung grand discours qu'Elle leur feist du malheur de ce siècle, et combien il s'estimoit miserable d'estre parvenu à la dignité, où il est, en ung temps si calamiteux ; que le deplaisir qu'il en prenoit l'avoit reduit en la maladie où il estoit (car, à la verité, il a esté l'espace de six ou sept jours fort encatarré), mais que deux choses principalement le tourmentoient, l'une de voir que ses Ministres allassent gaster en ung jour ce qu'il travailloit tant accommoder. De lors Dieu scait comme il drapa sur le Legat, reprenant toutes les faultes qu'il a dictes depuis qu'il est là, où il ne le traicta jamais de moindres tiltres que de meschant, malheureux et scelerat; et l'autre de voir que le Roy differast si long temps à monstrer quelques signes de sa reduction; que neanmoins il estoit resolu d'avoir patience jusques au bout, pour ne rien faire qui peust oster à l'Eglise l'acquisition si précieuse d'ung Prince si brave, si valeureux et si fortuné comme est sa Majesté; mais qu'aussi, s'il demouroit opiniastre, il estoit deliberé d'employer contre luy tous les moyens qu'il avoit en sa puissance, et, de plus, y sémondre tous les Princes catholiques; et, s'il y en avoit qui y feissent la sourde oreille, qu'il scavoit bien le moyen de les y faire entendre. Et lors il reprit les chefs dont il blasmoit principalement le dit Legat sur ses lettres qu'il avoit escrites, dist que cest abouchement avoit esté faict hors de saison et mal à propos, que les raisons dont il avoit usé pour persuader au dit s^r mareschal de Biron et autres seigneurs catholiques d'abandonner le Roy estoient sottes et impertinentes, et pour faire effect tout contraire à ce qu'il monstroit désirer; et finalement que le dit Legat avoit proposé en clerc et le dit s^r mareschal respondu en Roy. Ce sont les propres termes dont il usa, tenant extremement la dicte response, et ne pouvant quasi mettre fin aux blasmes dont il accusoit le dit Legat. Et après avoir faict lire ses lettres, et celles aussi de Monseigneur le Cardinal de Vandosme, qui furent jugées très belles et prudentes, mais remarquées pour n'y avoir aucun article qui parlast de la reduction du Roy, il demanda aux dits Cardinaulx ce qui leur estoit advis qu'il deust faire; il s'estoit tellement laissé entendre de ce qu'il voulloit, qu'il n'y en eut pas ung qui luy osast contre dire, et tous dirent, puis que Sa Sainteté avoit tant attendu, qu'ils estimoient qu'Elle devoit encore attendre pour voir ce que voudroit faire le Roy, affin qu'Elle eust tout le droit de son costé, quand, à faulte de se ranger, sa Majesté à la raison, Sa Sainteté seroit contrainte de venir aux derniers remèdes. Alors, reprenant la parole : Or sus, concluons donc, dist-il, qu'il ne s'innovera ni fera aulcune chose de ce qui peut regarder le Roy, jusques à ce que nous soyons esclaircis de son intention ; et nommément qu'il ne se touchera aux bénefices du feu cardinal de Guise, et pour le regard de Provence qu'on tirera la chose en la plus grande longueur qu'on pourra. Ainsi prist fin ceste dite congregation, où le Pape monstra plus que devant estre resolu de faire payer au Legat les cinquante mil escus qu'il donna à la Ligue, et de les vouloir prendre sur les revenus de ses benefices jusques à la concurrence de la dite somme. Le s^r Honnorai Castay et le Patriarche ses frères, scachant ceste mauvaise volonté et les menaces et injures dont Sa Sainteté les alloit tous les jours diffammant, se partirent dernièrement d'icy, sans luy dire adieu, et se retirèrent en des chasteaux qu'ils ont à quelque vingt lieues de ceste ville, d'où toutes fois le Patriarche est revenu depuis deux jours. Le Cardinal de Sens qui se voit courir pareille fortune et danger qu'elle ne s'aille tous les jours empirant davantaige, se laisse entendre de s'en vouloir aller ung de ces matins en Lorraine, si d'aventure il voit de ne pouvoir gaigner, ou pour le moins estre seur en France; mais je croy que c'est Dieu qui l'envoye là, affin qu'il trouve tant plustost la Justice qu'il a méritée. Je scay de bon lieu que le Pape dist il y a peu de jours, estant à table, que le Roy d'Espaigne avoit faict appeler son Nonce qui est auprès de luy, et l'avoit prié de faire entendre à Sa Sainteté que le plus grand et plus odieux ennemy qu'il eut au monde estoit le Prince de Bearn, ainsi nomme t'il le Roy, et qu'il mourroit le plus malcontent Prince qui fut jamais, s'il le laissoit vivant et ses enfants empestés

avecques luy après sa mort, que partant il supplioit Sa
Sainteté luy vouloir aider à delivrer sa posterité d'ung
tel ennemy, sans rechercher d'Elle pour cest effect argent
ny forces, mais seulement qu'Elle l'assistast des aultres
moyens qu'Elle a aux mains, et surtout ne le receust jamais
à l'Eglise, et de là sa dicte Saincteté entra sur l'Ambassadeur du dit Roy qui est icy, le traictant de toutes les
injures que l'on scauroit s'imaginer, voulant inferer par
ceste priere que luy faisoit faire son maistre, que ce
n'avoit jamais esté par son commandement que le dit
ambassadeur luy avoit usé de tant de braveries comme il
avoit faict, et cela l'a d'autant plus irrité à l'encontre de
luy, mesmement que pour ne luy donner la sepmaine
passée audience, il la refusa à tous les ambassadeurs ;
mais le beau est, que le dit ambassadeur se laïsse encore
entendre de vouloir faire ceste proteste dont on a tant
de fois parlé, au cas que l'on face quelque demonstration
de vouloir absoudre le Roy. Tellement que, si sa Majesté
se resoult d'en venir là, il ne fault point doubter qu'elle
ne les mette aux mains à bon escient. On m'escrit de
Genes que les forces qui s'amassent au duché de Milan,
qui pourront bien tost estre de seize à dix-sept mil hommes
de pied, tant Allemands, Espagnols, qu'Italiens, sont
indubitablement pour fondre en Provence et à Lion. J'estime cela de tres grande importance et digne d'estre
remedié s'il est possible, et pourtant ay-je pensé vous le
devoir dire, encor que vous le puissiez scavoir d'ailleurs.
Il est arrivé icy des deputés de Marseille pour supplier le
Pape, à l'imitation de ceux d'Arles, de les prendre en sa
protection. Toutes fois ils n'ont point encor parlé au
Pape. Ils sont passés à Florence et ont obtenu de Son
Altesse une traicté de je ne scay combien de muids de
bled, et le sieur Horatio Nicolai m'a escrit deux lettres
pour me persuader que je conseillasse Mr de Luxembourg
de prier le Pape de prendre leur dite protection, et d'envoier pour cest effect ung prelat en Provence, tant pour
reunir les peuples les uns avec les aultres, que pour em-

pescher que, par desespoir d'autre secours, ils ne se jettent entre les mains d'Espaigne ou de Savoye. Il m'a semblé et au dit Sr de Luxembourg aussi que cest affaire estoit de trop d'importance pour y entrer si avant sans autre ordre de Sa Majesté, et laissant à part tant d'autres raisons qui s'y opposent, ceste cy seulle m'a semblé plus que suffisante pour nous devoir demouvoir d'en venir là. Où le Roy se fera bien tost catholique ou non ; s'il se le faict, ils n'ont besoing d'autre protection que de la sienne, puis qu'aussi bien ils ne la demandent que jusques à ce qu'il y ait ung Roy en France, recognu, legitime et catholique ; s'il ne le faict, celuy seroit un grand prejudice que d'avoir mis la Province entre les mains du Pape, avec qui il ne pourra jamais plus avoir moyen de retraicter, et que quand il ne sentiroit bastant pour la garder auroit toujours Espaigne et Savoye à son commandement, qui ne demanderoient pas mieux qu'une telle entrée et prétexte pour nous travailler. Nous estimons que ce sera le plus seur de faire que le Pape les tienne en esperance, comme ceux d'Arles, pour toujours gaigner temps et empescher qu'ils ne se precipitent. A quoy nous pensons qu'il y aura aussi beaucoup moins à faire, puisque, comme je vous ay dit au commencement, le Pape est résolu de ne rien innover en chose qui regarde le Roy, jusqu'à ce qu'il ait sceu sa volonté sur le fait de sa conversion. Je pense que le dict Sr de Rucelai est poussé de bonne intention, mais si me semble cest affaire de plus de poids qu'il ne le fait. Je vous supplie me tenir tousjours en vostre protection et bonne grace et prie le Createur vous donner, Monseigneur, en parfaite santé tres-longue et très-heureuse vie.

De Rome ce v^e de May 1590.

  Votre très-humble et tres-affectionné serviteur
          LA BODERIE (1).

(1) British Mus., coll. Egerton, p. 77. (Lettre autographe chiffrée.)

J'en ay encor escrit autant que cecy par la voye de Mʳ le Marquis de Pisany, par Bordeaux.

Voici maintenant deux lettres de La Boderie à M. de Revol, secrétaire d'État ; elles sont, toutes deux, datées du mois de mai 1590.

Monseigneur, l'Ambassadeur de Venice me vient d'envoyer querir pour me dire qu'il trouva hier le Pape mieulx disposé envers le Roy, qu'il n'avoit jamais faict, et que nommement il lui avoit tranché tout net qu'il le vouloit absoudre et qu'il ne tiendroit qu'à luy qu'il ne fust son plus cher fils, que non seullement il ne s'estonnoit point de ce qu'il tardast un peu à se resoudre, mais l'en louoit et prisoit davantage, et ne l'auroit point en l'estime que l'a tout monde, s'il en usoit autrement, car allant, dit-il, recueillant le fruict de ceste grande victoire qu'il a eue, ce seroit peu de prudence à luy, s'il venoit maintenant à donner aucune sorte d'ombrage à ceulx de son ancien party qui l'assistent, et non seulement, comme j'ay dit, ne trouvoit point mauvais ce retardement, mais louoit mesme, ce dont son Nonce qui est en Suisse le luy voulut blasmer ; cest à scavoir qu'il eust escrit aux cantons protestants qu'ils ne s'estonnassent point du bruit qui couroit qu'il se voullust faire catholique, et que ce n'estoit que pour amuser ceulx de ce party et accommoder ses affaires. Il doibt, dit-il, ainsi faire jusques à ce qu'il n'ait plus besoing d'eulx, mais après cela aussi nous croyons et tenons pour certain qu'il voudra vivre comme ses predecessurs. Vous voiez comme il se met à son devoir et s'il s'est mal gouverné par le passé, il faict ce qu'il peult pour rabiller ses faultes. Le dit Ambassadeur m'a dit de plus qu'il est irrité contre le Legat plus que jamais, et que non seulement il luy fera payer les cinquante mil escus, mais qu'il ne tient pas sa vie bien asseurée. Si parmy les papiers du Duc de Mayne vous en avez trouvé aquelques ungs ou du dict

Legat ou d'autres qui parlassent irreverencieusement de Sa Sainteté, ce seroit bien faict de les envoyer, car il est plus vindicatif que tous les hommes du monde, et croiez que ceulx qui auroient mal parlé de Luy, s'en sentiroient. Le dit Ambassadeur de Venice se monstre extraordinairement affectionné au service de Sa Majesté, et je vous supplie, Monseigneur, si le Roy m'honore par cy après d'ung mot de lettre, me faire commander que je le remercie de ses bons offices, affin que pour conserver mon credit avecq lui il connoisse que je n'ai point teu le tesmoignage que veritablement je doy à son affection, mais prenez garde, s'il vous plaist, de mettre pour le moins son nom en chiffres, car vous savez combien ceulx de ceste nation sont secrets et reservés en tous leurs affaires.

Je vous baise de rechef très-humblement les mains, et vous suplie faire trouver bonne mon affection (1).

LA BODERIE.

A Monsieur de Révol.

Monseigneur, depuis les lettres qu'il vous a pleu m'escrire du 9 avril, j'ai receu celles du Roy qui me donnent l'advis de l'arrivée de Sr Viger, par lequel j'attendrai ce qu'il plaira à Sa Majesté me commander. Je vous supplie d'emploier votre authorité, afin que le Sr Viger puisse retourner avec l'ordre qui est requis pour le service de sa Majesté, et me faire cest honneur, s'il plaist à sa Majesté, faire escrire à ceux de Strapsbourg ou ci après a ceulx de deça, soit en général ou aulcuns particuliers, selon l'occasion, qu'il vous plaise faire mention dans leurs lettres que Sa Majesté aura esté bien informée par son Ambassadeur de leur merite et de leur poursuite, vous fortifierés la créance que les Ministres du Roy doivent avoir pour bien servir et continués moi, s'il vous plaist,

---

(1) British Museum, collect. Egerton, M. S., p. 80.

l'honneur de vos bonnes graces, et après vous avoir baisé bien humblement les mains, je prierai Dieu, Monseigneur, vous donner en parfaite santé heureuse et longue vie.

Ce xxiie May 1590 (1).

LA BODERIE.

Dans le mois de juin 1590, nouvelle dépêche de La Boderie à Henri IV ; il lui fait adroitement comprendre que le jour où il reviendra à la religion catholique, toute l'Italie sera de son côté, et que c'est le seul moyen de couper court aux projets de Philippe II.

Sire, j'attendois longtemps à que Monsieur de Luxembourg redepeschast ce courrier à V. M. pour, avecque la reverence que je luy doy, la remercier très-humblement de l'honneur qu'il luy a pleu me faire par ses deux lettres des 25e Mars et 27e Avril ; mais ayant tellement succedé du depuis les affaires les unes aux autres, qu'ils ne luy ont permis de le faire plus tost qu'à ceste heure, j'ay aussi differé jusqu'icy pour la crainte que j'ay eu que mes lettres ne tombassent en mauvaise main. Et cependant ay toutes les quinzaines escrit tant à Monsieur le Marquis de Pisani, qu'à Monsieur de Revol tout ce que j'ay peu juger et discouvrir importer au service de Vostre Majesté. Dieu veuille que mes lettres leur ayent esté rendues, affin qu'ils vous ayent peu faire voir la suyte de vos affaires par deça, estimant que d'elles vous pourrez, avec beaucoup plus de fondement, juger de la bonne intention de ce Prince, et vous resoudre à ce que vous aurez à faire de vostre part pour le bien et advancement de vos dites af-

(1) British Museum, collect. Egerton, p. 80. (Autographe.)

faires. Mes dernières sont du 12ᵉ de ce mois que j'ay envoyées par la voye et soubs le nom de Monsieur le Marquis de Pisani, et les jugeant de quelque importance pour plus grand exclarcissement de ce qui est arrivé du depuis, j'ai pensé d'en envoyer encore ung duplicata par ceste, auquel maintenant j'adjousteray que, ayant faict tout ce que j'ay peu pour sçavoir au vray si le Pape avoit escrit à Monsʳ le Duc de Savoie, sur le faict de Provence, de la façon que je vous ay dicte en ma precedente, j'ay trouvé qu'il n'y a rien eu d'escrit à la verité, ains seullement quelques propos tenus entre l'ambassadeur du dict Duc et luy. Je croy bien qu'il n'a deu porter la lettre dont on m'avoit parlé; mais les ayant voullu, le dit Duc, vendre davantage qu'on voit l'intention de Sa Sainteté, et mesme n'ayant remercié le Nonce qui est près de luy, je sçay que, la dite Sainteté l'ayant sceu, a commandé au dit Nonce faire entendre au dict Duc de sa part qu'il regarde bien en quelle entreprise elle veult entrer et face jugement du mal qui en pourra reussir par celuy qui est desia arrivé de la prise de Saluces, cause principale de la combustion où l'on voit toute la chrestienté preste à tomber et que comme le Roy d'Espaigne monstra trouver mauvais ce qu'il en avoit faict et escrivit à Sa Sainteté mesme de ce temps là qu'il tinst ung peu la main haulte à son gendre, de peur que ces desirs et desseings peult estre trop jeunes et ambitieux ne le ruynassent, il ne feist rien en ce qui est de la Provence sans le prudent advis et conseil du dit Roy. Voilà au vray ce qui se passe sur ce faict et quoy que l'Ambassadeur de Venice m'en eust dict au commencement, si sçay-je que de depuis il s'est esclarcy luy mesme et trouve qu'il n'y a rien plus que cecy qui n'est que trop à la vérité, mais n'en doibt point pour cela Vostre Majesté prendre d'ombrage, estant certain que ce qu'en faict le Pape n'est, comme j'ay touché ailleurs, pour amytié ni pour bien qu'il veuille au dit Duc, ains seullement pour se descharger d'importunité. Et si V. M. peult trouver quelque temperament de s'accommoder avec le Pape, elle peult et se doibt asseurer qu'il en redefera plus en ung jour en sa faveur que n'aura faict en ung an pour Savoie. Car, en verité, son inclination est de desirer l'advancement de vos affaires, tant pour la haine extérieure qu'il porte aux Espagnols, que pour la grande opinion qu'il a de la resolution et valeur de Vostre Majesté. Je ne luy diray rien des tesmoignages qu'il en a rendus ces jours passés, de la prison de ce prédicateur Jésuite, qui a tant travaillé à magniffier les prouesses du Legat, de celle d'ung Capucin qui avoit suivy le mesme style, et du Patriarche Caetan qui les y avoit suscités, de l'edit faict contre les predicateurs, des dignes indignités qu'a recues le cardinal de Sens, ni de la collère où est le Pape contre la Sorbonne, par ce que de tout cecy Monsieur de Luxembourg escript fort amplement a V. M. Bien luy diray-je que Sa Sainteté envoie à M^r le cardinal de Gondi par la voye de Monsieur de Raiz son frère une despeche qu'on m'a asseuré estre un monitoire contre la dite Sorbonne, addressé au doyen d'icelle pour venir rendre raison de ces belles propositions que Monsieur de Luxembourg vous envoye, n'en ayant sa dicte Sainteté voulu charger le legat, tant par ce qu'il ne traicte plus avec luy, et luy a levé son entretenement, que par ce qu'il pretent l'y comprendre luy-mesme, et s'ils ne comparoissent, comme je me doute bien qu'ils ne feront pas, que V. M. s'asseure qu'ils seront excommuniés, et qu'on n'obmettra de deça.

Oultre cela le Pape faict escrire contre la dite Sorbonne sur ses propositions, qui ne peult estre qu'en faveur de V. M.; mais ses serviteurs desireroient néanmoins qu'Elle feist faire le mesme, de son costé, par tous les anciens docteurs de la Sorbonne qui peuvent estre espars çà et là par son Royaume et envoyant leur resolution par de çà signée par tous, affin que l'on congneust, que ces dix ou douze pedans qui sont à Paris n'ont estudié qu'à l'escolle de Dom Bernardin pour apprendre ceste theologie dont ils font profession. Cela serviroit à beaucoup de respect, et particulièrement conserveroit ceste faculté dont l'amitié n'a autres fois esté inutile aux prédécesseurs de V. M., quand on a voulu entreprendre contre eulx quelque chose du costé de deça, ou pour ceste consideration, je m'asseure, qu'on fera sur ceste occasion tout ce qu'on pourra pour l'abollir. Oultre ce que Monsieur de Luxembourg vous dira de la venue du Duc de Sessa, j'adjousteray que je scay de certain et de tel lieu, que V. M. n'en fera, s'il luy plaist aucun doubte, que le but de sa négotiation tend principalement à faire desclarer le Pape sur le particulier de Vostre dicte Majesté, c'est-à-dire à faire qu'il vous desclare par nouvelles bulles inhabille à la couronne, comme herétique et relaps, et peu à peu puis après tous Messieurs de vostre Maison, comme fauteurs d'heresie, et proposer une convocation d'estats en France pour eslire ung Roy, où celuy d'Espaigne mettera alors en avant M^r le Duc de Savoye pour le premier et en deffault de luy celuy de Lorrayne, et si l'ung ny l'aultre n'y estoit receu, il se contenteroit puis après qu'on revinst à Monsieur le Cardinal de Vendosme ou quelque autre de votre sang, ne se souciant qui y entre, pourveu que ce ne soit vous, ou pour mieulx dire qu'il puisse mettre divers partis en France pour la tenir tousjours en division, et croyez que là dessus il battra et insistera sur tout ce qu'il pourra et que ceulx de son parti pourront inventer; bien que le Pape les haisse mortellement et soit mal satisfaict d'eulx, tout ce qui se peult dire et qu'en cette première audience il leur ait tranché tout nest qu'il ne veult qu'ils luy parlent de ce qui se despent de sa charge sur les affaires de France, il est combattu de tant d'endroicts et a tant de peur qu'ils ne luy attachent une guerre qui le mette en despences et ou les secours lui manquent d'ou ses predecesseurs l'ont tousjours eu, qu'il y a dangier qu'enfin ils ne facent ce qu'ils voudront avecque luy. Deux choses le peuvent garder : voir que les affaires de V. M. soient en tant de reputation que les Espagnols ayent occasion de craindre et luy aussy; l'autre qu'Elle se face catholique. Ainsi vous les mettrez indubitablement en roupture avec eulx et vous acquerrez avec le Pape generallement toute l'Italie qui ne desire rien tant que ceste occasion pour lever le masque, mais aussy, s'il voit que Paris vous eschappe, que quelques Princes ou Seigneurs catholiques qui vous servent viennent à vous habandonner, comme vos ennemis en font courrir le bruit, ou que vous ne luy donniez plus grands signes de votre conversion, il y a très-grand dangier qu'il ne face à la fin l'escapade toute entière. Ce que j'ay pensé estre du devoir de ma fidélité de vous dire ainsi librement, affin que Vostre Majesté, voyant le mal et les remèdes, y sache pourvoir selon sa prudence et les besoings de ses affaires et croye que ce que j'en die n'estre de mon faict, mais des meilleurs et plus advisés serviteurs qu'elle aye en Italie, et si elle voyoit que cecy le merite, je la supplye d'y remedier tant plustost, devant que les Espagnols en soyent venus où ils pretendent. Il y a quelques jours qu'Alfonse Piccolomini, fomenté des Espaignols (de qui on dit icy publiquement qu'il avoit touché quinze mil escus à Milan), se meist aux champs avec quelques quatre cens bannis, dont toute ceste court fut incontinent en rumeur, pensant que ce fust une chose apostée par les Espaignols pour donner effroy au Pape, mais tout soudain le dit Piccolomini escrivit au Collège des Cardinaux que ce n'estoit pour rien entreprendre sur l'estat de l'Eglise, ni perdre le respect qu'il doit au Saint Siège, ains seullement pour une sienne querelle particulière. De fait il alla droit donner sur l'estat du grand Duc, où il commit mille insolances en peu de jours, finablement ayant son Altesse envoyé le Sr Camille del Monte après luy, et faict que les Ducs de Ferrare et d'Urbin l'ont banny et commandé qu'on luy courrust sus par leurs estats, il a esté contraint de s'embarquer luy cinq^{me} et se sauver par mer, et treize des siens ont esté pris, et menés à Ferrare ; cecy n'a esté qu'un feu de paille, mais si est ce que la consequence en va bien loing, et croye V. M. que l'Italie n'en peult plus, et qu'elle a totalement les yeux sur Elle pour essayer, soubs sa fortune, de secouer le joug qui la menace avec le reste de la chrestienté.

Sire, je prie Dieu donner à Votre Majesté en parfaite prosperité très-longue et très-heureuse vie.

De Rome, ce dernier de Juin 1590.

Le très-humble et très-obeyssant serviteur et pauvre subject de Vostre Majesté
La Boderie (1).

Nous touchons au terme de la mission de La Boderie à Rome ; il écrivait à M. de Revol :

Je croy, Monseigneur, que ce sera la dernière lettre que je vous escriray, estant délibéré d'en partir avant la fin de la semaine prochaine pour aller servir le roy en ce qu'il plaira à sa Majesté m'employer, puisque aussi bien je me voy par deça désormais inutile à son service, oultre que d'ailleurs il m'est impossible de m'y plus entretenir.

En effet, la position de La Boderie n'était plus tenable à Rome ; Sixte-Quint était mort le 27 août 1590 et Grégoire XIV qui, le 5 décembre, avait succédé à Urbain VII, s'était déclaré hautement contre Henri IV. Voici la dernière lettre de la Boderie à M. de Revol :

Je ne vous ay poinct escrit depuis le xxiie du passé, par ce que tout le temps qui s'est escoullé du depuis n'ayant esté employé qu'en devotions, je n'ay recongneu aulcune chose qui meritast le port de mes lettres. Maintenant je vous diray comme si tost que le Pape a moustré de voulloir entendre aux affaires, les ambassadeurs qui sont

(1) British Museum, collect. Egerton, M. S., p. 84.

icy ont recommancé leurs batteries plus fortes qu'auparavant pour le faire venir à quelque resolution sur les demandes qui, comme je vous escrivis par mes dernières, eulx et les solliciteurs de la ligue lui avoient faictes, et par ce que il leur avoit touché, de ne vouloir rien déterminer seul en tels affaires que il confessoit n'entendre point sans l'advis et conseil des cardinaux, ils lui proposèrent d'y establir une congregation. Mais d'autant, dirent-ils, que il n'est raisonnable que les affaires de France, où leur Maistre est tant interessé soient traictés par personnes non confidantes à sa Majesté, et que du grand nombre que y avoit depputé le Pape Sixte, venoit plus tost confusion que autrement, oultre que toutes les resolutions qui s'y prennent estoient quasi plus tost scenes que deliberées, ils le prierent reduire la dite congregation à quatre cardinaux que ils luy nommeroient, dont le moindre d'eulx, à leur dire, estoit suffisant pour gouverner la chrestienté, et là dessus ils n'avoient point de honte de proposer Madenchi, St.-Severine, Sant-Ignatio et Caetan, dont les trois premiers avoient esté nommés par eulx au Pontificat et le quatrième que chacun scait. Le Pape pour ce coup n'y voullut entendre, ains leur dit que ce seroit se monstrer trop partial, et que il n'y avoit point faulte d'autres cardinaulx la dedans, ausquels il feroit tort de les priver de la cognoissance de ses affaires ou tous comme christiens et membres de ce St. Siège sont si notablement interessés; mais il en choisiroit à sa fantaisie, dont eulx et tout le monde auroient l'occasion d'estre contents, de sorte que il les renvoya pour ceste première fois assez mal satisfaicts. Le lendemain le dict Madenchi alla par devant lui, et voyant qu'il n'y avoit eu moyen de le reduire à ces quatre, il luy porta ung autre expedient plus facille et plus coloré et luy dist que il remist donc sus la première congregation de cinq cardinaulx que y avoit estably le feu pape Sixte, de St. Severine, Sant-Ignatio, Ramelot, Pinoli et Mathei, y adioustant seulement Caetan pour cognoissance que il a de nos affaires, et son nepveu le card¹. Sfondrate pour la luy faire acquerir, et on osta les quatre autres qui depuis y avoient esté adjoustés, à savoir Arragon, Collonne et Delmonte comme superflus et si bien ung peu suspects au Roy d'Espaigne. Ce qui luy fut plus aisé à obtenir ; et de faict, lundy dernier les dits cinq cardinaulx s'assemblèrent chez le dit Sfondrate où le dit Caetan se trouva aussy et feit sa relation de l'état où il avoit trouvé les affaires, quand il arriva en France, de celuy auquel il les avoit laissées et des moyens qu'il jugeoit convenables pour remedier au danger que court à son dire la Religion et encores que je n'aye pas peu jusques icy scavoir toutes les particularités de sa dicte relation, si sont elles faciles à imaginer et fault s'asseurer que il l'aura jetté la plus grace (*sic*) et la plus favorable pour la ligue que il aura peu. Sur tout j'entends son principal bien estre de faire croire que le Roy aye osté tout espoir de devoir jamais estre catholique, affin qu'on ne pense plus aux moyens qui l'y pouvoient induire et conseiller là dessus, que l'on en suscite ung autre en sa place, pour l'establissement du quel le Pape fasse ligue avec tous les princes chrestiens qu'il y pourra faire entrer et l'ayder d'argent et hommes, et finablement, de tous les moyens qui dependent de sa puissance pour le faire regner, ou pour le mieulx dire, pour rendre nos divisions perpetuelles et empescher que nous ne jouissions du repos qui seroit formidable à l'Espagne, si nous venions une fois à estre reunis soubs l'obeissance d'ung Roy paisible mesmement tel que le nostre. Ce but est inique et peult estre non moings pernicieulx pour eulx que pour nous, mais si crains-je bien, puisqu'ils ont maintenant ceste congregation à leur mode, qui est celle dont le feu Pape Sixte s'est servy quand il a voullu brouiller nos affaires et que ils en ont osté les mesmes que au contraire il y introduisit, à l'heure que il voullut rhabiller ses faultes, que ils ne soient pour en venir là, et à pis encores, s'ils en ont le pouvoir. Une chose seulle me consolle, c'est que nous avons à faire à ung Pape qui n'a ny grand esprit, ny grande force, et qui est de sa nature tant irresolu en toutes choses, que en une telle affaire que cestuy, où il y pensera plus de deux fois, et quand bien il y seroit resolu, si n'a t'il pas grand moyen de mal faire. Nos adversaires ne laissent pourtant de s'en promettre grandes choses, et oultre les demandes que ils luy ont faictes par ung Memorial, dont je vous envoye coppie, que ils luy feirent presenter par le cardinal Mendose, je scay qu'ils en ont ung autre pour luy delivrer à la première audience, par le quel ils luy remonstrent pour tant plus aisement l'embarquer, que quelques aydes qu'ils recoivent de quelque prince que ce soit, il leur sera tousjours plus tost nuisible que autrement pour la jalousie que naturellement ont les François de tous les princes leurs voisins, ainsy que dernièrement ils l'ont esprouvé au secours que le Roy d'Espaigne leur avoit envoyé, mais que si il plaist au Pape se desclarer chef de la ligue, non seullement les autres princes s'y joindroient avec luy en leur faveur, ains la plus part des François catholiques qui suyvent le Roy l'abandonneroient, que ils prient à ceste fin leur accorder cent mil escus tous les mois, que le Roy d'Espaigne leur en donnera deux cens, le grand Duc cinquante, le Duc de Ferrare trente, celuy de Mantue vingt et la S^{rie} de Genes trente, sans parler des Venitiens et que de cela ils soldoyeront cinquante mil hommes de pied et douze mil chevaulx, vingt mil des quels et quatre mil chevaulx seront baillés au duc de Parme pour avec iceulx combattre et poursuivre le Roy quelque part que il se retire, douze mil et deux mil chevaulx aux duc de Maine avec les munitions et provisions necessaires pour assieger places, et le surplus divisé entre les ducs de Mercure et de Joyeuse, et que de ceste façon la guerre se finira en France, ou comme ils disent les Roys deffuncts n'ont jamais desiré de mettre fin. Je me ris de ces demandes et mesme de l'espoir qu'ils conçoivent si aisement du secours de ces Princes Italiens, la bourse des quels je suis seur qu'ils n'ont pas fouillé, ny aussy pu remettre en leur affection. Je m'as-

seure que, quand le Pape les aura, que elles l'estonneront et
nous feront beaucoup moings de mal que si elles estoient
plus modestes et limitées, mais si ay-je estimé vous les donner drues, comme je les tiens de personne qui les a vues,
affin au moings que vous jugiez par là qu'il faut bien
qu'on leur donne de bonnes parolles et des promesses
très grandes, puis qu'ils font leur desseing si hault et embrassent desia tant de choses par l'espérance. Icy ne doubtez point qu'on ne vous fasse tout le pis que l'on pourra,
si rien nous doibt garder de craindre, c'est que le pouvoir
ne respondra pas à la volonté. Toutefois, il est bon d'estre
adverty et ne mettre rien en mespris. Le cardinal nepveu
du pape, qui est celuy qui gouverne tout, est plus Espagnol
que le conte Olivarez, et oultre cela, depuis quatre ou cinq
jours, nous avons icy le Marquis d'Est que vous aurez
cogneu à Thurin, oncle du dit Cardinal, lequel sera ung
bon ambassadeur pour Monseig^r de Savoye, et qui ne
nuira encores rien aux affaires d'Espagne ni de la Ligue.
Le conte Sfondrato doibt aussy arriver ce soir, de manière
que le Pape estant ainsy environné de telles gens, quand
bien il auroit la meilleure volonté du monde, elle sera
tousjours pervertye et confuse par leur moyen. Je vous
disois par mes precedentes comme j'avois présenté au
Pape une lettre que Monseig^r de Luxembourg luy avoit
escrite avec copie aussy d'icelle qu'il escrivoit aux Cardinaulx durant le conclave, la quelle le Cardinal Caetan
empescha que ils n'acceptassent, et comme le Pape les
avoit recues fort benignement et l'une et l'autre, maintenant vous scaurez que, cecy estant venu à la cognoissance
des Ambassadeurs d'Espagne, ils en ont faict tant de
rumeur que le Pape leur a promis de ne les faire voir à
personne et de n'y respondre, ce que ayant sceu je les ay
traduites en Italien et les ay faict courir par ceste court
où elles ont esté fort bien receues de beaucoup. Que ils
facent ce qu'ils vouldront pour le moings, ils les ont eues
et par adventure pourroient elles ung jour servir d'une
bonne protestation. A la fin, le Piccolomini, après avoir

exercé icy au tour durant le siège vacant toutes les insolences et fourberies qui se peuvent imaginer, et en avoir esté chassé par les gens que le grand Duc luy mict à la guerre, estant arrivé en la Romagne, près de Rimigny, a esté prins avec trois des siens seullement, en une maisonette d'ung paisan où il s'estoit caché, ses aultres compaignons s'estant tous dispersés çà et là pour se sauver, et croy que maintenant il soit à Florence où il recevra le chastiement que tels voleurs et rebelles que luy méritent, et oultre les aultres opprobres qui accompagneront sa mort, il emportera encore cesluy cy avec soy d'avoir esté prins une pistole à son costé, sans jamais se mettre en devoir de rendre deffence ; pareille fin puisse avoir tous ses semblables. Il y a deux jours que ceux de la Ligue ont icy nouvelles de Lion, que le xij^e du passé vos armées ont combattu auprès d'Arsy, sur l'occasion du retour du Duc de Mayne devers Paris, et que la bataille a esté fort sanglante de part et d'autre, mais que finalement ils sont restés maistres du camp, que le Roy y a esté blessé d'une musquesade dans le bras ; Monseigneur le Marschal d'Aumont tué, et Mon^r de la Noue blessé et prins ; et que de leur costé le duc d'Aumalle y est demeuré. Il y a si long temps que cela, à leur compte, debvoit estre arrivé, et sont si peu accoutumés à avoir du malheur, que si il estoit vray nous en aurions desia eu dix courriers, et puis que la nouvelle nous en est venue si lentement, je tiens pour certain que c'est une baye, ou que s'il en est encore quelque cas, il n'y doibt avoir rien à leur advantaige. Si ne laisse je d'en desirer fort la vérité, attendant la quelle je prie Dieu, Monseigneur, vous donner, etc., etc.

De Rome, ce xij janvier 1591 (1).

La Boderie.

Rentrons avec Henri IV en Normandie ; le comte

---

(1) British Museum, Collect. Egerton. M. S., p. 91.

d'Essex l'y avait devancé. C'est à grand'peine qu'il avait obtenu ce commandement. Élisabeth ne pouvait se décider à se séparer de son jeune favori. Nous avons sous les yeux la correspondance que, durant son absence, Essex entretint avec sa royale maîtresse : les phrases passionnées y tiennent la plus large place ; cette hypocrisie sentimentale avait tant de prise sur Élisabeth! Il se plaint des misères, des ennuis de l'absence ; il feint la jalousie contre tous ces rivaux qui se disputent les regards adorables de la reine : « Je suis, lui disait-il, comme celui *qui mundum lucratus perdidit animam,* » et il supplie la Reine de lui rester fidèle (1). Retenu à Douvres par des vents contraires, il n'arriva à Dieppe que dans les premiers jours d'août ; rien n'était encore prêt pour le siége de Rouen. Henri IV alors assiégeait Noyon ; il envoya sir Roger Williams pour inviter Essex à venir le trouver ; Essex nous fait un triste tableau de l'état de dénûment et de misère de l'armée royale. Les 40,000 livres que la ville assiégée donna par composition, arrivèrent bien à propos. Le 2 septembre, nous retrouvons Essex au Pont-de-l'Arche ; il annonce aux lords du Conseil que le maréchal de Biron vient se joindre à lui avec toute l'armée qui était devant Noyon, que le duc de Montpensier amène de son côté tout ce qu'il a de Normands sous ses ordres et que le roi promet de

---

(1) **Lettre d'Essex à Élisabeth.**

les joindre le 25 avec les Allemands au devant desquels il s'est porté ; avant l'arrivée du Roi, ils investiront la ville et il n'en sera pas comme de Paris. Il ne s'agit pas ici de prendre une ville par la famine, et l'artillerie viendra à bout de la résistance de Rouen (1). Le commencement de la campagne ne fut pas aussi heureux que se le promettait Essex : le 6 septembre, son frère unique, Walter Devereux, qui commandait 12,000 hommes de pied, tombe dans une embuscade sous les murs de Rouen, et y laisse sa vie. Élisabeth se montre très courroucée de ces retards ; dans toutes ses lettres à Essex, elle se plaint d'avoir été trompée par Henri IV : elle n'a envoyé ses troupes que pour deux mois ; si on ne procède immédiatement au siége de Rouen, elle les retirera. Elle ne s'en tient pas là, elle enjoint à Essex de revenir de sa personne en Angleterre (2). La passion plus encore que la politique avait dicté cet ordre, mais la nature toute gracieuse d'Essex, le charme sympathique de sa personne endormait toutes les colères, toutes les impatiences de la Reine; ni Leicester, ni Hatton, ni le brillant comte d'Oxford, au plus heureux moment de leur faveur, ne surent jamais, comme lui, maîtriser ce cœur fantasque, cette imagination restée jeune en dépit des années. Essex obtint donc de revenir en Normandie, et le

(1) Lettre d'Essex à Burghley.
(2) Lettre d'Élisabeth à Essex.

17 octobre, il débarquait à Dieppe ; il trouva l'armée anglaise dans un grand désordre : les soldats pillaient et rançonnaient les campagnes environnantes ; les ministres d'Henri IV n'ayant pu fournir la solde promise, ils vivaient sur les habitants. Dans sa première lettre, il annonce à Burghley qu'il a envoyé sir Roger Williams au camp du maréchal de Biron, car à Dieppe ils sont mal renseignés sur ce qui se passe, tous leurs messages sont interceptés ; il ne quittera cette place que lorsqu'il sera bien fixé sur les mouvements du Roi ; il a refusé d'envoyer des troupes contre Caudebec dont l'ennemi a repris possession (1). Pour faire prendre patience à Élisabeth, il lui écrit de tendres billets : « Les deux fenêtres de sa chambre privée, lui dit-il, sont les deux pôles de sa sphère ; tant qu'il plaira à la Reine de l'avoir, de le garder, il est fixé et inchangeable (*immoveable*) ; si elle lui reprend sa liberté, ce sera la fin de sa vie ; aussi grand que soit son pouvoir de Reine, il n'ira pas jusqu'à l'empêcher de l'aimer moins (2).

Élisabeth, qui s'est montrée maintes fois aveugle dans ses passions et ses tendresses souvent mal placées, ne l'était pas en politique, la froide raison la guidait toujours. Le 22 octobre, sir Unton vint trouver le Roi de sa part et se plaindre de ce qu'il ne

(1) Lettre d'Essex à Burghley.
(2) Lettre d'Essex à Élisabeth.

tenait aucune des conventions arrêtées. Henri IV répondit qu'il n'était pas maître des gentilshommes qui le servaient ; n'étant pas payés, ils s'en retournaient à leur logis, quand bon leur semblait ; quant au siége de Rouen, il promettait de l'entreprendre sur-le-champ ; le retard tenait uniquement à la lenteur de la marche des Allemands. Essex ayant demandé un renfort à la reine, elle ne voulut pas recevoir son envoyé, mais elle ne lui tint pas longtemps rigueur et lui écrivit pour lui promettre un nouvel envoi de troupes. Enfin, à la fin d'octobre, Rouen était investi par les deux armées d'Essex et de Biron ; mais quand il fallut attaquer la place en règle, on se divisa d'opinion : Biron voulait qu'on portât les premiers efforts contre le fort Sainte-Catherine, Sully voulait que ce fût contre la ville, car « ville prise, château rendu ». Essex demandait à ouvrir des tranchées entre le fort Sainte-Catherine et la ville ; bien du temps se perdit en ces tiraillements et le siége traîna en longueur. Essex, d'une nature trop bouillante pour être patient, quitta de nouveau le camp et fit une nouvelle apparition en Angleterre ; à son retour il trouva les choses empirées. Une lettre de lui à Burghley trahit son découragement ; il lui dit :

Je voudrais être sorti de là, mais si je me retirais avant de savoir d'une manière sûre si le duc de Parme vient ou ne vient pas, je pourrais, ce que je ne veux point, être l'occasion, par ce dangereux exemple, d'une défaite de l'armée du roi (1).

Sur ces entrefaites l'ordre lui vint de retourner en Angleterre ; avant de quitter son camp, il envoya un trompette porter à Villars un cartel qui nous donne bien la mesure de son caractère chevaleresque :

Si vous voulez combattre à pied ou à cheval, je maintiendrai que la querelle du roi est plus juste que celle de la ligue, et que ma maîtresse est plus belle que la vôtre.

Villars répondit qu'un gouverneur de ville ne se battait pas, mais qu'un gentilhomme de Picardie qui commandait un régiment s'offrait à sa place ; Essex refusa à son tour, et Élisabeth blâma son favori de cette inutile bravade. Pour sauver les apparences, les troupes anglaises furent réduites comme nombre, et le 8 janvier, laissant sir Roger Williams pour commander le reste de l'armée, Essex s'embarqua à Dieppe ; en montant à bord, il tira son épée et en brisa la lame.

Avant de suivre les dernières opérations de cette campagne, nous donnerons ici le long factum dans lequel Élisabeth explique les causes de son mécontentement.

Il est à rememorer qu'au moys de Juin passé Sa Majesté à l'instance du Roy consentit de lever 4000 hommes en

---

(1) Lettre d'Essex à Burghley. (Traduction.)

ses pays, et à sa despence pour envoyer en Normandie, et qu'au mois de Juillet fut faite ladite levée et les gens envoyés à Dieppe, où ils firent descente au commencement d'Aoust, et on donna la charge et gouvernement au comte d'Essex, personnage d'honneur en ce royaulme, domestique de sa Majesté et grand Escuyer.

Ce que fut fait à l'urgente poursuite du Roy, tant par ses lettres, comme par les solicitations de son Ambassadeur ordinaire, et de de Reaux, gentilhomme envoyé expressement, qui pressa sa Majesté d'expédier avec toute diligence la dite levée, à cause, disoit-il, que le Roy vouloit mettre le siège devant Rouen avant que le duc de Parme et aultres estrangers peussent entrer en France, et que le Roy avoit projeté d'abuser ceulx de Rouen se retirant en Picardie, afin de faire mine de ne les vouloir point attenter, en attendant que les gens de sa Majesté seroient arrivés à Dieppe.

Alors il fut aussi déclaré à sa Majesté qu'avec ces 4000 de ses gens, les forces du Roy seroient bastantes pour mettre le siège devant Rouen et à défendre l'entrée au duc de Parme, jusques à tant que les Allemands pourroient arriver, lesqueles il opposeroit au dit de Parme, et aux gens du Pape, tellement qu'avec plus d'asseurance il pourroit continuer le siège.

Sur ce fondement et esperances, sa Majesté envoya ses gens au nombre de 4000, sauf que fut changée une compaignie de pied, en une cornette de chevaux.

Depuis que fut descendu le dit comte avec les dites troupes à Dieppe, il y a esté plus de 14 jours, sans avoir cognoissance, où se trouvoit le Roy, ou addresse pour l'employement de ses gens. Il fut mandé par le Roy à Noyon, où il alla avec danger de sa personne, laissant l'armée es environs de Dieppe inutile, si non à consumer vivres et argent, et là fut retenu auprès du Roy, jusques au 4me de septembre, y estant allé le 15 d'Aoust.

Et lors fut advertye sa Majesté comme le mareschal de Biron estoit despesché pour marcher devant le Roy, et commencer le siège, et que le Roy le suivroit en toute diligence, tardant seulement à faire venir de l'armée des Allemands pour les départir aux lieux de service, les uns sur les frontières, les autres pour faire teste au duc de Parme, les autres pour venir à Rouen.

A ce mesme instant fut donnée à sa Majesté si bonne information de la puissance du Roy, d'estre suffisante, tant à défendre l'entrée au duc de Parme, comme d'entreprendre le siège, qu'il luy sembloit n'y avoir occasion qu'elle se mist en plus grandes despences que des dits 4000 h., car le Roy envoyant lors le sir Williams à sa Majesté, luy avoit donné instructions qu'il y avoit lors engaigés au siège avec le dit mareschal 10500 de pied, et 1200 chevaux, faisant, avec les 4000 Anglois, le nombre de 15400 hommes ; et que le Roy avoit auprès de luy 8000 Reisters, et 3000 chevaulx françois, et de lansquenetes 6400, de sorte que, sans les compaignies assignées aux ducs de Longueville et Nevers, et au mareschal d'Aumont, qui faisoient 6000 hommes, il devoit avoir à ce conte, 16000 de pied et 10000 chevaux, faisant ensemble 26,600 testes, et avec les aultres 6000, 32,000. Et disoit davantage, que le Roy vouloit en mander de plus, comptant faire son armée de 40,000 hommes. Ainsi, ayant le Roy promis au comte d'Essex que le duc de Montpensier le suivroit au siège de Rouen avec 4000 hommes de pied et 1000 chevaux, le duc n'y est de tout point venu ni de ses gens, fors que dit maintenant le Sr de Plessis qu'on l'attend avec 2000 de pied, et 6000 chevaulx, qui est bien loing de ce que promit le Roy.

Or, ayant sa Majesté accomply beaucoup plus que n'a esté demandé ; c'est à scavoir que les 4000 h. seulement pour deux mois, à la condition que s'ils demeuroient en France plus de deux moys, ils seroient payés par le Roy, elle les a continués depuis le moys d'aoust par l'espace de cinq moys, oultre les frais du moys de juillet que fut faite la levée, le tout à sa despence, fors qu'un moys. Et si on allègue que le nombre a esté de beaucoup diminué, ce qui est advenu par la mortalité et autres accidents, dont sa Majesté se sent touchée de pitié, si est ce qu'elle s'est monstrée bien prompte à les remettre, ayant mandé nouvellement, à sa despence 1000 de ceux qui sont à ses gaiges au Pays bas, bien qui soient arrivés si non 6 ou 700, mais en fort bon estat. Par ce trouve bien estrange sa Majesté, et passer toute raison. qu'on la presse de toute façon d'envoyer plus grand nombre de ses gens, ayant remarqué que ceux qui y sont ont esté exposés à tous hazards, auxquels ont esté espargnés les subiets du Roy. Et se persuadant par le compte dessus faict, que la puissance du Roy est bastante, tant à tenir le siége devant Rouen, comme aussi à defendre au Duc de Parme l'approcher, et que ce qu'on demande un plus grand nombre de ses subiets, n'est que pour les employer aux dangiers et hazards, et espargner les aultres dont (oultre les aultres precedentes) luy ait nouvellement esté donné occasion de le soupçonner à scavoir la preuve faicte à la vigille de Noel, estant sa Majesté advertye, qu'ayant destiné le Roy d'assaillir par quatre endroits le contrescarpe du fort de Ste Catherine, les trois en furent commis à capitaines Anglois et un seulement aux François, et ayant esté aschevée l'entreprise vaillamment, quoy qu'avec perte de plusieurs de ses subjects, et la place gaignée, elle a esté reprise par l'ennemy par nonchalance non bien cogneue à sa Majesté.

Mais, oultre les raisons dessus mentionnées, par lesquelles sa Majesté peust estre suffisamment persuadée de n'envoyer davantage de ses gens pour estre ainsi consumés sans avoir rien effectué durant l'espace de six moys passés, sa Majesté estime ce qui s'ensuit estre digne de consideration, pour monstrer qu'elle ne soit aulcunement tenue d'y envoyer encor d'aultres, selon qu'il est requis par le dit Roy et ses Ministres. Il y ja plus de vingt jours que le Roy fit demander de sa Majesté cinq mil hommes, alleguant alors qu'il attendoit le duc de Parme dedans quinze jours pour lever le siège ou livrer bataille, et pour ce desiroit d'estre secouru de 3000 picquiers, et 2000 musquiettiers et maintenant aussi le Sr de Plessis est venu demandant seulement 4000, disant que le duc de Parme estoit prest de s'y ascheminer en diligence, de sorte que le Roy seroit contrainct de le rencontrer en bataille, et pour cest effort, il requieroit maintenant les quatre mil; mais pour response, sa Majesté se peult remettre au jugement de qui que ce soit, que (quand bien elle seroit très inclinée à y condescendre) comment un si grand nombre de gens pourroient si tost estre levés, armés et transportés, mesme en yver, qu'il y faille mettre un moys entier, contant ce jourd'huy le douxiesme de janvier, et qu'ils y puissent venir avant que le duc de Parme ou seroit entré en France, ou s'approcheroit du Roy, veu qu'il y a plus d'un mois que le Roy a entendu qu'il est à La Fere tout prest à marcher ; si qu'il est ores à présumer que, s'il veult venir, il seroit desia bien près du Roy, aultrement qu'il n'y viendra point. Et ainsi advenant qu'il vienne, il seroit trop tard de dresser icy une armée nouvelle pour empescher qu'il ne s'approche, où s'il ne vouldra point venir (comme s'il n'est pas desia venu, il n'y a point d'apparence qu'il s'approchera du Roy) ce seroit aussi en vain charger et troubler sa Majesté, preparant de nouvelles forces, qui luy seroient inutiles. Doncques, pour conclure par ces raisons dernièrement escrites, sa Majesté a juste occasion de se deporter d'y envoyer de reschef d'autres forces et souhaiteroit plus tost que ses gens qui sont par là fussent mieulx favorisés qu'ils ne sont, sans estre ainsi journellement exposés a toutes adventures desesperées, où les propres subjects du Roy ne le sont pas tant, occasion qu'ils sont diminués beaucoup plus qu'autres quelsconques employés au siège, et s'il y avoit aultre urgente nécessité qui requiereroit davantage, sa Majesté desireroit d'estre premièrement deuement informée, comment ils seroient plus favorablement traités à l'advenir (1).

(1) Record Office, State Papers, France, vol. CII.

Pour adoucir la sécheresse de ce refus accompagné de tant de prose, Élisabeth écrivit de sa main à Henri IV une de ces lettres dont l'aigreur n'est atténuée que par les obscurités du langage.

> Monsieur mon bon Frère,
>
> Si je vis quelque esperance, ce ne fust que par ung treillis, que mes fils de si long tirés se conduysissent à quelque bonne toile, mon Dieu, que mes labeurs sembleroyent beaux passetemps ; mays me faysant que la vraye ménagère de vuydes pensées et à qui rien de bon ne grand tômbe à mon sort, je ne puys delaysser cest office d'affectionnée sœur, si non vous communiquer mes doléances, et ensemble mes sollicitudes de votre grandeur et Estat. Et pourtant vous envoys-je ce gentilhomme, à qui j'ay bien particulièrement communiqué mes intentions et playntes, et pour vous asseurer de ce, à qui vous pouvez fyer, et en quelle sorte je vous puis respondre à telles requestes, à qui de jour à aultre vos Ministres me pressent, de qui vous supplie tenir tel compte, comme l'importance de la cause et l'iniquité de ce temps requierent. Et qu'il vous plaise de ne me paistre de plus de promesses que telles qui se pourront probablement estre accomplyes ; aultrement nous bastyrons tousiours sur des marets, qui ne sont au fond asseurés. Les conseils les plus asseurés ce sont qui, estant bien resolus, fermement se gardent, non point à qui chasque jour prestera une eschange, comme je en ay veu trop d'experience entre les vostres, que je soubhayte fayre le but de leurs advis le bien de votre action, et qu'ils ne sortent de limites de votre grandeur. C'est à vous, mon très cher frère, de cueillir de plusieurs conseils tels qui vont le droyct chemin à la fin de votre intention; non tels qui par ambages nous conduyssent bien loing de telle conclusion. Ayez, au nom de Dieu, tels pour suspects qu'ils ni tiennent

soubs l'herbe quelque crapault caché, vous me pardonnerez si vous use telle privauté, estant le mesme que moy mesme ensuyvrois, comme Dieu scayt, et qui je prieray tousiours de vous instruyre la belle difference entre sembler et estre, en vous donnant la victoire de vos ennemys et rebelles (1).

Dans une autre lettre du 16 mars, elle revient sur les mêmes arguments :

L'importance de vos affaires, mon très cher frère, me font oublier l'extrême douleur que mon bras me fait sentir, en vous suppliant au nom de Dieu de ne relascher la bride trop au temps qui court sans recule, et ne permettre que par nonchalance des ports maritimes vos ennemies ne les vous arrachent. Approchez pourtant vistement à Dieppe, de pour que ce ne soit trop tard, qui me coupera le chemin de ne vous pouvoir aider au besoing ; pardonnez-moi, si, en toute affection, je vous dis que je crains que quelque mauvais esprit, soubs manteau de bonne service, ne vous met en teste de prendre les lieux de peu d'importance, en delaissant les plus grands, car autrement je me figure que ce ne seroit possible que, depuis le retour du Duc de Parme, vous n'eussiez chassé de Bretaigne ce petit nombre d'Espagnols qui y demeurent, et de n'attendre leur bon plaisir pour y fortifier, et vous oster places de si grand moment ; et que je m'estonne qu'ayez les yeux si esblouys à ne veoir ce dangier. Si on pense que me touchant de si près, il fault que je le face, qu'il vous souvienne, mon cher frère, que ce n'est point la France à qui seule je ayde, et que mes pays naturels me doibvent estre peu recommandés ; croyez asseurement que si ne voye qu'ayez plus de regard aux ports maritimes et lieux qui nous sont les plus proches, il fault que

(1) Record Office, State Papers, France, vol. CII.

mes prières vous servent au lieu d'aultre ayde, car il ne me plait mander mes gens à la boucherie, où ils pourront facilement périr, premier que vous servir. J'espère pourtant que la première caution que vous a donné l'arrivée premier du Duc de Parme, vous admonestera de vous garder d'une surprise. Je m'asseure qu'ils assiégeront Dieppe bien tost, gardez vous en, et ne vous déplaise mon rondeur, car si du commencement vous eussiez pris les maritimes qui sont les vrayes portes de vostre Royaulme, Paris n'eust esté si bien fourny, ny aultres lieux plus au cœur du Royaulme n'eussent receu tant d'aydes estrangières, sans lesquels les aultres eussent esté tost vaincus. Pardonnez ma simplicité qu'estant de ma sexe veuille apprendre une leçon au mieulx entendant; mays mon experience en gouvernement me rend un peu opiniastre à croyre que ne suis ignorant de ce qu'appartient à un Roy, et me persuade qu'en suivant mon advis ne faillerez à vaincre vos assaillants. Je me fasche de l'ambassadeur et du viscomte à qui j'ay prié de haster le voyage de Monsieur la Nouë pour aller en son pays avec quelques bonnes troupes, car outre qu'il est clair-voyant aux affaires martialles, aussi pour estre de ce pays desirast-il plustost sa conservation. Je fais la depesche en Allemaigne. Pour Busenval je retarde à vous en toucher mot, de peur de ne dedire ma louange, je ne vous coloray que tant s'en fault, qu'il me cuida satisfaire, qu'il ne daigna me trouver pour recevoir sa depesche, qui me sembla bien estrange, n'ayant esté accoustumée à si lourd entretenement, que je ne le reçeus pour ambassadeur, entendant son partement en Hollande, je ne le pouvoys faire, sans demettre Monsieur Beauvoir comme gentilhomme privé. Ce que je ne croy ne pensastes faire, pour ne me laisser autant en son lieu, luy estant destiné à aultre service; et pour parler clairement, j'avois une singulière opinion de Busenval pour vostre service, mais pour un tel lieu je n'en avoys pensé; mais si, sur vostre honneur vous croyez qu'il a tousjours parlé sincèrement de l'affection que je vous porte, je lui désirerois du bien, aultrement un aultre de meilleure qualité me contenteroit beaucoup mieulx. Ma main me convie à finir cette trop longue, avec mes très-cordialles prières à Dieu pour vostre heur et santé (1).

La situation devenait de plus en plus grave ; le duc de Parme, après avoir fait sa jonction avec Mayenne, était arrivé par la route de la Fère et de Péronne à la frontière de la Picardie et de la Normandie, avec le dessein de secourir Rouen. Le 20 janvier, le roi quittant le camp s'avança à la tête de 6,000 hommes de cavalerie, au devant de l'armée ennemie et, par un excès d'audace, laissant le gros de sa cavalerie à Neuchâtel, il poussa une reconnaissance jusqu'à Aumale avec quelques centaines d'hommes d'élite, imprudence qu'il appela lui-même « l'erreur d'Aumale, » et où il fut blessé aux reins d'un coup d'arquebuse (5 février). Après la prise de Neuchâtel, le duc de Parme, continuant sa marche sur Rouen, s'avança jusqu'au village de Bure ; Henri IV campé à Bucly attaqua et surprit les quartiers de Mayenne et du duc de Parme et les quartiers du duc de Guise et du comte de Chaligny. Durant un mois, il tint ses adversaires en échec, couvrant Biron et lui permettant ainsi de poursuivre le siége de Rouen ; mais le vieux maréchal ne fit aucun progrès, et, par son incurie, permit à Villars de faire une sortie générale. Le 24 février, les tran-

(1) Record Office, State Papers, France, vol. XCVII.

chées furent comblées, les mines éventées, les plus braves capitaines et huit cents hommes tués, une partie de l'artillerie prise. Un tel désastre fit perdre tout le fruit des travaux antérieurs et le siége ne se trouva pas plus avancé que le premier jour. Henri IV, rappelé par cet échec, revint devant Rouen, et là concentrant ses troupes, ranimant leur courage, il opposa au duc de Parme et à Mayenne une force tellement supérieure et dans des positions si bien choisies que. n'osant livrer bataille, ils se retirèrent sur la Somme ; délivré de ces deux adversaires, Henri IV reprit si vivement le siége, élevant des forts, repoussant les sorties, que Villars fit prévenir en toute hâte le duc de Parme que, faute d'un prompt secours, il serait forcé de capituler. A cette nouvelle, le duc hâta sa marche, doubla les étapes et se présenta devant Darnetal, le 20 avril au matin ; Henri IV crut prudent de se replier, et sans l'inquiéter laissa le duc ravitailler Rouen, prendre Caudebec (1), et s'établir dans un camp retranché à Yvetot, mais à son tour reprenant l'offensive le 29 avril, il harcela tous les jours l'armée espagnole, coupa ses communications avec Lillebonne, par crainte de la famine la força à se replier, et dans sa marche de recul sur Caudebec, l'accula si bien qu'il aurait amené le duc de Parme à capituler s'il n'était parvenu à traverser la Seine sur un pont de bateaux.

(1) Le 27 avril.

L'habileté du plan de campagne d'Henri IV avait réussi en dépit de l'infériorité de son armée ; Mornay, qui était à Dieppe, donne à cet égard de curieux détails à Burghley :

> Il faut que la valeur du Roi supplée au défaut de ses forces, n'ayant, comme j'ay remonstré, de quoy suffire contre le duc de Parme et au siège de Rouen tout ensemble pour le défaut d'infanterie suffisante, il estoit réduit, attendant le secours de ses amis, à aller disputer tous les logis au duc de Parme, ce qui ne peut se faire sans péril et sans rencontrer en une semaine une mauvaise heure.

Et il ajoute :

> Il a été légèrement blessé, ce que Dieu a voulu pour faire apprehender aux gens de bien ce qu'il y a dans sa vie de vies encloses, combien eut son danger de dangers et après lui, si on avoit à y penser, de ténèbres, de confusions.

Il termine en exposant que jamais le secours de la reine n'a été si nécessaire.

Une lettre de Biron à M. de Lusson, à la date du 17 mai 1592, détermine bien la situation de l'armée du duc de Parme avant qu'elle n'eût réussi à traverser la Seine :

> Le Roi s'en est allé passer au Pont-de-l'Arche et voir la contenance de ses ennemis ; sa Majesté a emmené quelques troupes de cavalerie et se joindront à lui d'autres troupes qui estoient de delà ; pour le reste de la cavalerie, il l'a laissé à Mr de Montpensier et à moy son artillerie, ses gens de pied et les reistres.

Il pense que les ennemis ne peuvent avoir d'autre dessein que de se retirer, d'autant que le gros de leur armée est demeuré dans la campagne de Neubourg, leurs Suisses dans Rouen ne voulant marcher, faute de solde, et il ajoute :

J'estime que le prince de Parme, qui n'a que 17 enseignes de gens de pied, pourroit bien aller à Paris pour s'en saisir par surprise, y estant appelé par ceux qui ont le cœur espagnol (1).

Henri de la Tour écrivait à Burghley :

Nos affaires sont assez incertaines, quoique le duc de Parme s'éloigne de nous ; vos assistances ne nous seront jamais si nécessaires (2).

De son côté, Beauvoir écrivait à Burghley, le 22 mai :

Le duc de Parme se sert plus de la peau du renard que de celle du lièvre ; il cherche moyen d'éviter le combat. Sa Majesté est décidée à ne pas laisser l'entreprise de Rouen imparfaite ; il demande s'il n'y a pas moyen de recouvrer des deniers sur le crédit des marchands de Bordeaux (3).

C'est par Grimouville-Larchamp (4) que nous

---

(1) Record Office, State Papers, France, vol. CIII.
(2) *Ibid.*
(3) *Ibid.*
(4) Nicolas de Grimouville, mari de Diane de Vivonne, capitaine des cent archers de la garde écossaise, gouverneur du Mont-Saint-Michel.

savons comment s'effectua la retraite du duc de Parme :

Sire, je suis arrivé en vostre ville d'Evreux avec tel heur que comme les ennemis estoient dans les faubourgs, je y suis arrivé, où il en est demeuré cinquante sur la place et force prisonniers à la barbe de toute l'armée du prince de Parme, qui est passé ce jourd'hui, et estoit son rendez-vous de toute son armée à Ivry, avec la plus grande déroute qui se peut voir ; le dit prince de Parme est passé aujourd'hui à deux heures, accompagné de dix sept enseignes de gens de pied, deux gros de cavalerie, l'un devant, l'autre derrière, et, dit-on, que leur rendez-vous de demain est à Montfort, et prévoy que s'ils y vont, comme j'ay peu apprendre, ils seront à Paris dimanche. J'ay fait force prisonniers, encore que la ville ne soit pas si bonne que je le désirerois, je y finiray ma vie.

Escript à Evreux, le vendredi à minuit, 15 mai 1592.

P. S. Sire, mille chevaux déferoient toute l'armée du prince de Parme (1).

Élisabeth n'augurait pas si bien de cette campagne dont la fin fut si brillante, et marchandant son secours, elle faisait passer à Henri IV cette note dont chaque question est une défiance :

Quel succès peut-elle espérer, vu que le duc de Parme ne s'est retiré que pour soulager et rafraîchir son armée, et qu'il reviendra au secours de Rouen, si le roi veut l'assiéger ?

Est-il vrai que les conseillers catholiques du roi ne se soucient pas que Rouen soit pris ?

(1) Record Office, State Papers, France, vol. CIII.

Quelle est l'opinion du roi touchant les offres de paix ?

Que le roi mette entre ses mains comme garantie et durant la continuation du secours la ville de Brest, ou s'il refuse Brest, qu'il envoie des troupes pour reprendre Saint-Malo et la lui livrer (1).

Peu après la retraite du duc de Parme, Henri IV reprit Caudebec et licencia une partie de son armée; ses envoyés ne cessaient pour cela de négocier. Le 3 juillet 1592, Sancy demandait un congé pour aller prévenir le roi du refus persistant d'Élisabeth, mais il exigeait que ce refus fût donné par écrit :

Il n'y aura personne au monde qui n'approuve le roi son maître, se voyant abandonné de secours, d'avoir pris conseil de s'accommoder, comme sans doute il feroit très-grande faute d'en perdre les occasions, puisque sa Majesté ne le peut secourir davantage (2).

Les ligueurs, encouragés par la présence du duc de Mayenne à Rouen, tournèrent leurs forces contre Quillebeuf ; la prise de cette place était une menace pour Caen ; la garnison, quoique peu nombreuse, mais pourvue d'une forte artillerie, opposa une résistance énergique et put tenir jusqu'au 23 juillet.

Au mois d'août, Henri IV étant en Champagne, Beauvoir écrivait à Burghley :

J'ai reçu des lettres du roi ; il y a dedans de l'huile et

---

(1) Record Office, State Papers, France, vol. CIII.
(2) *Ibid.*, vol. CIV.

du vinaigre ; la reprise d'Epernay le réjouit, mais l'extrême maladie de M. de Sancy l'attriste.

Beauvoir insistait pour le prompt départ des troupes promises pour la Bretagne. Le 9 septembre il écrivait à Burghley :

Le général Norris, au moment de son départ, m'a fait entendre que les munitions et artillerie que la reine a à Dieppe, elle ne les a accordées qu'au cas ou le roi s'acheminât en personne audit lieu de Bretagne. Je ne veux pas dire que ce qui sort de la bouche de cette princesse ne soit autre que vérité, vu qu'elle est l'oracle de la vérité elle-même, mais quelquefois la multiplicité d'affaires fait un peu égarer sa mémoire, et cette condition n'est point imposée dans le contrat signé d'elle et de M. de Sancy.

Au mois de septembre, la peste sévissait à Londres ; Beauvoir annonce à Burghley qu'il s'en est retiré depuis vingt jours, sachant que la reine ne prend plaisir à voir ceux qui y demeurent, par crainte de la maladie ; il regrette qu'elle ait été si courroucée ; à cette considération, il s'est bien souvent souhaité la mort ; il pleure sa faute et sera plus respectueux à l'avenir (il fait sans doute allusion à la lettre où il accuse Élisabeth de mensonge); et il ajoute :

Vous apprendrez la mort misérable de M. Hallot de Montmorency, perte grande pour le roi et le fâche encore plus pour la façon dont elle a eu lieu (1), et il

(1) Assassiné dans sa maison de Vernon par le marquis d'Allègre. C'était une vengeance particulière.
V. *la Ligue en Normandie,* par le vicomte d'Estaintot, page 264. Voir J. Lair, *Hist. du Parlement,* p. 186.

21

rappelle la promesse de couleuvrines faites à la ville de Caen (1).

De part et d'autre la guerre se ralentit, mais ce n'était qu'un répit, et Henri IV comprenant l'importance de la possession de Quillebeuf pour la sûreté de Caen, y appelle des renforts. Voici sa lettre :

Sieur Roger, je vous prie ordonner à celui qui commandera aux Anglois en vostre absence qu'il se joigne avec ses troupes à mon cousin le comte de Saint-Paul, quand il le leur mandera et face ce qu'il luy ordonnera pour mon service et si le sieur Legrand en a affaire de deux ou trois cens pour le secours de Quillebœuf, qu'il le lui baille, car cela importe grandement à mon service; m'asseurant que vous avez trop d'affection pour ne faire pas tout ce que dessus, je prie Dieu qu'il vous ayt en sa saincte garde (2).

De Saint-Lo, le xx° jour de septembre 1592.

HENRY.

A côté de ces négociations, à côté de toutes ces dépêches, on nous pardonnera de placer une lettre de M. de Saldaigne à Burghley ; c'est au sujet d'une *éléphante* (sic) envoyée par Henri IV à Élisabeth. Il écrit :

Il faut lui laisser son gouverneur jusqu'à ce que la beste soit accoustumée au pays. Le roi a commandé à

---

(1) Record Office, State Papers, France, vol. CV.
(2) *Ibid.* Original signé (non publié dans le Recueil de M. Berger de Xivrey).

ceux qui trafiquent en la coste d'Afrique de lui amener un male (1).

Les faits de guerre deviennent rares ; voyons ce qui se passait dans l'intérieur de nos villes et quels étaient les rapports entre protestants et catholiques sous un roi qui était de la religion réformée. Le Parlement de Normandie avait écrit à Henri IV pour connaître son bon plaisir sur l'exercice de la religion réformée ; la réponse n'étant pas venue, le Parlement avait pris quelques mesures pour éviter les séditions, il avait interdit les prêches, en avait fait fermer un à Allemagne (2). Henri IV, en 1591, ayant révoqué les édits de 1585 et de 1588 pour faire revivre ceux de 1577 et de 1580, le Parlement déclara vouloir bien adhérer à la révocation de l'édit de 1588, parce qu'il blessait les anciennes lois ; mais, quant à celui de 1585, il ne le révoqua qu'en ce qui touchait le bannissement, l'emprisonnement des religionnaires et la confiscation de leurs biens, se réservant pour le surplus de faire des remontrances (3).

Cette explication nous a semblé utile pour bien comprendre la portée de la lettre écrite par Beauvoir à Burghley, lettre qui nous dévoile toutes les contes-

---

(1) Record Office, State Papers, France, vol. CV.

(2) Voir LAIR, *Histoire du Parlement de Normandie durant son séjour à Caen*, p. 107.

(3) V. LAIR, *Histoire du Parlement durant son séjour à Caen*, p. 158.

tations survenues dans la ville de Caen, entre protestants et catholiques :

Monsieur, le subjet propre de la négociation de M. de Poille étant expédié, je vous y adjousteray un aultre point que je scay (oultre le service de Dieu), ne concerner pas peu le bien de ces deux princes et de leurs estats. Je ne doubte point que le gentilhomme de Bretagne, qui est maintenant près de vous, ne soit bien affectionné au service de sa Majesté très chrétienne ; sans doute, le prince qui l'a envoyé l'est des plus ; ses actions continuelles en font foy plus que suffisante, mais vous voyez en quels termes est réduite sa Majesté par l'importunité générale de nos papistes, et ce de toutes parts, selon que vous l'avez pu remarquer par le dernier voyage du sieur du Manoir, et combien qu'ils voient bien que l'estat de la France, et notamment que l'estat de Bretagne et Normandie sont soutenus principalement par les bras forts de sa serenissime Majesté, à laquelle, pour ceste cause, elles ont si souvent recours, si est ce que sa Majesté très chrétienne ne laisse pour cela d'estre incessamment molestée en sa conscience et si ne faut pas qu'aulcun de la religion, quelque bonne volonté qu'elle en ait, espère aulcun advancement en charge quelleconque et place d'importance, encore qu'ils se trouvent les premiers aux coups et quant au pauvre peuple par la France, on ne lui peult fournir aulcun moyen de servir Dieu en assurance. Vous avez entendu, je croys, le piteux mémoire des pauvres gens de la ville de Caen en l'année dernière et la cruelle prison en laquelle plusieurs sont encore détenus à Honfleur, pour avoir été contraints chercher l'exercice de leur religion à trois milles loin de la ville de Caen. Or d'aultant que la dite ville est soubs l'obéissance de monseigneur de Montpensier, lequel depend beaucoup de la faveur de sa serenissime Majesté et qui peut aussi par son exemple et ses inductions tant envers la noblesse que le peuple descharger sa dite Majesté très chrestienne de tant de molestés et nourrir la paix entre ses subjects de l'une et l'aultre religion, je vous en ai bien voulu advertir, affin que, selon sa prudente piété, sa Majesté en face entendre, ou par ses paroles, ou par ses lettres, à Monseigneur de Montpensier ce qu'elle jugera convenable.. Ces pauvres gens avoient une maison assez grande et forte en laquelle ils faisoient leur assemblée, mais le propriétaire leur a fait entendre qu'ils se pourvoiassent ailleurs, et s'estant adressés sur ce faict à M. de la Verune (1), afin de pouvoir avoir quelque autre retraite sure, il leur a fait, à la vérité, une favorable réponse, que pour son particulier, encores qu'il désiroit d'y pourvoir, qu'il ne le pouvoit que par le commandement du gouverneur général de la dite province qui est monsieur de Montpensier, auquel, s'il plaist à la reine de faire entendre que, vu le secours duquel elle assiste continuellement sa dite Majesté et son estat et particulièrement les provinces de Bretagne et Normandie et les grandes despenses qu'elle y emploie, néanmoins elle ne s'apperçoit point que ceux qui font profession de la religion en soient soulagés et ayent davantage de liberté que du vivant du défunt roy, qu'elle est bien assurée que le roy deffunt y eut mis un meilleur ordre, ce que sa dite Majesté se promet de M. de Montpensier, quand bien ce ne seroit qu'en sa faveur ; pour ce je vous baise les mains et prie Dieu vous donner en santé heureuse et longue vie.

De Hacquenay, le xxve jour d'octobre 1592 (2).

Rien de bien important dans les derniers mois de l'année 1592 ; Élisabeth n'était pas mieux disposée à accueillir les demandes d'Henri IV, et Beauvoir écrivait à Burghley, le 28 décembre :

(1) Gaspar de Pelet sieur de la Verune, gouverneur de Caen. V. LAIR, *Hist. du Parlement de Normandie*, p. 65.
(2) Record Office, State Papers, France, vol. CVI.

J'ai été reçu par la Reine, mais je ne l'ai pas trouvée disposée à accueillir aucune des demandes du Roy, mon maître. La moindre des conséquences ne sera pas que nos papistes l'abandonnent, et je vous laisse à penser les inconvénients qui s'en suivront ; la seule appréhension que j'en ay me fait perdre le jugement.

Ce que le Roy demande, est-ce une chose impossible ? 2,000 mille picquiers de plus que ce qui est à Saint-Valery. Au nom de Dieu, apportez-y la bonne main ; sans ce secours, le Roy se trouvera accablé ; la nécessité l'amènera à des conditions jusqu'ici intolérables. La Reine veut qu'il prenne Paris, mais je vous prie, est-ce un chat qui se prend sans mitaines ? Il faut des forces, de par Dieu, il faut des forces ; il n'a plus que 2,000 Suisses ; ce n'est pas un corps ferme pour s'opposer à ce qui peut venir des Pays-Bas. La mort du duc de Parme n'a pas enveloppé avec elle celle du roi d'Espagne ; un secours de la Reine et les papistes viendront à l'armée du Roy ; il s'en rapporte à sa prudence (1).

Dans l'année 1593, les opérations militaires n'ont que peu d'importance à côté du grand événement qui allait donner le repos à la France ; je veux parler de l'abjuration d'Henri IV. Ici les faits sont si connus qu'il est presque inutile de les rappeler : qui ne sait qu'après la déclaration du Parlement du 28 juin, annulant à l'avance tout traité qui appellerait au trône de France un prince ou une princesse étrangère, Henri IV, après une courte conférence avec trois curés de Paris, fit son abjuration le 25 juillet, dans la cathédrale de Saint-Denis, entre les

---

(1) Record Office, State Papers, France, vol. CVI.

mains du cardinal de Bourges et reçut l'absolution. Ce qui nous intéresse, ce que nous recherchons, c'est l'effet produit sur les protestants de Normandie par ce grand événement. C'est M. de Feugeuray, pasteur de l'Église de Dieppe (1), qui, dans une lettre à Burghley, écrite le 1er juillet 1593, va nous dire toute l'émotion que souleva l'annonce de la prochaine conversion du roi :

Vous ne pouvez ignorer de combien de perplexités et angoisses se trouvent réduites une infinité de pauvres âmes par toutes les Églises réformées de France sur ce changement de religion auquel on veut forcer sa Majesté très chrestienne. Vous, Monsieur, selon vostre grande prudence, en pouvez mieux juger qu'aulcun aultre les conséquences par toute la chrestienté. Ne doubtons nullement, vu le zèle que vous avez fait paroistre à l'advancement et conservation de la pure religion, que ne recherchiez les moyens de rompre et empescher ung si pernicieux dessein. Néanmoins nostre debvoir nous a incités envoyer ce porteur, le sieur Beaudoin, pour vous supplier très humblement et sa Majesté d'employer ce que vous estimerez convenable pour destourner cet orage et empescher une si grande calamité qui menace toutes les Églises par ung si pernicieux exemple qui se puisse voir au monde (2).

Puisque nous nous sommes arrêté à la conversion d'Henri IV, on nous saura peut-être gré de placer ici les deux lettres qu'il écrivit à M. de Beauvoir

(1) Il avait été pasteur de l'Église de Rouen en 1582. V. *France protestante*, t. V, p. 109, et pasteur de Vire. V. DE BÈZE.
(2) Record Office, State Papers, France, vol. CVIII.

pour lui annoncer le plus grand événement de sa vie ; elles n'ont pas été publiées par M. Berger de Xivrey dans sa *Collection des lettres de Henri IV* :

Monsieur de Beauvoir, je croy que vous aurez maintenant receu les lettres du deux^e du present, desquelles je vous envoye un dupplicata, si d'aventure elles estoient esgarées, par ce que je desire sur tout faire cognoistre à la Royne Madame ma bonne sœur, combien sur tant d'obligations qu'elle s'est acquise sur moy, ceste dernière a de force et de pouvoir en mon esprit. Je veux donc, si elle est accomplie, que vous luy en facies tous les humbles et officieux remerciemens desquels vous vous pourrez adviser. Comme, à la verité, en l'estat où sont mes affaires, et le progrès que le Roy d'Espaigne faict, je ne vous puis assez exprimer combien ce petit secours viendroit à propos, je ne suis qu'en peine de ce que depuis je n'ay nulles nouvelles de vous, ny du partement du Vidame, ny de la descente des trouppes, lesquelles, selon le compte que j'en avois faict, pourroient bien, à ceste heure, estre descendues, ce que je ne puis imputer ny à faute de sollicitation de vostre part, ny à faute de volonté de la part de la Royne Madame ma bonne sœur, puisque la consideration de mes necessités l'avoit faict condescendre si liberallement à ma requeste. Les choses s'en vont bien en plus forts termes que jamais, selon les advis que j'ay de la conference de Paris, où la sollicitation des Ministres d'Espagne, par les grands offres qu'ils font, advancent tellement l'election d'un nouveau Roy, qu'on pense qu'elle sera asseurée en la personne du duc de Guise, auquel on offre de grandes forces et de grands moyens pour se pouvoir maintenir, jusques à l'asseurer du mariage de l'Infante, et cependant de huit mil hommes de pied et deux mil chevaulx, avec une bonne somme de deniers, pour faire progrès, attendant plus grandes forces et moyens à l'advenir : j'ay nouvelles que le comte Charles s'advance sur cela avec ses forces, lesquelles on lui doibt renforcer de celles du Pays-Bas, affin de ne perdre aulcun point de temps pour leur dessein. Je m'estonne que mes amis ne pensent à mes extremités, et qu'ils ne peuvent croire les choses qu'en les voyant. Vous scavez combien de fois je vous ay donné advis de ceste élection, laquelle advenant allume la guerre à jamais dans mon Royaume et jette le Roy d'Espaigne si avant, qu'il sera bien malaisé de l'en reculer. Je ne plains ny ma vie ny mes biens, que je voue de bon cœur à la conservation de mon Estat et à la deffense de ceulx qui sont intéressés en ceste cause; mais j'ay regret de veoir croistre un mal devant mes yeux, lequel on pourroit empecher avec bien peu de chose. Vous aurez à ceste heure veu et ouy le sieur de Morlans, et apprins encores de plus grandes choses de luy, les quelles je vous prie de croire et que la Royne, Madame ma bonne sœur, les tienne pour très-véritables. Sans l'espérance que mes bons subjects ont prinse du contentement que je leur pourrois donner au faict de la religion, mon Estat couroit sa dernière et inévitable ruine ; mais il ne se peult dire comme le courage se redouble maintenant en eulx et la résolution d'y achever le reste de leurs biens et de leur vie ; ce qui me resiouit en partie pour le moyen que j'auray de faire une forte opposition à mes ennemis, et m'attriste d'autre part, si par faute d'assistance je veoy perir ce que le Roy d'Espagne tient pour le plus grand obstacle de son ambition. Je vous prie de le dire à la Royne, Madame ma bonne sœur, bien clairement, affin que je sache aussi ce que je doibs attendre d'elle, car comme je désire sur tout n'estre obligé qu'à sa bonté de ma conservation, et que personne ne puisse venir en partage de cest honneur avec elle, aussi doibt elle considerer, qu'il n'y a rien si fascheux que de se veoir perdre avec tant de gens de bien, et que les extrémités des maulx contraignent les hommes à chercher touttes sortes de remèdes. Les longueurs perdent mes affaires, et ce qui seroit quelque chose en un temps, peu de jours après revient à rien. Si le vidame m'amenoit à ceste heure ces quinze cens hommes que la Royne, Madame ma bonne sœur, m'a promis, je releverois mes affaires, en attaquant quelque place, ou j'yrois veoir les ennemis, avec moyen non seulement de troubler leurs desseins, mais de les faire fuir devant moy et leur faire perdre toute reputation. Je vous prie donc de presser cela, si vous y voyez de la longueur, et me donner promptement advis, si vous y voyez aucune incertitude. Ne me retenez plus le vidame, après quatre mois qu'il aura perdu, s'il revient à moy les mains vuides, et luy dittes qu'il faut revenir icy pour participer à la condition de son maistre, c'est à dire espouser une cuirasse pour le reste de ses jours. Sur ce je prie Dieu, Monsieur de Beauvoir, vous avoir en sa saincte garde.

Escrit à Mante, ce xi juillet 1593 (1).

Voici la seconde lettre :

Monsieur de Beauvoir, comme vous vous etes plaint par cy devant de n'avoir de mes nouvelles si souvent que vous en desiriez, je me plains aussi de n'en avoir de vous depuis le febrier du passé, qu'un mien trompette anglais m'apporta vostre depesche du dit jour, et depuis peu de jours après j'en ay receu le dupplicata. Je ne scaurois croire, veu vos diligences accoustumées, qu'il y ayt de vostre faute, et pense plustost, ou qu'il y ayt de vos depesches perdues, ou que quelque alteration soit survenue, la Royne Madame ma bonne sœur demeurant mal satisfaicte de l'advis que je luy ay donné, du vray et neantmoins miserable estat de mes affaires, si par la voye que je luy ay faict entendre je n'eusse rendu à mes subjects catholiques le contentement qu'ils desiroient de moy par

(1) Record Office, State Papers, France, vol. CVIII.

mon instruction. Je m'asseure que vous, vostre fils et le Sr. de Morlans, luy aurez bien représenté particulièrement la necessité qui me pressoit de tous costés. Je renvoyé à sa prudence accoustumée de juger du manifeste peril auquel j'estois, et de l'élection d'un nouveau Roy, et (qui ne m'eut esté moins grief) l'abandonnement de mes principaux subjects catholiques, lesquels soubs ce pretexte me quittoient, et faisoient un tiers party, et par iceluy emportoient les premières et principales villes qui sont aujourd'hui en mon obeissance. Ceste mienne resolution a couppé broche à l'un et l'autre de ces desseings, car comme d'un costé l'élection d'un nouveau Roy demeure suspendue au croc, n'en estant demeuré à mes ennemis qu'un malcontentement très-grand les uns des autres, le dit tiers party est du tout suffocqué, et, grâces à Dieu, ne s'en parle nullement, vous asseurant que ceux qui y sembloient les mieux disposés se montrent maintenant les plus affectionnés au bien de mon service. Je fais mon compte de vous faire une plus ample depesche dans peu de jours et incontinant après mon instruction ; cependant et n'ayant pour ceste heure autre plus digne subject d'escrire à la Royne, Madame ma bonne sœur, je vous prie luy baiser les mains bien humblement de ma part, et l'asseurer qu'il ne se peut presenter aulcune occasion suffisante, pour me faire oublier les faveurs que j'ay receu d'elle en mes plus grandes affaires, et que tout le monde ensemble ne me scauroit faire perdre le désir de luy faire un jour un bon service. Je feray partir incontinant après le xxve de ce mois le sieur de . . . . Je croy que le sieur Roger Williams pourra estre prest de partir. Je ne faudray par eulx ou par un d'eux de lui escrire, et de vous tenir bien informé de tout ce qui se sera passé. Cependant et ne sçachant si mon depesche du xie vous aura esté porté seurement, j'ay commandé qu'on vous en envoye un dupplicata, ne pouvant qu'adiouster, sinon que je vous prie de tenir la main à ce que ladite Dame envoyé, au plus tost que faire se pourra, le raffraichissement de ses trouppes en Bretagne, comme j'en suis infiniment pressé par mon cousin le Mareschal d'Aumont, qui m'asseure que le dit raffraichissement étant arrivé, il tiendra la campaigne et fera teste à nos ennemys de sorte qu'elle et moy en recepvront contentement. Sur ce je prie Dieu (1).

Élisabeth, en apprenant l'abjuration du roi, ne put maîtriser son ressentiment; elle ne sut mieux le manifester qu'en rappelant les troupes qu'elle avait en France, et elle lui écrivit :

Il n'y a si pauvre mechanique ny laboureur de terre, qui, après leur travail et peine, n'attend et bon guerdon et quelques fruicts de sa peyne; mais je veoy, à Princesse qui, quasi cincq ans, a dependu tant de tresor, a perdu tant de peuple, il n'y a concedé l'haleine de respirer, sans plus d'impositions de nouvelles despences. Je m'estonne, considerant ce qui a passé, que ne vous contentez de croyre, que plus tost reparations se devoient attendre d'infinis manquements de promesses et pactes qui vous ont extremement nuys et à moy aussy, plustost que d'y adjouster nouvelles demandes, qui pourront selon les precedents, moins vous servir que n'auriez besoing. Car qui me convie à plus m'en fier que du passé, voire quand aviez sur les champs nombres plus grandes que je ne veois que en tout pouvez à cest heure recueillir, si est ce qu'avecq toutes ces trouppes plus ne se fist que ce que tout le monde assez bien cognoist. Qui me faict penser que n'aurez compagnies de moy qui vous pourront si servir comme je l'ay desiré; voyant qu'il y a des empechements tels que rien de bon succède. Qui me faict conclure que, à la depesche de ce gentilhomme, ne vous puis plus dire jusques à ouir vos resolutions à tels points

(1) Record Office, State Papers, France, vol. CVIII.

que Wilkes vous a communiquéz, si non que si pour rien de bon si grand mal se fist, mauldicts soyent qui en ont esté l'autheurs, et prennez le pour example à ne plus vous appuyer sur si iniques rideaux qui si une tempête arrive vous laisseront aux ondes. Et du surplus me remettant à la suffisance de ce porteur, je me mets à genoux pour prier le Createur vous inspirer le tout pour le mieulx, à ce que ne vous oubliez vous mesmes, ny aussi les vostres syncères et de longue main fideles (1).

En apprenant la détermination de la reine, Beauvoir essaya de l'adoucir par l'entremise de Burghley, auquel il écrivit :

Je n'ay pas clos l'œil ceste nuit et je vous promets ma foi que ce n'est ni ma goutte, ni ma colicque qui m'ont éveillé, c'est au cerveau et en l'ame que j'ay tellement confite en toutes sortes d'amertumes que je ne pense pas en avoir senti une telle en ma vie, depuis le sanglant malheureux jour Saint-Barthélemy. Le sujet de ceste triste amertume procède de la triste nouvelle que m'apporta le soir M. de Staffort, de la résolution que sa Majesté a prise de revocquer toutes ses troupes qu'elle a en France ; je ne veux pas ici contester contre son juste courroux ; je recognois et confesse qu'elle n'en a que trop de subject, et plut à Dieu que, du prix de ma propre vie, je le puisse racheter ; mais quoy, Monsieur, faut-il jeter le manche après la cognée ? faut-il cracher contre le ciel, afin que notre crachat nous retombe sur le visage ? faut-il pour nous venger de notre femme et du dépit qu'elle nous a fait, nous chatier et nous venger de nous mesme ?

Hélas ! Monsieur, où est cette grande et plus admirable prudence avec laquelle ceste princesse a gouverné ses états en grande félicité !

(1) Record Office, State Papers, France, vol. CIX, p. 66. (Copie.)

Est-il possible que sa colère soit maîtresse et passe sur le ventre de ceste grande gloire qui lui est due ! Non cela ne peut estre et n'arrivera pas, quand sa Majesté aura commandé au courroux de faire place aux très grandes considérations de son beau jugement.

Revoquer les dites forces, c'est céder aux ennemis de sa Majesté; c'est proprement bouillir du lait à nos papistes de France qui sauront bien prendre le temps et se servir de cette occasion pour du tout précipiter le Roy au fond du gouffre, sur le bord duquel ils l'ont déjà jeté.

Il n'a pas voulu en écrire à la Reine, il s'en rapporte à sa grande prudence pour lui soumettre ces remontrances (1).

Mais Élisabeth n'était pas facile à calmer; en dépit des efforts de Beauvoir, voici ce qu'elle répondit à Henri IV le 15 octobre suivant :

Monsieur mon Frère, l'appeller de nos troupes après tant de morts, estropiés, blessés et ruinés, ne vous semblera estrange, j'espère ; ains mal consonant à la raison, ce fust aux premières trefves, qu'ils ne fussent mis au premier rang des respirans, pour au pis aller, avec les ennemys mesmes, donner relasche à leur maulx. Pour vous ce fut que j'ay commis en leur endroict si peu de respect ; et combien que rien de bon vous en arrive, sinon une risée de malveillants que à nos despens nous nous en acquerons. Si est ce que vous m'en debvez plus de gré que, pour vous, j'endure tels affronts. Honneur de Roy me convie à vous dire que, si peu de bien vous arrive pour tant de mal, pensez-en si avant pour empescher vostre advancement en plus de malencontre, à ce que ces meschans qui vous ont quasi perdu les vostres asseurés, ne vous guident par la main à pire fortune. Coustume nous veoyons faicte

---

(1) Record Office, State Papers, France, vol. CX.

que le peché mesme ne se represente en sa propre figure, et le menteur pour l'avoir souvent dict le croit véritable. Le paintre ayant esgaré de ses vrayes lignes, en les suivant gaste tout le pourtraict. Faictes pourtant tousjours bon fondement en vos actions. Et s'il y a des erreurs, ne y persistez ou y adioustez, croyant en cueillir bons fruicts de si mauvaise semence. Arrestez (pour vous mesme je le dis) la bride de mauvais cours, à ce que d'une mauvaise quarrière n'en arrive une dangereuse issue. Il vault mieux glisser que tomber. Dieu me vueille prosperer à mesme reigle que je vous présente mes meilleurs souhaits et vos plus nécessaires advis. Pour le pauvre Moy qui a esté nourry en mon royaume, je vous puis asseurer qu'ils luy ont faict tort et à eux mesmes du mal, s'il vous plaist par là juger tels esprits. Il n'y a créature qui pourroit plus dire pour l'honneur de son Roy, pour la nécessité de ses affaires; mais conjurant pour tout le bien qu'oncques vous ai faict à ne diminuer la grace, en nyant l'ayde, à ceste heure, au comble du malheur ; si ce fust blasphème ou mauvais office, accusez l'en, car je jure mon Dieu, ce fut le pis qu'il vous a commis chez nous. Il est vray qu'il avoit deux Pères qui l'assistèrent à dire l'*Amen* avec tant d'ardeur que ne les eussiez pensé huguenots, Dieu par sa grace amende le tout, et vous face oster les masques de vos seduisants traistres qui portent visage de ce qu'ils ne sont; voyez les par leurs fruicts, et par là jugez en quelle racine ils méritent avoir aux jardins de vos plaisirs. Vos celés yeux Dieu et le temps ouvriront. J'espère et désire avec une affection si peu melée d'aultre passion, affection ou respect sinon de vostre bien, que pouvez faire estat de n'avoir trouvé jamais une plus franche et libre amitié, car estant Roy moi-mesme, je ne postposeray royal respect à subject qui soit; et en telle devotion je laisseray à plus vous ennuyer de cest esgratignement, vous souhaitant bonne fin de touts malendroicts (1).

(1) Record Office, State Papers, France, vol. CX.

Enfin, donnons encore une dernière lettre d'Élisabeth à Henri IV, du 13 juin 1593 : elle ne se rattache en rien à l'histoire générale ; elle n'offre quelque intérêt que pour l'histoire particulière de la ville de Caen :

Très-hault, très-excelent, très-puissant et très-chrestien Prince, notre très-cher et très-aymé bon frère, il y a dix-huict mois passés que le premier Président de Caen et aultres en votre nom, traictèrent avecq deux de nos bons subjects, Robert Bell et Guilliam Sexten, marchants engloys, par la quantité de cinquante trois millers de pouldres ou environ, laquelle, suivant le contract que en ont passé, nous entendons por certain qu'ils rendirent au magazin de Dieppe, pour le siège de Roan, sur l'assurance qu'ils seroyent payés dans le temps porté par ledit contract. Ce que ne leur ayant point esté tenu et le vous ayant faict remontrer par notre agent par delà, oultre la solicitation qu'en a faict Monsieur de Beauvoir, votre ambassadeur de ça, vous vous contentastes, lors de vostre grace, de donner lettres au dit premier President, luy commandant de satisfaire et payer la dite partie contenue au dit contrat sur les assignations que vous aviez données sur la vente de quelque vostre domayne à Caen. Ce non obstant les dits marchants n'ont encores rien peu toucher fors trois mil escus. Toutes leurs assignations leur ayant esté votées par les financeurs et par vostre ordre, à ce qu'ils allèguent, employées à d'aultres usages, tellement qu'il leur est encore deu dix mil escus de reste ; c'est pourquoy nous vous prions très-affectueusement qu'il vous plaise avoyr ceste affaire tellement recommandée, que de vouloir reiterer vos commandements au dit premier Président ou aux financeurs, ou bien en quelque aultre sorte que vous sera plus commode, à ce que nos dits subjects, après avoir tant attendu, ne soyent plus tirés en longueur por les dits dix mil escus de reste affin qu'ils ne soyent du tout ruinés, ce qu'ils ne peuvent eviter, en cas qu'ils ne soyent promtement payés, n'estans que jeunes hommes, que ont employé tous leurs moyens en ceste affayre, et supporté encores de grands frais pour l'interest de leurs desniers et mesmes en la poursuite, qui est bien pour les ruiner de faict ou pour le moins leur faire perdre leur credit, ne pouvant satisfaire ailleurs ce qu'ils doyvent. Considerez donques, nous vous supplions, de quelle affection ces deux marchants se sont portés en ce service tendant sy fort à l'advancement de vos affaires, affin que ceulx de nos subgects qui ont pareille devotion jusques à hazarder et corps et biens pour vostre service ne se refroidisent en leur bon volontés, de quoy nous serions très-marris pour le très-grand desir que nous avons du bien de vos affaires. Il n'est besoing, comme nous croyons, de vous en dire davantage, nous faisant forts que nous n'avons pas sy peu de credit en vostre endroit d'estre refusés d'une requeste sy juste. Qui sera l'endroit, très-hault, très-excelent et très-puissant prince, nostre très-cher et très-aymé bon frère, que nous supplierons le Createur vous conduire et assister tousjours et vous tenir en sa très-sainte garde.

Signé : Vostre bien affectionnée sœur,

Elizabeth (1).

Et écrit de sa propre main au bas :

Mon très-cher frère, en l'honneur de Dieu, despechez avec très-bonne justice ces pauvres marchants, car il y va de vostre conscience et honneur, l'ayant hazardé à la requeste de votre ambassadeur.

Escript à nostre château de Norwich, le viiie jour.

Nous avons laissé Antoine de La Boderie, simple

(1) Record Office, State Papers France, vol. CVIII.

secrétaire d'ambassade ; à son retour de Rome, il devint maître d'hôtel ordinaire du Roi, dont il avait gagné toute la confiance, et qui allait utiliser ses services dans d'importantes missions diplomatiques.

C'est en Angleterre d'abord, et en 1595, qu'il fut envoyé pour solliciter de nouveaux secours de la reine Élisabeth ; l'ambassadeur anglais, en France, sir Edmonds, le recommande en ces termes au comte d'Essex :

> C'est M. de La Boderie qui est envoyé à Londres, vous l'avez connu au siége de Rouen, et il m'a prié de le rappeler au souvenir de votre Seigneurie ; c'est un vrai gentilhomme, très-estimé du roi et surtout étroitement lié avec le maréchal de Biron qui sera très-reconnaissant de votre bienveillance pour lui (1).

C'est à ce premier voyage que se noua la liaison de La Boderie avec le grand ministre William Cecil.

En 1598, il eut à remplir une nouvelle mission qu'il dut sans doute au succès de la première en Angleterre, où il avait su se ménager la bienveillance des principaux ministres de la Reine, et voici à quelle occasion : Élisabeth ayant conçu de grandes défiances des négociations engagées alors avec l'Espagne et qui aboutirent au traité de Vervins, crut devoir envoyer une ambassade à Henri IV et l'en avisa par la lettre suivante :

(1) BIRCH, *Memoirs of the reign of queen Elisabeth*, t. I, p. 276. (Nous traduisons la lettre de sir Edmonds.)

Très-hault, très-excellant et très-puissant Prince, notre très-cher et très-amé bon frère et cousin, pour nous acquitter du debvoir de bonne sœur et parfaicte amye et confederée, nous envoyons de nos serviteurs, personnages de qualité vers vous, pour illecq traicter de nos affaires communes avec vous et aultres nos alliés ; et pour estre de si grand moment les dites affaires, et correspondant à icelles nostre volonté de vous communiquer librement et d'entière affection ce que nous en semble, et en prendre une bonne résolution, nous avons faict élection de personnes qui, pour les biens qu'ils tiennent chez nous, vous feront assez de foy, qu'ils cognoissent nos plus intimes conseils, principalement le sir Cecyll, chevalier, nostre premier secretaire d'Estat et Chancelier de nostre duché de Lancastre et Conseiller en notre Conseil privé, auquel nous nous fyons entièrement, et luy avons adiousté le sir Jean Herbert, docteur en Droit civil et Maistre des Requestes ordinaires de nostre hostel, et le sir Wilkes, chevalier et secrétaire de nostre Conseil, ausquels vous prions, en ce qu'ils vous diront de nostre part, de donner toutte telle foy et créance qu'à nous mesmes, qui prions Dieu, très-hault, très excellent et très-puissant Prince, nostre très-cher et très-amé bon frère et cousin, de vous donner en cecy et en aultres choses les conseils les plus propres à vous conserver en l'estat que vous soubhaite celle qui vous est

        Votre bien affectionnée sœur,

                        ÉLISABETH (1).

Wesminsther, viie jour de febvrier 1597.

Ce fut La Boderie qui fut chargé de recevoir à Dieppe les envoyés d'Élisabeth et de les amener à Henri IV. Si nous n'avons pu retrouver la lettre

(1) Record Office, State Papers, France, vol. CXX.

qu'il écrivit pour annoncer leur arrivée, voici du moins la réponse du Roi :

MONSIEUR DE LA BODERIE,

J'ay sceu par l'advis que vous m'avez donné par ce courrier, l'arrivée à Dieppe de Monsr. Cecyll, et de sa compaignie, et puis qu'il ne veult traicter avec personne qu'il ne m'ait veu, il est necessaire qu'il me vienne trouver par deça, ainsy que je luy escris par la lettre que je vous envoye pour luy bailler, et luy direz que je suis si avant engagé au redressement de mon authorité et de mes affaires en ceste province que je ne puis plus m'en departir sans les mettre en peril. Ja les places de Rochefort et Ancenix m'ont reconnu et rendu obeissance, et les cap^{nes} de toutes sont prestes d'en faire le semblable, mesme la Duchesse de Mercure est venue en ce lieu, de la part de son mary, pour traicter avec moy, et se soubmettre à mes commandements, de sorte que, si les effects respondent à ses parolles, je pourray recevoir le dit sir Cecyll dedans ma ville de Nantes, sans donner un seul coup d'espée. C'est un advantage que je ne veulx perdre pour quoy que ce soit, tant la delivrance de ceste province, qui en tire avec elle trois ou quatre aultres voisines, importe à mon royaume. Comme vous remonstrerez au dit sir Cecyll et aux deux commissaires qui l'assistent, lesquels vous visiterez de ma part et asseurerez d'estre veus de moy de très-bon cœur, les priant tous de s'acheminer par deça, et à mesure qu'ils s'advanceront vous m'en donnerez advis. J'ay escrit à Orleans que l'on leur prepare des batteaux avec lesquels ils seront tost descendus par deça, ainsy que vous leur direz. Je veux aussy que vous veniez avec eux et les accompagniez jusques à ce qu'ils m'ayent trouvé. J'iray demain à Angers, et vous advertiray de ce que je deviendray, car je ne veulx perdre le temps, puisqu'il m'est si favorable et que toutes choses sont si bien disposées et acheminées qu'elles sont. Je prie Dieu qu'il vous ait, Monsieur de La Boderie, en sa saincte garde.

Escrit au Pont de Vô, le vime jour de Mars 1598 (1).

Les envoyés d'Élisabeth débarquèrent à Dieppe le 17 février, ils avaient avec eux une nombreuse suite: lord Southampton, lord Thomas Howard, sir Walter Raleigh et d'autres gentilshommes de marque; le 21, accompagnés de La Boderie, ils partirent pour Rouen; le 23, ils dînèrent chez le duc de Montpensier avec l'ambassadeur d'Angleterre, sir Thomas Edmonds et sir Henri Davers, arrivés de Paris le jour même, mais leur voyage fut retardé par la maladie de sir Thomas Wilkes qui fut pris d'une fièvre violente. Sir Robert Cecil, dans une lettre à son père lord Burghley (26 février) (3), lui donne quelques détails sur leur séjour à Rouen, il lui raconte son entrevue avec le premier président du Parlement, Claude Groulart, dont il fait ce bel éloge :

Un homme de grand crédit, de grande considération et qui tient ici ferme pour le roi; c'est un savant, un homme sérieux, très-agréable à voir et à entendre, et surtout très-affectionné à l'Angleterre.

Il lui parle aussi du duc de Montpensier qui lui a

(1) Record Office, State Papers, France, vol. CXX. (Copie.)
(2) A cette date il est qualifié de maître d'hôtel du Roi.
(3) *Cabala mysteries of state and government.* Londres, 1663, p. 133.

rappelé qu'il avait été en correspondance avec son père du temps du secrétaire d'État Walsingham, et que malheureusement il lui avait prédit longtemps à l'avance les malheurs qu'amènerait la ligue. En terminant, il ajoute :

> Je crains que la maladie de sir Wilkes ne me force à rester longtemps ici ; on croit qu'il est tombé en léthargie.

Wilkes mourut le 2 mars, mais, dès le 27 février, La Boderie était parti pour Paris avec sir John Herbert. De Paris, où il fit séjour, il l'accompagna jusqu'en Anjou, où il devait se rencontrer avec le Roi. Suivons-les dans leur itinéraire : le 9 mars, ils dînèrent à Étampes et couchèrent à Artenai ; le 10, ils étaient à Orléans, le 14 à Tours, le 15 à Saumur, le 17 à Angers où Henri IV arrivait le 19 et où, dès le lendemain, il donnait audience à l'envoyé d'Élisabeth. Le 31 mars, Henri IV partant pour Nantes, sir Herbert alla l'y rejoindre (1). Quant à La Boderie, sa mission accomplie, il revint à Rouen et c'est de cette ville qu'il écrivait le 13 avril à Robert Cecil :

> Monsieur, ayant rencontré ce porteur qui m'a dit retourner vers vous, j'ai pensé que je me rendrois ingrat des faveurs dont il vous a plu m'obliger, si je ne m'efforçois de vous tesmoigner le ressentiment que j'en ay a tout le moins sur ce mot de lettre ; aussi en sera-ce le seul sujet, car de vous rien mander de ce dont il vous a

---

(1) BIRCH, *Memoirs of the reign of Elisabeth*, t. II, p. 373.

pleu me charger, c'est chose que je ne puis encore faire, n'ayant pu encore apprendre ni à Caen, ni icy aulcunes nouvelles de ce que a fait le Roy depuis que nous l'avons laissé. J'espère qu'estant à Paris, où je m'achemine présentement, je pourrai savoir davantage, dont je ne manqueray point de vous faire part, cependant je vous supplie me continuer tout l'honneur de vos bonnes graces, comme vous me l'avez promis, et je demeureray vostre très-humble et très-affectionné serviteur.

La Boderie (1).

A quatre jours de distance, La Boderie écrivait de nouveau à Cecil. Cette seconde lettre donne quelques détails sur l'itinéraire du Roi, qui, après avoir repris possession de la Bretagne ligueuse et réglé par l'édit de Nantes l'état politique et civil des protestants, se disposait à rentrer à Paris, où l'attendait La Boderie :

Je vous escrivis, il n'y a que trois jours, de Rouen, par vostre courrier Simon, seulement pour vous baiser les mains et vous tesmoigner le soin que je desire toujours apporter à la continuation de l'honneur qu'il vous a pleu me promettre de vostre amitié. Celle-cy, c'est pour satisfaire à ma promesse et à la prière que vous me fistes, quand je prins congé de vous, par laquelle vous scaurez que les plus fraisches nouvelles que l'on a icy du Roy sont, qu'il devoit partir de Rennes, (où il ne s'est acheminé que plus d'un jour après nous), seulement aujourd'hui, ou demain, faisant estat de ne plus restourner à Nantes, ains s'acheminer droit à La Flèche, où les dames s'y doivent rendre à mesme temps, pour, puis après, s'en venir tous ensemble tout droict à Vendosme et de là icy, où il mande à tout le monde qu'il sera le dixiesme du mois

(1) Record Office, State Papers, France, vol. CXXI.

prochain pour le plus tard. Depuis mon arrivée, j'ay appris qu'il y a une cessation d'armes en Picardie, et de fait, Monsieur le mareschal de Biron, qui y estoit allé depuis quelques jours, s'y voyant inutile, s'en vient par deça, où je croy qu'il arrivera demain. Voilà tout ce que j'ay appris digne de vous, sur quoy je finiray, en vous baisant très-humblement les mains et vous asseurant d'estre éternellement

Vostre très-humble serviteur,

La Boderie (1).

La paix entre la France et l'Espagne ayant été signée le 2 mai 1598, à Vervins, et le Roi ayant eu, suivant l'usage, à envoyer des ambassadeurs à Madrid et à Bruxelles, La Boderie fut désigné pour aller en cette dernière ville représenter la France, auprès de l'archiduc Albert et de l'infante Isabelle Claire-Eugénie, fille de Philippe II ; c'est lui-même qui l'annonce à Burghley, bien vieux alors et bien usé.

Monsieur, comme vous avez pris plaisir à multiplier vos faveurs avecques moy, aussi je me sens obligé d'en redoubler les remerciements, à toutes les occasions qui m'en sont présentées. Ce porteur m'ayant esté envoyé par Monsieur Edmonds, qui m'a fait scavoir qu'il estoit sur son partement pour vous retourner trouver, je ne l'ay voulu laisser partir, sans vous baiser très humblement les mains par le moyen de ceste lettre et sans vous renouveler l'asseurance d'un très humble service et de nouveau vous reconfirmer le vœu d'une très fidèle affection que je vous ay jurée, de laquelle, toutes et quantes fois que vous daignerez tirer preuve, au lieu de me désobliger, vous m'obli-

---

(1) Record Office, State Papers, France, vol. CXXI.

gerez davantage. J'ay dit à Monsieur Edmonds, comme il a pleu au Roy me donner *la charge d'ambassadeur ordinaire auprès de l'archiduc Albert*, de laquelle je me promets d'autant plus de ce contentement, qu'elle ne me privera point de la faveur de vos lettres, s'il vous plaît me les continuer, ni des moyens de vous faire service, dont je vous supplie de tout mon cœur, et de croire qu'en tout ce qui s'offrira pour vostre service, vous me trouverez tel que je vous ay toujours asseuré d'estre, Monsieur,

Votre très humble serviteur.

LA BODERIE (1).

La correspondance de La Boderie avec Burghley se poursuivit : dans une nouvelle lettre du 2 juillet 1598, il entre dans quelques détails sur les grandes réformes entreprises par Henri IV :

Je pense recognoistre assez vostre générosité pour croire que vous vouliez que je sois vostre obligé, car unissant tant de faveurs l'une sur l'autre, comme il vous plaist faire de jour en jour, ce ne peut estre avecque espérance que je m'en puisse jamais revencher. Aussi croy-je que je m'en revencheray assez, en vous confessant que je ne le puis faire, et en vous asseurant néanmoins que, si vous me donnez jamais moyen de vous faire service, vous cognoistrez avoir rencontré en moy un François aussi peu ingrat, comme l'on a toujours voulu accuser la nation ; faites le donc hardiment, Monsieur, si vous m'en estimez digne et croyez que je vous seray aussi veritable par les effetz, que je pretens l'estre par mes paroles. Le Roy et toute la Court est icy, ou l'on ne parle que de reformer et coordonner par le moyen de la paix ce que les haines et debauches de la guerre ont laissé parmi nous. Sa Majesté, à ceste fin, a déja

(1) Record Office, State Papers, France, vol. XXI.

trois conseils, l'un pour les mœurs, composé de toutes personnes graves et les plus part de longue robe, l'autre de la guerre où préside Monsieur le connestable et Messieurs les maréchaux et l'aultre des finances, ou assistent ceux qui y estoient a nostre voyage. Leur travail est accompagné des vœux et prières de tous les gens de bien ; que puisse Dieu les si bien inspirer que toutes leurs resolutions résultent premièrement à la gloire, à la paix universelle de la chrétienté et puis à la restauration et repos de ce miserable estat tant travaillé. Pour moy je le supplie avec les autres et de me donner moyen de vous tesmoigner par effect que je suis

   Vostre très-humble serviteur,

          La Boderie.

Pomponne, 2 juillet 1598 (1).

Au mois d'août suivant, lord Burghley, travaillé depuis longues années par la goutte et les infirmités, vint à mourir ; il laissait un fils digne de lui, ce même Robert Cecil qui venait de remplir une mission en France et qui, dans sa jeunesse, y avait longtemps résidé. Une lettre de lui à La Boderie (10 novembre 1598) témoigne d'une grande habitude de notre langue :

Monsieur, ayant bien remarqué en vostre compagnie pendant mon sejour en France vostre bon jugement en toutes choses, et vostre affection en mon particulier, je me suis enduit à penser de vous proposer chose, qui ne vous fut tant propre à me condescendre qu'à moy à demander (sans douter de l'obtenir), tout ce que pourrez bonnement faire pour me faire honneur et plaisir. J'ai

---

(1) Record Office, State Papers, France, vol. CXXI.

toujours ainsi borné mes désirs, comme le trouverez par ceste liberté dont j'use envers vous. Vous savez, Monsieur, qu'à ma place auprès de ma souveraine, il appartient proprement d'avoir l'œil aux desseins des ennemis pour les prévenir par précaution. Le roy d'Espagne, estant nostre plus grand ennemi, et vous, tenant lieu de ministre public en la cour de l'archiduc, où les affaires d'Espagne sont bien connues, je ne pourrois avoir plus grand honneur que d'estre parfois adverty par tel personnage que vous, touchant les menées de ces deux cours, par où j'aurois moyen de tant plus seurement juger du bien de nostre estat et d'advancer quelque peu mon petit crédit. Je ne vous veux pas prier de soupçonner que j'aye intention de vouloir, par ce moyen, entendre aulcune chose de l'estat de la France, car ce seroit vous faire tort; et n'y a de mon côté aucune telle pensée, que scavez que je ne suis pas si simple et je me persuade que vous ne jugerez jamais que ferez tort au service de vostre Majesté d'entretenir correspondance avec un de ma condition. Maintenant, Monsieur, que vous scavez qui je suis, ce que je demande, je ne m'arreteray à ulterieure proposition, mais en bref je concluray que ne me ferez plus grand honneur et contentement, que je n'en seray prest de le revencher à la pareille ; seulement, je vous prie maintenant me vouloir envoyer quelque response qui puisse m'asseurer de vostre intention sur ce fait et en cas qu'il vous plaira me faire cette faveur, je ne manqueray par mes prochaines de donner ordre pour l'adresse de mes lettres avec la moindre suspicion que faire se pourra.

Cependant croyez, Monsieur, que je suis vostre très affectionné serviteur et amy.

Robert Cecil (1).

Nous n'avons pu mettre la main sur la réponse de La Boderie à cette demande délicate. Une lettre

---

(1) Record Office, State Papers, France, vol. CXXI.

de lui, écrite à quinze mois d'intervalle, nous ferait presque penser qu'il ne jugea pas prudent de répondre directement à cette ouverture ; il s'excuse en effet de son long silence sur ce qu'il n'a reçu aucune lettre de Robert Cecil.

26 janvier 1600.

Monsieur, je n'eusse laissé retourner M. Edmonds sans me ramentavoir de vostre bonne grace et vous renouveler les offres de mon très-humble service et sans aussi me justifier avecque vous de la reproche qu'il m'a faite que vous m'eussiez fait écrire, sans que je vous eusse fait réponse. Monsieur, je scais trop ce que je vous doy pour vouloir commettre une telle incivilité et vous supplie perdre l'opinion que je m'y sois laissé tomber, car en vérité je n'ay jamais vu de vos lettres et toutes et quantes fois qu'il vous plaira m'en honorer, vous connoistrez l'estime et le respect que j'en tiendray. Le sieur Edmonds vous pourra tesmoigner la franchise dont j'ai traité avecque luy pour le faire voir clair aux affaires de de ça ce que j'ay estimé pouvoir servir à l'advancement de sa negociation, à quoy j'ay autant esté meu par le désir que j'auray toujours de faire chose qui vous soit agréable, comme par la cognoissance du service que je fay par ce moyen au Roy mon maistre ; je désire que vous en receviez contentement en vostre part et que me faciez l'honneur de me tenir toujours pour

Vostre très-humble serviteur,

LA BODERIE (1).

La Boderie fut deux fois envoyé comme ambassadeur en Angleterre, en 1606 et en 1609 ; dans ces deux missions il se montra à la hauteur de la tâche

(1) Record Office, State Papers, France, vol. CXXIII.

difficile qu'il avait à remplir; il sut habilement et dignement représenter la politique d'Henri IV, toute favorable aux catholiques d'Angleterre vivement persécutés alors et dont plus d'un lui dut la vie. Les dépêches des deux ambassades de La Boderie ont été imprimées (1); nous y renvoyons nos lecteurs et nous ne donnerons ici que sa correspondance avec Robert Cecil, devenu grand trésorier d'Angleterre et comte de Salisbury. Voici d'abord la lettre par laquelle il lui annonce sa nomination :

Monsieur, ayant pleu au Roy, mon maistre, me faire l'honneur de me nommer pour l'aller servir auprès du sérénissime Roy d'Angleterre, j'ay pensé estre obligé aux faveurs qu'il vous a pleu autrefois me faire et à la memoire que vous me faites l'honneur de conserver de moy, de vous donner conte de ceste resolution et vous tesmoigner quand et combien le contentement, que j'en dois avoir, m'est redoublé par le bonheur que je me promets bientost de recevoir de vostre presence. Je vous supplie, Monsieur, me faire l'honneur de croire que nul de deça ne pouvoit aussi vous approcher en ceste qualité, de qui vous eussiez peu recevoir plus de satisfaction que vous ferez toujours de moy, qui me proposant autant que je puis pour me rendre au plustot auprès de vous, vous asseure de demeurer tant que je vivray vostre humble et affectionné serviteur.

LA BODERIE (2).

Paris, ce 14 mars 1606.

Les hommes d'État d'Angleterre d'alors comme

[(1) Voir *Ambassades de La Boderie*, MDCCL. 5 vol. in-12. — Voir notre *Étude sur la famille La Boderie*. Paris, Aubry, 1858.

(2) Record Office, State Papers, France, vol. CXXXIV.

ceux d'aujourd'hui se préparaient jeunes à la vie politique ; le comte de Salisbury, nous l'avons déjà dit, avait fait un long séjour en France; son père William Cecil l'y avait envoyé pour apprendre le français ; à son tour il fit partir pour la France son fils unique le vicomte de Cramborne, et c'est La Boderie qu'il chargea de le recommander à l'archevêque de Tours (1).

La correspondance de La Boderie et du comte de Salisbury se continua. Pour compléter la biographie de l'illustre diplomate, notre compatriote, nous allons donner toutes les lettres que renferme le Record Office et qui n'ont pas été publiées dans le recueil de ses ambassades :

A Monsieur le comte de Salisbury.

Monsieur,

Un orfèvre françois habitant de ceste ville m'est venu trouver pour me dire qu'il est en peine à cause des certaines bagues que M. de Soubise emporta dernièrement en France, pour faire achepter à la Royne ma Maistresse, me priant que, comme cela se fist principalement par mon advis, je voulusse vous certifier de la vérité. Il est certain, Monsieur, qu'estant iceluy orfèvre venu chez moy un jour ou deux avant que le dit sieur de Soubise partist, et nous ayant à luy et à moy moustré entre autres bagues certains bouquets d'orfèvrerie garnis de diamants, propres à faire guirlande, nous les trouvasmes fort jolis et feusmes

---

(1) Record Office, State Papers, France, vol. CXXXV. (Lettre du 29 décembre 1608.)

d'opinion de les acheter pour sa Majesté. Toutesfois nous n'arrestames point autrement le marché; mais le dit sieur de Soubise s'en saisit et promeist audit orfévre de les emporter en France et les faire voir à sa Majesté, voir de les lui faire acheter, ne doutant point qu'ils ne luy feussent très-agréables. De fait, il les emporta, et ne fut si tost en France, que les ayant monstrés, sa dite Majesté (à ce que le dit orfèvre me dist incontinent après son retour) les trouva si beaux que le marché en fut aussi tost conclu par le prix de mil cinq cens escus, que le dit sieur de Soubise mesme feist payer au dit marchand. Voilà, que je vous puis asseurer, Monsieur, estre très-véritable. Au moyen de quoy, je vous supplie bien humblement vouloir faire cesser la poursuitte qui se fait contre le dit marchant, à l'occasion d'icelles bagues, de tant plus qu'il m'en prend comme à garant, me disant qu'il ne seroit tombé en ceste peine, sans ma persuasion. Vous l'obligerez à prier Dieu pour vous et moy à vous continuer les vœux de mon très-humble service, comme je suis et seray eternellement, Monsieur, votre très-affectionné serviteur.

LA BODERIE.

A Celse, ce 26 may 1609.

A Monsieur le comte de Salisbury.

Douvres, 2 avril 1609.

Mon ange se trouve si bien en Angleterre, qu'il ne peut souffrir d'en sortir. Vendredy au soir, comme j'achevois à souper à Canterbory m'arriva un courrier du Roy, mon maistre, par lequel il m'ordonnoit, si d'aventure je n'estois parti, de ne point partir encores, que je n'eusse autre commandement de luy. De cause il ne m'en dit point d'autre, si non qu'il a quelque office à faire faire auprès du Roy son frère, dont il me veult donner la commission.

(1) Record Office, State Papers, France, vol. CXXXVI. (Copie.)

Je luy ay renvoyé le dit Courrier aussi tost, et luy en fait scavoir le congé que j'avois pris de Sa Majesté et de toute la Court, et de l'advancement auquel j'estois desia de mon voyage, au quel néansmoins je ferois alte pour attendre ses commandements, et ne manquer à son service. J'ay pour cela choisi ce lieu icy, d'où, s'il me conmande de vous retourner trouver, je ne tarderay guere d'estre auprès de vous; s'il me permet de poursuivre ma route, ainsi que je fay ce que je puis pour l'en supplier, j'auray aussi tost le pié dans le bateau; et ne manqueray point néanmoins de vous en donner advis, et vous dire derechef adieu. Le soin auquel vous seriez de la cause de ce séjour, quand vous le scaurez, et ce que je doys aux infinies obligations dont vous m'avez pour jamais lié à votre service, m'ont convié à vous donner part de tout cecy. Au bout de quoy, je vous diray que les trois prestres des quels il a pleu à Sa Majesté avoir pitié pour l'amour de moy, sont partis aujourd'hui pour Callais d'un si bon vent que je leur en porte envie. Pour le bon homme qui porte les cormorants, j'espère de le faire partir demain, avec deux des miens, pour s'en aller droit à Dieppe, ainsi qu'il m'a montré le desirer, et de là m'attendre en une mienne maison proche de Paris, où il aura toute commodité d'exercer sa volière. Ne doutez point, Monsieur, que je n'aye soin de luy, car outre qu'il le mérite pour la rareté de son invention, et y estre envoyé d'un si grand prince, la seule recommandation, qu'il vous a pleu de luy donner par celle qu'il m'a rendue de votre part, est plus que suffisante pour faire que je l'assiste de tout ce qui dépendra de mon pouvoir. Honorez moy, s'il vous plaist, de la continuation de votre bonne grâce, comme de la chose du monde dont je seray toute ma vie le plus jaloux, et de l'asseurance que je suis et seray eternellement, Monsieur, votre très humble et très-obligé serviteur.

La Boderie (1).

(1) Record Office, State Papers, France, vol. CXXXVI. (Copie.)

La Boderie reçut l'ordre de continuer son voyage, et il en prévint Salisbury :

Monsieur, je vous feis dernièrement entendre comme, sur une lettre du Roy, mon maistre, qui m'estoit arrivé à Cantorbery, je serois contraint de faire alte ici, jusqu'à que j'eusse plus particulièrement entendu sa volonté sur ce que je luy avois representé de mon licentiement et du progrès de mon voyage. Présentement me vient d'arriver un courrier, par lequel sa Maj^e me mande que, puis qu'ainsi est, que je suis si avancé, j'aye à continuer de l'aller trouver, remettant à mon arrivée l'election et expedition de celuy qui aura à me succeder, qui aura la charge de faire l'office pour lequel sa Maj^e desiroit que je demeurasse. J'estime que ce soit sur ce qui est des affaires de Clèves, pour lesquelles l'arrivée de l'archiduc Leopold, et ce qu'il s'est emparé de la ville et château de Juilliers, donne de la jalousie au Roy mon maistre, luy semblant que c'est une entreprise de la Maison d'Autriche, non seulement prejudiciable aux princes ses alliés interessés en ceste succession, mais aussi à luy et à tous les autres princes et potentats voisins de cest estat. Il semble qu'il n'est nullement resolu de la souffrir. Et croy, comme je luy ay tousjours fait scavoir, que l'intention du Roy son bon frère estoit de n'abandonner aussi la juste protection des dits princes, que c'estoit sur cela qu'il me voulloit commander d'en faire nouvel office. La dernière fois que j'en parlay à sa Majesté, elle me montra avoir en ce fait là le mesme desir et mesme dessein que le Roy mon maistre, de sorte que, encor que je n'aye poussé l'affaire plus avant, je puis, comme semble, donner tout espoir, arrivant en nostre court, que sa dite Maj^e ne s'esloignera de ceste deffence, comme y estant obligé par l'interest de ses amys. Toutes fois je n'excederay point la croyance, et remettray à celuy que l'on depeschera à en venir prendre l'asseurance plus resolue. J'ay pensé de vous devoir donner advis de tout cecy, en prenant derechef congé de vous, vous suppliant me continuer l'honneur de votre bonne grace, et croire que le plus grand exercise que je m'en vay donner à ma langue sera de publier les vertus et merites des princes que je vous estime heureux de servir, et quand et quand les infinies faveurs dont ils ont voullu obliger le Roy mon maistre en ma personne, parmy lesquelles je n'oublieray non plus les vostres, que je m'y sens particulierem^t et principallem^t tenu. Ce porteur a commandement de demeurer de par delà jusqu'à l'arrivée de l'ambassadeur. Je vous le recommande derechef et prie Dieu, Monsieur, vous continuer tout l'heur et contentement que vous meritez et que vous souhaitera vostre très-humble et très-obligé serviteur.

La Boderie (1).

A Douvres, ce 8 août 1609.

A Monsieur le comte de Salisbury.

Monsieur,

Je me sens grandement coupable en vostre endroict de ce que j'ai demeuré si longtemps sans vous donner nouvelle de mon arrivée ; mais comme je ne feus si tost en nostre Court, qu'on me dit qu'il m'en falloit retourner, je pensois de reserver à ma bouche mesme, ce que j'eusse voullu commettre à une lettre. Enfin voyant que le voyage se diffère autant comme les affaires, sur quoy il estoit fondé, se montrent lentes et irrésolues, j'ai creu qu'il n'y auroit plus lieu d'excuse, si je différois plus longuement. Les asseurances que j'apportay au Roy mon Maistre de l'affection du Roy son frère, de celle de la Royne, de Monseigneur le Prince et singulièrement de la vostre, rendirent ma venue si agréable, que sa Majesté en feist toutes démonstrations et privées et publiques pour en tesmoigner du contentement. Ce ne furent quatre ou cinq

(1) Record Office, State Papers, France, vol. CXXXVI.

jours durant qu'enquestes de la santé de leurs Majestés, de leurs exercices et entretiens ordinaires, et des moyens qu'il y auroit d'estendre tous les jours davantage une ferme et inviolable amytié avecq elles, sur quoy luy ayant satysfait selon les commandemens que j'en avois, et la connoissance que j'ay de leur inclination, je puis dire, avec vérité, que j'en laissay non seulement sa Majesté, mais tout le reste de sa Court si satisfaite, que cela, joint aux faveurs et bienfaits dont il pleut à leurs Majestés et à vous honorer mon partement, les quelles j'essayay de faire valoir ce qu'elles méritent, il n'y a eu personne qui ne m'applaudist, et qui ne s'essayast de louer et magnifier la splendeur et dignité de la vostre. Je sceu en même temps le renouvellement de la poursuite que faisoit Monsieur Carew, sur le particulier des debtes. Ce qui me donna occasion d'en parler à diverses fois et au Roy et à ceux de qui cette affaire despend, nommement à Monsieur le Duc de Sully, a qui je ne celay nullement le soin que le Roy et vous, Monsieur, m'aviez tesmoigné avoir de luy sur le bruit qni vint ces jours passés de quelque diminution en sa faveur, sur quoy il me sembla laisser luy et les autres si bien disposés, que si le dit Carew ne vous en porte tout contentement, il vous en portera au moins tant d'espérance, que vous le pourrez promettre devant qu'il soit peu; nostre infirmité, que je ne vous puis celer, en matière d'argent, estre très-grande, et l'excès de la somme, fait retrouver des difficultés en cet affaire qui ne se rencontreroient en aucun autre, mais, comme j'espère que vous ne serez si rigoureux créditeurs que vous ne donniez lieu à quelque composition, j'espère aussi qu'en fin vous en demeurerez satisfaits. Je ne scay point encore la response finale qu'en aura retirée le sieur Carew, ayant esté contraint m'en venir icy pour une affaire qui m'importe, au bout duquel il me fault faire un voyage de trente à quarante lieues, mais cela scay-je que, quand j'ay laissé la Court, tout estoit préparé à vous contenter. Dieu veuille que cela soit, et que je me puisse veoir si heureux de pouvoir encore contribuer en quelques cas, en la perfection de l'affaire. Je ne vous scauray dire avec quel plaisir, le Roy mon maistre a retourné voir pecher les cormorans; c'est aujourd'hui un de ses plus frequents entretiens, si bien qu'il y a promis d'obtenir congé pour le bonhomme qui les a apportés ; toutes fois je me promets que, soubs l'assurance qu'il donne de renvoyer un de ses fils pour avoir la charge de ces oiseaux, qu'il sera depesché dans peu de jours, à quoi si tost que je seray de retour, je tiendray la main, autant qu'il me sera possible, et à faire qu'il s'en retourne bien satisfait, vous supliant, Monsieur, pour fin de la présente, me conserver l'honneur de votre bonne grace aussi entier, comme je mets au rang de mes meilleures fortunes l'acquisition, que je me persuade en avoir faite, et me faire cet honneur en suyte de ce qu'il vous a pleu me tant obliger jusques icy, d'asseurer le Roy, la Royne, et Monseigneur le prince, qu'elles n'ont possible en leur Royaume, sans possible en celuy cy, un plus vray ni plus affectionné serviteur, que le seray tant que je vivrai, comme, outre ce qui est de leurs merites, leurs particulières faveurs et bienfaits m'y ont obligé ; je vous en dis autant pour votre particulier. Et si je manque jamais à l'un ou à l'autre, que je puisse manquer à moi mesme. Je ne vous diray point d'autres nouvelles de nostre Court, Monsieur Carew s'en allant, qui vous en pourra conter plus que moy, cela vous rediray-je seullement, et qui sera le plus vray de tout, que je suis et seray éternellement votre très-humble et très-obligé serviteur.

LA BODERIE (1).

A Pomponne, ce 6 d'octobre 1609

Voici une dernière lettre de La Boderie au comte de Salisbury ; il lui parle de son fils le vicomte de

---

(1) Record Office, State Papers, France, vol. CXXXVI.

Cranborne, de son éducation, d'une chasse où le Roi l'a mené et d'un cavalier qui a été le compagnon de jeunesse de Salisbury, le comte de Montgommery :

MONSIEUR,

Ce bon homme (1) a enfin eu congé de s'en retourner, mais non sans l'avoir fait demander plus d'une fois, tant le Roy mon maitre prenoit de plaisir à sa chasse. Je vous puis asseurer qu'il s'en est fort dignement acquitté, et qu'il a laissé sa Majesté très-satisfaite de sa procedure. Je desire qu'il se retourne autant de son costé, pour le moins espere-je qu'il vous tesmoignera que je l'ay assisté en tout ce qui m'a esté possible. Si la liberalité de Monsieur le comte de Salsbuery se pratiquoit par deça, peut estre se loueroit-il davantage de la nostre, quoy que soit il n'a tenu de moy, qu'il n'en ait eu plus de sujet. Je laisseray ce discours pour vous dire que pour le desir que j'auray toujours de vostre consentement, je voudrois avoir payé bonne chose, et que vous peussiez veoir Monsieur le vicomte de Cramborne vostre fils. Je ne vous flatteray point, je vous dyray verité et vous assureray que je n'ay jamais veu un si grand et si utile changement en personne que je le veoy en luy ; en premier lieu, il est plus hault de toute la teste que, quand il vous dyt adieu, et sans comparaison plus fort et plus robuste. Il parle françois, comme s'il luy estoit naturel, et s'est tellement formé au port et à la façon de nostre noblesse, qu'il semble qu'il n'ait jamais eu autre nourriture. Tous les jours il monte à cheval, il danse et tire des armes, et en un mot vous puis asseurer qu'il ne perd nullement le temps. Hier matin, au sortir de son manège, je le menay saluer le Roy, qui le convia à veoir aujourd'huy la chasse d'un

(1) L'homme aux cormorans.

cerf avecque luy. Je l'y aurois accompagné, comme je suis bien de liberté en toutes occasions, mais outre que je ne suis pas des plus praticques du monde en ceste là, il se trouva de bonne fortune un cavalier qui a autres fois eu l'honneur d'estre nourry avec vous, lequel voullut prendre ceste charge, et s'en acquittera, je m'asseure, avecq toute sorte de soin, c'est le comte de Montgommery. Du reste, je vous puis asseurer qu'il est aymé et honoré de ceste Court, comme outre ses merites particuliers, l'estime en laquelle vous y estes, le requert, et ce qui m'y plaist davantage, c'est comme semble qu'il ne s'y ennuye point. Je vous suplie de l'y laisser encore un an, et si, quand vous le reverrez, vous n'aurez contentement de m'avoir creu, ne vous fiez jamais en moy ; du moins pouvez vous vous asseurer que, pour ce qui est de sa personne, ma femme et moy en aurons tout le soin qu'aucun de vos amys ou serviteurs de delà en scauroient avoir, estimant à grand bonheur que je puisse par son moyen tesmoigner en quelque sorte combien je me sens veritablement vostre obligé. Je vous baise sur ce très-humblement les mains, et demeure, Monsieur, votre très-humble et plus affectionné serviteur.

La Boderie (1).

Paris, ce 29 Nov^{bre} 1609.

Nous ne pouvons mieux terminer ce chapitre que par une lettre du jeune Dauphin, le futur Louis XIII, au roi Jacques, où il lui parle de La Boderie, au moment où il retournait, pour la seconde fois en Angleterre :

Sire,

Le sieur de La Bauderie retournant par le commande-

(1) Record Office, State Papers, France, vol. CXXXVI.

ment du Roy, mon seigneur et pere, vers votre Majesté, je l'ày voulu charger de ce mot pour vous offrir mon service, duquel il vous asseurera plus particulièrement, me contentant de vous dire que je veux demeurer, Sire, votre très-affectionné neveu à vous faire service.

Louis (1).

(1) Record Office, State Papers, France, vol. CXXXVI. (Autographe.) —Voir *Mémoires d'Arnauld d'Andilly*, t. II.—V. *Correspondance du cardinal du Perron*. On y trouvera encore quelques lettres de La Boderie.

CHAPITRE VIII

Importance pour la Normandie de la première année du règne de Louis XIV.—Rétablissement du Parlement dans sa première forme. —La correspondance du procureur général du Parlement, La Fosse du Fossé, venue en Russie. — Lettre de lui au chancelier Séguier (27 avril 1643).—Il l'avertit que les protestants de Normandie fournissent des secours aux parlementaires d'Angleterre. — Lettre du même au chancelier Séguier (24 juin 1643). – Il revient sur les intelligences des protestants de Normandie avec les parlementaires.— Il fait part au chancelier des poursuites commencées contre M. de Sainte-Croix, accusé de plusieurs crimes. — Lettre du même au chancelier (23 octobre 1643).—Il rend compte des mesures prises pour empêcher l'exportation des blés. — La cour de France disposée à venir en aide au Roi d'Angleterre.—Deux lettres de La Fosse nous font assister aux États de Normandie. — Il fait le récit au chancelier de l'enlèvement à main armée de la fille d'un riche marchand de Rouen, à la sortie du prêche de Quevilly. — Il poursuit le coupable, le sieur de Courtonne. — Il prend à partie la garnison du château du Pont-de-l'Arche pour insolences commises.—Il annonce au chancelier qu'il a le dessus dans ses poursuites contre le sieur de Courtonne. — Triste peinture des mœurs du temps, d'après une dernière lettre de La Fosse.— Le recueil des lettres écrites au chancelier Séguier au nombre des manuscrits de Saint-Pétersbourg. — Lettre de Me Busnel, lieutenant criminel à Bayeux, au sujet de profanations commises dans la paroisse de Cramesnil. — Remontrances des protestants de Montivilliers et d'Honfleur à la Reine-mère (16 juillet 1649). — Lettre du président Faucon de Ris au chancelier Séguier.—Il l'entretient de l'exécution d'un voleur nommé Douglas et d'un tumulte survenu à Rouen. — Lettre de l'abbé de Chaumont au chancelier Séguier, à propos d'une requête des catholiques d'Alençon (31 mai 1663). — Lettre de l'intendant du Gué au chancelier Séguier. — Il se plaint d'un prêche du ministre Du Bosc. — Lettre de Chamillart à Louvois. — Il rend compte de la situation de la Basse-Normandie.—Lettre de Louvois au chancelier Séguier pour le dissuader de signer des lettres de grâce. — Privi-

lége de la Fierte réclamé pour le sieur Merville. — *Deux lettres de M. de La Galissonnière au chancelier Séguier.*—*Tentative d'assassinat à Évreux sur la personne de lord Clarendon, chancelier d'Angleterre.*— *Lettre de l'orientaliste Samuel Bochart à Ménage.* — *Quittance donnée par Mezeray de la pension à lui léguée par Mazarin.* — *Lettre de Mezeray au chancelier Séguier.* — *Il fait le récit des nouvelles du jour.* — *Deux lettres de Huet à Ménage.* — *Lettre de Huet au père Oudin, jésuite.*—*Lettre de Segrais à Ménage.* — *Lettre de Segrais au marquis de Bougy.* — *Les papiers de Puissaye légués par lui au British Museum.*—*Lettre du comte d'Artois (Charles X) aux gentilshommes de la province de Normandie.*

La série des documents du xvie siècle est épuisée, et, laissant de côté le règne entier de Louis XIII, dont la fin fut tristement marquée par la révolte des Nu-Pieds et la misère de notre province, nous prendrons pour point de départ de ce chapitre la première année du règne de Louis XIV, dont l'importance est exceptionnelle ; c'est l'année, en effet, où le Parlement de Normandie, mutilé depuis trois ans, fut rétabli par la Reine régente dans son ancienne forme, l'année où les États se réunirent sous la présidence du duc de Longueville (1). Le procureur général du Parlement d'alors était un Dauphinois, fort mal vu, en sa qualité d'étranger, des membres de la Cour réintégrés en leurs charges ; il se nommait de La Fosse du Fossé ; on l'accusait d'être un agent de la Cour, et, l'année précédente, le peuple avait voulu enfoncer les portes de son hôtel. Sa corres-

(1) V. FLOQUET, *Hist. du Parlement de Normandie.*

pondance avec le chancelier Séguier, dont il était la créature, est venue tout entière à Saint-Pétersbourg ; elle nous fournira quelques particularités sur la session des États de 1643 et nous révélera, pour la première fois, les intelligences étroites et secrètes qui existaient entre les protestants de Normandie et les parlementaires d'Angleterre.

Voici la première lettre où il y fait allusion ; elle est datée de Rouen, le 27 avril 1643 :

Monseigneur, maintenant que les bonnes nouvelles de la convalescence du Roy m'ont fait revenir de l'assoupissement que la crainte de sa perte m'avoit causé, je commence à reprendre mon train ordinaire et vous dois quant et quant vous escrire que nos relligionnaires continuent à fournir du secours d'hommes et d'armes aux parlementaires d'Angleterre, et qu'entr'autres un marchand Hollandois demeurant en ceste ville leur a, ces jours passés, fait tenir quatre charretées d'armes sorties de ceste ditte ville en des charrettes, pour estre embarquées du costé de Caen. Quelques dames angloises catholiques qui se sont réfugiées ici m'en ont fait bailler l'aduis, mais comme j'ay pensé que peut estre les règles de la politique ne vouloient pas que, dans la conjoncture présente de nos affaires, nous arrestassions le cours de la guerre civile de nos voisins, j'ay simplement respondu que je m'en informerois plus particulièrement et y apporterois de suite l'ordre requis ; lesquelles dames n'auront pas manqué d'en escrire à leurs maris, personnes de qualité qui sont auprès de leur Roy, de quoy j'ay creu que deviez estre aduerti ; et à quoy si vous ne me faites point de response je fermerai les yeux et userai de dissimulation (1).....

(1) Bibl. impér. de Saint-Pétersbourg, n° 93 de la collect. des autographes.

Le reste de la lettre a rapport à des réceptions de conseillers au Parlement qui souffrent difficulté.

Le 24 juin suivant, il écrit de nouveau au chancelier :

Monseigneur, en passant par Pontoise, je saluay chez les Carmélites Monsieur de Montégu qui me parla des secours que nos relligionnaires donnent journellement aux parlementaires d'Angleterre et me dit mesmes qu'il scavoit très bien que l'intention de la Royne n'estoit pas que l'on usast d'aucune dissimulation en cette rencontre.

Estant arrivé ici, j'ay appris de très-bonne part que les dits relligionnaires continuoient les dits secours et que, ces jours passés, le milord de Montegu, qui demeure en cette ville deppuis les troubles de son pays et qui est très bon et pieux catholique et serviteur de son Roy, avoit faict adroittement achepter dans la ville de Dieppe huict cens mousquets que l'on estoit sur le point de faire passer aux dits parlementaires, lesquels on m'asseure estre devenus si forts que, quand bien nous ne considererions la chose que par la politique, il seroit tousiours besoin de les affoiblir un peu, affin de rendre les choses en estat de faire durer leur guerre, en attendant que Dieu nous donne la paix. Je ne doubte point que la Royne n'aye eu d'aduis des dits secours, et ne pense pas qu'il faille rechercher ceux qui les ont donnés par le passé, mais si vous le trouviez à propos, nous pourrions les empescher pour l'advenir. Sur quoy je vous dois faire remarquer que tous ceux qui servent à la douane de Dieppe sont de la religion prétendue réformée.

Puis, venant aux affaires locales, il ajoute :

Monseigneur, il y a un gentilhomme assez qualifié, nommé le sieur de Ste-Croix, que je poursuis par contumace pour plusieurs grands et énormes crimes ; mes poursuittes estoient allées si avant que j'avois pris des conclusions à la mort, lorsque le procès a esté sur le point d'estre jugé, il a obtenu une évocation, et cependant j'ay eu aduis qu'il fortifioit une maison roturière qu'il a dans le païs d'Auge, à demi-lieue de la mer. Monsieur d'Escoville, grand préuost, s'y est transporté et a dressé procès-verbal de l'estat de la ditte maison qu'il m'a envoyé et que je vous envoie; mais parce que l'on m'a dit que le dit d'Escoville est parent du dit Ste-Croix et partant suppost de ceste affaire, j'ay fait commettre un conseiller de la Cour pour se transporter sur les lieux et y mettre l'ordre requis.

J'ay receu plainte des transports de bleds qui se font de divers endroits de la Normandie aux ennemis de l'estat et envoyé diligemment ordre à tous mes substituts pour en faire informer et punir les coulpables.

Devant mon arrivée les bourgeois de ceste ville firent mine de se souleuer contre les collecteurs des droits imposés sur eux et les paysans de Montivilliers aussi; mais le tout fut incontinent appaisé et toutes choses sont maintenant bien tranquilles en ceste ville et dans la Province (1).

Dans la lettre suivante il fait part au chancelier des mesures qu'il a prises pour empêcher l'exportation des blés, et il ajoute de curieux détails à ceux déjà donnés sur les parlementaires :

Rouen, 23 octobre 1643.

Monseigneur, j'ai demandé à mes substituts au siége praisidial de Constances (sic) d'empescher soigneusement tous transports de bled hors du royaume et de faire sévè-

(1) Bibl. impér. de Saint-Pétersbourg, n° 93.

rement procédure contre ceux qui s'en trouveroient coupables, et en un mot tenir exactement la main à l'execution des arrests de la Cour que je leur ay envoyés à ceste fin. Quant à la levée des soldats, comme vous avés obmis de m'y respondre, j'ay aussi obmis de leur en parler. Mais j'ay aduerti de vive voix le Baillif du Constantin (sic) dont la maison est sur le bord de la mer, que l'intention secrette de S. M. estoit de fauoriser les armes du Roy d'Angleterre. Le dit Baillif m'a appris que les habitants de l'île de Guernesey sont parlementaires et tiennent bloqués, moyennant les forces auxiliaires parlementaires, la citadelle de Lair Isle (?), le voisinage de laquelle peut obliger les assiégants et les assiégés à chercher leurs nécessités dans la Basse-Normandie.

Monseigneur, j'ay monstré à nos marchands l'article de vostre dernière lettre, qui porte que Biron (ou Piron) ne doit attaquer aucun vaisseau parlementaire ; de quoi ils sont extrêmement resjouis, et se ressentent infiniment vos redevables. L'huissier que j'avois envoyé veoir le dit Biron pour lui rendre la lettre des résidents d'Angleterre ne l'ayant pas trouvé, nos dits marchands me donnèrent, il y a trois jours, aduis qu'il devoit passer par ceste ville et en poste revenant de Paris. J'envoyay deffendre au maistre de la poste de lui donner des chevaux, jusques à ce que j'eusse parlé à luy et luy eusse déclaré quelques ordres du Roy d'Angleterre. Le dit Biron estant arriué à la poste et ayant sceu mon dessein sortit à pied et alla chercher des chevaux de louage ; de quoy adverti, je mis l'huissier à ses trousses, qui lui donna ma lettre portant permission de lever l'ancre et celle desdits résidents par exploit que j'ay, sans que le dit Biron se soit enquis de moy ; ce qui me faict mal penser de son intention, joinct que le milord Montegu, qui est ici, m'a ingénuement recognu que le dit Biron luy a dit qu'il iroit jusques en Angleterre sans attaquer les vaisseaux parlementaires, mais qu'au retour il feroit du pis qu'il pourroit. Or il ne faut qu'un jour pour aller jusques en Angleterre, et partant le dit Biron sera à redoubter dès le second jour après qu'il sera parti de nos ports...

De Rouen, ce 23 octobre 1643 (1).

Maintenant la correspondance de La Fosse avec le chancelier va nous faire assister aux séances des États de Normandie :

MONSEIGNEUR,

Nous attendons aujourd'huy Monsieur de Longueville pour demain faire la closture des Estats. J'avois bien prévu qu'il y seroit parlé des marais de Basse Normandie, mais je n'avois pas pensé que l'on peust toucher aux adjudications déjà faictes, et fus un peu surpris hier au soir, lorsqu'un homme de façon d'advocat vint me solliciter comme l'un des commissaires des dits Estats, de la part de ceulx qui se sont rendus adjudicataires ou associés au contrat de la vente des marais de Carentan, disant que toute cette affaire roule et a son fondement sur le don que sa Majesté vous fit, il y a près de quatre ans, dans lequel don les dicts marais de Carentan ne sont point compris ; que, despuis, vous estant desparti de vostre don et le Roy ayant voulu que les marais y compris fussent vendus à son profit, ce n'a esté qu'avec relation de vostre don et sans y comprendre les dits marais de Carentan que M. de La Potherie a par conséquent vendus sans pouvoir. Voulant les achepteurs, qui sont encores débiteurs du prix de leurs achapts, déclarer qu'ils s'en départent, et estre ordonné qu'ils se pourvoiront par devant le Roy, pour estre définitivement deschargés de leurs achapts et que cependant il soit sursis à toutes contrainctes pour le paiement du prix d'iceux. Sur quoy ayant voulu respondre à ce solliciteur qu'il n'estoit pas de la compétence

(1) Bibl. imp. de Saint-Pétersbourg, n° 93.

des commissaires de juger ceste surséance, il m'a répliqué que les dits commissaires luy disoient que si réellement, ce que je crains bien fort, ce soit une partie faicte, M. de La Potherie se trouvera hors d'estat d'exécuter la promesse qu'il m'avoit faicte si promptement. Je luy en parleroy ce matin et prendroy soigneusement garde à tout.

En vérité, Monseigneur, comme la tenue de nos Estats n'est ni nécessaire, ni utile, ni honorable au Roy, il me semble qu'il seroit bien à propos de l'empescher adroitement pendant une minorité. L'on n'y oit que des plainctes contre le gouvernement et des injures adroites, mais impétueuses contre les ministres, lesquelles plainctes et injures ne servent qu'à exciter des rébellions et des supplices. Je sais bien que quelques personnes de qualité ont des pensions à recevoir sous le prétexte des dits Estats, qu'il vaudroit mieux leur payer, sans les tenir, que de leur en laisser promouvoir la tenue pour la seule conservation de leur interest particulier.

Je vous escriray au long tout ce qui se passera demain, demeurant cependant et pour jamais, Monseigneur, vostre très humble, très obeissant et très obligé serviteur,

La Fosse (1).

Rouen, 25 novembre 1643.

Monseigneur,

Le jour d'hier les commissaires des Estats s'assemblèrent sur les neuf heures du matin chez M. le duc de Longueville avec lequel ils se transportèrent dans la grande salle de l'archevesché, où leurs commissaires et les députés des dits Estats s'estant assis au mesme ordre qu'à l'ouverture, et leur salle estant toute pleine de personnes de toutes conditions, le fils ecclésiastique de M. le baron de Rous-

---

(1) Bibl. imp. de Saint-Pétersbourg, docum. français, vol. XCIII, pièce n° 21, p. 73.

seroles (1) fit une harangue de trois quarts d'heure, laquelle il finit par un consentement de la levée d'une moitié de ce que le Roy demandoit, le dit ecclésiastique parlant pour les trois ordres. Ensuite le procureur des dits Estats lut à haute voix le cahier des plainctes, contenant soixante-quinze ou quatre-vingts articles ingénieusement dressés. Ils commencent que si les dits ordres ne présentent au Roy que des larmes, c'est la seule chose que l'avarice des partisans leur a laissé entière et sur laquelle ils n'ont pas encore inventé de tributs. Parmi les articles, il y en a un touchant les marais de Basse-Normandie qui énonce que M. le comte de Soissons en ayant obtenu cy devant le don, les peuples luy auroient payé cent cinquante mil livres, moyennant quoy ils auroient esté subrogés en son lieu et place; que depuis M. le Chancellier ayant esté gratifié du mesme don, il s'en seroit départi incontinent que sa justice auroit esté avertie du droit des dits peuples, et que néanmoins M. de la Potherie ne laissoit pas que de procéder à la vente des dits marais sur les réquisitoires de la Montagne Daton, soy disant procureur général de la commission contre lequel il y a quelques autres plainctes en autre chose.

Le cahier lu, mon dict seigneur le Duc se leva pour prendre les advis des commissaires, et puis, réassis, prononça que les commissaires députés par le Roy avoient ordonné que le cahier des Estats seroit veu après disner, et que cependant, et par manière de provision, les sommes demandées par le Roy seroient imposées et levées. Incontinent nous retournasmes chez mon dict seigneur le Duc, où tous les commissaires disnèrent splendidement, et puis s'assemblèrent en la gallerie de son logis, et là, en présence des députés, et particulièrement du procureur des Estats, qui estoit debout et nu-tête derrière mon dict seigneur le Duc, le cahier fut examiné.

(1) Sans doute Roncherolles.

Sur l'article des marais, comme je suis le penultiesme de rang, j'opinay le second et dis que nous estions commissaires qui devions mesurer nostre pouvoir par nostre commission, laquelle ne va qu'à nous donner charge d'exciter le peuple à donner à sa Majesté ce qu'elle demande, et non point de destruire ce qu'elle a establi, contre quoy le peuple ne peut trouver de remède qu'en sa bonté ; qu'au fond, les marais et terres vaines sont régulièrement du domaine du Roy, contre lequel il ne faut jamais donner de provision ; que, si les peuples les ont acheptés, lorsqu'il m'aura apparu de leur achapt, j'estimeray que l'on n'y pourra plus toucher que par une revente, mais que, ne me paroissant pas de cet achapt, je ne pouvois estre d'autre advis, sinon que leur article fust renvoyé simplement au Roy ; plusieurs allèrent à renvoyer au Roy et sont d'advis de la révocation de la commission, et quelques uns à cependant sursir. M. de La Potherie fut vivement attaqué par le procureur des Estats et se deffendit bravement ; il y eut entr'eux un long et chaud colloque. L'affaire fut remise à aujourd'huy pour se mieux instruire du droict des peuples et y faire droict ensemble sur l'intervention particulière des achepteurs des marais de Carentan, qui demandent estre déchargés de leurs achapts. Nous verrons ce qui se passera.

Et cependant, Monseigneur, je persiste à vous représenter que telles assemblées de libertés sont extrêmement prejudiciables au service du Roy. Il m'a semblé que vos intendants de justice estoient sur la sellette pour respondre de quelque énorme crime. Il faudra bien à l'avenir frapper plus grand coup que par le passé pour lever la taille. Et le peuple ose maintenant tout, persuadé qu'il est de tyrannie, et tient les traittans pour exécrables et les commissaires ou intendants pour infâmes. Il faut tascher d'empescher que l'on n'imprime le cahier. J'en parleray à Monseigneur le Duc, qui me scauroit peut estre mauvais gré s'il cognoissoit que je vous eusse si ponctuellement adverti. Je suis et serai toute ma vie, Monseigneur, vostre très-humble et très-obéissant et très-obligé serviteur,

La Fosse.

Rouen, 27 novembre 1643 (1).

A partir de cette dernière lettre, il y a une lacune de quelques mois dans la correspondance de La Fosse avec le chancelier ; ce n'est que le 24 avril suivant qu'il lui rend compte du rapt de la fille d'un riche marchand de Rouen ; le coupable était un gentilhomme de la religion réformée, nommé de Courtonne, et cette scène de violence avait eu lieu à la sortie du temple de Quevilly.

Monseigneur....., jeudi dernier, en plein midi, à la sortie du presche de Quevilly, un gentilhomme appellé de Cortonne *(sic)*, de la religion P. R., assisté de plusieurs autres armés d'armes à feu, attaqua un carosse dans lequel estoit la fille du nommé Haudouin, l'un de nos plus riches marchands, faisant profession de ladite relligion, qui n'a que deux filles, et a la réputation d'avoir vallant cinq à six cens mil liures ; laquelle fille le gentilhomme enleva à la veue de tous nos relligionnaires. Je poussay vivement l'affaire et fis sortir nostre cinquantaine aux trousses des violateurs, que l'on a bloqués, à dix ou douze lieues d'ici, dans une maison forte d'une dame qui a respondu de dessus ses murailles que tout ce qui se passoit estoit par le commandement de la Reyne. Je ne le puis croire et continue mes poursuittes, demeurant pour jamais, etc. (2).

(1) Bibl. imp. de Saint-Pétersbourg, Docum. français, vol. XCIII, pièce n° 22, p. 75-77.
(2) Bibl. imp. de Saint-Pétersbourg, n° 93.

Le 27 mai suivant, il annonce au chancelier qu'il poursuit le ravisseur :

Monseigneur, je poursuis la contumace contre le sieur de Courtonne (sic) qui a ravi la fille mineure du nommé Hardouin, nonobstant que le dit Courtonne aye pris une commission du grand seau pour évoquer à cause de Jentilly (sic), avec déffenses cependant à ceste cour de cognoistre de son procès contre Haudouin, sans qualifier autrement leur procès, sans parler de moy, et sans que le dit Courtonne, après avoir commis un crime très capital, se soit mis en estat. J'ai creu que ceste commission avoit esté surprise de vostre relligion, en ce qui est des deffenses que vous n'auez point accoustumé de bailler ès crimes atroces, que les accusés ne soient en estat et sans preiudice des instructions ; que si touttefois il y a quelque raison secrette qui vous face voulloir que les dittes deffenses tiennent, je m'arresteray incontinent que je me pourray apercevoir de vostre désir, demeurant pour jamais, etc. (1).

Le temps était aux scènes de violence ; cette fois c'est la garnison du château de Pont-de-l'Arche que La Fosse prend à partie :

Rouen, 26 juillet 1644.
Monseigneur,

Je vous ai donné advis par ma précédente (2) de l'insolence commise par la guarnison du chasteau du Pont-de-Larche. Maintenant je vous envoye les procès verbaux de Mr de Montenay comme commissaire, et du sergent qui avoit esté emprisonné et a esté délivré, par ou vous verrés la plus effrontée violence qui se puisse point imaginer.

(1) Bibl. imp. de Saint-Pétersbourg, n° 93.
(2) Elle manque dans le recueil.

Nos juges ont, au commencement, procédé avec plus de véhémence que ie n'eusse désiré, et à present je ne pense pas leur pouvoir faire trouuer bon que ie fasse assigner à ban les soldats descrettés de descrets de prise de corps ; c'est ainsi que nous procédons dans toutes nos affaires ; nos commencements sont tousiours plus impétueux que de raison, et, dès que l'on nous a sollicités, il n'y a plus de justice (1).

L'affaire du sieur de Courtonne traine en longueur ; La Fosse, dans une lettre du 4 février 1645, se plaint au chancelier des obstacles qu'on lui suscite :

Monseigneur, je reçois des importunités indicibles dans l'affaire que je poursuis extraordinairement contre le sieur de Courtonne et ses complices, pour le rapt par eux commis en la personne de la fille mineure du nommé Haudoin, et entre autres une grande foule de gentilshommes de qualité, à la teste desquels estoit M^r le président de Boutroudo (?), parent des accusés, me tendit un piège de . . . (2) sur le partement en la présence et dans le cabinet de Monsieur le Duc de Longueville. Je me deffendis constamment sur la qualité et l'esclat du crime, et l'engagement de mon honneur, et enfin mon dit sieur le Duc, qui est fort sage et seroit fort aise d'obliger ceste noblesse engagée dans ma poursuitte, se résolut non pas de vous prier de faire ordonner une absolution, pour crainte de vous desplaire, mais bien de vous sentir là dessus, et faire ce qu'il pourroit auec addresse pour tirer le dit accusé de peine. De quoi, Monseigneur, je vous donne advis, affin que vous soyez préparé sur vos reponses envers un grand qui me paroist en tout vostre ami. Cependant je poursuis sans cesse. Le père de la fille rauie, qui est d'accord, sollicite fort et ferme pour le ravisseur.

(1) Bibl. imp. de Saint-Pétersbourg, n° 93.
(2) Illisible.

Nos juges ne me donnent rien qu'à force de sollicitations (1).

Enfin, La Fosse a le dessus dans l'affaire de Courtonne ; il s'applaudit de ce succès :

Monseigneur, enfin le Sr de Courtonne et ses complices ont été condamnés par nullité de mariage à servir le Roy quelques campagnes à leurs despens et à neuf mille livres d'amendes solidaires. Le ravisseur se prétend remarier dès demain auec la ravie et demender à sa Majesté les dittes amendes. J'ai poussé l'affaire sur le rapt et ses peines et bien embarassé les parties et les juges. (Rouen, 15 mars 1545.) (2).

Une dernière lettre de La Fosse nous peint sous de tristes couleurs les mœurs du temps :

Rouen, 9 juillet 1645.

Je pensois auoir ces jours passés fait un grand chef d'œuvre de mon mestier, ayant faict prendre et condamner à l'amende honorable et la mort un gentilhomme chargé et conuaincu d'auoir violé plusieurs femmes et particulièrement une jeune fille d'honneste vie, en plein midi, dans une maison d'où ceste pauure fille estoit allée visiter la maistresse que ce perdu, assisté d'un complice, jeta dehors et ferma la porte par derrière. Cette malheureuse fille résista par l'espace de trois heures, inuoquant à son aide Dieu et la Sainte Vierge, à quoy ces pendards repartirent auec des juremens exécrables. Ayant violé la fille, qu'ils laissèrent evanouie et baignée dans son sang sur les carriaux, ils tuèrent, quelques jours après, aussy

(1) Bibl. imp. de Saint-Pétersbourg, n° 93.
(2) *Ibid.*

en plein midi, dans une maison et à la face de plusieurs personnes, le père, pour ce qu'il avoit osé s'en plaindre, et ce d'une infinité de coups d'un baston qu'ils luy faisoient baiser et adorer en l'assommant, et d'un coup de carrabine à bout touchant. D'abord que cet abominable fut pris, les sollicitations puissantes d'un de nos grands chambriers parurent ; je redoublai mes soings, et l'accusé ayant esté condamné comme dict est au présidial de Caen, et s'estant porté pour appellant, n'y ayant que moi de partie et le domaine estant deschargé des frais de justice, l'aduocat du Roy dudit lieu, eschauffé par ma rethorique, fournit, je ne sais comment, quatre cens liures au vice-baillif de Bayeux pour conduire icy le prisonnier, ce que le dit vice-baillif, jeune homme plein de cœur et qui a faict beaucoup d'autres bonnes actions à ma prière, effectua courageusement, nonobstant les diuerses embusches dressées pour l'enlevement. Le dit vice-baillif ne fust pas plustost arriué icy, qu'il trouva que l'on luy avoit preparé un procès pour une niche, en haine de ce qu'il avoit faict contre le dit accusé. L'on m'eust bravé en la personne du dict vice-baillif, si je n'eusse faict le brave et dict hautement, à la conférence du parquet, que le dict vice-baillif estoit l'officier de toute la Basse Normandie qui servoit le mieux le Roy ; que je ne souffrirois point que, par des querelles d'Allemand, on se vangeast de ce qu'il auoit faict sous mes ordres pour le bien de là justice, et qu'on devoit s'asseurer qu'un arrest de la cour ne seroit pas son dernier jugement ; sur quoy les parties s'accordèrent par l'aduis de mes collègues ; ayant refusé d'estre l'un des arbitres, puis que je m'estois tant declaré, j'entray dans la Tournelle et demanday auec modestie un raporteur pour le procès de cest appellent. Tout le pallais et toute la ville, voire mesme toute la prouince, estoient aux attentes d'un grand exemple, lorsque l'un des plus considérables juges de ce criminel me vint dire qu'il méritoit trois fois la mort, mais qu'on avoit donné à Monsieur de Buchy, leur confrère, son pardon et que l'on n'avoit pas opiné sur la mort ou sur la vie, mais seulement sur la façon de prononcer, pour casser la sentence du juge, avec quelque bien-séance et conserver la vie, l'honneur et les biens au dit accusé, tellement qu'ils avoient prononcé l'appellation de ce dont, et néanmoins, pour les cas résultans du procès, avoient condamné l'accusé à avoir la teste tranchée, et conuerty cette peine aux gallaires perpétuelles, ses biens acquis et confisqués, qui est une façon de prononcer dont on use icy quelquefois, et que l'on s'asseuroit bien, me dist le dict juge, que le dit accusé avoit assez d'amys pour obtenir un rappel, dont Monsieur de La Morandière vous solliciteroit. C'est arrest a mis en cholère tous les gens de bien, et je plains infiniment les jeunes officiers qui sont nourris de cette mauuaise eschole de jugements arbitraires.

Mais, Monseigneur, en voilà trop ; j'ay faict mon devoir et je dois croire que les juges ont faict le leur. Je prie Dieu qu'il donne sa grace au criminel, contre lequel je ne vous escris, qu'affin que vous soyez instruit et que vous ne me reprochiez pas de vous auoir laissé surprendre par ma connivense, lorsque l'on vous demandera son rappel. Son complice fut rompu vif il y a trois ans ; peult estre que les juges ont esté ramolis par ceste consideration qui en eust raffermy d'autres (1).

Passons à l'examen du recueil des lettres écrites au chancelier Séguier ; de tous les manuscrits de la Bibliothèque de Saint-Pétersbourg, c'est sans contredit le plus utile à consulter pour l'histoire de nos provinces (2), car les dignitaires de tous les Parlements étaient en correspondance habituelle avec le chancelier.

(1) Bibl. imp. de Saint Pétersbourg, n° 93.
(2) Ce recueil comprend quatre gros volumes ; c'est le n° 114 de la collection des documents français.

Dans notre rapport sur notre mission en Russie (1), nous avons déjà fait à ce recueil de nombreux emprunts ; mais il ne renferme pour la Normandie qu'un petit nombre de documents.

Pour suivre l'ordre des dates, nous commencerons par une lettre de Mᵉ Busnel, lieutenant criminel à Bayeux, au chancelier ; elle est datée du 6 juillet 1645, et nous y trouvons la preuve que les discordes religieuses étaient loin d'être pacifiées :

Monseigneur, il est arrivé un accident en ce pays, duquel j'ay cru vous devoir advertir pour ce qu'il regarde non seulement la justice, mais l'estat de la religion. Jean Dollebec, de la religion prétendue reformée, passant, le jour du Sᵗ Sacrement, dans la paroisse de Crammenille (Crasmenil) (2), fut si téméraire que de mettre l'espée à la main, de grimper à la colonne de la croix et de renverser par terre le croisillon ou petite croix de bois que l'on avoit mise sur la dite colonne et qu'on avoit ornée de toutes sortes de fleurs pour honorer le Sᵗ Sacrement, et, non content de cela, avoit porté un coup d'espée dans la petite croix, disant, par un estrange mépris, aux passants qu'ils eussent à regarder si la croix saignoit ; puis, après, avoit pris les fleurs qu'il avoit données à trois demoiselles de la religion. L'information a justifié de tous ces faits. Il y a trois mois, il arriva en ceste ville un meurtre commis en la personne de Jean Pernelle et un duel entre les nommés le chevalier de La Perroux et Conubis (*sic*). Le Parlement de Rouen a cassé le jugement rendu et renvoyé les parties à Caen ; de là très fréquents duels ; il attend les ordres du chancelier (3).

(1) *Deux années de mission en Russie.* Imprimerie impériale, MDCCCLXVII.
(2) Commune du canton de Briouze, département de l'Orne.
(3) Bibl. imp. de Saint-Pétersbourg, n° 114, t. IV.

La lettre suivante de M. Letellier au chancelier Séguier (12 juillet 1649) est un nouveau témoignage de la persistance des querelles religieuses :

> Le porteur de cette lettre est delegué par les habitans des villes d'Harfleur, Montivilliers et des villages circonvoisins, faisant profession de la religion pretendue réformée, pour venir remontrer à la Reine qu'ayant voulu presenter requete au conseil pour etre restitués contre un arrest donné par forclusion à l'encontre d'eux en faveur de Monsieur le president de Novion en refondant les despenses, aucun de Messieurs les maistres des requetes n'a voulu la rapporter, et que cela leur tourne à grand dommage, à cause que l'on presse extraordinairement le jugement du procès qui est au Parlement de Rouen entre le dit president et eux, duquel ils demandent l'évocation à cause de parenté. Sa Majesté desire que toute justice leur soit rendue.
>
> (De Compiègne, dépêche signée.)

Voici maintenant une lettre du président Faucon de Ris au chancelier Séguier, datée de Rouen le 16 juillet 1649 :

> Samedi dernier, à trois heures, plus de soixante personnes ont forcé toutes les portes des prisons, donné quelques coups d'espée au concierge et fait évader neuf ou dix prisonniers criminels, dont trois voleurs de grand chemin condamnés à mort, et les ont conduits hors de la ville. Cette affaire est mêlée de plusieurs circonstances importantes au bien du Roy.

A bien des années de distance, les discordes religieuses, dont nous avons de loin en loin retrouvé les traces, se reproduisent sous une autre forme. On en jugera par cette lettre de l'abbé de Chaumont (1) au chancelier Séguier :

Monseigneur, après vous avoir assuré que vous n'avez personne en aucun lieu où vos bienfaicts vous ayent acquis des serviteurs, qui aye plus de passion pour vostre gloire que j'en ay, ny qui s'intéresse davantage à vostre prospérité et vostre santé, souffrez, s'il vous plaist, que je joigne ma faible supplication au bon droit de Messieurs les députés des catholiques d'Alençon ; je ne vous diray rien de leur affaire, vos lumières y pénétreront en un instant, nous scavons ce qu'elles peuvent faire, mais, Monseigneur, je croy que vous ne serez pas fasché que je vous apprenne une petite nouvelle de ce pays cy qui vous doibt bien contenter et qui a quelque rapport avec la cause que j'ose vous recommander, qui est que dans la vérification de vos lettres patentes portant deffences à tous catholiques relligieux et laïques de se faire huguenots, le Parlement de cette province a jugé qu'encore que cette clause, s'il y avoit une virgule, peut s'entendre à empescher touts les catholiques de se faire huguenots, néanmoins que sans explication ny modification elles devoient estre verifiées, quelque intention qui eust sa Majesté ; me permettrez vous après cela, Monseigneur, de vous demander avec respect si vos mots estant des oracles, vos virgules ne sont pas mystérieuses et si quand vous les obmettés, vous ne faites pas plus entendre aux gens les intentions du Roy que les autres ne feroient avec de longs discours. Je tiens ce que j'ay l'honneur de vous mander de M. Mallet, grand viquaire de M. l'archevesque de Rouen, qui a un respect tout particulier pour vous, qui ressent, comme il doibt, les grâces qu'il a receues de vos bontés dans les démeslés qu'il a eus avec les Jansénistes

(1) **Auteur de plusieurs ouvrages de piété.**

et qui pour vous dire quelque chose de plus a une si forte passion pour l'affaire des Carmélites que peut-être luy et moy viendrons nous à bout d'une négotiation que nous avons entreprise à leur advantage. Je n'ose vous en dire rien de plus particulier, car elle ne fait que de naistre presque, et jusques à ce qu'elle ait faict quelque progrès je croirois me faire défaut de vous en rien mander. Dieu la veuille bénir et nous conserver autant de jours et d'années que vous en méritès et que je vous en souhête (1).

DE CHAUMONT.

Rouen, le 31 mai 1663.

La lettre qui va suivre a plus d'importance ; l'intendant de Caen Du Gué (2) y parle au chancelier d'un prêche de Pierre Du Bosc, le ministre le plus éloquent de la religion réformée. C'est à la suite de ce prêche et sans doute sur la plainte de l'intendant que Du Bosc fut exilé. La lettre de cachet, datée du 2 avril, lui enjoignait de quitter Caen et de se retirer à Châlons (3) :

Le commandement que vous me fistes en me donnant

---

(1) Bibl. imp. de Saint-Pétersbourg, Docum. français, vol. CXIV, n° 29.

(2) Du Gué, intendant de la généralité de Caen de 1661 à 1666.

(3) Dans la *Vie de Du Bosc* (*), c'est un nommé Pommier, apostat de Montauban, qui est désigné comme le délateur. Du Bosc vint à Paris et chercha à se justifier vis-à-vis de M. Letellier. A la suite de cette entrevue, l'intendant de Caen adressa une nouvelle lettre au chancelier, qui lui avait demandé d'écrire à M. Letellier en faveur de Du Bosc ; Du Gué se couvre cette fois d'un ordre du roi et fait entendre au chancelier qu'il ne peut s'ingérer dans cette affaire.

(*) *Vie de Du Bosc*, p. 37.

les ordres pour aller en Basse-Normandie de veiller exactement à ce que la religion et la justice n'y receussent aucune ateinte ny aucune diminution et de vous avertir des choses qui pourroient survenir et estre entreprises contre la dignité et la venération qui leur sont deues et que j'estimerois estre préjudiciales au repos des sujets de sa Majesté et pouvoir causer quelque division et scandale, m'impose la nécessité de vous escrire ce que j'ay apris d'un catholique que la curiosité appela au presche qui s'est fait en ceste ville le 27 janvier, dans lequel le ministre Du Bosc, après avoir blasmé la confession oriculaire et soutenu que tous les docteurs des catholiques romains avouoient qu'elle n'avoit jamais esté inventée par Jésus-Christ et qu'elle n'estoit point fondée sur les Saintes Ecritures, dist :

Que cette confession n'estoit qu'une damnable invention pour pénétrer jusques au plus profond des affaires de famille.

Qu'elle estoit la malheureuse action où se machinoient les attentats contre les estats et la vie des potentats ; que c'estoit l'abominable action où se formoient les confidences et intrigues impudiques et deshonnestes entre les confesseurs et les pénitentes ; que le cœur et l'oreille du prestre en cette action n'estoit qu'un cloaque d'impudicités, qu'un retrait de toutes sortes d'abominations et une sentine d'ordures et de vilenies.

J'ay cru, Monseigneur, que je ne pouvois laisser passer sous silence des propositions si capables de porter la populace à commettre des excès contre les personnes ecclesiastiques et que, je serois responsable des desordres qu'elles pourroient attirer, si je ne vous en rendois pas compte. Cet avis m'a esté donné en secret, j'ay pensé qu'il estoit de mon devoir de ne pas le faire éclater jusques à ce que j'eusse l'honneur de vous en informer et de recevoir vos commandemens. Je vous supplie d'estre persuadé de la passion et du respect avec lequel je suis,

Monseigneur, vostre très humble et très obéissant serviteur (1).

DU GUÉ.

Nous voilà sorti des querelles religieuses du XVIIe siècle. Il nous reste à publier quelques lettres de Chamillart, de Louvois et de M. de La Galissonnière (2); ce dernier fut chargé, on ne l'ignore pas, de la recherche de la noblesse en Haute-Normandie. Nous donnons le pas aux lettres de Chamillart :

Au chancelier Séguier.

Bayeux, 16 janvier 1666.

Monseigneur, puisqu'il vous a plu me faire l'honneur de me temoigner que vous trouveriez bon que je vous rendisse compte de mes services, je prendray la liberté de vous dire que j'ay commencé la visite de toute l'étendue de mon departement, dont j'auray l'honneur de vous informer lorsque je l'auray achevée ; j'ay appris dans la ville de Bayeux qu'il s'etoit passé depuis six semaines un meurtre commis en la personne d'un habitant qui avoit eté domestique de feu Mr Servien, evesque de Bayeux, et que vous aviez commandé aux juges de faire leur devoir. Je me suis fait representer les informations ; c'est une fort mauvaise action. J'ai fait scavoir au lieutenant criminel de Bayeux qu'il estoit de son debvoir de vous en rendre compte et qu'il avoit dû continuer l'instruction, puisqu'il n'y avoit point de deffense du Parlement qui l'ait obligé de surseoir la poursuite ; que c'étoit un abus, sous prétexte d'un appel de sa procédure sans aucunes

---

(1) Bibl. imp. de Saint-Pétersbourg, Docum. français, vol. CIV, p. 234.

(2) Intendant de la généralité de Caen de 1666 à 1675.

défenses de la part de ses supérieurs, d'interrompre l'instruction d'un procès dont les preuves pouvoient dépérir ; il m'a dit que s'il l'avoit fait, qu'il auroit eu un veniat au Parlement de Normandie et que tel étoit l'usage. Je crois, Monseigneur, que cet usage abusif ne doit pas être toléré. Si, dans le cours de ma visite, j'apprends quelque chose qui mérite de vous être écrit, je ne manquerai pas de satisfaire à votre ordre et vous supplie de croire que personne n'est avec plus de reconnaissance et de respect vostre très humble et très obéissant serviteur,

Chamillart (1).

Voici maintenant deux lettres de Louvois au chancelier Séguier :

Saint-Germain-en-Laye, 28 juillet 1666.

Monseigneur, l'arrest cy joint du Parlement de Rouen a été présenté au Roy et sa Majesté m'a commandé d'avoir l'honneur de vous faire scavoir qu'elle souhaite que vous ne scelliez aucune lettre de grace ni d'abolition en faveur des sieurs de la Fontaine et de Chantemesle et de leurs complices, condamnés par le même arrest, pour raison de meurtre et assassinat qu'ilz ont commis en la personne du feu sieur de Bourgenoil (sic). Agréez, s'il vous plaist, Monseigneur, qu'en m'acquitant de mon debvoir je prenne la liberté de vous asseurer qu'on ne peut être avec plus de respect que je ne suis, votre très humble et très obeissant serviteur,

de Louvois.

Saint-Germain-en-Laye, 28 juin 1668.

Monseigneur, il y a quelques jours que, sur l'advis qui fut donné au Roy par M. le duc de Montauzier, qu'au

---

(1) Bibl. imp. de Saint-Pétersbourg.

préjudice du privilège accordé au chapitre de Rouen, de nommer un criminel pour lever la fierte de Saint-Romain le jour et feste de l'Ascension, il avoit été rendu un arrest au Conseil privé, par lequel il étoit fait deffense au chapitre de nommer, au bénéfice de la dite fierte, un gentilhomme nommé de Merville (1), il fut expédié un arrest du Conseil d'État, le XIII° du mois de mai dernier, au sens que vous le dictates et signates la minute et scellastes la grosse en même temps, par lequel il étoit déclaré que sa Majesté n'entendoit point empescher que le dict chapitre nommât et présentât au dit Parlement telle personne qu'il adviseroit en la forme accoutumée pour porter la fierte, et ce nonobstant tous arrests qui pourroient avoir esté donnés au contraire, en vertu duquel arrest le dit chapitre nomma le dict sieur de Merville, lequel leva la fierte, et le Parlement de Rouen confirma ladite nomination ; cependant, comme l'on a représenté à sa Majesté, de la part du sieur de Merville, qu'il a esté donné, le deux du present mois, un arrest au Conseil des parties qui y est contraire, et que l'on lui a présenté le projet d'arrest cy joint, sa Majesté voulant que le dict arrest du Conseil d'Etat subsiste et tout ce qui s'est fait en conséquence, m'a commandé de vous adresser le dit projet, afin qu'il vous plaise, Monseigneur, de le signer ou tout autre que vous adviserez conforme à ce que je me donne l'honneur de vous faire scavoir des prétentions de sa Majesté sur ce subject, en sorte que le dit de Merville jouisse du benefice de la fierte. Je m'acquitte de l'ordre que j'ay receu de sa Majesté, et vous proteste en meme temps que l'on ne peut être plus que je suis votre très humble et très obéissant serviteur.

DE LOUVOIS.

(1) Dans le journal du chancelier Seguier, il est question d'un Sr de Merville, gendarme de la compagnie de Richelieu, qui présenta des lettres d'abolition. V. *Diaire* du Chancelier, p. 197.

Terminons cette série par l'analyse de deux lettres de M. de La Galissonnière au chancelier Séguier. Dans la première (12 janvier 1668), il lui annonce l'exécution faite à Rouen d'un célèbre voleur, nommé Douglas ; dans la seconde (1er mai 1668), il lui rend compte d'un attentat dont lord Clarendon, chancelier d'Angleterre, faillit être la victime : « Lors de son passage à Évreux, il logeait à l'hôtel de la Madeleine ; quelques Anglais en forcèrent les portes, l'arrachèrent de son lit et le traînèrent dans la cour pour le tuer ; au moment où ils délibéraient pour savoir quel est celui qui aurait l'honneur de lui porter le premier coup, le président du présidial, M. Chevalot, assisté de quelques bourgeois, vint à son secours et fit désarmer ces scélérats. Menacé trois fois d'un coup de pistolet, qui heureusement ne partit pas, lord Clarendon était si ému que c'est à grand'peine qu'il put faire sa déposition ; on le fit escorter jusqu'à Chartres. Le présidial d'Évreux se montra si indulgent dans la poursuite, que M. de La Galissonnière insista pour faire renvoyer l'affaire à Rouen (1). »

La Normandie du xviie siècle peut s'enorgueillir, à juste titre, d'avoir donné à la France des historiens, des savants, des poëtes et de grands peintres ; au xviie siècle, Moisant de Brieux, ne l'oublions pas, fondait l'Académie de Caen, qui, de nos jours, tient encore si dignement son rang. On nous saura donc

---

(1) Bibl. imp. de St-Pétersbourg. (Autographe.)

gré de publier quelques lettres qui appartiennent à l'histoire littéraire de notre province. Les dates le voulant ainsi, nous allons donner la priorité à une lettre de l'orientaliste Samuel Bochart (1), l'ami d'Huet, le savant pasteur de l'Église réformée de Caen ; elle est écrite en 1650 ; à cette date, Bochard avait publié sa *Géographie sacrée,* ouvrage qui attira l'attention de la reine Christine et lui valut l'honneur d'être invité par elle à venir à sa cour ; mais il ne put partir qu'en 1652 ; cette lettre est donc antérieure au voyage qu'il fit en Suède, en compagnie d'Huet ; elle ne porte pas de suscription, mais elle est sans aucun doute adressée à Ménage (2) :

Vous aurez reçu mes précédentes écrites il y a bien huit jours pour vous dire que je ne pourrois me donner tout à fait à vous jusques au lundi suivant, et ce lundi la visite d'un parent de campagne qui a couché deux nuits ici m'emporta encore un jour. Depuis j'ay couru vostre livre avec un incroyable plaisir ; j'y ai appris quantité de choses très recherchées et très agréables à scavoir ; j'admire votre exactitude, qui ne laisse rien échapper de ce

---

(1) Les archives de La Haye renferment plusieurs lettres de Bochart et quelques lettres qui lui sont adressées, notamment des lettres de la reine Christine.

(2) Ménage publia d'abord une première édition de cet ouvrage sous le titre d'*Origines de la langue française,* Paris, 1650, in-4° ; ensuite il en prépara une nouvelle et meilleure édition, qui parut après sa mort, sous celui de *Dictionnaire étymologique ;* mais l'édition la plus estimée est celle de 1750, mise en ordre et augmentée par A.-F. Jault, avec les additions de Pierre de Caseneuve, du P. Jacob et de Simon de Valhébert. — V. BRUNET, *Manuel du libraire et de l'amateur de livres,* t. III, 2º partie, p. 1615.

qui se peut dire sur les mots que vous entreprenez, et, chose plus ardue, à bien choisir entre diverses opinions, et vostre invention à decouvrir les terres encores inconnues. Cependant votre livre grossira encore de plus de moitié, car vous avez entrepris un travail qui n'a point de bout; plus vous vous approfondirez à la connoissance des langues de nos voisins, et surtout de l'allemande, que nous méprisons quasi toutes, et plus vous trouverez de quoy augmenter votre ouvrage. J'en ay barbouillé toutes les marges, parce que vous l'avez voulu, et j'y ai fait des corrections qui auroient sans doute bien besoin d'autres corrections, et parce que je ne scay qu'une partie bien petite de ce qu'il faudroit scavoir pour y travailler avec succès et parce que j'étois si pressé, tant par d'autres affaires qui m'appellent, que par la nécessité que vous m'avez imposée de vous renvoyer bientôt votre ouvrage, je n'ay rien fait qu'avec une vraie précipitation ; vous m'en excuserez donc, s'il vous plait, et me dispenserez pour ce coup de vous en dire davantage, parce que le messager va partir ; je rechargerai plus à loisir lundi, Dieu aidant, par la poste ; donnez moi advis de la reception du livre, aussitôt que vous l'aurez reçu, je vous supplie, pour me tirer de crainte où je serois que votre livre n'eut été bien adressé ; je vous avois prié, par mes présentes, de m'envoyer votre adresse ; depuis, je n'ay point eu de réponse (1).

De Bochart nous passerons à Mezeray, notre grand historien ; voici une quittance de lui qui fait honneur au cardinal Mazarin :

François Eudes de Mezeray, demeurant rue Montorgueil, près Saint-Eustache, confesse avoir recu de M. le duc Mazarin, héritier et légataire universel de feu le car-

(1) British Museum, collect. Egerton, Miscell. Lettres, n° 17.

dinal Mazarin, la somme de quinze cents livres, pour une année par advance de la pension viagère à lui accordée par le dit feu seigneur Cardinal, par son testament (1).

A côté de cette quittance, plaçons une longue lettre de Mezeray, que nous avons copiée à Saint-Pétersbourg ; elle a déjà été publiée, nous ne l'ignorons pas, par M. Edouard Gardet, d'après une copie rapportée de Russie, ainsi que la nôtre ; mais il n'en a été tiré qu'un petit nombre d'exemplaires, et, à ce titre, elle mérite d'être reproduite (2) :

Monseigneur, la liberté qu'il a plu à Monseigneur me donner de luy escrire, m'est un si grand honneur que je ne ferois tous les jours autre chose, si je pouvois apprendre ou produire des choses qui fussent dignes de luy estre escrites. On ne parle à Paris que du légat (3) et des rentes de l'hostel de ville ; le clergé s'est assemblé ce matin chez monseigneur l'archevêque de Paris (4) pour délibérer des ordres, rangs et marches qu'il faut tenir pour le recevoir ; j'y ay veu cinq ou six evesques, mais je ne scay pas ce qu'ils ont résolu. Un abbé m'a dit que quelques évêques qui les sont allez voir les premiers ont eu le fauteuil aussi bien que luy, qu'aux seconds il a pris un siege pliant et leur en a donné un ; aux troisièmes il a donné le pliant et a pris le fauteuil. Monseigneur n'ignore pas les régales qu'on luy a faites à Vincennes, à Ruel (5), à Maisons (6).

(1) British Museum, collect. Egerton, n° 18675 (Original signé).
(2) Cette lettre a été publiée sous ce titre : *Un courrier de Paris en 1664* (Paris, Poulet-Malassis, 1859).
(3) Le cardinal Chigi, envoyé en mission extraordinaire par le pape Alexandre VI.
(4) Hardouin de Péréfixe.
(5) Maison de Plaisance de la duchesse d'Aiguillon.
(6) Résidence du premier président de Novion.

Il se trouva quantité de dames à Maisons et la fille de M. le président de Novion ne manqua pas de luy dire sur ce sujet des choses assez ingénieuses qu'il receut de la bonne sorte, car c'est un prélat fort galant et l'on a remarqué qu'il est tout à fait spirituel auprès de ce beau sexe, en telle sorte qu'il a des compliments particuliers pour chascune et qui les flattent sur ce qu'elles ont de plus beau et de plus agréable, et s'efforce en toutes choses de vivre et de traiter à la francoise. Il est venu avec luy un homme qui fait a merveille de toutes sortes d'eaux potables qui charment trois sens à la fois, la veue, le gout et l'odorat ; après cela nos vendeurs de limonades et de rossolio n'ont qu'a fermer leurs boutiques. Le pasquin de Rome dit toutes les semaines quelques bons mots sur cette légation. Je laisse à part ses insolences, mais on trouve celui-cy assez bon et point criminel. *Quando le corone sono bene infiltate è stretto il pater.* L'allusion est sur le mot de *Corone* qui en ce pays là signifie quelquefois chapelets, et sur le mot *Pater* qui signifie le gros grain de la dizaine du chapelet et le saint père, et cela veut dire au sens litéral, quand les chapelets sont bien enfilez, le pater est serré entre les grains, mais au figuré, quand les couronnes d'Espagne et de France sont bien unies, sont dans un même sentiment, le Pape est fort à l'estroit. En effet, l'union paroit grande entre ces deux couronnes dans Rome, le cardinal d'Arragon et monseigneur de Créquy se donnent toutes les demonstrations d'amitié que l'on se peut imaginer.

Les assemblées qui se font à l'hostel de ville et en quelques maisons particulières ne tendent toutes qu'à de très humbles supplications pour implorer la misericorde du Roy. Il ne s'y est entendu que des paroles de respect et de soumission, mesme comme c'est à la mode à Paris de mettre tout en chansons, ils en ont fait une galante sur le sujet de ces rentes.

Dans l'empire d'amour le desordre s'est mis,

Dorize, Celimene et Filis
En sont dans l'espouvante,
Beaucoup n'ont deja plus que mespris pour leurs loix,
Et chacun crie à hausle voix :
Amarante, Amarante !

Monsieur Berrier (1) aura dit sans doute à Monseigneur comme avant hier Monsieur des Hameaux prit possession de la cure de Saint Pol, les marquilliers l'assistant, les orgues sonnant, le peuple trépignant et disant : Il faut que les Normands le cèdent aux Manceaux. Aussi un Manceau vaut un Normand et demy. Je me trouvay en ce quartier là et je vis la fin de la feste.

On a plaidé hier matin la cause du mont Valérian ; jamais Monsieur Langlois qui parloit pour les deppossedez contre les jacobins ne fit mieux, tout l'auditoire luy applaudissoit et avoit peine à retenir les exclamations, principalement sur la description au naturel qu'il a fait de l'irruption monacale de leurs habits, de leurs armes, de leurs noms de guerre, entre autres celuy de père Jean des Entonneurs, et celui de père Christophe Cogne-Fort, tout cela bien justifié par les procès verbaux et informations, de sorte qu'on ne peut luy reprocher d'avoir rien adjousté au fait, si ce n'est quelques fleurs d'eloquence, et quelques passages si bien appliquez qu'on eust dit qu'ils faisoient partie de la chose mesme. Au sortir de là les clercs et plusieurs marchands mesme ont jetté force reproches et quolibets à ces bons peres Jacobins qui ont souffert tout cela pour l'amour de Dieu et supporteroient bien plus facile-

(1) Louis Berrier, fils d'un greffier des eaux et forêts de Domfront et de Renée Hameau ; il dut sa fortune au surintendant Fouquet. Il avait acheté de Christophe de Hally la terre et comté de La Ferrière. Son fils aîné, Jean-Baptiste-Louis Berrier, conseiller d'État et doyen des maîtres des requêtes, épousa Catherine Potier de Novion. Son petit-fils, Nicolas-René Berrier, fut ministre sous Louis XV. — V. les *Annales de la Cour et de Paris pour l'année* 1697 (Amsterdam, 1706, p. 214). Louis Berrier et son fils n'y sont pas ménagés.

ment tous ces dictums que celui d'un arrest qui les depossederoit de leur montagne (1).

Je ne doute pas que M. Picot ne mande exactement à Monseigneur tout ce qui se fait touchant l'affaire de ce Philippe Hardy qui a été si ingenieux de trouver les moyens de se faire prendre ; il n'y a rien oublié du tout ; il y a plus de vingt ans qu'il y travaille et s'y est pris par toutes manières ; à la fin je crois qu'il en viendra à bout. Il avoit grand commerce pour les fausses lettres avec le procureur du *roi d'Argentan* et je scay de gents du pays qu'il lui envoyoit assez souvent des arrests du conseil et austres letres du grand sceau, entre autres un certain arrest pour disjoindre deux charges ; si on le faisoit rapporter, peut-être qu'il se trouveroit de la fabrique de Hardy. S'il ne s'agissoit en cela de l'interest de Monseigneur, pour lequel je dois avoir plus de consideration que pour toute autre chose du monde, je ne luy en parlerois point.

On m'a escrit de Hollande que l'on espere bien de la paix que les estatz négocient avec l'Angleterre, que si quelque chose la rompt, ce sera l'animosité de la ville de Londres qui désire si fort la guerre, qu'elle offre de la faire à ses despens. Pour le roy, il a tesmoigné à l'ambassadeur de Hollande qu'il n'en veut pas du tout à Messieurs les Estats, mais seulement aux compagnies. C'est une distinction plus que scholastique.

Je vis des evesques empeschez pour dresser leur mendement sur la souscription du formulaire. Ils ont peur de n'en dire pas assez et à en dire trop. Je pense qu'ilz seront obligez, de peur des embarras, de suivre le conseil de Seneque, qui dit qu'une loy ne doit point discourir et qu'ainsy ilz le feront sans raisonner, court et en termes impératifs. Ces libelles de Port-Royal n'y auront point de prise.

(1) V. un petit poème intitulé : *Le Calvaire profané, ou le mont Valérien usurpé par les Jacobins*, par Jean Duval, professeur au collège de Séez, 1664. — V. *Mémoires hist. sur Alençon*, par Odolant Desnos.

Il est venu un livre d'Angleterre qui porte pour titre : *Romæ Ruina finalis* ; c'est un in-quarto en lettres fort menues, je ne l'ay fait qu'entrevoir, car on ne me l'a point voulu confier. Je pense que c'est une fort meschante drogue.

On a ce matin donné arrest au Parlement sur le différent de mesdames de Carignan et de Nemours touchant l'hostel de Soissons (1). Il a esté laissé à l'option de madame de Carignan de prendre le lot qu'elle occupe en donnant cinquante mille escus ; on dit que par ce moyen elle a gagné son procès, mais il faudra trouver cet argent, sinon les lots seront tirez au sort. M. Gauthier (2) a fait des merveilles pour elle, c'en est une fort grande de le voir plaider avec ceste verdeur à l'âge de 71 ou de 72 ans, et d'avoir encore avec cela des jeunesses et non seulement du feu, mais de la flamme.

J'ay appris avec quelque desplaisir que M. Sorbière (3) avoit eu ordre de la Cour de se retirer à Nantes ; or, M. le dit que cet exil procède de quelques plaintes qu'ont faites les agents du roi de Dannemark, de ce qu'en un livre qu'il a fait de ses voyages, il a parlé en termes de compassion de je ne sais quelle dame criminelle d'estat qu'il avoit trouvée dans un port ou chasteau de ce pays là. Si sa faute n'est que cela, il peut espérer d'en obtenir pardon.

Feu Monsieur de Guise (4) ayant fort aimé les belles lettres et luy même composé l'histoire de son entreprise de Naples et fait quantité de fort beaux vers, les poètes se sont exercez à luy dresser des éloges et des épitaphes ; j'ay joint à ce mémoire un sonnet de l'incomparable M. Corneille, et moy mesme, bien que je ne sois pas poète, néant-

---

(1) Bâti par Pierre Lescot pour Catherine de Médicis.

(2) V. Boileau, Satire X.

(3) Auteur d'un *Voyage en Angleterre* rare et estimé.— V. Brunet, *Manuel du libraire*.

(4) V. *Mémoires du duc de Guise*.— *Le Duc de Guise*, par Pastoret.

moins excité par le souvenir de l'affection que ce prince a eu la bonté de me tesmoigner, comme j'ay sceu qu'on vouloit faire un recueil de ces pièces, je me suy senty esmu d'un grain de folie et j'ay rimé le sonnet que voicy, une nuit que je ne pouvois dormir.

AUX POETES

SUR LES PIECES QU'ILZ ONT FAICTES A L'HONNEUR DE MONSIEUR DE GUISE.

(C'est pour mettre en teste du recueil.)

Voicy le grand Henry, du sang de Charlemagne (1),
Plus brave que n'estoit le premier des Césars,
Invincible aux malheurs, intrépide aux hasards,
Qui pour guide eut l'honneur, Bellone pour compagne ;

Qui sceut charmer la France et fit trembler l'Espagne,
Que Parthenope a veu, luy servant de remparts,
Opposer son courage à mille et mille dards,
Et du sang de l'Ybere arrouser la campagne.

Cessez, rares esprits, cessez vos doctes airs,
Qui peuvent d'un grand nom remplir tout l'univers ;
Ce héros à vos soins n'a laissé rien à faire.

Il scavoit mieux que vous exercer les beaux arts ;
Il cueillit des lauriers d'Apollon et de Mars,
Et fut de ses hauts faits et l'Achille et l'Homère.

MEZERAY.

C'est assurément avoir bien de l'effronterie que de joindre un si meschant sonnet à celuy de M. Corneille, mais les poètes ont des suivants, et l'on m'a assuré que le sens en était bon, et l'air assez poétique.

Ce jeudi, 10ᵉ de juillet 1664 (2).

(1) Mézeray a écrit en marge : Il en est issu par femmes.
(2) Bibl. imp. de Saint-Pétersbourg.

Les lettres de Huet sont moins rares que celles de Mezeray ; le British Museum en possède plusieurs dont deux adressées à Ménage, qui résidait alors au cloître Notre-Dame : la première est du 17 octobre 1684 ; Huet n'était encore qu'abbé d'Aunay, il n'avait pas été pourvu de l'évêché de Soissons dont il ne prit pas possession. C'est de Caen qu'il écrit : « Il espère être à Paris à la fin du mois ; il le remercie de lui avoir dédié ses observations sur Cujas ; il espère que cet hiver ils pourront faire quelques petits repas ensemble, *non multi cibi, sed multi joci* (1). »

Il écrit de nouveau à Ménage, le 19 octobre 1690 : « Il espère partir de Caen devers deux jours pour retourner à Paris par le plus mauvais chemin et le plus mauvais temps que l'on sauroit imaginer ; il proteste de son amitié. »

Enfin une dernière lettre de lui, datée de Paris le 19 décembre 1713 est adressée au père Oudin, jésuite à Dijon : « M. de la Mure (3) lui communiqua autrefois une vie de Saumaise, il préfère y renoncer que de le voir plus longtemps en peine pour cela (4). »

Terminons cette trop courte série par deux lettres de Ségrais, la première datée du 16 août 1689 ne

---

(1) British Museum, collect. Egerton, Miscell. Letters, n° 1.
(2) *Ibid.*
(3) L'historien du Forez.
(4) British Museum, collection Egerton.

porte pas de suscription, mais elle est très-certainement adressée à Ménage :

Ayant reçu de M. l'intendant (1) les Origines de M. de Caseneuve (2), dimanche après-midi, je ne manquay pas de les faire empaqueter aussitost et de les envier au carosse qui part le lundi matin. Le paquet est couché sur le registre et le messager est fidèle qui s'appelle Osmont et loge à Paris rue Bethisy à l'ancien hôtel de Montbazon. Il arrivera vendredy au soir à Paris. J'aurois payé ce port volontiers, qui est d'ordinaire de deux sols par livre, il outre passé un peu mes petits paquets, mais nous remarquons que quand le port est payé, ils n'en ont pas tant de soin. M. Foucault espère que, quand vous en aurez pris une copie, vous remettrez l'original entre ses mains et que, en les imprimant, vous rendrez à la mémoire de M. de Caseneuve ce qui est deu. Je ne doute pas, Monsieur, que vous ne repondrez à l'honneteté de nostre intendant, qui d'ailleurs mérite de tous les gens de lettres par l'affection qu'il a pour eux et par son propre talent. Je suis ravi d'avoir contribué à une chose qui vous fait plaisir, car en vérité je vous estime et honore à un point que je suis de tout mon cœur avec inclination, respect et félicité et pour toute ma vie vostre très humble et très obéissant serviteur.

P. S. — Mon écriture devient si mauvaise à ce que me

(1) Foucault, nommé intendant de Caen le 15 janvier 1589, reçu le 14 mars 1589 à l'Académie de Caen, où il fit un discours.

(2) De Caseneuve, prébendier de la cathédrale de Toulouse, mort en 1652 ; son héritier, M. Tornier, avocat, céda le manuscrit des *Origines de la langue françoise* à M. Foucault, pendant qu'il résidait à Montauban en qualité d'intendant. Segrais, quand Foucault vint à Caen, ayant vu ce précieux ouvrage, lui demanda la permission de le communiquer à Ménage. Après en avoir pris connaissance, Ménage offrit de le publier, en chargea M. de Valhébert. La première édition parut en 1694. — V. *Introduction aux mémoires de Foucault*, p. 283

disent mes correspondants que je me sers d'ordinaire de la main d'un autre (1).

Voici la seconde lettre ; elle précède de bien peu d'années sa mort (il mourut le 25 mars 1701) ; elle est adressée au marquis de Bougy, alors à la Haye(2):

Caen, 24 avril 1697.

Je n'ay pas manqué, Monsieur, d'écrire à Madame la marquise de Bougy (3), à l'instant même que le sieur Gayon me fit connoistre que c'estoit vostre intention, je l'ai exhortée de tout mon pouvoir de venir en ce pays et y prendre le timon de la barque que vous semblez un peu abandonner au gré des vents. C'est un grand regret de nos serviteurs et amis, mais vous avez vos raisons et vous

---

(1) British Mus., collect. Egerton, Miscell. Letters, vol. XII, f° 71.

(2) Le poète Jean Le Mière, sieur de Basly (Calvados), membre de l'Académie de Caen, a fait un sonnet sur la mort de Lucrèce de Bougy, dont voici les premières strophes :

> Que Lucresse mourut dans un haut point de gloire,
> Lucresse, l'ornement et l'honneur de ces lieus ;
> Mais je n'y puis penser que les larmes aux yeus,
> Rappelant un objet si cher à ma mémoire.
>
> Son corps fut si parfait qu'à peine l'on peut croire
> Qu'il en soit jamais un si beau dessous les cieus,
> Son esprit si constant, si fort, si glorieus,
> Qu'il a dessus la mort remporté la victoire (*).

(3) Moisant de Brieux adressa un sonnet au marquis de Bougy à l'occasion de son mariage :

> Toi qui fais tes plaisirs de ces travaux divers
> Qu'on souffre dans le champ de Mars et de Bellone,
> Cléonte, il faut enfin te faire une couronne
> Et t'élever au ciel sur l'aile de mes vers (**).

(*) *Serta et Joci, ou Recueil de plusieurs pièces.* Caen, Jean Cavelier, 1662.
(**) *Recueil de pièces en prose et en vers.* Caen, Cavelier, 1680.

m'avez fermé la bouche sur cet article. Dieu veuille que
la paix vous donne lieu de revenir quand la fantaisie vous
en prendra. J'ay esté tout malingre cet hiver contre ma
coutume, non que j'aye gardé le lit que peu d'heures par
jour pour un rhume opiniatre qui ne m'a point quitté
encore absolument et qui est encore surmonté d'une
fluxion sur l'œil qui me fait comme un homme qui a reçu
quelque gourmade, ou ce qu'on appelle vulgairement un
œil au beurre noir. Quant au reste, je partage ma vie
entre la campagne et la ville, et M. de Matignon (1) va
revenir, qui fait son compte de nous faire aller à Thorigny
par petits intervalles : cependant ces promenades ne sont
plus guères de mon gout et je ne trouve plus guères
d'autre maison où je me trouve plus à mon aise qu'en
la mienne (2), non qu'il n'y en ait beaucoup de meilleures, mais le plaisir de ne rien faire et de ce qui s'appelle musarder est très convenable aux quatorze lustres
surchargés de deux ans comme Despreaux a nouvellement dit de luy dans une pièce qu'il conte estre la dernière qu'il fera ; elle a de l'élégance et de la beauté de
diction, mais il y est si fort représenté comme dans tout
ce qu'il a fait qu'elle ne passe que pour une redite. Voici
tout ce que je fais mettre sous la statue de Malherbe qui
est en sa place et qui est en face de la face de ma maison,
qui est opposée à la porte cochère :

> Malherbe, de la France éternel ornement,
> Pour rendre hommage à ta mémoire,
> Segrais, enchanté de ta gloire,
> Te consacre ce monument (3).

(1) Jacques Goyon, troisième du nom, sire de Matignon, lieutenant général des armées du roi en la province de Normandie, mort en 1725, beau-frère de M. de Seignelay.

(2) Son hôtel était situé rue de l'Engannerie, n° 7, et c'est là que se tenaient les séances de l'Académie de Caen.

(3) V. BOISARD, *Notices biographiques*, p. 318. — V. *Poésies de Segrais*. Caen, Chalopin, 1823.—Segrais avait fait placer également cette

Je l'avois fait plus ample : Malherbe est representé d'après Apollon et c'est le modèle ou attitude de la figure de Versailles, qui représente le poëme lyrique et je faisois préceder ces quatre vers de ces quatre autres :

> Tel parut dans ces lieux l'Apollon de nos jours,
> Sur les rives de l'Orne, ainsi qu'aux champs d'Admète ;
> Par de si doux accents il chanta ses amours,
> Que, pour sa lyre, Homère eut quitté la trompette.

Mais nous avons ici de grands antiquaires qui remontrent qu'en fait d'inscriptions on ne peut être trop simple. Je ne suis pas Ronsard, qui croyoit qu'on lui ravit un enfant, quand on lui retranchoit quelques uns de ses vers. Vous avez habilement fait de vous guerir, la santé est preferable à tout ; les affaires de la tutelle du petit Tilly ne vont point mal, ce me semble, et M^r d'Avoynes et Mlle d'Outre-Laize sont en bonne disposition. J'ai reçu aujourd'ui une lettre de Mlle Tilly, je vous prefère à elle pour le reproche qu'elle me fait d'avoir été trop longtemps sans vous écrire, j'en dis ma coulpe ; il me souvient que vous désiriez ceste ode que Mr de Betraland (*sic*) m'a adressée, mais je n'ai point eu encore permission de la publier, parce que l'auteur ayant consulté ses bons amis, excellents juges, il y a toujours donné quelque coup de lime ; ce sera tout aussitost qu'il me le permettra ; elle est assurement une des plus parfaites que j'aye vue en ce genre, sans être soupçonné d'interêt par les louanges un peu excessives qu'il me donne. A son exemple, nos auteurs chargent à balles et nous en avons déjà une botte d'epigrammes et d'odes sur ce sujet, mais tout cela ne vaut pas passer la mer. Mr de Choisy a pensé mourir plusieurs fois et on nous l'a dit mort ; il s'est vu en cet estat, néanmoins il vit encore ; il se fait porter dans les allées et à une eglise

---

inscription au bas d'une statue de Malherbe placée à la maison de campagne qu'il avait à Fontenay-le-Pesnel.

qu'il fait batir, où l'abbé de Choisy, mon confrère d'académie (1), est venu ici lui rendre ses devoirs, et l'a si bien gouverné, qu'il l'a reconcilié avec la religion qui ne lui tenoit pas fort à cœur, comme vous scavez, et commencé par de grandes aumosnes et il s'attache uniquement à la perfection d'une église qu'il a fait bastir et où il veut estre enterré. L'abbé en venant ici pour ceste œuvre en a esté récompensé dès ce monde, parce que le grand Doyenné de Bayeux estant devenu vacant par la mort de M. l'abbé de Franqueville, les chanoines de cette cathédrale l'ont élu, au préjudice de jeunes abbés et de vieux confrères qui se sont bien donné du mouvement pour remplir ceste place, qui ne vaut pourtant que 1,000 ou 1,200 liv. présentement, au lieu qu'elle en valoit 2,000 autrefois. « Je vous conjure, Monsieur, d'excuser ma paresse ; j'ay beaucoup d'affaires ; sans avoir de procès, on me prend pour arbitre ; tout ignorant que je suis, je me laisse importuner par cette facilité naturelle que vous me connoissez, mais je vous prie ne me condamner, car rien ne sauroit donner la moindre atteinte au respect et à l'estime particulière que j'ay pour vous (2). »

Avant de clore cette longue série du passé, je crois utile d'indiquer une collection où est enfouie toute l'histoire des guerres civiles de Normandie ; je veux parler de la collection des papiers de Puissaye, léguée par lui au British Museum ; il s'en est servi lui-même pour ses curieux Mémoires, et Louis Blanc l'a utilisée pour la dernière partie de l'histoire de la Révolution française ; il y a là quinze gros volumes bourrés de documents inédits dont le dépouillement prendrait de longs mois, et sans aucun

(1) Nommé académicien en 1662, en remplacement de Bois-Robert.
(2) Bibl. imp. de Saint-Pétersbourg.

doute, des révélations curieuses et inattendues en sortiraient ; peut-être me sera-t-il donné d'y revenir plus tard.

En attendant, voici une lettre adressée par le comte d'Artois, depuis Charles X, à MM. les gentilshommes de la province de Normandie et autres sujets fidèles restés en France pour y servir la cause du roi :

Messieurs, privé jusqu'ici de l'avantage de pouvoir communiquer directement avec vous et obligé d'éviter, dans les circonstances actuelles, tout ce qui pourrait vous compromettre, je charge le comte Louis de Frotté de vous exprimer tous les sentiments dont mon cœur est pénétré pour les preuves de fidélité et de dévouement que vous n'avez pas cessé de donner à la cause sacrée que nous servons. Ce chef courageux, qui a si bien mérité mon entière confiance, ainsi que vostre estime, vous fera connoître combien le roi, mon frère, sait apprécier la nature de vos services ; il vous transmettra aussi tous les indices que la situation présente peut exiger pour le bien et l'avantage de nos intérêts communs ; vous pouvez et vous devez y mettre toute confiance.

La Providence, n'en doutez pas, secondera votre généreuse constance ; la religion de nos pères, l'amour de nos rois et le pur honneur finiront toujours, quoi qu'on puisse faire, par être la réunion de tous les cœurs français. Vous avez l'avantage, Messieurs, d'avoir puissamment contribué à assurer ce jour glorieux, et la postérité vous en devra un hommage particulier ; en attendant ce moment si désiré où je pourrai m'exprimer avec vous de vive voix, recevez, Messieurs, l'assurance de tous les sentiments que je partage avec le roi, mon frère.

CHARLES PHILIPPE.

Edimbourg, ce 20 août 1796 (1).

(1) British Museum, Puisaye Papers, vol. I.

APPENDICE

Pour ne laisser de côté aucun des documents qui se rattachent au siége et à la prise du Havre, voici deux lettres du comte de Warwick au connétable de Montmorency, extraites du fonds français de la bibliothèque nationale (n° 3243) :

Le comte de Warwick à Monseigneur le Connétable de France.

Le Hâvre, 30 juillet 1563.

Monseigneur, parceque ma blessure me faict tout plein du mal, je suiz en délibération d'en partir ce jourd'huy pour m'en aller en Angleterre pour plus tost recouvrer ma santé, laquelle chose n'ay voullu faire sanz vous en advertir, estant fort marry que n'ay le moyen ne la commodité pour faire la révérence à la Majesté du Roy et la Royne, à vous et à tous les seigneurs, me sentant tant obligé à vous pour les courtoisies qu'aves faict a moy et a ma compaignie, que durant ma vie je le recognoistray et en advertiray la Majesté de la Royne ma maistresse, laquelle vous remerciera en nostre endroit. Au demeurant je laisse en ma place et en mon absence le sieur Pollet, le mareschal et le trésorier pour mettre ordre aux affaires qui sont maintenant en main, vous suppliant que ne leur soit faict de tort, et qu'il plairoit les favoriser, et leur prester vostre aide, comme vous avez desjà honorablement commencé, m'asseurant bien que le feres, et qu'il vous plaira aussy ordonner quelque gentilhomme de réputation d'estre icy dans la ville, affin de mieulx parfaire ce que contenu est en la cappitulation faict entre noùs, qui sera l'endroit que me recommandant humblement à vostre bonne grâce, je prie Dieu, Monseigneur le Connestable, qu'il vous doint en santé très-heureuse, très-bonne et longue vie.

Du Hâvre, ce xxxe juillet 1563.

Vostre très humble à vous faire service,

Warwyck.

Monseigneur, si vous plaist ordonner que le sieur du Molle qui est dans la tour soit icy, je le treuve tant honneste gentilhomme qu'il nous contentera bien, si ainsy vous semblera bon, et aussy qu'il vous plairoit donner ordre pour avoir des vaisseaux pour nostre transport (1).

Le comte de Warwick à Monseigneur le Connestable.

Windsor, 17 août 1563.

Monseigneur, il vous peut très bien souvenir des articles accordez naguaires entre nous au Havre de Grace, sur la délivrance dicelle entre vos mains, pour le libre passage de moy et les miens, ensemble toutes choses aulcunement appartenantes à la Royne ma souveraine ou à aulcun des siens. En quoy comme pour ma part j'ai accomply tout

(1) Bibliot. nation., f. français, 3243, fol. 27.

ce qu'avois promis ; ainsy bien s'en fault que le réciproque ait esté faict et observé envers moy et les miens, car dedans le terme limité au dit accord, et oultre les capitulations et promessses y contenues, le cappitaine Sarlebos et aultres de sa compaignie entrans en la diste place usèrent de la force et violence sur mes soldatz, leur ostant les armures, armes et argent. Et oultre ce (dont ay plus de cause et raison de justement m'en plaindre) ils y ont engardé les ministres de sa Majesté de enlever hors du dit lieu du Havre son artillerye, munitions et poudres, montant à bonne somme, comme aussy les vivres quy avoyent esté transportez d'Angleterre, là estans en bon nombre et quantité et de mesme prix estymé par lesdits ministres à cent mil escuz. Or, Monseigneur, encores que les prix desdites choses ne poiseront pas tant à madicte souveraine, sy est-ce que la rupture dudict accord a faict que je vous en escripve ce mot, vous pryant que eu esgard, tant à l'estat et honneur de Connestable de France que tenez, comme pour vostre intérêt particulier, de faire observer voz promesses (ne pensant pas que telz oultrages ayent esté perpétrés par vostre sceu), j'en puisse trouver la réparation due, et ne me laisser descheoir de l'oppinion qu'avois de vous, qui a esté que me fusse fyé en vous jusques à vous mestre la vye entre les mains, sur vostre seulle parolle, sans aultre escript, comme attens que le mesme me soit faict par vous et aultres en cas semblable. Et sur ce vous prye bien affectueusement me faire bonne response avec prompte satisfaction, ayant à ce fin escript à Monseigneur le conte de Rheingrave qui a aussy cognoissance des ditz articles et accord, de moyenner l'accomplissement d'iceulx en mon endroit, auquel j'ay escript par ce porteur, estant à ceste heure dépesché par madicte souveraine à son ambassadeur reséant en icelle court, ne voullant luy mestre avant cest affaire, sy par faulte de vostre digne et due reparation sur ces poinctz n'y soye constrainct. A quoy n'espère estre occasionné par personne de vostre rang, priant à tant Dieu, Monseigneur, après m'estre très affectueusement recommandé à vostre bonne grace, vous donner la sienne.

Escript à Windesore, ce xvii⁰ d'aoust 1563.

Vostre très affectionné amy à vous fayre playsir et service,
WARWYCK (1).

(1) Bibliot. nation., f. français, 3243, fol. 31.

TABLE DES NOMS PROPRES

ET DES NOMS DE LIEU

CONTENUS DANS CE VOLUME

A

Againssault, 86.
Aiguillon (la duchesse d'), 386.
Albe (le duc d'), 35, 115, 118.
Albert (l'archiduc), 342, 343.
Albisse (le capitaine), 157, 158.
Alençon (la ville d'), 5, 30, 150, 194, 195, 199, 260, 377.
Alençon (duché d'), 5, 6.
Alexandre VI (le pape), 386.
Alexandrin (le cardinal), 275, 276.
Allègre (le marquis d'), 319.
Allemagne (les princes d'), 205.
Allemagne (le village d'), 321.
Alluye (d'), 164.
Amboise (la paix d'), 115, 134, 164, 194, 197.
Amiens (la ville d'), 259.
Ancenis (la ville d'), 259.
Angers (la ville d'), 339, 340.
Angleterre (la reine d'). 17, 18, 21, 22, 33, 35, 38, 74, 84, 105, 107, 117,
    137, 164, 167, 168, 184, 187, 193, 215, 261.
Angleterre (le chancelier d'), 383.
Angleterre (l'ambassadeur d'), 168, 169.
Angoulême (la ville d'), 204.
Angoulême (le comte d'), 260.

Anjou (l'), 7, 221, 340.
Anjou (le duc d'), 205, 215, 216, 218.
Antwisill (le capitaine), 139.
Anvers (la ville d'), 180, 189.
Appleyard (le capitaine), 65, 66, 124, 125, 139.
Arby (le comte d'), 246.
Arcis (la ville d'), 300.
Argentan (la ville d'), 5, 104, 260.
Arles (la ville d'), 286, 287.
Armagnac (l'), 200.
Arques (la ville d'), 47, 64, 65, 66, 68, 69, 258.
Arragon (le cardinal d'), 275, 276, 278, 283, 297, 387.
Artenai (la ville d'), 340.
Artois (le comte d'), 398.
Atrie (le duc d'), 27.
Aubervilliers (le camp d'), 262.
Auge (le pays d'), 224, 363.
Aumale (le duc d'), 4, 32, 34, 105, 300.
Aumale (le bourg d'), 313.
Aumont (le duc d'), 259, 300, 307, 330.
Aunay (l'abbé d'), 392.
Autriche (l'archiduc d'), 120, 130.
Avaines (d'), 76.
Avarey (d'), 76.
Avignon (l'état d'), 283.
Avoynes (d'), 396.
Avranches (la ville d'), 7, 104, 260.

B

Bacqueville (de), 93, 94, 109, 110, 112, 113, 258.
Bailleul du Renouard, 91.
Basly (de), 394.
Bassompierre (de), 180.
Batresse (le chevalier), 151.
Bayeux (la ville de), 104, 166, 260, 375, 380.
Bayeux (le vice-baillif de). 373.
Bayeux (le doyenné de), 397.
Bayonne (la ville de), 115, 118, 165.
Béarn (le), 199, 200.

Béarn (le prince de), 285.
Beauce (la), 76.
Beaudouin, 325.
Beaugency (la ville de), 76.
Beauvoir (de), 21, 37, 39, 43, 49, 51, 52, 61, 76, 78, 79, 92, 99, 100, 101, 109, 119, 120, 122, 134, 148, 204, 258, 263, 264, 312, 316, 318, 319, 321, 323, 325, 326, 328, 331, 332, 334.
Bell (Robert), 334.
Bellebranche (le capitaine), 65, 66.
Belle-Isle (l'Ile de), 218, 219.
Belot, 262.
Berger de Xivrey (M.), 326.
Bernai (la ville de), 82.
Bernardin (Dom), 292.
Berre (de), 228.
Berrier (Louis), 388.
Berrier (Nicolas-René), 388.
Berry (le), 223.
Bertheville (le capitaine), 5, 6.
Berthouville (Noël Cotton de), 13.
Bertrand (le trésorier), 78.
Bethisy (la rue), 393.
Betraland (de), 396.
Bèze (Théodore de), 11.
Bigorre (le), 200.
Billiard, 155.
Biron (le maréchal de), 271, 283, 284, 301, 303, 304, 306, 313, 315, 336, 342.
Biron, 364, 365.
Blanc (Louis), 397.
Blois (le camp de), 7.
Blondelle (le capitaine), 49.
Blosseville (M. de), 238.
Bochart (Samuel), 384, 385.
Bodole (le capitaine), 114.
Boileau (Despréaux), 390, 395.
Bois de Vincennes (le château du), 230.
Bois-le-Comte (de), 97.
Bois-Robert (de), 397.
Bordeaux (la ville de), 288, 316.
Bordillon (le maréchal de), 168.

Bouchart (receveur à Rouen), 17, 74.

Bouchavannes (de), 204.

Bougy (le marquis de), 394.

Bougy (la marquise de), 394.

Bouillon (le duc de), 4, 5, 6, 226, 238, 241, 243, 245, 246, 250.

Bouillon (la duchesse de), 238, 239, 241, 242, 243, 244.

Bourbon (le cardinal de), 114, 269, 272, 279, 280.

Bourbon (Catherine de), 244.

Bourbon-Montpensier (François de), 238.

Bourbon-Montpensier (Françoise de), 238.

Bourbon-Montpensier (Charlotte de), 238, 239.

Bourcy (de), 204.

Bourdin (le secrétaire d'Etat), 29.

Bourgenoil (de), 381.

Bourges (le cardinal de), 325.

Bourgeuse, 94.

Boutroude (le président de), 371.

Bréaulté (de), 155.

Bréguet (le capitaine Justinien), 158.

Bressault (le capitaine), 150.

Brest (la ville de), 318.

Bretagne (la), 18, 60, 61, 215, 216, 218, 219, 250, 311, 319, 322, 323, 330, 341.

Briet (secrétaire du prince d'Orange), 238.

Briouze (le canton de), 375.

Briquemault (de), 28, 76, 101, 120, 124, 127, 129, 132.

Brissac (le maréchal de), 117, 123, 124, 125, 126, 128, 129, 150, 151, 152, 155, 158, 165, 166.

Brou (le château de), 104.

Bruxelles (la ville de), 342.

Bucly (de), 373.

Bucly (le village de), 313.

Bure (le village de), 313.

Burghley (lord), 216, 219, 221, 227, 254, 303, 304, 315, 316, 318, 319, 320, 321, 323, 325, 331, 342, 343, 344.

Burnham, 241.

Busenval (de), 312.

Busnel (le lieutenant criminel), 375.

C

Caen (la ville de), 4, 5, 7, 43, 45, 91, 99, 100, 101, 102, 104, 116, 117, 122, 125, 126, 151, 189, 204, 206, 207, 257, 259, 260, 261, 263, 318, 320, 322, 334, 341, 361, 378, 392, 394.
Caen (le château de), 6,. 90, 103, 104, 106.
Caen (le présidial de), 373, 375.
Caen (l'intendant de), 378.
Caen (le bailli de), 206.
Caen (l'Académie de), 383.
Caen (l'église réformée de), 384.
Caillac (de), 155, 156.
Calais (la ville de), 8, 9, 17, 19, 115, 119, 129, 130, 133, 164, 169, 171, 196, 350.
Calvados (le département du), 394.
Calvin, 121.
Campel, 222.
Canterbory, 349.
Cantorbéry (la ville de), 351.
Carew (l'ambassadeur), 353, 354.
Carentan (la ville de), 225, 226, 227, 228, 229, 257.
Carentan (les marais de), 365, 368.
Carnoysin (de), 159.
Carrouges (de), 168, 208, 254.
Caseneuve (Pierre de), 384, 393.
Castay (Honoré), 285.
Castelnau (de), 21, 91.
Cateau-Cambrésis (le traité de), 8, 17.
Catherine Belgique (l'une des filles du prince d'Orange), 239, 244.
Caudebec (la ville de), 25, 77, 93, 155, 159, 303, 314, 318.
Caudebec (l'estacade de), 42.
Caumont (le capitaine de), 210.
Caux (le pays de), 48.
Cecil (sir Williams), 8, 13, 15, 28, 44, 45, 55, 58, 59, 60, 67, 70, 73, 76, 84, 85, 117, 122, 126, 133, 136, 146, 195, 201, 210, 336, 339, 340, 341, 348.
Cecil (sir Robert), 337, 338, 339, 346, 347.
Celse (349).

Cerisolles (de), 185.
Chaligny (le comte de), 313.
Challonner (sir), 164.
Châlons (la ville de), 378.
Chamillart (de), 380, 381.
Champagne (la), 318.
Champernon (l'amiral), 224.
Champ-Fleury (le seigneur de), 237.
Champ-Sernon (le seigneur de), 236.
Chantemesle, 381.
Chantonnay (l'ambassadeur), 2, 24, 81, 168, 169, 182.
Charles IX (le roi), 17, 23, 29, 30, 33, 184, 186, 193, 209, 212, 214, 215, 216, 217, 218, 223, 226, 229, 230.
Charles X (le roi), 398.
Charles (l'archiduc), 120.
Charlotte-Brabantine (l'une des filles du prince d'Orange), 239, 244.
Charlotte-Flandrine (l'une des filles du prince d'Orange), 239, 244.
Charry (le capitaine), 144, 155.
Chartres (le vidame de), 4, 9, 15, 17, 105, 120, 121, 197, 198, 200, 204, 263.
Chartres (la ville de), 383.
Chateaubriand (la ville de), 260.
Château-Gontier (la ville de), 259.
Chateauneuf (de), 214.
Chatelier, 97, 120.
Chatillon (le cardinal de), 99, 200.
Chatillon (l'amiral de), 83, 84, 85.
Chattes (Aymard de), 257, 260.
Chaumont (l'abbé de), 377, 378.
Cherbourg (la ville de), 4, 6, 166, 193.
Cherencé (le seigneur de), 236, 237.
Chevalot (le président), 383.
Chigi (le cardinal), 386.
Chochon (Guillaume), 74.
Choisy (M. de), 396.
Choisy (l'abbé de), 397.
Christine (la reine), 384.
Christophe Cogne-Fort (le père), 388.
Civille (François de), 237, 238, 240, 241, 244, 245, 246, 249, 253.
Civille (Elisabeth de), 237.
Civille-Saint-Mars (la branche des), 241.

Civille-Villerest (la branche des), 241.
Clarendon (lord), 283.
Clayton (sir), 250.
Clèves (le duché de), 351.
Clinton (l'amiral), 180, 181.
Cognac (la ville de), 204.
Coligny (l'amiral de), 76, 81, 82, 90, 91, 94, 100, 103, 104, 121, 136, 162.
Collins (Gaspard de), 237.
Colombières (de), 2, 76, 91, 104, 150, 204, 229, 230.
Colonne (le cardinal), 276, 282, 297.
Colonne (le jeune), 278, 279.
Côme (le cardinal), 273, 275, 276.
Compiègne (la ville de), 224, 376.
Condé (le prince de), 4, 9, 22, 28, 39, 90, 92, 95, 104, 106, 115, 119, 120, 121, 122, 124, 126, 129, 133, 136, 150, 162, 164, 169, 173, 182, 195, 232.
Condé (la princesse de), 59, 60, 95.
Condé (le cardinal de), 292.
Condé (les Mémoires de), 11, 81.
Conubis, 375.
Coquerel, 74.
Corneille (le poëte), 390, 291.
Corset (le capitaine), 157.
Cossé (de), 180.
Cotentin (le), 225, 364.
Coucy, 195.
Couessin, 258.
Courbault (le valet de chambre de Charles IX), 23.
Courtonne (de), 369, 370, 371, 372.
Coutances (la ville de), 151, 225, 257, 363.
Cramborne (le vicomte de), 348, 355.
Cramesnil (la commune de), 375.
Créquy (de), 387.
Crussol (de), 204.
Cujas, 392.
Curce (de la), 157.

D

Damville (le maréchal), 31, 200.
D'Andelot, 39, 59, 60, 73, 76, 94, 100, 101.

Danemark (le roi de), 390.
Danoys (le), 74.
Darnetal (la ville de), 257, 314.
Dauphiné (le), 223.
Davers (sir Henri), 339.
David, 143, 212.
Davis (Etienne) 193.
Delft (la ville de), 230.
Delmonte (le cardinal), 278, 297.
Denis (sir Maurice), 178.
Detza (le cardinal), 278, 279, 280.
Devereux (sir Walter), 302.
Dieppe (la ville de), 9, 12, 14, 15, 17, 21, 25, 29, 31, 33, 34, 36, 37, 44, 45, 46, 47, 48, 49, 50, 51, 56, 57, 58, 59, 60, 61, 62, 63, 64, 65, 66, 67, 68, 70, 71, 73, 74, 75, 85, 87, 90, 93, 95, 121, 187, 210, 257, 258, 259, 264, 301, 303, 305, 306, 311, 312, 315, 319, 325, 334, 338, 339, 350, 362.
Dijon (la ville de), 392.
Dinan (la ville de), 260.
Dives (la ville de), 82, 83, 84, 85, 90, 94.
Dol (la ville de), 260.
Dollebec (Jean), 375.
Domfront (la ville de), 5, 229, 230, 388.
Domfront (le château de), 8.
Doria (André), 281.
Douglas (célèbre voleur), 383.
Douvres (la ville de), 301, 350, 352.
Dreux (la bataille de), 76.
Dreux (le château de), 260.
Drury (sir William), 182.
Dryver (le capitaine), 122.
Du Bosc (le ministre Pierre), 378, 379.
Ducé (le comte de), 237.
Ducé (le château de), 127, 235.
Dudley (sir John), 42.
Dudley (sir Robert), 117.
Du Gué (l'intendant), 378, 380.
Duras, 76.

D

Ecosse (la reine d'), 115, 120, 130.
Ecouché (le baron d'), 237.
Edimbourg (la ville d'), 398.
Edmonds (sir Thomas), 336, 339, 342, 343, 346.
Egmont (Anne d'), 238.
Eguilly, 208.
Elbeuf (le marquis d'), 91, 100, 103.
Elisabeth (la reine), 3, 9, 11, 14, 16, 19, 21, 23, 43, 45, 56, 72, 77, 78, 83, 86, 90, 94, 97, 101, 103, 104, 116, 124, 133, 138, 164, 165, 169, 171, 175, 176, 196, 197, 201, 202, 220, 231, 232, 234, 235, 236, 237, 243, 245, 249, 259, 261, 263, 301, 302, 303, 305, 310, 317, 318, 319, 320, 323, 330, 332, 334, 335, 336, 337, 338, 339.
Elisabeth (l'une des filles du prince d'Orange), 239.
Elisabeth (le vaisseau l'), 181.
Emandreville (duc Bosc d'), 13.
Emilie (l'une des filles du prince d'Orange), 239, 244.
Epernay (la ville d'), 319.
Escoville (d'), 363.
Espagne (le roi d'), 18, 117, 130, 135, 269, 277, 278, 283, 285, 287, 291, 293, 297, 298, 324, 326, 327, 345.
Espagne (le prince d'), 115, 120.
Espagne (l'ambassadeur d'), 24, 81, 168, 182, 281, 299.
Essai (la ville d'), 5.
Essex (le comte d'), 301, 302, 304, 305, 306, 307, 336.
Est (le marquis d'), 299.
Estelan, 158.
Etampes (le duc d'). 7, 18, 231.
Etampes (la ville d'), 259, 340.
Eu (la ville d'), 36.
Evreux (la ville d'), 82, 317, 383.
Evreux (le présidial d'), 383.
Exeter (la ville d'), 198.

F

Falaise (la ville de), 104, 166, 199, 206, 260.
Faucon de Ris (le président), 376.

Fécamp (la ville de), 43, 77, 78, 80, 86, 105, 128, 169, 171, 172.
Fécamp (l'abbaye de), 14.
Ferey (Jehan), 17.
Ferrare (le duc de), 184, 294, 298.
Ferrare (la ville de), 294.
Ferrières (Jean de), 4, 8, 9.
Ferrières (François de), 8.
Feugeuray (de), 325.
Fisher (sir), 173.
Fizes (M. de), 27.
Flandres (la province de), 115, 154.
Flandres (les protestants de), 195.
Florence (le duc de), 3.
Florence (la ville de), 286, 300.
Foix (Paul de), 9, 17, 196.
Fontaine (de), 109.
Fontenay-le-Pesnel (la commune de), 396.
Forez (l'historien du), 392.
Fouache (Robert), 74.
Foucault (l'intendant), 393.
Fougères (la ville de), 260.
Fouquet (le surintendant), 388.
François II (le roi de France), 3, 4, 9.
Franqueville (l'abbé de), 397.
Frédéric III (le comte palatin), 239.
Frédéric-Casimir (le comte palatin), 239.
Frotté (Louis de), 398.
Fumel (de), 217.

G

Gaëtan (le cardinal), 265, 271, 292, 296, 297, 299.
Gaillon (le château de), 17, 166, 167, 169, 170.
Gamaches (de), 204.
Gardet (Edouard), 386.
Gascogne (la), 199, 200.
Gauthier, 390.
Gayon, 394.
Geffin, 74.
Gênes (la ville de), 286.

Gênes (la seigneurie de), 298.
Gênes (les melons de), 251.
Gien (le château de), 23.
Gisors (la ville de), 257.
Glahenick, 148.
Gonnor (de), 29, 162.
Gournai (la ville de), 257.
Goyon (Jacques), 395.
Grammont (de), 76, 204.
Granvelle (le cardinal), 81, 82.
Granville (la ville de), 6, 166.
Greenwich (le château de), 10, 232, 233.
Grégoire XIV (le pape), 295.
Gresbam, 189.
Grève (la place de), 233.
Grimouville-Larchamp (de), 316.
Groulart (Claude), 339.
Guernesey (l'île de), 201, 204, 364.
Guise (le duc de), 25, 27, 32, 34, 73, 92, 94, 100, 101, 102, 119, 206, 313, 326, 390, 391.
Guise (le cardinal de), 282, 285.
Guise (la maison de), 12, 23, 57, 92, 163.
Guitry (de), 228.
Guizot (M.), 163.
Guyenne (la), 229.

H

Haquenay (le château de), 323.
Hally (Christophe de), 388.
Halton (sir), 302.
Hameau (Renée), 388.
Hameaux (des), 388.
Hampton, 210.
Hamptoncourt (le château d'), 10, 12, 245.
Hanau (le comte de), 239.
Harcourt (le comte d'), 250.
Harcourt (le château d'), 250.
Hardouin de Péréfixe (l'archevêque), 386.
Hardy (Philippe), 389.
Harfleur (la ville de), 51, 91, 105, 107, 126, 155, 376.

Hauborne (la ville de), 201.

Haudoin, 369, 370, 371.

Havre (la ville du), 3, 4, 7, 8, 9, 10, 11, 12, 15, 17, 21, 25, 33, 35, 37, 39, 42, 43, 44, 45, 46, 47, 48, 49, 50, 56, 58, 60, 68, 76, 77, 78, 80, 86, 90, 91, 92, 94, 95, 96, 97, 99, 100, 102, 104, 105, 107, 112, 116, 117, 118, 120, 121, 122, 124, 127, 128, 129, 130, 132, 133, 134, 136, 137, 144, 149, 150, 152, 154, 156, 159, 162, 163, 164, 165, 166, 167, 168, 171, 172, 176, 179, 180, 181, 182, 183, 184, 185, 186, 187, 188, 192, 197, 201.

Hemery (le capitaine), 111, 113, 114, 124, 125, 125, 148.

Henri II (le roi de France), 2, 164.

Henri (le duc d'Anjou), 206.

Henri III (le roi), 257, 265.

Henri IV (le roi), 257, 258, 259, 261, 263, 264, 265, 266, 267, 270, 272, 281, 288, 290, 295, 300, 301, 302, 303, 304, 310, 313, 314, 315, 317, 318, 320, 321, 323, 324, 325, 326, 332, 334, 337, 338, 340, 343, 347.

Henri IV (le règne de), 254.

Henri (la guerre des trois), 237.

Herbert (sir John), 337, 440.

Hesse (le maréchal de), 76, 97.

Heure (le village de l'), 152.

Hollande (l'ambassadeur de), 389.

Hollande (la), 220, 239.

Holstocke (sir), 181.

Honfleur (la ville d'), 43, 51, 57, 58, 76, 77, 78, 79, 80, 91, 104, 123, 124, 125, 126, 148, 159, 260, 322.

Hostelier, 210.

Howard (le chambellan), 239, 251, 339.

Huet, 384, 392.

Hutingdon (le comte de), 240.

I

Inde (pagode de l'), 263.

Isabelle (l'infante), 342.

Italie (les melons d'), 251.

Ivry (le village d'), 317.

J

Jacob (le Père), 384.

Jacques (le roi), 356.

Jault, 384.
Jean des Entonneurs (le Père), 388.
Jentilly, 370.
Jersey (l'île de), 201, 204, 210, 216.
Jesualde (le cardinal), 273, 275, 276, 278, 279.
Jolytemps, 239.
Jonas (le vaisseau le), 181.
Jouarre (l'abbesse de), 239.
Jourdemare (le garde d'artillerie), 17.
Joyeuse (le duc de), 298.
Juilliers (la ville de), 351.
Juilliers (le château de), 351.
Justinien (le cardinal), 278.

K

Killigrew (le capitaine), 57, 58, 117.
Knollys (sir), 153, 154, 176.

L

La Boderie (Antoine de), 264, 265, 266, 267, 270, 272, 280, 281, 287, 288, 289, 290, 295, 300, 336, 338, 339, 340, 341, 342, 343, 344, 346, 347, 348, 349, 350, 352, 354, 356.
La Caille, 36.
La Chapelle, 199.
La Faille (de), 222.
La Fère (la ville de), 309, 313.
La Ferrière (le comte de), 388.
La Flèche (la ville de), 342.
La Fontaine (de), 381.
La Fosse du Fossé (de), 360, 365, 366, 369, 370, 371, 372.
La Galissonnière (l'intendant de), 380, 383.
Lagrange (le boulevart), 174.
La Haye (la ville de), 394.
La Haye (Robert de), 9, 17, 121.
La Madeleine (l'hôtel de), 383.
La Meilleraye (de), 114, 159, 219.
La Montagne-Daton (de), 367.
La Morandière (de), 374.

La Mothe (de), 35.
La Mothe Fenélon (de), 214, 215, 217, 220, 221.
La Motte-Serrant (de), 221, 222.
La Mure (de), 392.
Lancastre (le duché de), 337.
Landgrave (le), 130.
Langlois, 388.
Languedoc (le), 222, 223.
Languillier, 217.
La Noue (de), 233, 300, 312.
La Pelotière (de), 237.
Le Perroux (le chevalier de), 375.
La Porte (le fief de), 237.
La Poterie (de), 365, 366, 367, 368.
La Poupelière, 3.
La Rochefoucauld (le comte de), 76, 204.
La Rochelle (la ville de), 198, 210, 212, 215, 216, 217, 218, 220, 222, 223.
La Roque (de), 9, 17.
La Suze (le comte de), 221.
La Suze (la comtesse de), 213.
La Touche (Isabeau de), 86, 230, 236.
La Tour (Henri de), 239, 316.
La Tremoille (Claude de), 239.
L'Aubespine (de), 193.
Laurence (Robert), 237.
Laval (le comte de), 250.
Laval (la comtesse de), 250.
Laval (la ville de), 259, 260.
Lavardin (de), 204.
Le Faure, 229.
Le Foullon (René), 236.
Legrand, 320.
Leicester (le comte de), 42, 57, 64, 68, 69, 117, 126, 133, 197, 239, 251, 302.
Leicester (lady), 249, 250.
Leigton (le capitaine), 111, 113, 117, 249.
Leith (la ville de), 3.
Le Mesnil (le capitaine), 49, 150.
Le Mière (Jean), 394.
Le Nablé-Englesville, 74.

L'Engannerie (la rue de), 395.
Léopold (l'archiduc), 351.
Lepeintre (Jacques), 242, 243, 245, 247, 251, 253.
Lescot (Pierre), 390.
Leslie (Jean), 251.
Lespinette, 159.
Letellier, 376.
Lévy (de), 102.
Lignerolles (de), 181.
Lillebonne (la ville de), 314.
Limoges (l'évêque de), 9
Lion (le vaisseau le), 181.
Lisieux (la ville de), 260.
Loire (la), 92.
Londres (la ville de), 9, 16, 74, 78, 187, 205, 210, 211, 214, 215, 220, 224, 232, 238, 240, 243, 254, 264, 319, 336, 389.
Longchamps (de), 260.
Longueville (le duc de), 32, 34, 109, 259, 307, 360, 365, 366, 371.
Lorges (Gabriel de), 2, 220.
Lorraine (la), 26, 246, 285.
Lorraine (le cardinal de), 120, 130.
Lorraine (le duc de), 293.
Louis XIII (le roi de France), 356, 360.
Louis XIV (le roi de France), 360.
Louis XV (le roi de France), 388.
Louviers (la ville de), 167, 168, 257.
Louvois (de), 380, 381, 382.
Louvre (le palais du), 203.
Ludovic (le comte), 226.
Lugerye (de), 194.
Lusson (de), 315.
Luxembourg (le duc de), 265, 266, 267, 268, 269, 270, 274, 275, 279, 280, 286, 287, 290, 292, 293, 299.
Lyon (la ville de), 76, 286, 300.

M

Macomble (le capitaine), 49.
Madrid (la ville de), 36, 342.
Madrucy (le cardinal), 275, 276, 296.
Maillé (Charlotte de), 233.

Maine (le), 7.
Maisons (le château de), 386, 387.
Maisse (de), 267.
Maladrerie (la), 258.
Malherbe (de), 395, 396.
Maligny (de), 4, 8, 264.
Mallet, 377.
Manners (le capitaine), 139.
Manoir (du), 322.
Mans (la ville du), 259.
Mantes (la ville de), 165, 166, 272, 328.
Mantoue (le prince de), 32, 34, 298.
Marlorat (le ministre), 38.
Maromme (le capitaine), 209.
Marseille (la ville de), 286.
Martin-Église (le coteau de), 258.
Masseville (de), 196.
Mathey (le cardinal), 275, 276, 278, 296.
Matignon (le maréchal de), 4, 5, 8, 165, 166, 167, 168, 193, 194, 195, 205, 206, 207, 224, 225, 229, 230, 231, 232, 395.
Mautauzier (le duc de), 381.
Mauvissière (de), 21.
Mayenne (le duc de), 257, 258, 259, 260, 313, 314, 318.
Mayne (le duc du), 281, 282, 288, 298, 300.
Mazarin (le duc), 385.
Mazarin (le cardinal), 385, 386.
Médicis (Catherine de), 5, 7, 16, 17, 21, 37, 90, 104, 142, 144, 150, 162, 163, 164, 165, 166, 167, 168, 169, 170, 171, 172, 182, 183, 184, 202, 203, 390.
Ménage, 384, 392, 393.
Mendoze (le cardinal), 298.
Mercure (le duc de), 298.
Mercure (la duchesse de), 338.
Merlin (Pierre), 195.
Merville (de), 382.
Mesnil (du), 109.
Metz (la ville de), 114, 120, 130, 164, 224.
Meulan (la ville de), 257.
Mezeray (François-Eudes de), 385, 386, 391, 392.
Mifaut (Charles), 74.
Milan (le duché de), 286.

Milan (la ville de), 294.
Modène (les archives de), 184.
Moineville (le capitaine), 150.
Monceaux (le château de), 69.
Monchy (Michel), 251.
Mondeville, 91.
Mongreville (de), 98.
Monluc, 200.
Montalto (le cardinal), 278.
Montandre (le baron de), 98.
Montaulban (la ville de), 223, 378.
Montbazon (l'hôtel), 393.
Mont-de-Marsan (la ville de), 200.
Monte (Camille del).
Montégu (de), 362, 364.
Montenay (de), 370.
Montfort (le président de), 27.
Montfort (la ville de), 317.
Montgommery (le comte de), 2, 7, 8, 23, 30, 42, 45, 46, 47, 48, 49, 50, 55, 56, 57, 58, 59, 60, 61, 62, 63, 64, 65, 66, 67, 68, 70, 71, 72, 73, 74, 75, 85, 86, 87, 90, 92, 95, 99, 104, 116, 121, 122, 123, 125, 126, 150, 193, 195, 199, 200, 201, 202, 203, 204, 205, 210, 212, 214, 215, 216, 217, 218, 219, 220, 221, 224, 226, 227, 228, 229, 230, 231, 233, 234, 237, 355.
Montgommery (Jacques de), 236.
Montgommery (Gilles de), 237.
Montgommery (Louis de), 237.
Montgommery (Suzanne de), 237.
Montgommery (la comtesse de), 42, 86, 87, 212, 220, 230, 231, 232, 234, 235.
Montgommery (la famille de), 236.
Montivilliers (la ville de), 47, 51, 91, 93, 105, 107, 108, 111, 117, 124, 125, 376.
Montmartin (de), 228.
Montmorency (le duc de), 25, 31, 42, 165, 225.
Montmorency (Hallot), 319.
Montorgueil (la rue), 385.
Montpensier (le duc de), 114, 238, 239, 242, 243, 257, 301, 307, 315, 322, 323, 339, 340.
Morlans (de), 327, 329.
Mornay, 315.

Mortagne (le comte de), 237.
Mortagne (la ville de), 104.
Morvilliers (de), 15.
Mouchet (Jehanne du), 241.
Mouy (de), 76, 104.
Moysant de Brieux, 383, 394.
Myddlemore, 94, 95, 97, 104, 115, 119, 121, 122, 123, 162, 164.
Mysac, 94.

N

Nantes (la ville de), 338, 340, 341, 342, 390.
Naples (la ville de), 281.
Naples (l'entreprise de), 390.
Nassau (Maurice de), 239.
Nassau (Louis de), 220.
Nassau (Louise-Julienne de), 239.
Navarre (le roi de), 4, 5, 6, 18, 24, 25, 27, 29, 31, 35, 205, 217, 232.
Navarre (le prince de), 199.
Navarre (la reine de), 73.
Navarre (la princesse de), 242, 243, 244.
Navarrin (la ville de), 199.
Negreplisse (de), 199.
Nemours (Mme de), 390.
Neubourg (la campagne de), 316.
Neufchastel (la ville de), 36, 257, 313.
Nevers (le duc de), 69, 307.
Nicolaï (Horatio), 286.
Nîmes (la ville de), 223.
Noisy, 271, 283.
Norfolk (le duché de), 153.
Normandie (la), 2, 3, 4, 5, 11, 15, 16, 19, 23, 53, 72, 76, 81, 85, 90, 128, 132, 151, 155, 158, 164, 166, 196, 199, 215, 216, 219, 223, 225, 228, 229, 245, 257, 258, 559, 300, 302, 306, 313, 320, 322, 323, 325, 361, 363, 375, 383, 395, 397, 398.
Normandie (le parlement de), 13, 81, 360, 365, 381.
Normandie (les pommes de), 249.
Norris (sir), 196, 319,
Northumberland (le duc de), 42.
Norwich (le château de), 335.
Nouvince (le trésorier), 6.

Novion (le président de) 376, 386, 387.
Novion (Catherine Potier de), 388.
Noyon (la ville de), 301, 306.

O

Oisel (d'), 168.
Olivarès (le duc d'), 265, 269, 275, 277, 279, 299.
Orange (le prince d'), 205, 208, 221, 238, 239, 242, 244.
Orange (la princesse d'), 238.
Orléans (la ville d'), 35, 76, 90, 100, 103, 104, 109, 114, 120, 132, 338, 340.
Ormezan (d'), 28.
Orne (le département de l'), 375.
Orsay (le capitaine), 48, 57, 71, 72, 75, 86, 121, 122, 139, 149, 181, 182.
Orthes (le château d'), 200.
Osmont, 393.
Oudin (le Père), 392.
Outre-Laize (Mlle d'), 396.
Oxford (le comte d'), 302.

P

Palatin (le comte), 113, 198.
Paracly (Mme de), 242, 243, 244.
Paris (la ville de), 29, 35, 111, 114, 136, 143, 162, 202, 203, 204, 206, 207, 213, 214, 234, 250, 253, 259, 271, 292, 294, 300, 301, 312, 316, 317, 324, 326, 339, 340, 341, 347, 350, 356, 364, 386, 392, 393.
Paris (l'archevêque de), 386.
Parme (le duc de), 298, 304, 306, 307, 308, 309, 311, 312, 313, 314, 315, 316, 317, 318, 324.
Parme (la duchesse de), 2.
Pelham (sir), 98, 99, 100, 178.
Pembrock (le comte de), 247, 251.
Pepoly (le cardinal), 278.
Pernelle (Jean), 375.
Peronne (la ville de), 313.
Perpignan (la ville de), 118.
Pezaro (Bartholomeo de), 158.
Philippe II (le roi d'Espagne), 164, 169, 266, 290, 342.

Philippe et Marie (le vaisseau le), 181.
Picardie (la), 48, 60, 61, 132, 305, 306, 313, 342.
Piccolomini (Alphonse), 294, 299.
Picot, 389.
Piennes (le marquis de), 219.
Pinelli (le cardinal), 282.
Pinoli (le cardinal), 296.
Pierrepont (de), 193.
Pirouard (de), 199.
Pisani (le marquis de), 265, 266, 267, 273, 276, 280, 288, 290, 291.
Pitou, 253.
Planne, 219.
Plessis (de), 307, 309.
Plymouth (la ville de), 216.
Poille (de), 322.
Poitou (le), 204, 229.
Pollet (le faubourg du), 258.
Pommier, 378.
Ponponne, 344, 354.
Pont-Audemer (la ville de), 260.
Pont-de-l'Arche (la ville de), 27, 159, 257, 260, 301, 315.
Pont-de-l'Arche (le château de), 370.
Pont-Douai (le château de), 225.
Pontoise (la ville de), 257, 260, 362.
Pontorson (la ville de), 237, 260.
Pont-Saint-Pierre (la ville de), 257.
Porcien (le prince de), 76, 193.
Portinarys (l'ingénieur), 133, 141.
Portsmouth (la ville de), 10, 45, 180.
Poulet (sir Hugues), 45, 50, 80, 82, 101, 117, 118, 119, 120, 121, 124, 126, 127, 128, 129, 138, 145, 174, 176, 178, 180.
Poyet, 220.
Poynings (le capitaine Adrien), 10, 113.
Pré (l'abbaye du), 195.
Pré-aux-Clercs (le), 203.
Prestrevas (de), 80.
Provence (la), 223, 282, 283, 285, 286, 287, 291.
Provence (les melons de), 251.
Puissaye (de), 397.
Puygaillard (de), 233.

Q

Quevilly (le temple de), 369.
Quillebeuf (la ville de), 159, 318, 320.

R

Rabodanges (Louis de), 4, 6, 150.
Raleigh (sir Walter), 339.
Ramelot (le cardinal), 296.
Raulffe Eldecar (le capitaine), 116.
Réaux (de), 306.
Reed (le capitaine), 139.
Refuge (du), 228.
Rennes (la ville de), 341.
Renouard, 103.
Renty, 14.
Retz (le comte de), 212, 292.
Revol (de), 288, 289, 290, 295.
Rhingrave (le), 47, 48, 49, 82, 90, 91, 92, 93, 102, 111, 112, 113, 114, 123, 128, 131, 138, 139, 140, 144, 151, 152, 155, 156, 172, 177, 179, 180, 186.
Ribeyron (le port de), 223.
Ricarville (de), 44.
Richelieu (le duc de), 115, 117, 126, 142, 144, 176, 233.
Richelieu (la compagnie de), 382.
Riminy (le duché de), 300.
Rochefort (la ville de), 338.
Roger, 320.
Romagne (la), 300.
Rome (la ville de), 265, 266, 270, 280, 287, 295, 300, 336.
Rome (le pasquin de), 387.
Roncy, 157.
Ronsard (le poëte), 396.
Ross (l'évêque de), 251.
Rothes (le château de), 194.
Rouen (la ville de), 2, 4, 7, 11, 12, 13, 14, 15, 17, 21, 23, 27, 28, 29, 30, 31, 33, 34, 35, 37, 38, 42, 47, 51, 80, 81, 82, 95, 106, 115, 117,

125, 128, 151, 168, 169, 171, 187, 193, 205, 207, 209, 231, 237, 242, 245, 246, 247, 249, 253, 254, 257, 301, 302, 304, 306, 307, 308, 313, 314, 315, 316, 317, 318, 334, 336, 339, 340, 341, 361, 363, 265, 366, 369, 370, 372, 376, 378, 383.

Rouen (le parlement de), 375, 376, 382, 383.
Rouen (l'archevêque de), 377.
Rouen (le chapitre de), 382.
Rousseroles (le baron de), 366.
Rouvrou (de), 3.
Ruccelaï (de), 287.
Ruel (le château de), 386.
Rybault (le capitaine), 67.
Rye (la), 74, 201, 241, 254.

S

Sablé (la ville de), 259.
Sainte-Adresse (le boulevard), 151, 172, 173, 174, 178.
Saint-André (le maréchal de), 26.
Saint-Ange (le château), 279.
Saint-Aubin (de), 17.
Saint-Barthélemy (la), 202, 205, 207, 225, 252, 321.
Sainte-Brigitte (les religieuses de), 254.
Sainte-Catherine (le fort), 23, 24, 27, 31, 304, 308.
Sainte-Croix (de), 362, 363.
Sainte-Croix de Poitiers (l'abbesse de), 239.
Saint-Denis (la cathédrale de), 324.
Saint-Eustache (l'église), 385.
Saint-Félix (le cardinal), 278.
Saint-Georges (le cardinal), 278.
Saint-Germain (le faubourg), 202, 204.
Saint-Germain-en-Laye (le château de), 381.
Saint-Ignatio (le cardinal), 296.
Saint-Jean (de), 214, 222.
Saint-Jean-d'Angély (la ville de), 204.
Saint-Léger (de), 229.
Saint-Lo (la ville de), 104, 151, 229, 257, 320.
Saint-Malo (la ville de), 318.
Sainte-Marie (de), 123, 124, 125.
Sainte-Marie-d'Agnaux (de), 2, 151, 202.

Saint-Ouen (l'abbaye de), 14.
Saint-Paul (le comte de), 320.
Saint-Pétersbourg (la ville de), 361.
Saint-Pétersbourg (la bibliothèque de), 374, 386.
Saint-Pierre (le curé de), 210.
Saint-Pierre-sur-Dives, 82.
Saint-Pol (la cure de), 388.
Saint-Romain (la fierte de), 382.
Saint-Séverin (le cardinal de), 283, 296.
Saint-Sulpice (l'ambassadeur de), 23, 33, 36, 163, 183.
Saint-Valery (la ville de), 324.
Sakar (le vaisseau le), 181.
Saldaigne (de), 320.
Salisbury (le comte de), 347, 348, 349, 351, 352, 354, 355.
Saluces (la ville de), 291.
Sancy (de), 318, 319.
Sanion, 223.
Santiquatre (le cardinal), 283.
Sarlabos (de), 165, 196.
Saul (le capitaine), 92.
Saumaise (la vie de), 392.
Saumur (la ville de), 340.
Savoie (le duc de), 18, 27, 30, 165, 287, 291, 292, 293, 299.
Savoie (la duchesse de), 165.
Saxe (Maurice de), 239.
Saxe (Anne de), 239.
Schwartzemburg (la comtesse de), 244.
Sedan (la ville de), 226, 250.
Séez (la ville de), 104.
Segrais (le poète), 392.
Séguier (le chancelier), 361, 374, 376, 377, 380, 381, 383.
Seignelay (le marquis de), 395.
Seine (la), 48, 128, 314, 315.
Sens (le cardinal de), 285, 292.
Servien (l'évêque de Bayeux), 380.
Sessa (le duc de), 293.
Seurre (M. de), 9.
Sexten (Guillaume), 334.
Sfondrate (le cardinal), 297.
Sfondrate (le comte), 299.
Sforze (le cardinal), 276, 278, 283,

Sicile (la), 281.
Sicqueville (Guibert de), 237.
Sidney (sir Philippe), 246, 249, 251, 252.
Sidney (lady), 246, 249, 252.
Sigognes (de), 210.
Simon, 341.
Sixte-Quint (le pape), 265, 295, 296, 297.
Smith (sir Thomas), 20, 121, 122, 123, 162, 169, 171, 172, 196.
Socquence (Gruchet de), 13.
Soissons (le comte de), 259, 367.
Soissons (l'évêché de), 392.
Soissons (l'hôtel de), 389.
Sologne (la), 73.
Somme (la rivière de), 314.
Sommerset (François), 82, 103.
Sorbières, 390.
Sorbonne (la), 281, 292.
Sorès (le capitaine), 211.
Soubise (de), 348, 349.
Southampton (lord), 339.
Spinelly (Jules), 158.
Stafford (sir), 252, 321.
Stirling (le château de), 186.
Strasbourg (la ville de), 289.
Stuart (Marie), 186, 194, 251.
Suède (la), 384.
Suède (le roi de), 111.
Suffolk (le duché de), 153.
Sully (le duc de), 304, 353.

T

Tancarville (le château de), 49, 91, 94.
Tatihou (le port de), 166, 225.
Teligny (de), 84, 85, 120.
Tendering (sir), 174.
Terride (de), 199, 200.
Thorigny, 395.
Thouars (le duc de), 239.
Throckmorton (sir Nicolas), 8, 9, 57, 58, 78, 90, 97, 98, 99, 100, 101, 102, 171, 176, 188, 189, 193.

Tilly (de), 396.
Tilly (Mlle), 396.
Tirrel (Henri), 176.
Torcy (le capitaine de), 225, 227.
Tornabuoni (l'ambassadeur Nicolo), 3.
Tornier, 393.
Touques, 82, 159.
Tournelle (la), 373.
Tours (la ville de), 340.
Tremaine (le capitaine), 46, 48, 133, 139, 148.
Turenne (le vicomte de), 225, 227.
Turin (la ville de), 299.
Turnham (sir), 250.

U

Ubaldini (l'ingénieur), 133.
Unton (sir), 303.
Urbain VII (le pape), 295.
Urbin (le duc d'), 294.

V

Valérien (le mont), 388.
Valhébert (Simon de), 384, 393.
Vallainville (de), 228.
Valognes (la ville de), 5.
Valmont, 171.
Walpole (sir), 133, 263.
Walsingham (sir), 202, 203, 232, 233, 234, 238, 241, 245, 246, 248, 253, 254, 258, 260, 340.
Walsingham (lady), 246, 249, 250, 252.
Warwick (le comte de), 21, 28, 38, 42, 43, 44, 45, 46, 48, 49, 50, 56, 57, 58, 59, 60, 61, 63, 65, 66, 67, 71, 76, 77, 78, 80, 82, 83, 84, 90, 91, 92, 93, 94, 95, 96, 99, 100, 103, 105, 107, 108, 111, 112, 115, 116, 121, 122, 123, 124, 126, 127, 128, 131, 132, 133, 134, 135, 136, 137, 138, 139, 141, 145, 146, 149, 150, 151, 171, 172, 173, 174, 175, 176, 177, 179, 180, 181, 182, 187, 188; 251.
Vassy (de), 3, 21.
Vaughan (sir), 133.

Vendôme (François de), 9.
Vendôme (Louise de), 8.
Vendôme (le cardinal de), 279, 283, 284, 293.
Vendôme (la ville de), 195, 259, 342.
Venise (l'ambassadeur de), 280, 281, 288, 289, 291.
Ventes (des), 194.
Verneuil (la ville de), 5.
Versailles (l'Apollon de), 396.
Vertigny (de), 17.
Verune (de la), 323.
Vervins (la ville de), 342.
Westminster (le château de), 337.
Westerburd (le lieutenant), 114.
Whitington (sir), 155.
Vicques (Jean de), 250, 252, 253.
Vieilleville (de), 16, 81, 82, 114, 120.
Viger, 289.
Wight (l'île de), 219.
Wilkes (sir), 331, 337, 339, 340.
Villarmois (le capitaine), 29, 30.
Villars (de), 305, 313, 314.
Villebon (de), 81.
Villeroy (de), 271.
Williams (sir Roger), 301, 303, 305, 307, 329.
Villiers (de), 211.
Willoughby (sir), 251.
Vincennes (le château de), 386.
Winter (l'amiral), 134, 140, 141, 173, 181.
Vire (la ville de), 104.
Vitanval (le manoir de), 171.
Vitimale, 49.
Vittoria (le vaisseau la), 181.
Vivonne (Diane de), 316.
Vood (sir), 44.
Vosham (sir), 180.

Y

Yon, 234.
Yvetot (la ville d'), 314.

TABLE DES MATIÈRES

CHAPITRE I.

Nombreux documents que possède l'Angleterre sur l'histoire des guerres religieuses du XVIe siècle en Normandie. — Comment la réforme s'est-elle implantée en Normandie? — Différence entre la Haute et la Basse-Normandie. — Les réformés normands tournent leurs regards du côté de l'Angleterre. — L'absence de forces militaires suffisantes en Normandie est venue en aide au protestantisme.—Preuves à l'appui.—Lettre du roi de Navarre à Catherine de Médicis. — Lettre du duc d'Étampes à Catherine de Médicis. — La politique d'intervention de l'Angleterre dans nos troubles servie par l'ambassadeur Throckmorton.— Premières négociations pour livrer le Havre aux Anglais. — Articles passés entre Élisabeth et le vidame de Chartres. — Proclamation d'Élisabeth pour justifier devant l'Europe la prise du Havre.—Preuve de la trahison de trois habitants de Rouen.— Délibération des habitants de Rouen appelant les Anglais. — Le vidame de Chartres pris de remords. — Sa lettre à Cecil.—Efforts tentés par Catherine de Médicis pour empêcher la prise du Havre. — Lettre de Charles IX à Élisabeth. — Remontrances de Paul de Foix, notre ambassadeur en Angleterre. —Réponse d'Élisabeth. — Catherine de Médicis cherche à gagner Beauvoir, qui commandait au Havre pour les protestants.—Réponse de Beauvoir à ses offres.—Premières opérations du siége de Rouen. — Lettre de Charles IX à Saint-Sulpice, son ambassadeur en Espagne, où il fait le récit du siége de Rouen.— L'ambassadeur du duc de Savoie, le président de Montfort, raconte à son maître un des assauts donnés à Rouen. — Briquemault demande à Cecil de secourir Rouen. — Le secrétaire d'État Bourdin écrit à M. de

Gonnor qu'il n'y a pas espoir d'une composition. — Lettre de Charles IX au capitaine Villarmois.—Lettre de Charles IX au duc de Savoie, pour lui annoncer la prise de Rouen. — Lettre de Saint-Sulpice à Charles IX, à l'occasion de la prise de Rouen. — Requête au roi des habitants de Dieppe.—Nouvelle tentative de Catherine de Médicis pour ramener Beauvoir.—Réponse offensante de Beauvoir. 1

CHAPITRE II.

Montgommery s'échappe de Rouen. — Il laisse derrière lui sa femme.—Traitement qu'elle reçoit du connétable de Montmorency. —Arrivée de Warwick au Havre.—Ce que dit de lui un historien du temps.—Situation difficile de Beauvoir, resté au Havre. — Il s'oppose à l'envoi des vaisseaux français en Angleterre.—Élisabeth exige leur départ.— Discipline imposée aux soldats anglais de la garnison du Havre. — Les Français restés au Havre injustement dépouillés. — Montgommery appelé à Dieppe. —Forces qu'il y amène.—Lettre de lui à Warwick (2 janvier 1563).—Nouvelle lettre de lui à Warwick (3 janvier).—Lettre du rhingrave à Montgommery (3 janvier).— Lettre de Montgommery à Warwick (4 janvier).—Lettre du même à Warwick (8 janvier), expliquée par la découverte d'une conspiration au Havre. — Proclamation de Warwick pour l'expulsion des Français du Havre. — Remontrances de Beauvoir en réponse à cette proclamation.—Lettre de Montgommery à Cecil (13 janvier).—Lettre du même à la reine Élisabeth (13 janvier). — Lettre du même à Leicester (14 janvier). — Lettre du même à Cecil (14 janvier). — Lettre du même à Cecil (16 janvier). — Lettre du même à la reine Élisabeth (16 janvier).—Lettre du même à Élisabeth (22 janvier).— Lettre du même à Warwick (22 janvier).—Requête de Montgommery à Élisabeth. — Lettre de Montgommery à Leicester (23 janvier). — Lettre du même à Leicester (24 janvier). — Lettre du même à Warwick (25 janvier). — Lettre du même à Cecil (26 janvier). — Lettre du même à Élisabeth (27 janvier). — Lettre du même à Leicester (27 janvier). — Lettre du même à Cecil (30 janvier). — Lettre du même à Warwick (31 janvier). — Lettre du même à Élisabeth (3 février).—Lettre du même à Cecil (3 février).—Réponse de la reine (14 février). — Marche de Coligny en quittant Orléans. — Son but en venant en Normandie. — Beauvoir annonce l'arrivée de Coligny. — Beauvoir offre à Warwick de prendre Honfleur. — Warwick refuse jusqu'à ordre de la reine sa maîtresse. — Réponse *ambiguë d'Élisabeth. — Difficulté de s'entendre avec Coligny pour les subsides attendus d'Angleterre.—Lettre de Beauvoir à Warwick au sujet de l'expédition d'Honfleur. — Lettre de Prestrenas offrant de faire entrer les Anglais à Fécamp (24 janvier).—État des choses à Rouen. — Querelle de Vieilleville et de Villebon. — Révolte des habitants.— Le rhingrave dégage Vieilleville.— Nouvelle émeute à Rouen.— Coligny en Normandie. — Lettre de Coligny à sir Poulet (12 février 1563). — Lettre de Coligny à Élisabeth (13 février). — Coligny envoie Teligny en Angleterre. — Lettre qu'il écrit à cette occasion à Cecil (13 février).—Montgommery rappelé par Coligny. —Combat qu'il livre en mer.—Lettre de la comtesse de Montgommery à Élisabeth* 41

CHAPITRE III.

Résumé du chapitre précédent. — Situation militaire en Normandie des Français et des Anglais.—Entrevue du rhingrave et de Warwick. — Lettre du rhingrave à Warwick (20 janvier 1563).— Réponse de Warwick (22 janvier).—Entrevue de Coligny et de Myddlemore, envoyé par Élisabeth.—Discussion engagée sur le chiffre du subside promis à Coligny.—Note remise par Chastellier.—Lettre de Coligny à Throckmorton (23 février).—Secours envoyé du Havre à Coligny pour le siége du château de Caen.—Arrivée de Throckmorton au camp de Coligny.—Nouvelle de la mort du duc de Guise apportée à Caen.— Lettre de Beauvoir l'annonçant à Warwick (1er mars).— Lettre de Coligny l'annonçant également à Elisabeth (28 février).— Lettre de Coligny au rhingrave, en lui envoyant M. de Levy (1er mars).— Composition du château de Caen. — Coligny l'annonce à Élisabeth (3 mars). — Les villes de Normandie se soumettent les unes après les autres. — Départ de Coligny pour Orléans. — Son entrevue à Mortagne avec Myddlemore. — Nouvel entretien de Coligny avec Myddlemore à Broû.—Requête des habitants du Havre menacés d'expulsion (5 mars). — Réponse de Warwick. — Lettre du rhingrave à Warwick (20 mars).—Réponse de Warwick (21 mars). — Réplique du rhingrave.— Nouvelle lettre du rhingrave à Warwick (28 mars).— Défiances des Anglais éveillées par la paix d'Amboise. — Avis donné par Myddlemore à Warwick.— Lettre de Montgommery à Élisabeth (12 avril 1563).—Lettre de Warwick à Leicester et à Cecil (8 avril). — Condé et Coligny désavouent le vidame de Chartres. — Propositions faites par le rhingrave à Horsey, qui remplaçait Montgommery à Dieppe.—Lettre de Warwick à Leicester et Cecil (14 avril).— Lettre de Sainte-Marie d'Agneaux à Warwick (15 avril). — Warwick suspecte Briquemault, venu s'embarquer au Havre pour l'Angleterre.—Montgommery a la pensée de résister aux ordres de Catherine de Médicis. — Lettre de Warwick et de sir Poulet à Leicester et Cecil qui en témoigne (21 avril). — Lettre de Montgommery à Warwick, écrite de Ducé (23 mai 1563).—Suite de la lettre du 20 avril de Warwick à Leicester. — Entrevue du rhingrave et de sir Poulet racontée par Warwick. 89

CHAPITRE IV.

Situation difficile des Anglais au Havre.—Insuffisance des approvisionnements.— Les bras manquent pour les fortifications. — Les ingénieurs Portinarys et Ubaldini envoyés d'Angleterre au Havre. — Elisabeth refuse les propositions offertes par Briquemault. — Envoie au Havre son favori Tremaine. — Lettre d'Elisabeth à Warwick pour faire venir en Angleterre les vaisseaux français restés au Havre.—Lettre de Warwick à Cecil (18 mai) ; il se plaint de l'insuffisance des vivres et donne de curieux détails sur l'attitude du prince de Condé.—Avertissement donné par Warwick aux habitants du Havre. — Second avertissement donné aux habitants du Havre. — Lettre d'Elisabeth à sir Poulet pour remercier le Rhingrave de ses présents.— Lettre du comité de défense du Havre au conseil privé (28 mai) ; il y est fait mention d'une chaude escarmouche sous les murs du Havre.—Lettre de Warwick à Elisabeth ; il lui rend compte du même engagement. — Rapport adressé par le maréchal-de-camp Richelieu à Catherine de Médicis sur cette même rencontre. — Réponse de Catherine de Médicis. — Lettre de Warwick au Rhingrave.—Détails sur la composition de l'armée anglaise du Havre et sur sa conduite. — Warwick rend compte à Cecil de la manière dont Beauvoir et les habitants du Havre ont été traités.— Nouvelle escarmouche engagée par le Rhingrave. — Mort de Tremaine. — Lettre de Warwick au Rhingrave pour l'échange des prisonniers. — Il lui parle du mariage de Leicester avec la reine. — Catherine de Médicis envoie M. de Rabodanges auprès des chefs protestants normands.—Lettre de Brissac à Catherine de Médicis qui motive cette mission. — Rapport du comité de défense du Havre à l'occasion d'une attaque dirigée contre le boulevard Sainte-Adresse. — Nouveaux commissaires envoyés d'Angle-

terre au Havre.—*Nouvelles plaintes du comité de défense du Havre.
— Instructions données par le maréchal de Brissac à Billiard,
chargé de rendre compte à Catherine de Médicis des opérations du
siège* 131

CHAPITRE V.

*La ville du Havre investie.—Politique vraiment française de Cathe-
rine de Médicis.—Jugement sur elle de M. Guizot.—Craintes d'une
invasion de l'Allemagne menaçant Metz.— Philippe II approuve la
politique suivie par Elisabeth.—Impulsion patriotique que partage
Condé et qui pousse les Français au Havre.— Catherine annonce à
la duchesse de Savoie son départ pour la Normandie. — Détails
qu'elle donne sur les préparatifs de guerre. — Envoie au duc de
Savoie un plan du Havre. — Itinéraire de la cour. — Lettre de
Catherine de Médicis à Malignon (13 juillet). — Nouvelles recommandations de Catherine de Médicis à Malignon.— Le jeune Roi
Charles IX reçoit les ambassadeurs étrangers à Louviers, à l'exception de l'ambassadeur d'Angleterre.—Déclaration de Charles IX
aux ambassadeurs, d'après une lettre de l'ambassadeur d'Espagne.
— Il poursuit sa route jusqu'à Fécamp. — Catherine de Médicis
tient l'ambassadeur d'Angleterre à distance.—Elisabeth revient sur
ses premières prétentions. — L'ambassadeur anglais, sir Thomas
Smith, demande un logement à la cour.—Catherine de Médicis lui
permet de venir à Valmont.— Elisabeth envoie Throckmorton en
Normandie.—Lettre de Catherine de Médicis à Smith, lorsqu'il l'en
avise.—Lettre de Warwick et du comité de défense rendant compte
des opérations du siége (11 juillet).— Nouvelle lettre de Warwick
annonçant que leur position est empirée. — Lettre de Warwick à
Elisabeth, du même jour, pour la remercier de songer à leur salut.
—Lettre d'Elisabeth à Warwick, à l'occasion des offres de rendre la
place que leur a faites le Connétable (26 juillet). — Sir Knollys
engage Warwick à essayer de s'embarquer. — Warwick demande à
Elisabeth la permission de traiter de la composition. — Dernière
lettre de Warwick à Elisabeth (29 juillet). — Curieux détails sur
les négociations entamées avec le Connétable et sur l'extrémité où
étaient réduits les Anglais. — Lettre de Warwick au Rhingrave
pour solliciter son intervention auprès du Connétable.—Réponse du
Rhingrave. — La flotte anglaise arrive trop tard. — L'Amiral
Clinton rend compte de ce qui s'est passé à son arrivée en vue du*

Havre. — *Récit de l'entrée de Catherine au Havre, d'après l'ambassadeur d'Espagne.* - *Lettre de Catherine de Médicis à Saint-Sulpice pour lui annoncer la prise du Havre.*—*Lettre de Charles IX au duc de Ferrare pour lui annoncer la prise du Havre.* — *Réponse de Marie Stuart au Rhingrave, qui lui avait fait part de la prise du Havre.* — *Opinion d'un historien anglais moderne sur l'entreprise malheureuse du Havre.*—*Chiffre des dépenses que coûta à l'Angleterre l'occupation du Havre et le siège*. 161

CHAPITRE VI.

Lettre de Charles IX à Matignon (1er septembre 1563).—*Nouveaux indices d'agitation religieuse.*—*Lettre de Marie Stuart à Matignon.* — *Lettre du prince de Condé à Matignon, à l'occasion de l'Église réformée d'Alençon.* — *Lettre d'un nommé Coucy à Cecil, où l'on pressent de nouveaux troubles.*— *Les prétentions des Anglais coïncident avec les agitations intérieures.*—*Lettre du vidame de Chartres à la Reine Elisabeth.*—*En vieillissant Elisabeth garde ses prétentions à la beauté.* — *Éloge qu'en fait le Vidame.* — *Le Vidame retourne en Angleterre au mois de mai* 1569.—*Lettre où il annonce son arrivée à la Reine Elisabeth.* — *La Normandie préservée de la guerre civile, en* 1569, *par l'absence de Montgommery.* — *Lettre de Montgommery au prince de Navarre.* — *Lettre de Damville à Charles IX (24 novembre 1569).* — *Détails qu'il donne sur Montgommery et ses ravages en Béarn et Gascogne.* — *Le Vidame et le cardinal de Chatillon reprennent en Angleterre leurs menées.* — *Lettre du Vidame à Cecil (21 novembre 1569).*— *Lettre du Vidame à la Reine Elisabeth en faveur de Sainte-Marie d'Agneaux.* — *Entretien de Walsingham, ambassadeur d'Angleterre, et de Catherine de Médicis au sujet de Montgommery.* — *Montgommery réfugié à Jersey.*—*Lettre de Montgommery au gouverneur de Guernesey (29 septembre 1572).* — *Détails qu'il donne sur la Saint-Barthélemy.* — *Lettre du duc d'Anjou (Henri III) à Matignon (22 août 1572).*—*Lettre de Matignon au bailli de Caen et à ses lieutenants à l'occasion de la Saint-Barthélemy (27 août 1572).*—*Proclamation de Matignon.* — *Notes secrètes que possède le Record Office sur la Saint-Barthélemy.*—*Lettre de Montgommery à Cecil (24 septembre 1572).*—*Lettre du comte de Retz à la comtesse de Montgommery.* — *Montgommery paraît vouloir rentrer en grâce (3 octobre 1572).* — *Lettre de Charles IX à Montgommery (13 février 1573)* à cette occasion.— Précautions recommandées par Charles IX au duc d'Anjou.— Lettre de Montgommery à lord Burghley, où il confesse son échec devant La Rochelle (21 avril 1573).—Charles IX renseigne le duc d'Anjou sur les mouvements de Montgommery. — Lettre de Montgommery à lord Burghley (26 mai 1573).—Elisabeth ignore ce qu'il est devenu. — Ce qu'en dit La Mothe-Fénelon. — De Lorges va trouver le prince d'Orange à Delft.—Le prince d'Orange n'accepte pas ses offres de service. — Les réfugiés français en Angleterre font leur soumission.—Montgommery se réjouit de la paix.—Sa lettre à Burghley (août 1573). — Se plaint d'une tentative d'assassinat. — Lettre d'un nommé Campet, qui engage Montgommery à se rendre en Languedoc, où les protestants sont encore en armes (8 octobre 1573). — Mesures de sûreté prescrites par Charles IX à Matignon contre Montgommery.—Lettre de Montgommery à Burghley, au moment de partir pour la France.—Lettre de Montgommery à Burghley, où il lui annonce son débarquement en Normandie (24 mai 1574). — Propositions de conciliation faites par Charles IX aux chefs protestants. — Leur réponse (24 mai 1574). — Lettre de Charles IX à Matignon.—Il compte sur la prise de Montgommery à Domfront et parle de sa santé (24 mai 1574). — Triste destinée de la comtesse de Montgommery.—Lettre que lui écrit la Reine Elisabeth, à l'occasion de la captivité de Montgommery.—Lettre de Charlotte de Maillé, mère de la comtesse de Montgommery, au ministre Walsingham, pour lui recommander sa fille. — Pauvreté et détresse de la comtesse de Montgommery en Angleterre.—Lettre d'elle à la reine Elisabeth.— L'amiral anglais Champernon, marié à sa fille, veut la répudier. — Dernier mot sur les Montgommery.— François de Civille. — Ce qu'en dit M. de Blosseville, son biographe. — Les lettres de Civille que renferme le Record Office expliquent la fin de sa vie.— Lettre de Civille à Walsingham (10 septembre 1584).—Il est venu à Londres pour intéresser Elisabeth en faveur des filles du feu prince d'Orange et pour les soustraire à la tutelle du duc de Montpensier. —Lettre de Civille à Walsingham (19 octobre 1584). — Lettre d'Elisabeth au duc de Montpensier, au sujet des filles du prince d'Orange.—Lettre de Civille à Walsingham (12 novembre 1584).— Lettre de Civille à Walsingham (15 mars 1585).— Lettre de Civille à Walsingham (8 mai 1585).—Il y peint l'état des esprits et dévoile les pratiques de la Ligue.—Lettre de Civille à Walsingham (14 juin 1585). — Il envoie des fruits de Normandie à lady Walsingham et à lady Leicester.—Civille se réfugie en Angleterre.—Lettre de lui à Walsingham, lui annonçant son arrivée (2 juin 1585). — Lettre de

Carrouges à lord Burghley, en faveur des religieuses de Sainte-
Brigitte. 191

CHAPITRE VII.

Marche victorieuse d'Henri IV en Normandie. — Henri IV à Dieppe.—Bataille d'Arques d'après un document anglais.—Henri IV marche sur Paris. — Son retour en Normandie, en décembre, d'après un récit du temps.—Deux lettres de M. de Chatles, gouverneur de Dieppe, à Walsingham, complètent ce récit. — Lettre d'Henri IV au président du Parlement de Rouen, pour se plaindre d'exactions qui se commettent à Caen (16 juin 1590). — Flatterie d'Henri IV à l'endroit d'Elisabeth.—Lettre de Beauvoir à Henri IV, où il lui parle des marques d'affection qu'elle témoigne pour sa personne. — Rôle joué par Antoine de La Boderie dans l'ambassade du duc de Luxembourg à Rome, à la fin de l'année 1589. — Éloge que fait le duc de Luxembourg de La Boderie à Henri IV. — Premières ouvertures faites par La Boderie à Henri IV pour sa conversion. — Lettre de La Boderie à Henri IV (9 février 1590). — Réponse d'Henri IV. — Nouvelle lettre de La Boderie à Henri IV (24 mars 1590). — Lettre de La Boderie à Henri IV (5 mai 1590), où il dévoile les menées de l'Espagne et rend témoignage de la bienveillance de Sixte-Quint pour le roi légitime.— Deux lettres de La Boderie à M. de Révol (mai 1590). — Lettre de La Boderie à Henri IV (30 juin 1590). — Dernière lettre de La Boderie à M. de Revol, avant de quitter Rome (12 janvier 1591).— Le comte d'Essex en Normandie. — Sa correspondance passionnée avec la reine Elisabeth.— Triste tableau qu'il fait de la misère de l'armée royale.— Fâcheux début du siége de Rouen. — Mort de Devereux, frère d'Essex. — Plaintes d'Elisabeth. — Elle rappelle Essex. — Il obtient d'elle de revenir en Normandie. — Désordre de l'armée anglaise. — Essex reste à Dieppe pour être fixé sur les mouvements d'Henri IV. — Flatteries qu'il prodigue à Elisabeth. — Mission de sir Unton auprès d'Henri IV. — Renforts donnés à Essex.— Investissement de Rouen.—Temps perdu en tiraillements.— Voyage d'Essex en Angleterre. — A son retour, trouve les choses empirées. — Sa lettre à Burghley.—Reçoit l'ordre de retourner en Angleterre.—Son cartel à Villars.—Laisse l'armée anglaise à sir Roger Williams.—Factum d'Elisabeth, où elle résume les causes de son mécontentement. — Lettre d'elle à Henri IV.—Nouvelle lettre d'elle à Henri IV (16 mars

1591). — *Henri IV va au devant du duc de Parme. — Blessé devant Aumale. — Surprend les deux quartiers de Mayenne et du duc de Parme. — Sortie heureuse de Villars. — Henri IV revient devant Rouen. — Il en presse le siège. — Villars appelle le duc de Parme à son secours. — Henri IV se replie. — Il force le duc de Parme à la retraite et l'accule à la Seine. — Ce que dit Mornay de l'habileté de ce plan. — Lettre de Biron (17 mai 1591), qui établit la situation du duc de Parme. — Lettre de Henri de La Tour à Burghley. — Lettre de Beauvoir à Burghley, où il demande des secours. — Grimouville-Larchamp fait le récit de la retraite du duc de Parme. — Note d'Elisabeth pleine de défiances. — Henri IV licencie une partie de son armée. — Sancy veut quitter l'Angleterre. — Ses plaintes. — Effort tenté par les ligueurs contre Quillebeuf. — Lettre de Beauvoir à Burghley. — Nouvelle lettre du même à Burghley. — Ce qu'il dit d'Elisabeth. — Mort de François du Hallot de Montmorency. — La guerre se ralentit. — Henri IV renforce la garnison de Quillebeuf. — Sa lettre, à cette occasion, à sir Roger Villiams. — Lettre de M. de Saldaigne à Burghley. — Éléphant envoyé à la reine Elisabeth. — État des protestants de Normandie. — Mesures de rigueur du Parlement de Normandie. — Lettre de Beauvoir à Burghley, où il s'en plaint. — Lettre de Beauvoir à Burghley (28 décembre 1592), pour demander de nouveaux secours. — Abjuration d'Henri IV. — Lettre écrite à ce sujet par M. de Feugeray à Burghley (1ᵉʳ juillet 1593). — Deux lettres d'Henri IV à M. de Beauvoir, où il lui parle de son abjuration. — Lettre d'Elisabeth à Henri IV, où elle se plaint de son changement de religion. — Elle rappelle ses troupes. — Beauvoir essaie de la faire revenir sur sa détermination. — Lettre d'Elisabeth à Henri IV (15 octobre 1593). — Nouvelle lettre d'Elisabeth. — Plaintes des marchands anglais à l'encontre du premier président de Caen. — Mission de La Boderie en Angleterre en 1595. — L'ambassadeur d'Angleterre en France, sir Edmonds, le recommande au comte d'Essex. — Ambassade extraordinaire envoyée par Elisabeth à Henri IV en 1598. — Sa lettre à Henri IV. — La Boderie chargé de recevoir les envoyés d'Elisabeth à Dieppe et de les amener au roi. — Lettre d'Henri IV à ce sujet. — Séjour des envoyés anglais à Rouen. — Sir Robert Cecil en fait le récit à lord Burghley, son père. — Éloge qu'il fait de Groulart. — Mort, à Rouen, de Wilkes, un des envoyés d'Elisabeth. — La Boderie poursuit son voyage avec le reste de l'ambassade. — Leur itinéraire. — La Boderie revient à Rouen. — Lettre de lui à lord Burghley. — Nouvelle lettre de lui à lord Burghley. — Détails qu'il donne sur l'itinéraire du roi. — La Boderie envoyé en mission auprès de l'archiduc Albert et de l'infante. — Il l'annonce à Burghley. — Nouvelle lettre de lui à Burghley. — Il lui parle des réformes qu'Henri IV a en vue. — Lettre de sir Robert Cecil à La Boderie (10 novembre 1598). — Demande délicate de renseignements qu'il fait à La Boderie. — Réponse tardive de La Boderie (20 janvier 1600). — La Boderie envoyé en Angleterre en qualité d'ambassadeur. — Ses ambassades ont été imprimées. — Lettre où il annonce sa nomination d'ambassadeur à sir Robert Cecil. — Le comte de Salisbury (Robert Cecil) s'adresse à La Boderie pour le prier de recommander son fils à l'archevêque de Tours. — Quatre lettres inédites de La Boderie au comte de Salisbury. — Lettre du Dauphin (Louis XIII), recommandant La Boderie au roi Jacques.* 255

CHAPITRE VIII.

Importance pour la Normandie de la première année du règne de Louis XIV. — Rétablissement du Parlement dans sa première forme. — La correspondance du procureur général du Parlement, La Fosse du Fossé, venue en Russie. — Lettre de lui au chancelier Séguier (27 avril 1643). — Il l'avertit que les protestants de Normandie fournissent des secours aux parlementaires d'Angleterre. — Lettre du même au chancelier Séguier (24 juin 1643). — Il revient sur les intelligences des protestants de Normandie avec les parlementaires. — Il fait part au chancelier des poursuites commencées contre M. de Sainte-Croix, accusé de plusieurs crimes. — Lettre du même au chancelier (23 octobre 1643). — Il rend compte des mesures prises pour empêcher l'exportation des blés. — La cour de France disposée à venir en aide au Roi d'Angleterre. — Deux lettres de La Fosse nous font assister aux États de Normandie. — Il fait le récit au chancelier de l'enlèvement à main armée de la fille d'un riche marchand de Rouen, à la sortie du prêche de Quevilly. — Il poursuit le coupable, le sieur de Courtonne. — Il prend à partie la garnison du château du Pont-de-l'Arche pour insolences commises. — Il annonce au chancelier qu'il a le dessus dans ses poursuites contre le sieur de Courtonne. — Triste peinture des mœurs du temps, d'après une dernière lettre de La Fosse. — Le recueil des lettres écrites au chancelier Séguier au nombre des manuscrits de Saint-Pétersbourg. — Lettre de Me Busnel, lieutenant criminel à Bayeux, au sujet de profanations commises dans la paroisse de Cramesnil. — Remon-

trances des protestants de Montivilliers et d'Honfleur à la Reine-
mère (16 juillet 1649). — Lettre du président Faucon de Ris au
chancelier Séguier.—Il l'entretient de l'exécution d'un voleur nommé
Douglas et d'un tumulte survenu à Rouen. — Lettre de l'abbé de
Chaumont au chancelier Séguier, à propos d'une requête des catholiques d'Alençon (31 mai 1663). — Lettre de l'intendant du Gué au
chancelier Séguier. — Il se plaint d'un prêche du ministre Du
Bosc. — Lettre de Chamillart à Louvois. — Il rend compte de la
situation de la Basse-Normandie.—Lettre de Louvois au chancelier
Séguier pour le dissuader de signer des lettres de grâce. — Privi-
lége de la Fierte réclamé pour le sieur Merville. — Deux lettres de
M. de La Galissonnière au chancelier Séguier.—Tentative d'assassinat à Évreux sur la personne de lord Clarendon, chancelier
d'Angleterre.— Lettre de l'orientaliste Samuel Bochart à Ménage.
— Quittance donnée par Mezeray de la pension à lui léguée par
Mazarin. — Lettre de Mezeray au chancelier Séguier. — Il fait le
récit des nouvelles du jour. — Deux lettres de Huet à Ménage. —
Lettre de Huet au père Oudin, jésuite.—Lettre de Segrais à Ménage.
— Lettre de Segrais au marquis de Bougy. — Les papiers de Puis-
saye légués par lui au British Museum.—Lettre du comte d'Artois
(Charles X) aux gentilshommes de la province de Normandie . . 359

  Appendice. 399
  Table des noms propres et des noms de lieu. 403
  Table des matières. 429

www.ingramcontent.com/pod-product-compliance
Lightning Source LLC
Chambersburg PA
CBHW070610230426
43670CB00010B/1475